文, 史, 哲로 조명한
# 고사성어 450선

文,史,哲 로 조명한

교사성어

 450선

지당 강경림 지음

下

# 서문 序文

## 책을 내면서

중용 27장은 致廣大而盡精微(치광대이진정미) 곧 '넓고 크게 이루되 정밀하고 미세함을 다함'을 군자다운 태도로 소개하고 있습니다. 저자가 성어집을 준비하면서 가장 먼저 마음에 떠올렸던 경구입니다. 많은 고사성어를 대상으로 하다보면 자칫 소홀해지는 면이 있을 수 있어서 한 땀 한 땀 손바느질을 하듯이, 각각의 성어에 대해 진선진미盡善盡美하는 자세로 10여 년간을 연구했습니다. 원문으로 고증하는 것이 성어의 정밀함과 정확성을 거둘 수 있다고 믿어 원서를 늘 옆에 끼고서 집중과 정성을 다 쏟았더니 책이 사전의 틀에서 벗어나 스토리를 담아내는 인문학 서적이 되었습니다.

## 고사성어는 오늘을 조명하는 옛 말이다.

수시로 명멸하는 유행어와 달리, 고사성어가 면면히 오늘에까지 이어질 수 있는 생명력은 과연 어디에 있는 것일까요? 유구한 세월동안, 반복되는 역사적 상황과 인생의 굴곡을 압축 파일처럼 함축하고 있다는 매력에 빠져 사람들이 줄곧 사용하기 때문입니다. 옛 시대의 복잡다단한 사건을 단, 몇 글자에 실고서 현대인에게 삶의 지혜와 처세의 교훈과 철학과 역사를 전해주는 고사성어! 千古의 옛 말이 현대를 조명해줍니다. 현대인들이 고사성어에 비추어 오늘의 삶을 살펴볼 수 있습니다.

## 고사성어는 故事를 배경삼아 의미가 유래된 함축적 용어이다.

주로 두 글자에서부터 다섯 글자로 구성된 고사성어에는 갖가지 사연, 다양한 문화, 다채로운 현상, 파란만장한 인생 등이 녹아 있습니다. 이 녹아있는 스토리를 이해해야 정확한 의미전달을 할 수도 받을 수도 있습니다. 만약 고사의 이면을 제대로 알지 못한다면 성어를 글자 자체의 의미만으로 단순화하거나 왜곡해서 이해할 것입니다. 한 예를 든다면 '근묵자흑近墨者黑'과 '근주자적近朱者赤'은 먹을 가까이 하면 검게 물들기 쉽고, 인주를 가까이 하면 붉게 물들기 쉬운 것처럼 '좋지 못한 환경에 처하면 나쁜 영향을 받게 된다.'라는 의미로 알려져 있습니다. 물론 결과적인 의미가 환경의 중요성으로 귀결되니 본 의미로부터 크게 어긋난 것은 아니지만 그 내막은 사실 매우 판이합니다. 전국시대 때, 맹자가 당시 사람들이 묵자墨者의 겸애주의(자기의 부모를 안 계시는 것으로 치부하는 듯이 내 가족과 남의 가족을 똑같이 사랑하라는 주의)와 양주楊朱의 이기주의(머리카락 하나로 천하를 구할 수 있다 해도 신체를 훼손치 않겠다고 하는 주의)를 가까이 하는 경향이 있자 이를 개탄했던 일을 서진시대 유학자 부현이 인용하며 사용한 용어입니다. 곧 '묵자를 가까이 하는 사람은 혈연 관계를 경시하고 양주를 가까이 하는 사람은 이기주의자가 된다.'라는 의미입니다. 고사성어는 말은 간결하지만, 뜻은 매우 함축적입니다. 함축되기까지의 故事 이면에는 당시의 실정과 현장감이 고스란히 담겨 있습니다.

## 고사성어는 사상을 담고 있는 철학용어이다.

성어에는 그 용어를 유래하게 한 당사자의 사상이 녹아들어 있는 경우가 많습니다. 한 예를 들어 봅니다.
'다기망양多岐亡羊'에 대해서 대부분의 서적이나 사람들은 '많은 갈래 길에서 양을 잃어버리듯이 학문의 갈래가 너무 많아 진리를 찾기가 어렵다.'로 설명하고 있습니다. 하지만 이 성어에는 양주楊朱의 철학이 녹아있습니다. 전국시대, 제자백가들의 사상이 난무하는 상황에서 유가는 올바른 삶을 살아야 한다는 뜻에서 사람들이 많은 것을 배우고 수양하며 인문人文에 힘쓰기를 강조하였습니다. 반면에 양주는 인간의 진정한 행복은 자기 자신을 위한 삶을 사는 것 곧, 인간의 본성에 따라 자신을 위하는 삶을 사는 데에 있다고 하였습니다. 양주가 볼 때, 많은 것들을 연마하라며 구속하는 유가의 학문은 사람들로 하여금 혼란을 겪게 할 뿐이었습니다. 사람들이 정작 즐겨야할 본질적 삶은 외면하고 유가가 내세우는 인위적 가치에 얽매여서 늘 긴장하며 허둥대는 모습이 마치 갈림길에서 잃어버린 양을 찾느라 이리저리 헤매는 동네사람들의 모습과 비슷했던 것입니다. 그 당시 사람들의 행태를 안타까워하는 양주의 탄식이 배어 있는 성어입니다. 따라서 '多岐亡羊'에는 '사람들이 번잡한 학문으로 인해 자신을 위한 삶을 살지 못함'의 의미가 추가되어야 합니다. 양주는 도가의 자연주의를 따랐던 사상가입니다. 이처럼 성어를 철학적 측면에서 분석해보면 그 의미가 새로워지고 명료해집니다.

## 고사성어는 시공을 초월한 공통어이다.

최근 국제화 시대를 맞이하여 위상이 격상된 중국과의 교류가 다방면에서 이뤄지고 있습니다. 상대국 국민의 마음을 빠른 시간 내에 얻을 수 있는 비결 중의 하나가 그 나라의 문화적 특성을 담고 있는 고사성어를 활용하는 것입니다. 한문문화권역은 물론이고 동양권의 문화가 서양의 관심거리가 된 이후로, 고사성어는 서양인들과의 교류에서도 국제어로서의 기능을 발휘하고 있습니다. 이질적 문화로 외교의 어려움이 큰 국가관계일수록 소통의 매개체로 효용가치가 있는 것이 고사성어입니다.

## 고사성어는 시대의 산물로 역사성을 띄는 용어이다.

역사적 상황을 배경으로 발생한 고사성어는 그 시대를 서사하는 특징이 있습니다.
한 예로 '나작굴서羅雀堀鼠'를 살펴보겠습니다. 사전적 뜻풀이는 '그물로 참새를 잡고 땅을 파서 쥐를 잡아 먹어야 할 정도로 최악의 상태에 몰려있음'입니다. 역사적으로 접근해보면 이 성어는 당나라 때, '안록산의 난'의 산물입니다. 안록산의 반란군을 맞아 싸우던 관군이 성을 지키며 항거하다가 허기에 지친 나머지, 스스로 먹을거리를 해결하면서 필사적으로 몸부림쳤던 최후의 모습입니다. '羅雀堀鼠'의 이면에 관병의 저항정신과 애국정신이 담겨있습니다.

## 인사말을 맺으면서

고사성어의 자료 수집을 시작하면서 많은 선학들의 저작을 접해 보고 그 분들의 연구 업적에 놀라움과 존경을 표하지 않을 수가 없었습니다. 하지만 일부 온라인상의 탑재물이나 서적물에 오역과 잘못된 출전 소개 등의 오류가 가끔 눈에 띄었습니다. 오류가 전승되는 실태를 확인한 이상 그대로 묵과할 수 없어서 한문학과 동양철학을 전공한 저는 교직을 퇴직하기 전까지 미력을 다하여 옥석을 구분하는 일에 보탬이 되는 연구물을 감히 내고자 했습니다. 기존 출판서적들과의 차별화를 시도하는 일은 오랜 시간과 인내를 요하는 작업이었습니다. 먼저 관련문헌을 확보한 후, 해당성어를 원전으로 고증하고 文,史,哲 시각으로 독자적인 설명을 덧붙였습니다. 고사성어에 담아 있는 철학사상을 천착함으로써 평이하고 사전적이던 성어에 사상적 의미를 더했고 역사성을 밝힘으로써 성어에 현장감 있는 의미를 부여했으며 성어의 주인공을 인간적 측면에서 연구하여 삶의 지혜가 녹아든 의미로 정리했을 뿐 아니라 성어의 작품성을 문학적으로 분석하여 성어의 특성을 살리는 일에 심혈을 기울였습니다.

2017년 3월

# 책의 구성에 대하여

각계각층과 나이, 성별을 불문하고 누구나 참고할 수 있는 서적이 되기를 바라는 마음에서 쉬운 표현법을 사용하되 깊이 있는 내용을 갖추었고 고사성어를 가나다순으로 제시하여 독자층이 참고하기 쉽도록 하였으며 되도록 한 면에 하나의 성어를 배치하여 내용의 흐름을 일목요연하게 파악할 수 있도록 하였습니다. 또한 각 성어의 구성은 유래를 유도하는 도입 부분과 원문, 번역문을 병행 배치한 본문 부분과 저자의 문,사,철 시각으로 조명한 해설 부문과 한자의 음훈과 문법을 보충한 자료 부분으로 구성하였습니다.

해당성어가 유래하게 된 직전의 배경을 단순 요약하여 유래의 서두로 삼았고 해당 성어의 출처 부문은 좌측에 번역문, 우측에 원문을 제공하여 번역문과 원문을 쉽게 비교하며 확인할 수 있도록 하였습니다. 또한 원문에 사용된 한자의 음훈과 문법을 보충함으로써 사전식의 단순 뜻풀이를 자제하였습니다. 전공하는 사람들을 위해서는 출전을 상세히 밝혀 후속 공부에 참고가 되도록 했고 관련 성어를 추가로 수록했습니다. 번역문이 없는 원문인 경우에는 필자가 직접 축자해석을 하였고 번역문이 있는 경우에는 기존의 것을 참고하면서 수정보완을 시도하였습니다. 필요에 따라 문맥의 흐름을 자연스럽게 하려고 적절한 용어를 괄호( )안에 삽입하였고 원문에 충실한 직역을 위주로 하면서 의미가 불분명한 부분은 부득이 의역으로 보완했습니다. 원문 확보가 어려운 경우에는 중국에서 발간한 『사해辭海』합정본을 참고하여 출전을 명확히 하였습니다.

2003년에 초안으로 간직해 두었던 자료를 살피고 또 살피는 작업을 거듭한 끝에 지금에 와서야 발간하게 되었습니다. 기존 저자들의 전공前功 덕에 본 작업의 토대를 잡는 일이 수월하였을 뿐 아니라 고사성어의 진면목을 다각도로 탐구할 수 있었습니다. 깊이와 폭을 더할 요량으로 미력하나마 꾸준함과 성실함 하나를 믿고 책을 내놓기는 하였지만 부끄러움은 감출 길이 없습니다. 교직생활을 거의 마감하면서 감히 바라옵건대, 철학서와 역사서와 고사성어집과 한문 고전을 총괄하는 책으로써 평생 독자와 함께하기를 바랍니다.

## 이 책의 구성

- 가나다 순의 순서로 책을 구성하였으며, 한 면에 하나의 성어를 배치하여 내용을 일목요연하게 파악할 수 있도록 독자를 돕고 있습니다.

- 고사성어를 문자 그대로 직역한 후, 그 뜻을 사전적으로 풀어 어떠한 상황에서 쓰이는지를 알려 줍니다.

- 각 고사성어의 유래를 유도하는 도입 부분으로, 독자의 이해를 돕기 위해 알기 쉬운 언어의 이야기로 풀었습니다.

- 각 고사성어 출전의 원문(우)과 번역본(좌)으로 구성하였습니다.

- 심화 학습을 돕기 위한 음훈과 문법, 배경지식이 필요한 단어의 뜻풀이를 정리했습니다.

- 저자의 문학(文)과 역사(史), 철학(哲)의 시각으로 조명한 해설 부문을 구성합니다.

- 각 고사성어의 동의어, 반의어 등 연계 학습 자료와 함께, 전공자들을 위해 출전을 상세히 밝혀 후속 공부를 돕고 있습니다.

# 목차 目次

9

# 중국의 역대왕조 中國 歷代王朝 삼황오제로부터 중화민국까지

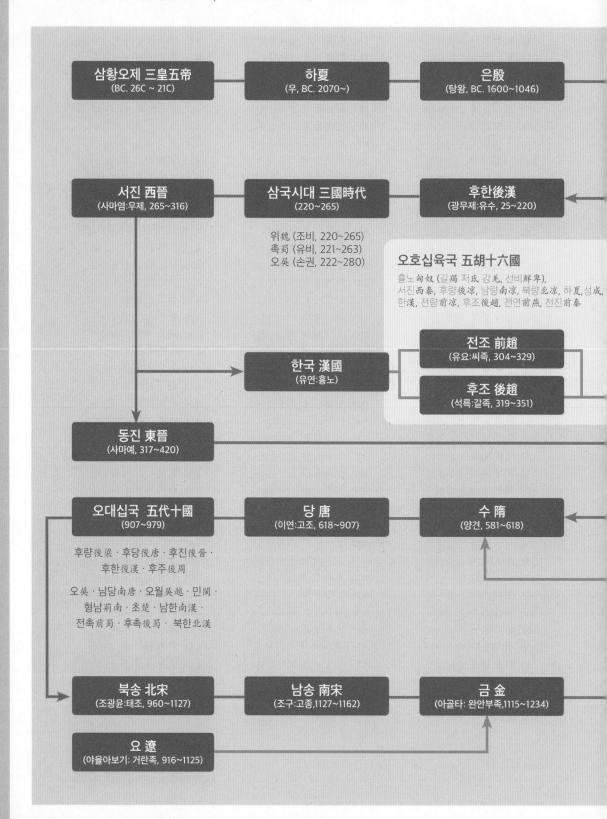

**삼황오제 三皇五帝**
(BC. 26C ~ 21C)

**하夏**
(우, BC. 2070~)

**은殷**
(탕왕, BC. 1600~1046)

**서진 西晉**
(사마염:무제, 265~316)

**삼국시대 三國時代**
(220~265)

위魏 (조비, 220~265)
촉蜀 (유비, 221~263)
오吳 (손권, 222~280)

**후한後漢**
(광무제:유수, 25~220)

**오호십육국 五胡十六國**

흉노匈奴 (갈羯 저氐 강羌, 선비鮮卑),
서진西秦, 후량後凉, 남량南凉, 북량北凉, 하夏,성成,
한漢, 전량前凉, 후조後趙, 전연前燕, 전진前秦

**한국 漢國**
(유연:흉노)

**전조 前趙**
(유요:씨족, 304~329)

**후조 後趙**
(석륵·갈족, 319~351)

**동진 東晉**
(사마예, 317~420)

**오대십국 五代十國**
(907~979)

후량後梁 · 후당後唐 · 후진後晉 ·
후한後漢 · 후주後周

오吳 · 남당南唐 · 오월吳越 · 민閩 ·
형남荊南 · 초楚 · 남한南漢 ·
전촉前蜀 · 후촉後蜀 · 북한北漢

**당 唐**
(이연:고조, 618~907)

**수 隋**
(양견, 581~618)

**북송 北宋**
(조광윤:태조, 960~1127)

**남송 南宋**
(조구:고종,1127~1162)

**금 金**
(아골타: 완안부족,1115~1234)

**요 遼**
(야율아보기: 거란족, 916~1125)

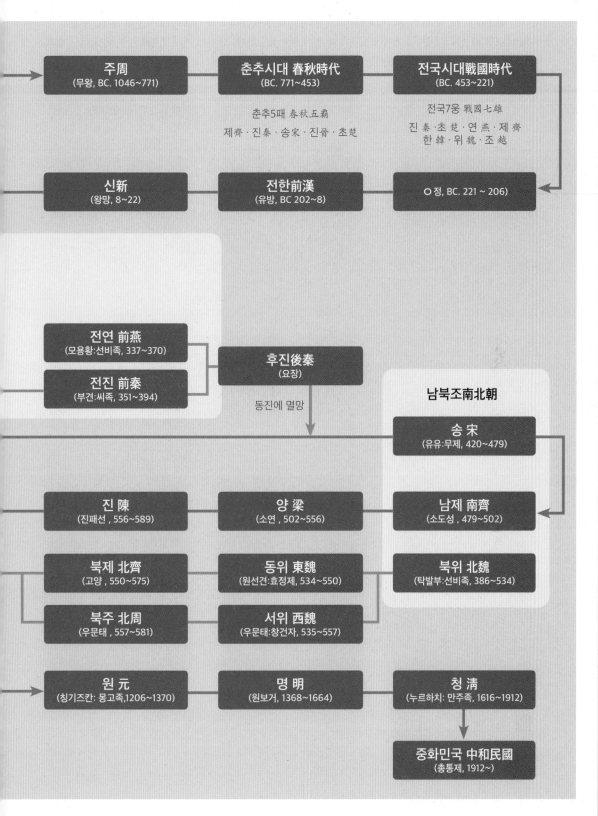

주周
(무왕, BC. 1046~771)

춘추시대 春秋時代
(BC. 771~453)

춘추5패 春秋五霸
제齊·진秦·송宋·진晉·초楚

전국시대戰國時代
(BC. 453~221)

전국7웅 戰國七雄
진 秦·초 楚·연 燕·제 齊
한 韓·위 魏·조 趙

신新
(왕망, 8~22)

전한前漢
(유방, BC 202~8)

ㅇ정, BC. 221 ~ 206)

전연 前燕
(모용황:선비족, 337~370)

전진 前秦
(부견:씨족, 351~394)

후진後秦
(요장)

동진에 멸망

남북조南北朝

송 宋
(유유:무제, 420~479)

진 陳
(진패선 , 556~589)

양 梁
(소연 , 502~556)

남제 南齊
(소도성 , 479~502)

북제 北齊
(고양 , 550~575)

동위 東魏
(원선견:효정제, 534~550)

북위 北魏
(탁발부:선비족, 386~534)

북주 北周
(우문태, 557~581)

서위 西魏
(우문태:창건자, 535~557)

원 元
(칭기즈칸: 몽고족,1206~1370)

명 明
(원보거, 1368~1664)

청 清
(누르하치: 만주족, 1616~1912)

중화민국 中和民國
(총통제, 1912~)

# 춘추시대 春秋時代 (BC 771년~BC 453년)

주周나라 평왕平王 때, 수도를 호경鎬京에서 낙양洛陽으로 천도한 후부터 진晉나라가 한韓, 위魏, 조趙로 삼분하여 독립할 때까지의 시대로 동주東周시대의 전반기에 해당된다. 공자의 저서 『春秋춘추』에서 이 시대의 명칭이 유래되었다. 이 시대를 대표하는 맹주를 춘추오패春秋五覇라 하는데, 제齊환공, 진晉문공, 초楚장왕, 오吳합려, 월越구천이 그들이다.

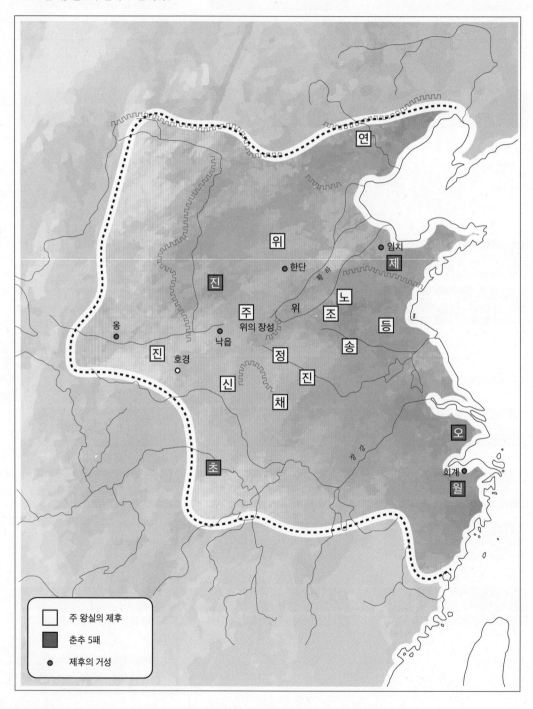

# 전국시대 戰國時代 (BC 453년~BC 221년)

진秦, 초楚, 연燕, 제齊, 한韓, 위魏, 조趙의 일곱 제후국들이 서로 패권을 다투던 시대로 221년 진나라가 중국을 통일하기 전까지를 가리킨다. 동주東周시대의 후반기에 해당된다. 전국戰國이라는 명칭은 전한시대의 유향劉向이 저술한 이 시기의 역사서 『戰國策전국책』에서 유래되었다.

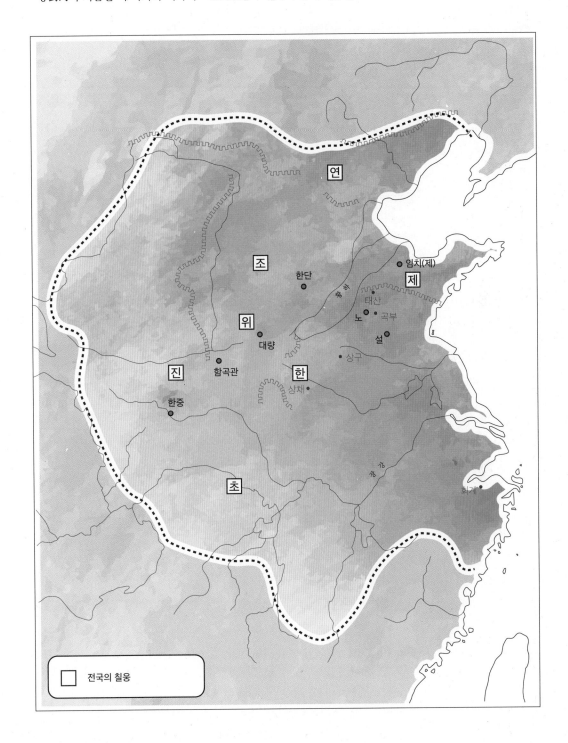

전국의 칠웅

# 전한시대 前漢時代 (BC 206년~AD 8년)

한고조 유방劉邦이 초왕 항우項羽와 패권을 다투며 진秦나라를 멸망시키고서 세운 왕조로 왕망王莽이 신新나라를 건국하기 전까지의 시대이다. 수도가 서쪽 지역 장안長安이라서 서한西漢이라고도 한다.

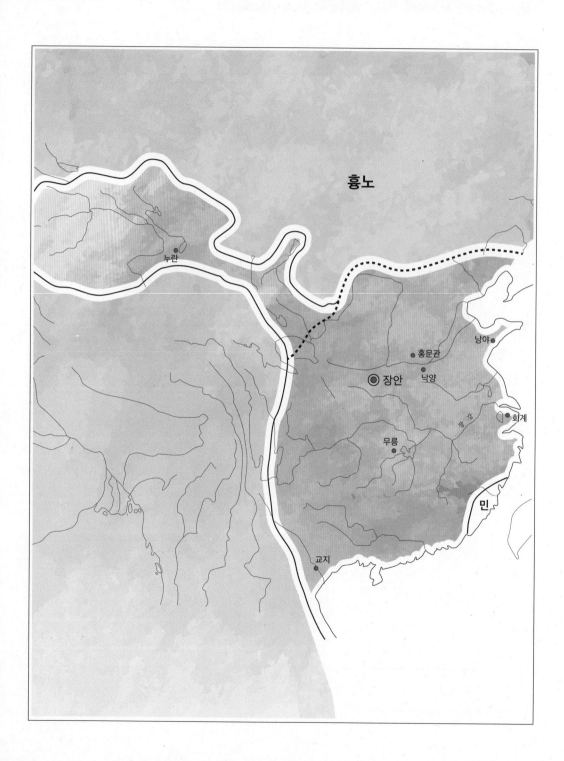

# 후한시대 後漢時代 (25년~220년)

전한이 신新나라의 왕망王莽에 의하여 멸망한 이후, 한漢나라 왕족인 유수劉秀가 후한을 건국할 때부터 위魏, 촉蜀, 오吳로 분열되기 이전까지의 시대이다. 수도 낙양이 전한의 수도인 장안보다 동쪽에 위치하기 때문에 동한이라고도 한다.

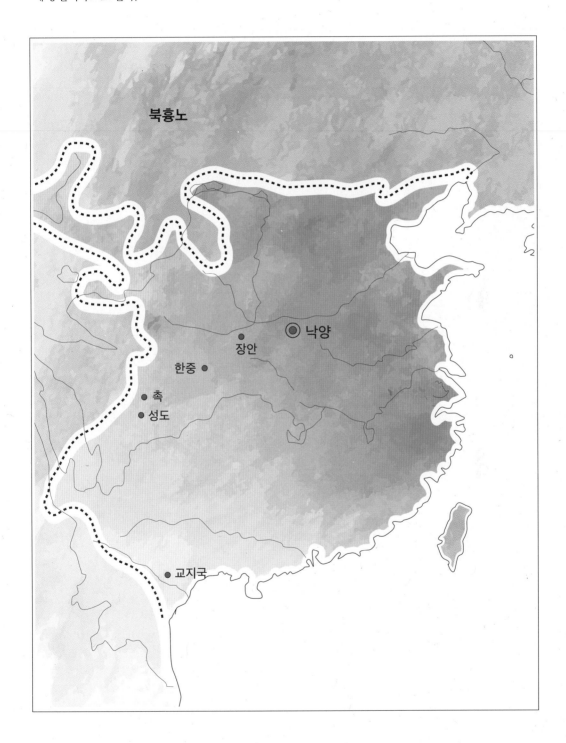

# 삼국시대 三國時代 (BC 206년~AD 8년)

후한이 몰락하기 시작했던 3세기 초에 유비劉備의 촉나라, 조조曹操의 위나라, 손권孫權의 오나라가 세워져 패권을 다투던 때부터 서진西晉이 중국을 통일하는 3세기 중반까지 약 45년간의 짧은 시대이다.

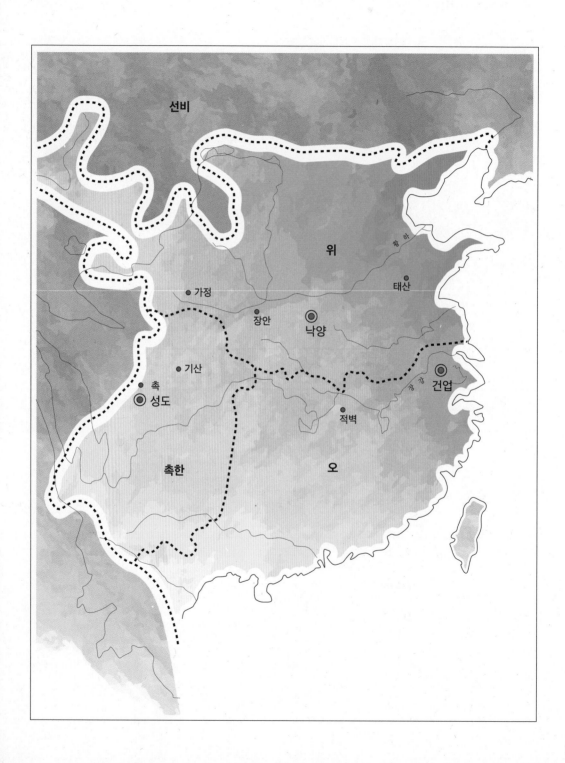

# 서진시대 西晉時代 (265년~316년)

위, 촉, 오 삼국 가운데 가장 강성했던 위나라의 중신 사마의司馬懿의 손자인 사마염司馬炎이 건국한 나라가 서진이다. 수도인 낙양, 장안 등이 화북지역에 있었던 316년까지의 기간을 서진이라 하고, 수도가 강남지역인 건강建康에 있었던 317년부터의 기간을 동진이라고 나누어 부른다.

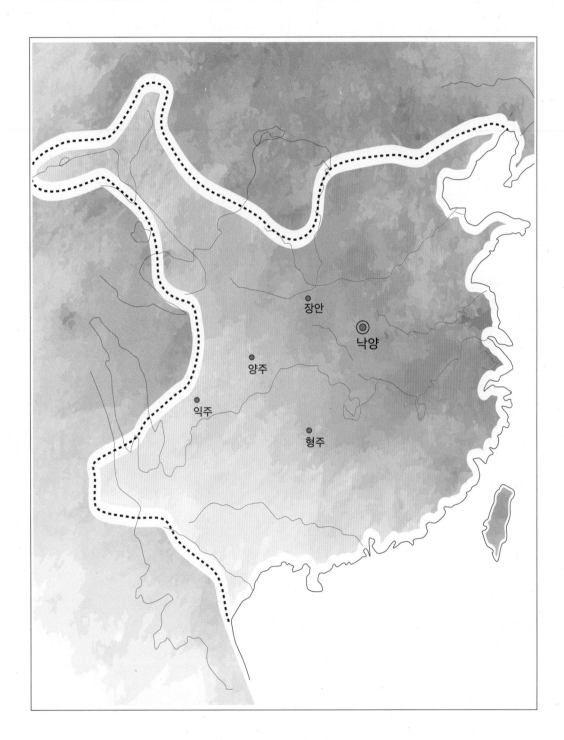

# 남북조시대 南北朝時代 (420년~589년)

한족이 세운 남조인 송宋, 제齊, 양梁, 진陳의 4개 왕조와 유목민족이 세운 북조인 북위北魏, 동위東魏, 서위西魏, 북제北齊, 북주北周의 5개 왕조가 대립하다가 수나라가 통일할 때까지의 시기를 말한다.

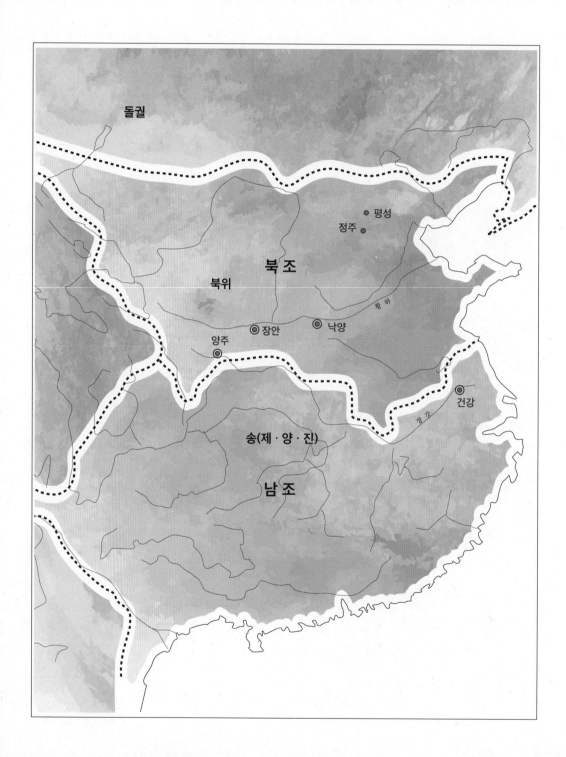

# 당나라시대 唐 (618년~907년)

수隋나라의 외척인 이연李淵이 수나라 멸망 뒤 장안을 수도 삼아 건국한 이후, 한때 강력한 국력을 자랑할 정도로 번창했으며, 정치와 경제와 문화 등 모든 면에서 성황을 이룬 시대이다.

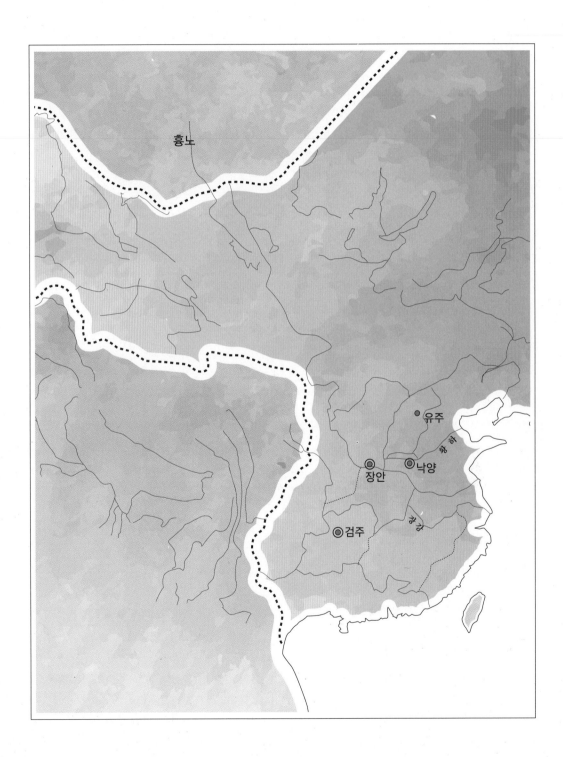

# 송나라시대 宋 (960년~1162년)

조광윤趙匡胤이 5대10국이라는 분열의 시대를 마감하고 오대 최후의 왕조 후주後周로부터 선양을 받아 개봉 開封을 수도 삼았을 때를 북송이라 하고, 금나라의 확장세로 양자강 이남 지역인 임안臨安으로 도읍을 옮긴 시기를 남송이라고 부른다.

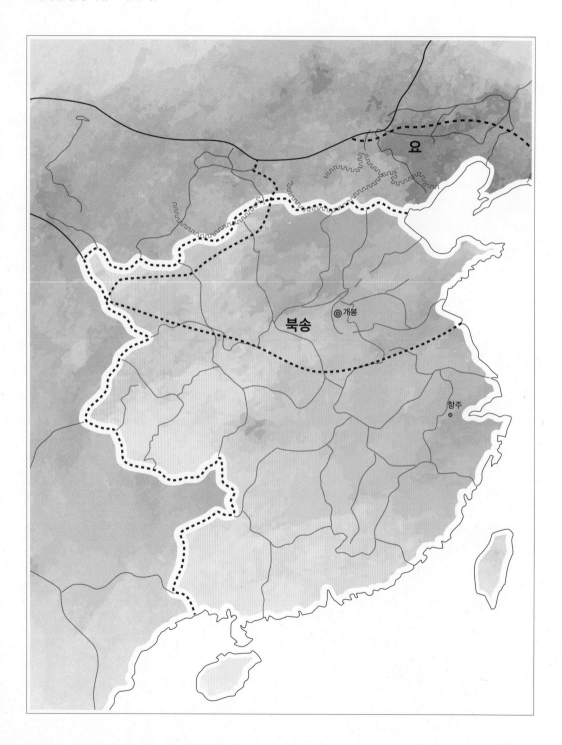

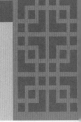

# 不俱戴天 불구대천

不 아니 불 | 俱 함께 구 | 戴 머리에 일 대 | 天 하늘 천

## 하늘을 같이 이지 못하다.

이 세상에서 같이 살 수 없을 만큼 원한이 매우 큼.

유교 경전 중 오경五經의 하나인 『예기禮記』는 주周나라 말기에서 한漢나라까지의 예禮에 관한 학설을 기록한 책이다. '불구대천'은 효도와 관련된 내용 가운데, 자식의 도리를 기록한 대목에서 유래된 성어이다.

| | |
|---|---|
| 아버지의 원수와는 함께 하늘을 이고 살 수 없고 | 父之讐弗與共戴天 |
| 형제의 원수에 대해서는 무기를 접어둘 수 없으며 | 兄弟之讐不反兵 |
| 친구의 원수와는 같은 나라에서 살 수 없다. | 交遊之讐不同國 |

讐 원수 수 / 弗 아닐 불 / 共 함께 공 / 反 되돌릴 반 / 兵 무기 병 / 交 사귈 교 / 遊 놀 유

## 예기(禮記)에 나타난 효도

『예기』의 주석에 의하면, 아들에게 있어 아버지는 하늘과 같은 존재이다. 따라서 아버지의 원수를 갚지 못하는 자식은 하늘을 쳐다보며 살 수 없는 입장에 처하게 되는 것이라고 하였다.

아버지의 원수와는 도저히 같은 하늘 아래에서 살 수 없다하여 반드시 복수하고 말리라는 각오가 담긴 不俱戴天, 이 성어에는 죽음을 불사하고서라도 부모의 원한을 설욕하는 것이 자식 된 자의 도리라고 하는 효사상이 나타나 있다. 부모의 원수를 개인적 차원에서 보복하던 시대상을 보여주는 '불구대천'에서 당시의 효행이 극단적인 양상으로까지 실행되었음을 알 수 있다.

자신의 목숨을 걸고 살인을 감행하면서 부모의 원수를 갚는 것이 부모에 대한 자식의 도리로 간주하던 당시상황은 법치시대인 지금과는 효의 실천방식에 있어 사뭇 다르다. 요즘은 부모가 살해됐다고 하면 자식의 보복심을 법이 대신하여 해결해주기 때문에 자식이 살인이라는 방식으로 복수하지 않아도 법에 의해 보복이 가능하다. 오히려 '불구대천'하겠다고 직접 살인에 가담한다면 불효자가 되는 세상이다. 효도의 실행방식은 옛날과 달라졌다하나 부모의 욕됨을 풀어드리고자 하는 자식의 효 정신만큼은 예나 지금이나 여전하다. 효의 본질은 변함이 없는 것이다. 하지만 오늘날 이 성어는 부모의 원수를 갚는 식의 효를 실천하는 일에 한정하지 않고 '도저히 함께 살 수 없을 정도로 밉상스러운 사람'이란 뜻으로 확장되어 쓰이기도 한다.

---

[동의어]  不共戴天(불공대천) :  하늘을 머리 위에 이고서는 도저히 함께 살 수 없음.
[유사어]  氷炭之間(빙탄지간) :  얼음과 숯처럼 서로 화합할 수 없는 관계.
        冰炭不容(빙탄불용) :  얼음과 숯처럼 서로 용납하지 않는 사이.

[출전] 『禮記』「曲禮 上篇」

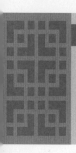
# 不論曲直 불론곡직

不 아닐 불 | 論 논할 논 | 曲 굽을 곡 | 直 곧을 직

## 굽고 곧음을 논하지 않음.

옳고 그른지를 따지지 아니하고 함부로 처리함.

전국戰國시대 말기, 초楚나라 사람으로 진秦나라에서 벼슬을 한 이사李斯가 '간축객서諫逐客書'를 지을 수밖에 없는 일이 발생하였다. 진나라 귀족들이 진나라 사람을 제외한 다른 제후국의 신하들을 쫓아내야 한다는 '축객逐客'의 상소를 진왕에게 올렸기 때문이다. 이사는 자신도 그 대상에 오르내리고 있음을 알고 진왕에게 상소하였다.

'불론곡직'은 이사가 여색, 음악, 보석은 타국의 것을 중히 여기면서 인재만은 외국인이라는 이유로 배척하는 진왕에게 그의 모순된 점을 상소한 데에서 유래된 성어이다.

> "지금 옹甕을 치고 부缶를 두드리는 진秦의 음악을 버리고, 정나라와 위나라의 음악을 찾으며, 아쟁을 타는 진의 음악을 물리치고 소昭와 우虞를 찾으시니 이같이 하는 것은 어째서이겠습니까? 그것은 당장 마음에 들어서 보기에도 적당하기 때문일 뿐입니다. 최근에 사람을 쓰는 것은 그렇게 하지 않으시고, (사람됨의) 가부를 묻거나 곡직을 가리지도 않고서 진나라 사람이 아닌 자는 떠나가게 하고 손님들은 쫓아내려 하시니, 그렇다면 중시하는 것은 여색과 음악과 주옥이요, 경시하는 것은 인재입니다. 이는 천하를 거머쥐고 제후를 제압하는 방책이 아니옵니다."

> 今棄擊甕叩缶而就鄭衛,退彈箏而取昭,虞,若是者何也? 快意當前,適觀而已矣. 今取人則不然.不問可否不論曲直,非秦者去,爲客者逐.然則是所重者在乎色樂珠玉,而所輕者在乎人民也.此非所以跨海內制諸侯之術也.

棄 버릴 기 / 擊 칠 격 / 甕 독항아리 옹 / 叩 두드릴 고 / 缶 장군 부 / 就 따를 취 / 鄭 정나라 정 / 衛 위나라 위 / 彈 퉁길 탄 / 箏 아쟁 쟁 / 若 같을 약 / 快 상쾌할 쾌 / 適 알맞을 적 / 已 ~뿐 이 / 秦 진나라 진 / 逐 쫓을 축 / 珠 구슬 주 / 跨 넘을 과 / 制 다스릴 제 / 術 방법 술

| 甕(옹) | 물 담는 항아리를 진나라에서 타악기로 사용함.
| 缶(부) | 진흙으로 만들어 잿물을 올리지 않고 구운 그릇을 진나라에서 타악기로 사용함
| 昭虞(소우) | 순임금 때의 음악인 소악昭樂과 우악虞樂.

### 이사(李斯)의 상진황축객서(上秦皇逐客書)

진나라 진왕이 진시황이 될 수 있었던 것은 초나라 사람인 이사의 탁월한 재능이 있었기에 가능했다. 진나라가 천하통일을 하기 전에 하마터면 개국 공신이 될 이사를 놓칠 뻔 했던 일이 있었다. 갑자기 모든 외국인들에게 축객령이 내려졌기 때문이다. 이에 이사가 자신을 비롯한 외국 인재들을 국외추방해서는 천하통일을 이룰 수 없다고 상소하였다. 더군다나 인재들의 인성이나 재능을 살피지 않고 단지 외국인이라서 불충할 거라는 유추만으로 내치려는 것은 인재를 타국의 문물보다 못하게 여기는 모순을 범하는 것이라고 항변하였다.

결국 축객령 철회를 관철시켰다. '不論曲直'의 부당함이 이사에 의해서 밝혀진 것이다.

---

[동의어]  **不問曲直(불문곡직)** :  굽었는지 곧은지를 일체 묻지 않고 섣불리 일을 처리함.
[유사어]  **不問可否(불문가부)** :  옳은지 그른지를 일체 묻지 않고 섣불리 일을 처리함.

[출전] 『史記 卷87』 『李斯列傳 第27』

# 不蜚不鳴 불비불명

不 아닐 불 | 蜚 날 비 | 不 아닐 불 | 鳴 울 명

## 날지도 않고 울지도 않는다.

큰일을 하려고 오랫동안 조용히 때를 기다림.

전국戰國시대, 제齊나라 위왕威王 때의 일이다. 왕은 수수께끼와 술 마시기를 즐기느라 정사를 멀리하였다. 그 틈에 경대부들마저 사리사욕을 채우며 부정축재를 일삼다가 주변국들의 침입으로 나라를 위기에 빠뜨렸다. 이를 보다 못한 순우곤淳于髡(BC385년~BC305년)이 왕에게 수수께끼를 내는 방식으로 간언하였다.

'불비불명'은 순우곤이 제위왕의 나태한 일상을 충언한 대목에서 유래된 성어이다.

순우곤이 그에게 수수께끼로 말하였다. "나라에 큰 새가 있는데 대궐 뜰에 멈추어 있으면서,
3년간 날지도 울지도 않습니다. 왕께서는 이 새가 무슨 새인 줄 아십니까?" 왕이 대답하였다.
"이 새가 날지 않고 있지만 얼마 후에 한 번 날면 하늘을 뚫고, 울지 않고 있지만 한 번 울면 세상 사람을 놀라게 할 것이오."
마침내 왕은 모든 현령 72명을 조정으로 불러들여
그 중 한 사람은 상을 주고, 또 한 사람은 죽여 버렸다.
그리고는 군사를 일으켜 출정하니 제후들이 크게 놀라서 침략하여 차지했던 제나라 땅을 모두 돌려주었다.
이로써 제나라의 위엄이 36년간에 걸쳐 떨쳐졌다.

淳于髡說之以隱曰國中
有大鳥,止王之庭,
三年不蜚又不鳴.王知此
鳥何也?王曰
此鳥不飛則已,一飛沖天
不鳴則已,一鳴驚人.
於是乃朝諸縣令長七十
二人,賞一人,誅一人.
奮兵而出,諸侯振驚
皆還齊侵地.
威行三十六年

淳 성씨 순 / 髡 머리 깎을 곤 / 隱 숨을 은 / 庭 뜰 정 / 已 얼마 후 이 / 沖 뚫을 충 / 振 떨 진 / 驚 놀랄 경 / 朝 알현할 조 /
長 어른 장 / 賞 상줄 상 / 誅 죽일 주 / 奮 떨칠 분 / 皆 모두 개 / 還 돌려보낼 환 / 侵 침노할 침 / 威 위엄 위

## 순우곤(淳于髡)의 풍자술

제나라 변설가인 순우곤은 키가 작고 외모도 볼품이 없었지만 입담이 좋고 재치가 뛰어나서 위왕의 환심을 크게 산 인물이다. 정사를 돌보지 않는 왕이 하루빨리 본분을 찾기 바랐던 순우곤은 수수께끼로 대화를 나누는 과정에서 왕으로 하여금 위기를 자각하게 하였다.

왕이 자존심을 상하지 않고서도 개선할 의지를 보이도록 유도하는 질문인 不蜚不鳴, 3년 동안 날지도 울지도 않던 새이지만 빠른 시일 내에 높게 날고 크게 소리치기를 바라는 염원을 담아 순우곤이 왕에게 수수께끼를 내었다. 평소 수수께끼 놀이를 즐겼던 왕은 순우곤의 바람대로 그 새가 자기임을 알아차리면서 곧 능숙한 정치역량을 발휘하기 시작하였다. 왕이 힘차게 비상하기를 기대했던 순우곤은 그 특유의 풍자적 언변술로 마침내 군주의 정치적 역량을 이끌어 내었다.

[동의어]  不飛不鳴(불비불명) :  날지도 않고 울지도 않으며 때를 기다림.
[유사어]  臥龍鳳雛(와룡봉추) :  때를 기다리며 누워 있는 용과 봉황의 병아리.
　　　　  伏龍鳳雛(복룡봉추) :  때를 기다리며 엎드려 있는 용과 봉황의 새.

[출전]『史記』「滑稽列傳 第66」

# 不識一丁 불식일정

不 아닐 불 | 識 알 식 | 一 한 일 | 丁 고무래 정

## 하나의 정자丁字를 알아보지 못하다.
쉬운 글자도 모르는 매우 무식한 사람.

당唐나라시대, 12대 황제인 목종穆宗 이항李恒의 정치는 부패하고 관리들의 생활은 방탕했다. 그 대표적인 관리가 유주幽州의 절도사 장홍정張弘靖이다. 그는 유주에 부임하면서 그곳 주민들이 영웅으로 받드는 안록산安祿山과 사사명史思明의 묘를 파헤치는 일을 저질러 주민들에게 실망감을 안겨주었다. 뿐만 아니라 그의 막료인 위옹韋雍, 장종후張宗厚와 함께 매일 밤, 날이 새도록 술을 마셔 잔뜩 취하여 귀가하면서 길거리마다 등불을 밝히게 하였고 하급 군관들이나 사병들을 때리며 욕설하였다.
'불식일정'은 장홍정이 군사들을 괴롭히며 무시했던 언사에서 유래된 성어이다.

| | |
|---|---|
| 군사들에게 말하였다. "이제 천하가 태평하여 일이 없으니 너희들이 두 섬 무게의 힘겨운 활을 당기고 있는 것보다 '丁'자 하나를 아는 것만 같지 못하니라" 군사들이 이 때문에 의기가 저절로 소침해져 심히 한탄스러워했다. | 謂軍士曰今天下無事,汝輩挽得兩石力弓,不如識一丁字.軍中以意氣自負,深恨之 |

汝 너 여 / 輩 무리 배 / 挽 당길 만 / 石 한 섬의 무게가 나가는 강한 활 석 / 軍 군사 군 / 負 질 부 / 深 깊을 심 / 恨 한탄할 한

## 장홍정(張弘靖)의 인물형

당나라 때, 황하의 북쪽 변방지역인 유주는 안녹산의 활동무대로서 주민들이 안록산의 정신을 흠모하며 기리는 고을이다. 이곳에 부임하는 절도사들 대부분은 민란이 더 이상 발생하지 않게 하려고 각별히 신경 썼고 부하들과도 병영생활을 함께하였다. 그 결과 유주는 태평한 분위기에서 주민들이 무사하고 평온하게 생활하는 곳으로 안정되어 갔다. 하지만 그간의 유주 절도사들이 검소한 생활을 하며 모범을 보였던 것과 달리 최근에 부임한 장홍정은 오만불손하고 향락을 일삼으며 유주의 건전한 풍토를 그만 훼손시키고 말았다. 군사들의 사기를 드날려줘야 할 판국에 도리어 군사의 무식함을 지적해서 사기를 저하시킨 것이다. 장홍정의 이같이 행동은 아버지 덕에 절도사가 되어 절도사 직책에 적합하지 않은 인물이라는 점을 본인 스스로가 폭로하는 꼴이었다. 절도사의 책무감이라고는 전혀 없는 장홍정, 훗날 또다시 민란을 유발시키는 장본인이 되고 만다.

---

[동의어]　目不識丁(목불식정)　：　눈으로 丁자를 알아보지 못하다.
[유사어]　一字無識(일자무식)　：　한 글자도 알지 못하다.
　　　　　魚魯不辨(어로불변)　：　'魚'와 '魯'를 분별하지 못하다.
　　　　　目不知書(목불지서)　：　눈으로 책을 알지 못하다.
　　　　　菽麥不辨(숙맥불변)　：　콩과 보리를 분별하지 못하다.
　　　　　一文不通(일문불통)　：　하나의 문자도 통하지 못하다.
　　　　　胸無點墨(흉무점묵)　：　가슴 속에 한 점의 먹물(로 쓴 글귀)이 없다.

[출전]『舊唐書』「列傳 第79 張延賞傳」

# 不遠千里 불원천리

不 아니 불 ｜ 遠 멀 원 ｜ 千 일천 천 ｜ 里 마을 리

# 천리를 멀다하지 않다.

먼 길도 마다하지 않고 찾아오는 성의 있는 모습.

전국戰國시대, 양梁나라 혜왕惠王의 초빙을 받은 맹자(BC 372년~BC289년)는 자신의 이상을 펼치고자 초빙에 응하였다.

'불원천리'는 먼 길을 찾아와준 맹자에게 양혜왕梁惠王이 감사히 여기며 인사하는 대목에서 유래된 성어이다.

맹자가 양혜왕을 찾아뵈니 양혜왕이 말하였다. "천리를 멀다하지 않고 오셨으니 앞으로 우리나라를 이롭게 할 방법이 있으신 것입니까?" 맹자가 대답하였다. "왕은 하필이면 이로움을 말씀하시는 겁니까? 오직 인과 의가 있을 뿐이옵니다. 왕께서 어떻게 내 나라를 이롭게 할까 하시면 대부들은 어떻게 내 집안을 이롭게 할까 하며, 선비나 백성들도 어떻게 내 몸을 이롭게 할까 말합니다. 윗사람과 아랫사람이 서로 이익을 취한다면 나라가 위태로울 것입니다."

孟子見梁惠王,王曰不遠千里而來,亦將有以利吾國乎?孟子對曰王何必曰利?亦有仁義而已矣王曰何以利吾國,大夫曰何以利吾家,士庶人曰何以利吾身.上下交征利,而國危矣

將 장차 장 / 庶 많을 서 / 交 서로 교 / 征 취할 정 / 危 위태할 위 / 矣 ~이다 의

｜孟子(맹자)｜　전국시대의 맹가孟軻. 맹자는 여러 나라를 돌아다니며 인의仁義를 핵심으로 하는 정치사상을 군주들에게 주장함.
｜而已矣(이이의)｜　~일 뿐이다.(한정형어조사)
｜梁惠王(양혜왕)｜　전국시대 위魏나라의 혜왕. 위나라가 진나라를 피하여 수도를 대양大梁으로 천도했기에 위나라를 양나라라고도 함.

## 맹자(孟子)의 치국의 道

전국시대는 진秦, 초楚, 연燕, 제齊, 한韓, 위魏, 조趙라는 7개국이 부국강병을 추구하며 세력다툼에 혈안이 되었던 시기이다. 이러한 시국상황에서 53세 맹자는 위나라 양혜왕의 초청을 받아 고향인 추나라에서 양나라로 첫 순방길에 올랐다. 두 나라간의 거리는 무려 한 달이나 소요될 정도로 멀고 먼 여정이었다. 그러함에도 불구하고 노년의 맹자가 초빙에 응했기 때문에 이를 반긴 양혜왕의 처음 인사말이 '不遠千里'였다. 이 성어에는 맹자의 방문에 대한 양혜왕의 감사하는 마음과 기대심리가 담겨 있다. 당시 양혜왕은 여느 나라의 왕과 다름없이 오로지 국익실현에 대한 방안을 맹자에게서 찾으려 했고 맹자는 양혜왕으로부터 도덕정치를 실행하겠다는 약속을 받고자 했다. 애초부터 두 인물의 가치관은 크게 어긋나 있었다. 때문에 양혜왕은 자신이 듣고자 했던 이利의 방안이 아닌 이利의 폐단만을 들어야 했다. 인의仁義를 강조하는 맹자의 주장은 이익을 추구하는 양혜왕의 기대에 부합할 수는 없었지만 최소한 도덕정치의 필요성을 인정시키는 데에는 한 몫을 했다.

[출전] 『孟子』 「梁惠王上」

# 不恥下問 불치하문

不 아닐 불 | 恥 부끄러울 치 | 下 아래 하 | 問 물을 문

## 아랫사람에게 묻는 것이 부끄럽지 않다.

겸허하고 부끄럼 없이 배우기를 즐김.

춘추春秋시대, 위衛나라 공어孔圉의 시호는 문文이다. 공자孔子의 제자 자공子貢은 사람들이 그를 공문자孔文子라고 호칭하는 이유가 궁금하여 공자에게 여쭈었다.

'불치하문'은 배우기를 좋아하는 공문자에 대해서 공자가 그의 향학열이 어떠했는지를 자공에게 답변해 주는 대목에서 유래된 성어이다.

| | |
|---|---|
| 공자의 제자인 자공이 (공자에게) 물었다. "공문자는 왜 시호를 문文이라고 한 것입니까?" 공자가 말하였다. "그는 머리가 명민하면서도 배우기를 좋아하고, 아랫사람에게 묻는 것도 부끄러워하지 않았다. 이 때문에 그를 문文이라고 호칭한 것이야." | 子貢問曰孔文子何以謂之文也?子曰敏而好學,不恥下問. 是以謂之文也 |

敏 재빠를 민 / 謂 일컬을 위

| 文(문) | 공어孔圉의 시호諡號. 시호는 죽은 후, 생전의 언행과 공적을 참고하여 정해지며 문文이라는 시호는 가장 높은 단계
| 子貢(자공) | 공자의 제자 공문십철 중의 한 사람으로 언변에 능했고 이재에 밝았음.
| 孔文子(공문자) | 위나라의 대부인 공어孔圉를 가리킴.

## 공자(孔子)의 학문관

공문자는 가정적으로 불미스러운 일을 저질렀고 현실정치에서도 욕심을 많이 부렸던 인물이다. 자공은 공문자가 훌륭하기는커녕 지탄의 대상이라고 생각했는데 오히려 최고의 칭송에 가까운 문文의 시호까지 받아서 어이없어 했다. 자공이 황당해 하는 것과 달리 공자는 공문자가 생활면에서 오점을 보였음에도 불구하고 그의 학문적 태도를 높이 평가하였다.

아랫사람에게 까지 찾아가서 배우는 열성과 겸허함을 담은 不恥下問, 이 성어에는 가르치는 자의 나이나 지위를 불문하고 그 앞에 겸허히 나아가, 열심히 배우는 열정적 태도를 훌륭히 본 공자의 호학정신이 나타나 있다. 학문의 세계에서 지위의 고하나 나이의 많고 적음을 스승의 자격으로서 문제 삼지 않고 오로지 배움에 일관하는 공문자의 학구적인 태도에 대해서 공자는 문文을 부흥시키는 공적이 충분하게 있다고 본 것이다.

정보화 시대를 사는 어른들은 정보수집이나 첨단기기의 사용 기술면에서 젊은이들에게 뒤처지기 마련이다. 그들에게 묻지 않고서는 도저히 해결할 수 없는 난제가 많다. '불치하문'의 겸허한 자세를 본받으며 배움 앞에 당당이 마주설 수 있을 때, 비로소 현대에 맞추어 살아가는 것이고 모든 사람과 소통할 수 있는 자격을 갖추는 것이다.

---

[유사어]  孔子穿珠(공자천주) :  공자가 구슬을 꿰다. 즉 자기보다 못한 사람에게서 배움.  [출전] 『論語』 『公冶長篇』

# 鵬程萬里 붕정만리

鵬 붕새 붕 | 程 길 정 | 萬 일만 만 | 里 길이의 단위 리

## 붕새가 만리를 날다.

① 사람의 앞날이 매우 양양하여 희망적임.
② 구속을 떨쳐내며 홀가분하고 호기롭게 자유를 누림.

전국戰國시대, 국가 간의 세력다툼으로 늘 피비린내가 진동하는 시대상황에서 장자莊子는 정신적인 자유를 꿈꾸었다.
'붕정만리'는 상상속의 새인 붕새가 자유롭게, 거대하게 날아가는 흔쾌함을 다룬 장자의 우화에서 유래된 성어이다.

| | |
|---|---|
| 북쪽 바다에 고기가 있으니, 그 이름을 곤이라 한다. 곤의 큰 것은 그 길이가 몇 천리나 되는지 알지 못한다. 변해서 새가 되니, 그 이름을 붕이라 한다. 붕새의 등은 그 길이가 몇 천리인지 알지 못한다. 박차고 일어나 날면 그 날개는 하늘에 드리운 구름과 같다. 이 새는 바다가 움직이면 (그 기운으로) 장차 남쪽 바다로 옮겨 가려고 하였다. 남쪽 바다는 하늘의 연못이다. | 北冥有魚,其名爲鯤.鯤之大不知其幾千里也. 化而爲鳥,其名爲鵬. 鵬之背不知其幾千里也. 怒而飛,其翼若垂天之雲 是鳥也,海運則將徙於南 冥.南冥者天池也. |

冥 아득할 명 / 幾 몇 기 / 背 등 배 / 怒 떨쳐 일어날 노 / 翼 날개 익 / 若 같을 약 / 垂 드리울 수 / 運 움직일 운 / 將 장차 장 /
徙 옮길 사 / 池 연못 지

| 北冥(북명) | 북녘의 아득히 먼 곳, 곧 '북해'를 뜻함.
| 鯤(곤) | 사전적 뜻은 '물고기 알'이지만 장자가 대어大魚의 이름으로 사용함.
| 鵬(붕) | 상상속의 거대한 새 이름.

## 장자(莊子)의 철학사상

장자는 북쪽바다에서 살던 곤이라는 물고기가 붕새로 변신해서 남쪽바다로 날아간다는 내용의 우화를 지었다.
'붕새가 만리를 날아간다.'라는 표현에 현재의 상황과 처지를 떨쳐버리고 새로운 세상을 향해 나아감을 투영한 鵬程萬里, 이 성어에는 종래의 가치규범과 사회제도로부터 벗어나고자 하는 장자의 초탈주의가 나타나 있다. '붕정만리'의 주안점은 공간이동 즉, 물에서 하늘로, 또는 남쪽바다에서 북쪽바다로 바뀐 사실에 있지 않고 곤이라는 어류가 붕새라는 조류로 변신하여 전혀 다른 존재가 된다는 점에 있다. 변화變化의 변變은 양적인 변화를, 화化는 질적인 변화를 뜻한다. 그는 변화과정을 강조하면서도 철저하게 화化해야 규제로부터 자유로워져서 진정 제도권을 초월할 수 있음을 말하고 있다. 시국이 어수선한 상황에서 기성의 가치규범에 묶여 살아가기란 실효성도 없을뿐더러 삶 자체가 고달픔의 연속이라고 보았기 때문에 장자는 정신적으로 자유를 즐기고픈 마음가짐을 표출한 것이다.
원전에 의한 '붕정만리'의 의미는 '구속감을 벗어나 정신적 자유를 만끽한다.'는 것인데 요즈음에는 '큰 포부를 안고 떠나는 먼 길', '앞길이 탁 트여 희망에 찬 장래'로 사용되고 있다. 모두 긍정적인 의미이다.

[출전] 『莊子』「逍遙遊篇」

# 比肩繼踵 비견계종

比 나란할 비 | 肩 어깨 견 | 繼 이을 계 | 踵 발꿈치 종

## 어깨를 나란히 하고 발꿈치를 잇다.

많은 사람들의 발길이 연달아 끊어지지 않음.

춘추春秋시대, 초楚나라 영왕靈王은 제齊나라에서 사신 온 안영晏嬰의 기를 꺾을 심사에서 궁궐의 조그만 문으로 통과하게 했다. 이에 낌새를 알아챈 안영은 그 특유의 언변술로 역공을 가했다. 개가 드나드는 쪽문을 사신에게 개방하는 나라는 개의 나라에서나 있을법한 일이니 자신은 이 문을 이용하지 않겠다는 것이다. 은근히 초나라를 개의 나라로 간주하는 형국이다. 할 수 없이 대문으로 영접한 초영왕은 다시 한 번 안영에게 모욕감을 주려고 그의 사신자격을 논하였다. '비견계종'은 얕잡아보는 초영왕楚靈王에게 맞대응하며 자존감을 지킨 제나라 안영의 외교술에서 유래된 성어이다.

영왕이 말했다. "제나라에는 사람이 없는가? 그대로 하여금 사신이 되게 하다니!" 안영이 대답하였다. "제나라 수도 임치에는 7천 5백 가구가 살아, (사람들의) 옷소매를 펼치면 그늘을 이루고 땀을 흩뿌리면 비를 이룹니다. 어깨를 나란히 하여 (서로의) 발뒷꿈치를 잇대고 있을 정도인데 어찌 사람이 없겠습니까?" 왕이 말하였다. "그렇다면 어째서 그대를 사신으로 보냈는가?" 안영이 대답하였다. "제나라에서는 사신을 명할 때 각기 담당하는 바가 있습니다. 어진 자는 어진 군주에게 사신으로 보내지고, 못난 사람은 못난 군주에게 사신으로 보내집니다. 저는 가장 못났기 때문에 다만 초나라에 사신으로 온 것일 뿐이옵니다."

王曰齊無人耶?使子爲使!晏子對曰齊之臨淄三百閭,張袂成陰,揮汗成雨,比肩繼踵而在,何爲無人?王曰
然則何爲使子?晏子對曰齊命使各有所主.其賢者使使賢主,不肖使使不肖主.嬰最不肖,故直使楚矣

耶 ~인가? 야 / 子 그대 자 / 張 베풀 장 / 袂 소매 메 / 揮 흩뜨릴 휘 / 汗 땀 한 / 主 맡을 주 / 임금 주 / 使 하여금, 사신 사 / 肖 닮을 초 / 故 까닭 고 / 直 다만 직

| 晏子(안자) | 안영晏嬰의 경칭. 제나라의 명재상.
| 閭(려) | 마을의 문을 가리킴. 『주례周禮』에 의하면 '25가家'를 '려閭'라고 함.

## 안영(晏嬰)의 외교술

비범하나 키가 작았던 제齊나라의 충신 안영이 초楚나라에 사신으로 가서 겪었던 일이다. 수많은 인파로 북적대어 활기가 넘치는 분위기를 묘사한 比肩繼踵, 이 성어에는 고국의 발전상을 내세우고 주체성과 자존심을 지키며 초나라와 당당히 교섭해낸 안영의 임기응변식 외교술이 나타나 있다. 안영이 보기에 초영왕은 사신으로 온 자신에게 모멸감을 주기로 작정한 인물이었다. 강대국임을 자처하는 초영왕의 무시를 기분 나빠함에 그치지 않고 상대에게 그 무시를 그대로 돌려주는 재치를 발휘하였다. 자신을 사신의 그릇이 아니라고 무시하는 영왕에게 안영은 초나라가 못난 국가라서 뛰어난 사신이 제나라에 넘쳐나지만 굳이 그들이 올 필요가 없었기에 눈높이에 맞춰 못난 자신이 오게 된 것이라고 응수한 것이다. 강성 초나라에 굴하지 않은 안영의 언변이 재기 넘친다.

[출전] 『晏子春秋 卷6』 『內篇 雜下 第6』

# 髀肉之嘆 비육지탄

髀 넓적다리 비 | 肉 고기 육 | 之 ~의 지 | 嘆 탄식 탄

## 넓적다리 살에 대한 탄식.

자기의 뜻을 펴지 못하고 세월만 보냄에 대한 탄식.

후한後漢시대 말기, 오고 갈 데 없는 유비劉備가 황족인 형주荊州자사 유표劉表의 도움으로 작은 고을 신야新野를 다스리게 되었다. 유표의 초대로 연회장에 갔다가 도중에 변소에서 볼일을 보던 유비는 문득 자신의 넓적다리에 살이 찐 것을 보고 깜짝 놀라 눈물을 흘렸다. 눈물을 훔치며 연회장으로 돌아오자 이를 본 유표가 눈물 흘린 까닭을 물었다.

'비육지탄'은 유표의 식객으로 지내던 유비가 어느 날 갑자기 울게 된 연유를 유표에게 밝힌 대목에서 유래된 성어이다.

> 유비가 말하였다. "항상 이 몸은 안장을 떠나지 않았었기 때문에 넓적다리 살이 다 말랐었습니다. 그런데 지금은 다시 말을 타지 않아서인지 넓적다리에 살이 생겼습니다. 세월은 흐르는 물과 같아 늙음이 다가오는데도, 공적을 세우지 못하고 있어서 이 때문에 슬플 뿐입니다."

> 備曰常時身不離鞍,
> 髀肉皆消.今不復騎,
> 髀裏肉生.日月如流,
> 老將至,功業不建,是以
> 悲耳.

常 항상 상 / 離 떠날 리 / 鞍 안장 안 / 皆 다 개 / 消 쇠할 소 / 復 다시 부 / 騎 말 탈 기 / 裏 속 리 / 將 장차 장 / 至 이를 지 / 建 세울 건 / 耳 ~뿐 이(한정형어조사) /

| 備(비) | 　위·촉·오 삼국시대 촉蜀나라(일명 촉한蜀漢)의 군주인 유비劉備(161년~223년).

## 유비(劉備)의 탄식

유비劉備가 조조曹操에게 패한 후, 그의 휘하를 빠져나와서 같은 황족인 유표에게 몸을 의탁하며 지낼 때의 일이다. 한漢나라의 부흥을 꾀하기 위해 독자적인 세력을 구축하고 싶었던 유비는 유표의 객장에 머물러 있는 세월을 한탄스러워 했고 신세가 처량하여 우울해 했다. 한나라의 정통을 잇겠다는 사명감으로 동분서주 했으나 결국은 패전하고 만 유비는 자신의 처지가 비참하게 여겨졌던 것이다. 게다가 부하들도 사방으로 흩어져서 힘을 규합하기에는 현실적으로 거의 불가능한 상황이었다. 뿐만 아니라 유표와 함께 조조군에 대적하여 전세의 주도권을 잡고자 기회를 엿보는 자신과는 달리 유표는 수년째 방어태세만 갖추고 있을 뿐, 일체 전쟁할 뜻을 비치지 않았다.

활동이 뜸해지자 근육은 없어지고 살만 찌는 체형으로 변해가는 모습이 몹시 슬프다는 뜻의 髀肉之嘆, 이 성어에는 몸에 살이 찔 정도로 말 탈 일이 없어 대장부의 야망을 펼치지 못하고 있는 유비의 답답한 심정이 잘 나타나 있다. 그동안은 조조, 여포, 원술 등의 영웅들과 대적하느라 수많은 전쟁터를 누비며 생사를 넘나들었기 때문에 살찌울 사이도 없었건만 지금은 유표의 식객으로 하는 일 없이 밥만 축내고 있으니 넓적다리에 살이 붙을 수밖에 없는 것이다. 큰 뜻을 품은 사람으로서 몹시 자존심 상하는 일상이다.

훗날 촉한蜀漢의 초대 황제가 된 유비에게도 이처럼 한 때나마 몸은 편했지만 결코 마음은 편치 않았던 암울한 시절을 보낸 적이 있었다.

[출전] 『三國志』 「蜀志」

# 牝鷄之晨 빈계지신

牝 암컷 빈 │ 鷄 닭 계 │ 之 어조사 지 │ 晨 새벽 신

## 암탉이 새벽을 알리다.

여자가 남편을 업신여겨 집안일을 자기 마음대로 함.

은殷나라시대 말기, 은나라 주왕紂王이 여색에 빠져 국정을 망치자 이를 보다 못한 제후국 주周나라 무왕武王이 주왕을 토벌하고자 했다.
'빈계지신'은 주나라 무왕이 은나라 주왕의 잘못을 주나라 장병들에게 낱낱이 알리는 말 가운데에서 유래된 성어이다.

| | |
|---|---|
| 무왕이 말하였다. "옛 사람이 말하길 '암탉은 새벽에 울지 않으니 암탉이 새벽을 알리는 것은 오직 집안이 망할 뿐이다'고 했다. 지금 은나라 왕 주紂는 오로지 여인의 말만 들을 뿐, 스스로 선조께 드릴 제사를 지내지 않고 보답치 않으며, 어리석게도 자기 나라를 버리고 왕의 부모와 아우를 버리며 기용하지 않으면서 이에 오직 사방에서 많은 죄를 짓고 도망 다니는 자들을 높이고 어른대접하며 신임하고 등용하니 그들로 하여금 백성들에게 포악한 짓을 하며 수도인 상商에서 간사하고 악독한 짓을 하게 하였소. 지금 나 발發은 오로지 하늘의 벌을 그대들과 함께 행하려 하오." | 王曰古人有言曰牝鷄無晨.牝鷄之晨維家之索. 今殷王紂維婦言是用, 自棄先祖肆祀不答, 昏棄其家國,遺其王父母弟不用,乃維四方之多罪逋逃,是崇是長是信是使, 俾暴虐于百姓,以姦軌于商邑. 今予發維共行天之罰 |

惟 오직 유 │ 索 다할 삭 │ 婦 여자 부 │ 昏 어두울 혼 │ 棄 버릴 기 │ 厥 그 궐 │ 肆 베풀 사 │ 祀 제사 사 │ 答 갚을 답 │ 迪 나아갈 적 │ 逋 달아날 포 │ 逃 달아날 도 │ 崇 높일 숭 │ 長 어른 대접할 장 │ 使 시킬 사 │ 俾 하여금 비 │ 暴 사나울 포 │ 虐 사나울 학 │ 姦 안에서 간사할 간 │ 軌 밖에서 악독할 궤 │ 商 은나라 수도 상 │ 予 나 여 │ 恭 삼갈 공 │ 罰 죄 벌
│ 發(발)│　　주나라 초대 황제인 무왕의 이름이 희발姬發임.

## 무왕(武王)의 혁명사상

주나라의 성군인 문왕의 뒤를 이은 무왕은 부친의 우환이었던 은나라의 폭군 주왕紂王을 하늘을 대신해서 토벌하고자 했다. 은나라의 마지막 황제 주왕은 절세미녀 '달기妲己'의 요청을 무작정 들어주면서 주지육림酒池肉林의 사치와 포락지형炮烙之刑의 잔혹함을 저지르며 백성 전체를 공포분위기로 몰아갔기 때문이다. 이에 무왕이 신하국으로서 천자국을 정벌하는 엄청난 혁명의 기치를 올렸다.
새벽을 알리는 것은 수탉이 할 일인데 암탉이 수탉 대신 때를 알린다는 뜻의 牝鷄之晨, 이 성어에는 남녀의 역할이 바뀌어 세상의 섭리를 크게 그르침으로써 하늘이 분노하기 때문에 명命이 옮겨질 것이라고 본 무왕의 천명사상이 나타나 있다. 무왕은 천명을 내세워 나라 전체가 특히 임금이 절세미인인 달기에 의해 흔들리는 것을 더 이상 보고만 있지 않겠다는 의지를 보였다. 백성을 도탄에 빠지게 한 주왕을 하늘이 가만히 두지 않을 거라는 확신에서 무왕은 천명의 이동을 믿고 혁명을 꾀하였던 것이다. 마침내 주나라 초대 황제가 된 무왕, 나랏일을 그르친 전임 위정자를 매우 강력하게 질타한 인물이다.

[출전]『史記』「周本紀」

# 貧賤之交 빈천지교

貧 가난할 빈 | 賤 천할 천 | 之 ~의 지 | 交 사귈 교

## 가난하고 빈천할 때의 친구.

가난하고 어려울 때의 사귐은 결코 잊어서는 안 됨.

후한後漢시대, 초대 황제 광무제光武帝에게는 과부가 된 누이 호양공주湖陽公主가 있었다. 광무제는 누이를 개가시킬 생각으로 공주의 의중을 물었더니, 의젓하고 덕이 많은 송홍宋弘을 흠모한다고 말하였다. 그래서 황제는 공주더러 병풍 뒤에 숨어, 송홍과의 대화내용을 듣게 한 후, 송홍을 불러 공주의 배필이 되어줄 수 있는지를 물었다.
'빈천지교'는 광무제로부터 황족의 사위가 될 의향이 있는지의 질문을 받은 송홍이 망설이지 않고 단호하게 거절하는 답변에서 유래된 성어이다.

| | |
|---|---|
| (광무제가) 이 일로 인해 송홍에게 말하였다. "속어에 이르기를 '귀하게 되면 친구를 바꾸고 부유해지면 아내를 바꾼다,'라 했으니 인지상정이지?" 송홍이 답변하였다. "신은 가난하고 천할 때 알고 지낸 친구는 잊어서는 안 되고, 술지게미와 쌀겨를 먹으며 고생한 아내를 마루에서 내려가게 하면 안 된다고 들었습니다." 광무제가 공주를 돌아보며 말하였다. "일이 잘 풀리지 않은 것 같다." | 因謂弘曰諺言 貴易交富易妻, 人情乎?弘曰臣聞貧賤之 知不可忘,糟糠之妻不下 堂.帝顧謂主曰 事不諧矣 |

因 인할 인 / 謂 일컬을 위 / 諺 속어 언 / 易 바꿀 역 / 妻 아내 처 / 忘 잊을 망 / 糟 술지게미 조 / 糠 쌀겨 강 / 堂 집 당 / 帝 임금 제 / 顧 돌아볼 고 / 諧 화할 해 / 矣 ~이다 의 (종결형어조사)

## 송홍(宋弘)의 인간미

광무제때의 대사공大司空 송홍宋弘은 매우 강직하고 후덕하며 청렴해서 황제의 누이인 호양공주가 그가 유부남임을 알면서도 자신의 재혼 상대자로 점찍어 둔 인물이다.
곤궁한 처지에 서로 의지하며 버팀목이 되어준 진정한 친구사이를 뜻하는 貧賤之交, 이 성어에는 빈천한 처지로 있다가 부귀한 입장으로 신분상승이 되었다 해도 절대로 바꿔서는 안 되는 것이 바로 친구와 아내라고 한 송홍의 의리정신이 나타나 있다. 자신이 대사공이라는 높은 벼슬에 오르기까지, 그 배후에서 온갖 어려움을 함께 감수해준 친구와 아내 덕에 지금의 영광이 있는 것이니 이 점을 잊지 않겠다는 것이다. 입장이 나아지면 과거의 것을 모두 지워버리고 싶어 하는 일반인들의 이기심과 속물스러움을 송홍은 인간간의 의리와 인정을 내세우며 한 치의 망설임도 없이 씻어 내버렸다. 비록 지금보다 더 나은 부귀가 보장 된다 하더라도, 그 부귀는 친구 앞에서 아무런 의미가 없다는 점을 송홍이 보여 주었다. 물질보다는 사람을 택한 송홍, 그의 인간미가 믿음직하다.
요즘에 '의리'가 대세이다. '의리를 지킨다.' 함은 개인적으로 온정주의에 빠져 자칫 공정성을 해칠 우려가 없지 않으나 '빈천지교'에 나타나 있는 의리는 인간에 대한 깊은 신뢰를 드러내는 것이다. 참다운 인간미이다.

[유사어]　糟糠之妻(조강지처)：　지게미와 쌀겨를 먹으며 고생한 아내를 배신해서는 안 됨.　　　　[출전]『後漢書 卷26』「宋弘傳」

# 氷炭之間 빙탄지간

氷 얼음 빙 | 炭 숯 탄 | 之 ~의 지 | 間 사이 간

## 얼음과 숯의 관계.

사물의 성질이 정반대여서 도저히 서로 융합될 수 없는 사이.

전한前漢시대 무제武帝 때, 해학과 익살의 달인인 문장가 동방삭東方朔(BC154년~BC93년)이 굴원屈原을 추모하며 「칠간七諫」이라는 시를 지었다.

'빙탄지간'은 7수首로 되어 있는 동방삭의 시 중에 '자비自悲'라는 시에서 유래된 성어이다.

| | |
|---|---|
| 얼음과 숯이 서로 같이할 수 없음이여! | 氷炭不可以相幷兮 |
| 내 본디 목숨이 길지 않으리라는 것을 알았노라 | 吾固知命之不長 |
| 홀로 고생하다 죽어 낙이 없음을 슬퍼함이여! | 哀獨苦死之無樂兮 |
| 내 나이를 다하지 못함을 안타까워하노라. | 惜余年之未央 |

幷 함께할 병 / 吾 나 오 / 兮 감탄어조사 혜 / 固 본디 고 / 命 목숨 명 / 獨 홀로 독 / 苦 쓸 고 / 惜 아까워할 석 / 余 나 여 / 央 다할 앙

## 동방삭(東方朔)의 정치인생

전국시대의 초楚나라 굴원이 나라를 걱정한 나머지 불의를 참지 못하고 멱라수에 투신하여 죽음으로 간언을 대신했던 것처럼 동방삭 역시 중상모략을 견뎌가며 간신배들의 온갖 횡포를 황제께 직언했던 인물이다. 불의와 아첨을 싫어하는 굴원이 간신들과 함께 관직생활을 하기가 무척 힘들었을 것이라고 짐작한 동방삭은 굴원의 충정을 백번 이해하며 그를 추모하는 시를 지었다.

충신과 간신배는 마치 물과 불처럼 공존 할 수 없는 관계임을 뜻하는 氷炭之間, 이 성어에는 자신을 모함하는 간신들과 나라를 사랑하는 자신과는 함께 어울릴 수도, 함께 생존할 수도 없는 관계라고 생각한 동방삭의 우국충정이 나타나 있다. 굴원의 심정을 정확히 꿰뚫어 표현한 것이 마치 굴원이 지은 시로 착각하게 할 만큼 동방삭은 자신을 굴원에 그대로 투영하였다. 약 200여 년 전의 충신 굴원이 황제의 신임을 받다가 간신배들의 모함에 쫓겨 귀양살이를 떠났던 사건에서, 동방삭은 자신의 우울한 미래를 떠올렸다. 겉으로는 유머와 재치를 발휘하며 한 평생을 쉽고 가볍게 살아가는 듯했던 동방삭, 하지만 그의 내면에는 이질적인 사람들을 용납할 수 없어 울분으로 가득 차 있었다.

본질적으로 다른 성향의 사람들과 함께 나랏일을 도모하는 것은 매우 힘든 일이지만 궁극의 목표를 좋은 나라 만들기에 두고 의견을 달리하는 것은 오히려 서로에게 견인차노릇을 하는 것이므로 그리 나쁘지만은 않다. 다만 좋은 나라를 만드는 척하면서 오히려 권모술수를 부리고 사리탐욕에만 매달리는 정치인과는 정적이 될 수밖에 없다. 얼음과 숯의 관계인 빙탄지간은 바로 이 점을 비유한 것이다.

---

[동의어]　　氷炭不容(빙탄불용)　:　얼음과 숯은 서로 용납하지 않는 사이.
[유사어]　　水火相剋(수화상극)　:　물과 불은 서로를 이기는 관계.
　　　　　　犬猿之間(견원지간)　:　개와 원숭이처럼 서로 으르렁대는 관계.
　　　　　　不俱戴天(불구대천)　:　함께 같은 하늘에서 살 수 없는 사이.

[출전] 「楚辭」 「七諫」

# 舍己從人 사기종인

舍 버릴 사 | 己 자기 기 | 從 쫓을 종 | 人 남 인

## 자기를 버리고 남을 따르다.

자기의 잘못을 버리고 타인의 선행을 본떠 행함.

전국戰國시대, 맹자孟子가 남의 의견을 수용하는 자세에 대해 언급하였다.
'사기종인'은 군자가 되는 방안에 대해서 맹자가 설명할 때 순임금을 사례로 들며 칭송했던 말에서 유래된 성어이다.

| | |
|---|---|
| 맹자가 말하였다. "자로는 사람들이 그에게 잘못이 있다고 일러주면 기뻐하였고, 우임금은 선한 말을 들으면 절을 하셨다. 위대한 순임금은 더 위대한 점이 있었으니, 선善을 남과 함께 하셨고, 자기의 잘못을 버리고 남의 좋은 것을 따르시면서, 남에게서 취해 선한 일 하기를 즐기셨지. 몸소 농사짓고 질그릇 굽고 물고기 잡는 데서부터 황제가 되기까지 남에게서 취하지 않은 것이 없으셨네. 남에게서 취하여 선을 한 것, 이것이 남들과 함께 선을 하셨다는 거야. 고로 군자에게 남과 함께 선을 행하는 것보다 더 큰 일이 없지." | 孟子曰子路人告之以有過則喜,禹聞善言則拜.大舜有大焉,善與人同. 舍己從人,樂取於人以爲善.自耕稼陶魚以至爲帝無非取於人者. 取諸人以爲善.是與人爲善者也.故君子莫大乎與人爲善 |

告 알릴 고 / 過 허물 과 / 喜 기쁠 희 / 拜 절할 배 / 與 더불어 여 / 樂 즐길 락 / 取 취할 취 / 耕 밭갈 경 / 稼 농사 가 /
陶 질그릇 도 / 至 이를 지 / 帝 임금 제 / 諸 어조사 저 / 是 이 시 / 故 까닭 고 / 莫 없을 막 / 乎 ~보다 호 (비교격어조사)

| 子路(자로) | 공자의 가르침을 기쁘게 받아들여 자신의 거친 성품을 고쳐나감으로써 공자의 제자 중에 가장 용기 있는 인물로 평가됨.
| 禹(우) | 하夏나라의 개국 임금. 많은 이들의 의견을 수렴하여 치수사업에 성공함.
| 大舜(대순) | 효심이 지극하고 덕망이 두텁기로 유명. 늘 겸허한 자세로 백성 앞에 임함.

## 맹자(孟子)의 군자론

자로는 공자가 허물을 지적해주는 대로 고쳐서 실천했고 우임금은 홍수문제를 해결하기 위해 많은 이의 의견을 수렴해서 치수에 성공했으며 순임금은 자신의 잘못을 개선하는 것뿐만 아니라 다른 사람들을 인도하여 선한 일을 함께 수행하였다.

자신의 허물을 지적하는 상대방의 충고에 진심으로 귀 기울이는 겸허함과 관대함을 내포하는 舍己從人, 이 성어에는 남의 선함을 본받아서 그들과 함께 선을 실행했던 순임금을 군자의 표본으로 내세운 맹자의 군자지향주의가 나타나 있다. 지도자적 위치에 있게 되면 자칫 권위와 오만에 익숙해져 남의 충고를 귀담아 듣지 않을 수 있음을 맹자가 경고하였다. 자만하지 않고 남의 의견이나 선을 받아들이며 함께 선한 일을 하는 것이 군자가 되는 길임을 제시한 맹자, 자신만이 옳다고 믿는 지도자들에게 아집을 버리라고 일깨운다.

'자기를 버리고 남을 따르다.' 라는 문자적 의미로 인해, 자칫 줏대 없이 남을 추종하는 것으로 오인하기 십상인 '사기종인', 그래서인지 최근 들어 이 성어를 잘못 활용하는 경우가 있다. 성어의 유래가 되는 고사를 통해서 다시금 그 의미의 정확성을 알아야 한다.

[출전] 『孟子』 「公孫丑 上」

# 四面楚歌 사면초가

四 넉 사 | 面 낯 면 | 楚 나라이름 초 | 歌 노래 가

## 사방에서 들려오는 초나라 노래.

주위에 적이 많아 고립되어 있는 처지.

진秦나라시대 말기, 초패왕楚覇王 항우項羽가 한왕漢王 유방을 상대로 천하통일을 다투며 마지막 결전을 벌렸다. '사면초가'는 항우의 초나라 군사가 유방의 군사에게 포위된 후, 한나라 측의 심리전에 휘말려 들려오는 고국 초나라의 노래 소리에 사기를 잃게 되는 정황에서 유래된 성어이다.

| | |
|---|---|
| 항우의 군사가 해하에서 벽에 부딪혔다. 군사수도 줄고 식량마저 떨어진데다가 한나라 군사와 각 제후국의 병사들이 수 겹으로 에워쌌다. 밤중에 한나라 군의 사방에서 초나라 노래 소리가 들렸다. 항우가 이에 크게 놀라워하며 말했다. "한나라는 벌써 초나라를 다 차지한 것인가? 이 어찌 초나라 사람들이 많단 말인가?" | 項王軍壁垓下.兵少食盡 漢軍及諸侯兵圍之數重. 夜聞漢軍四面皆楚歌 項王乃大驚曰漢皆已得 楚乎?是何楚人之多也 |

壁 벽 벽 / 盡 다할 진 / 及 및 급 / 圍 둘러쌀 위 / 重 겹칠 중 / 皆 모두 개 / 驚 놀랄 경
| 垓下(해하) | 초나라 항우와 한나라 유방이 벌인 마지막 격전지. 지금의 안휘성安徽省

## 항우(項羽)의 최후

초왕 항우가 한왕 유방에게 무릎을 꿇은 곳이 '해하垓下'이다. 이곳에서 항우는 유방 측 참모인 한신韓信, 장량張良 등의 작전에 말려들어 결국은 자결하기까지에 이른다.

심리적으로 재기의 싹마저 없애는 포위 전략인 四面楚歌, 이 성어에는 사방에서 좁혀오는 적군의 포위망으로 인해, 숨막힐 듯한 공포감과 외로움에 쌓여 한계를 느낀 항우의 절망감이 나타나 있다. 그 직전까지만 해도 기개가 넘치고 힘도 장사인 천하의 호걸 항우는 당연히 유방과 벌인 전투 때마다 승전했었다. 하지만 그는 해하전투에서 모든 것을 잃고 말았다. 한나라 유방의 참모인 장량의 심리전에 당하고 만 것이다. 장량은 한신장군의 맹공격으로 잡아들일 수 있었던 초나라 포로들에게 고국의 노래를 부르도록 시켰고 이 노래를 듣는 항우로 하여금 포로가 되어 심란해진 많은 아군이 고국을 그리워하는 것으로 알게끔 하였다. 장량의 작전은 그대로 적중했다. 하필이면 이 일이 있기 전, 항우는 자신의 최고 참모인 범증范增 을 내치는 일생일대의 큰 실수를 저지르기도 하였다. 궁지에 처한 자신을 위하여 묘책을 제시해줄 사람마저 없는 형국인데다가 물샐 틈 없이 좁혀오는 한나라 군대의 포위망에, 더군다나 초나라 군사들의 사기저하까지, 어느 것 하나 항우에게 후일을 도모할 빌미가 되어 주질 못했다. 항우가 결정적으로 심리적 압박을 받아 최후를 선택하게 된 것은 유방의 군대에게 그 많던 아군을 거의 다 잃었다는 사실 때문이다. 항우로서는 더 이상 얼굴을 들고 살 명분도, 자존심도 잃고 만 상황인지라, 자신을 용서할 수 없었다.

힘으로 천하를 차지하려 했던 항우, 덕망으로 사람들을 얻을 수 있다는 사실만큼은 몰랐던 인물이다.

[유사어] 孤立無援(고립무원) : 아무런 도움도 받지 못한 채 홀로 버티고 있음.  [출전]「史記」「項羽紀」

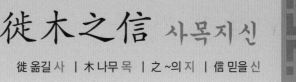

# 徙木之信 사목지신

徙 옮길 사 ㅣ 木 나무 목 ㅣ 之 ~의 지 ㅣ 信 믿을 신

# 나무를 옮기는 것으로 백성을 믿게 함.

남을 속이지 않고 약속을 반드시 지킴.

전국戰國시대 중기, 진秦나라 효공孝公 때의 명재상 상앙商鞅(BC390년~BC338년)이 법령을 이미 제정해 놓고도 반포하지 못했다. 백성들이 법치法治를 믿지 않을까 염려해서였다. 믿음을 얻기 위한 방책으로 높이가 90㎝쯤 되는 나무를 성중의 남문에다 세우고 북문에다 옮겨 놓는 자에게는 상금을 주겠다는 포고문을 내걸었다.
'사목지신'은 진나라 재상 상앙이 백성들로부터 신뢰를 얻기 위해서 남문에 심어놓은 나무를 북문으로 옮겨 놓는 사람에게 상금을 주겠다고 약속했는데 이를 믿고 실제로 옮긴 사람이 있어 그에게 상금을 준 대목에서 유래된 성어이다.

| 다시 알리기를 "이 나무를 옮기는 자에게는 50금을 준다."고 하였다. | 復曰能徙者予五十金. |
| 어떤 자가 이것을 옮겼으므로, 즉시 50금을 주어 | 有一人徙之, 輒予五十金 |
| 백성을 속이지 않았음을 밝히고 마침내 법령을 내렸다. 그러나 법령 | 以明不欺. 卒下令. 令行於 |
| 이 시행된 지 1년이 되자, 진나라 백성들의 수도에서는 | 民朞年, 秦民之國都言初 |
| 새 법령의 불편함을 말하는 자가 수천 명에 이르렀다. | 令之不便者以千數. |
| 이때에 태자가 법을 범하자 위나라 출신인 상앙이 말하였다. | 於是太子犯法. 衛鞅曰 |
| "법이 잘 시행되지 않는 것은 위에 있는 자부터 법을 어기기 때문이 | 法之不行, 自上犯之. |
| 다." 하고 장차 태자를 벌하려 하였다. 그러나 태자는 임금의 후계자 | 將法太子, 太子君嗣也, |
| 이므로 형벌을 시행할 수 없어서 그의 사부인 공자건을 처벌하고 그 | 不可施刑, 刑其傅公子虔, |
| 의 스승인 공손가를 경형에 처했다. | 黥其師公孫賈. |
| 다음 날부터 진나라 백성들은 모두 법을 지켰다. | 明日秦人皆趨令 |

復 다시 부 / 予 줄 여 / 輒 문득 첩 / 欺 속일 기 / 朞 돌 기 / 便 편할 편 / 犯 범할 범 / 將 장차 장 / 嗣 이을 사 / 施 베풀 시 /
刑 형벌 형 / 傅 스승 부 / 黥 묵형 경 / 皆 모두 개 / 趨 쫓을 추
ㅣ衛鞅(위앙)ㅣ  위衛나라 귀족가문이라 공손앙이라고도 함. 진나라 효공을 도와 진나라를 강성국으로 발전시킨 공로가 있어
상읍을 봉토로 받아 상군商君으로 불림.

## 상앙(商鞅)의 법정신

진나라 법가사상가인 상앙은 효공이 바라는 부국강병을 실현하기 위한 방책으로 법 시행을 강력히 주장하였다. 단, 법의 실효성을 위해서는 일단 정한 법은 어떠한 상황, 어떤 사람을 대상으로 하든지 반드시 공정하게 지켜져야 한다는 지침을 일갈하였다.
남문에 있는 나무를 북문에 옮기면 나라에서 상금을 준다고 하는 새 정책을 실제로 시행하여 신뢰를 확보했다. 라는 뜻의 徙木之信, 이 성어에는 국가가 제정한 법은 반드시 시행되어야 한다는 상앙의 법치주의 원칙이 나타나 있다. 나무를 옮기는 일에 상금을 내건 정책을 대부분의 사람은 기이하게 여길 뿐인데 이를 믿고 실행한 사람이 있어서 그에게 준법성을 치하하는 의미로 약속한 상금을 주어 모든 이로부터 신뢰를 얻는 풍토를 조성한 것이다.

[동의어]  移木之信(이목지신) : 나무를 옮기게 하는 것으로 백성들을 믿게 함.                [출전] 『史記』「商君列傳」

# 駟不及舌 사불급설

駟 사마 사 | 不 아닐 불 | 及 미칠 급 | 舌 혀 설

## 네 마리의 말이 끄는 마차가 혀에 못 미침.

한번 내뱉은 말은 거둬들일 수 없음.

춘추春秋시대, 衛위나라 대부 극자성棘子成이 공자孔子의 제자 자공子貢(BC520년~BC450년)에게 군자의 요건에 대한 의견을 제시하였다. 군자는 형식치례에 힘쓰지 않고 본질에만 충실해도 족하다는 의견이다.

'사불급설'은 군자상을 잘못 거론하는 극자성을 향하여 그의 발설이 얼마나 경솔한가를 일깨워주고자 자공이 비유적으로 질책한 답변에서 유래된 성어이다.

---

"애석하구려! 그대가 군자에 대해 말하는데 (그 잘못된 견해는) 네 필의 말이 끄는 수레로도 혀를 따라가지 못할 것이오. 형식은 본질과 같고, 본질은 형식과 같소이다. 호랑이와 표범의 털을 벗긴 가죽은 개나 양의 털을 벗긴 가죽과 같은 것이지요."

惜乎!夫子之說君子也 駟不及舌. 文猶質也,質猶文也虎豹 之鞹猶犬羊之鞹.

---

惜 아까워할 석 / 文 무늬 문 / 猶 같을 유 / 質 바탕 질 / 豹 표범 표 / 鞹 무두질한 가죽 곽 /
| 夫子(부자) | 상대방에 대한 존칭으로 '그대', '선생', '댁'으로 풀이함.

## 자공(子貢)의 군자상

자공은 자신이 생각하는 군자상과 극자성이 말하는 군자상이 크게 차이 나자, 극자성에게 돌이킬 수 없는 실언을 했다고 지적하였다. 극자성이 군자의 자격요건으로 타고난 본바탕을 잘 갖추는 것이라고 말한 데에 대해 자공은 본바탕 못지 않게 중요한 것이 예의범절과 같은 형식치례라며 이 점에 대해 비유적으로 설명하였다. 호랑이와 표범이 동물 중의 왕인 것은 용맹성이라는 본질(質質)과 멋있는 털의 무늬(문文)로 꾸며져 있기에 개나 양과 차별화되는 것이라고 하였다. 잘못된 견해가 빨리 퍼져나감으로써 많은 사람들을 오도하고 말 것이라는 비유인 駟不及舌, 이 성어에는 말의 속성상 한번 내뱉은 말은 빨리 전파되기 마련이므로 사전에 말조심해야 한다고 한 자공의 언어신중론이 나타나 있다. 군자란 이상적 인간상인 만큼, 선천적인 질質과 후천적인 문文을 겸비해야 하거늘 극자성은 문文에 해당하는 예의범절을 도외시해도 무방하다고 말한 것이기에 이 발언의 경솔함과 악영향을 자공이 질책한 것이다.

인터넷을 타고 떠도는 소문을 서로 다른 지역에서 동시간대에 접하게 되는 현대, 현대인으로서 특별히 마음에 새겨야 할 성어가 '사불급설'이다. 그 옛날 자공이 발설의 전파속도를 네 필의 말이 끄는 마차의 속도에 빗대어 발설에 신중할 것을 요청하였는데, 지금은 그에 비할 수 없는 초고속의 정보망시대이니, 더욱 더 발설에 신중하고 또 신중해야 할 것이다.

---

[동의어] 駟馬難追(사마난추) : 소문의 속도는 네 필 말이 끄는 마차로도 쫓아가기 어렵다.
[유사어] 言飛千里(언비천리) : 발 없는 말이 천리 간다.
耳屬于垣(이속우원) : 귀가 울타리에 붙어있어 속삭이는 말도 담을 타고 넘어감.
不翼而飛(불익이비) : 날개 짓을 안했는데도 날아갈 정도로 소문이 빨리 전파됨.

[출전] 『論語』 「顔淵篇」

# 捨生取義 사생취의

捨 버릴 사 | 生 살 생 | 取 취할 취 | 義 옳을 의

## 삶을 버리고 의를 취하다.
정의를 위하여 자신의 목숨을 버림

전국戰國시대, 맹자孟子는 생명과 정의 중 무엇을 선택할 지를 자문自問한 적이 있다.
'사생취의'는 생명과 정의를 선택해야 하는 기로에 처했을 경우를 가정한 맹자가 삶보다는 정의를 취하겠다고 언급한 대목에서 유래된 성어이다.

| | |
|---|---|
| 맹자가 말하였다. "물고기는 내가 원하는 것이고 곰발바닥도 내가 원하는 것이다. 이 두 가지를 한꺼번에 얻을 수 없다면 물고기를 버리고 곰발바닥을 얻을 것이다.<br>삶 또한 내가 바라는 바이고 의義 또한 내가 바라는 바이다.<br>이 두 가지를 한꺼번에 얻을 수 없다면 삶을 버리고 정의를 취할 것이다." | 孟子曰魚我所欲也.熊掌亦我所欲也.二者不可得兼,舍魚而取熊掌者也生亦我所欲也義亦我所欲也.二者不可得兼,舍生而取義者也 |

熊 곰 웅 / 掌 발바닥 장 / 兼 겸할 겸 / 舍(=捨) 버릴 사 / 取 취할 취

## 맹자(孟子)의 가치관

춘추시대에 비해 전국시대는 사회적으로 더 혼란스러웠고 도덕적으로 더 타락한 상황이었다. 전쟁에서 승리하는 것만이 최고인 양, 제후국마다 부국강병에 혈안이 되어 오로지 이利를 추구할 뿐 인륜을 문제 삼지 않던 시대이다. 맹자가 보기에 도덕심을 상실한 채, 이利를 탐하는 것은 인간들의 올바른 삶이 아니었다. 그래서 맹자가 내세운 것이 정의롭게 사는 삶, 곧 정의와 생명을 동시에 지키는 이상적인 삶이었다.

하지만 부득이 특수한 상황에 처하여 한 가지를 택해야 할 경우라면 정의를 취하겠다는 뜻의 捨生取義, 이 성어에는 요리에 좀 더 귀하고 값진 것이 있는 것처럼, 인간의 생사生死에도 가치순위가 있어서 불의不義한 삶보다는 정의로운 죽음이 귀하다고 한 맹자의 도덕적 가치관이 나타나 있다. 맹자에 의하면 의義는 수오지심羞惡之心을 가리키는 것으로 잘못을 부끄러워하고 싫어하는 마음이다. 당대의 제후들이 무력에 의한 정치를 자행하면서도 불의不義인 줄도 모르고 수치심을 갖지 않다 보니 맹자가 정의를 주창한 것이다. 부국강병을 추구하는 것도 정의를 바탕으로 해야 백성도 나라도 바르게 건재할 수 있다고 역설하며 의義의 실행이 모든 것에 우선하는 최고 가치임을 밝혔다.

현대인의 생활 현장 곳곳에서 시도 때도 없이 치열한 경쟁이 펼쳐지기 때문에 현대를 흔히 총성 없는 전국시대라고 한다. 정의를 향한 맹자의 외침은 당대의 제후들에게 그치지 않고 정의가 불분명해진 오늘날에 더 크게 울리고 있다.

[유사어]  從容取義(종용취의) : 조용히 정의를 취하다.
　　　　　捨己爲人(사기위인) : 자기를 버리고 남을 위하다
　　　　　殺身成仁(살신성인) : 자신을 죽여 인을 실현하다.

[출전]「孟子」「告子 上篇」

# 射石爲虎 사석위호

射 쏠 사 | 石 돌 석 | 爲 생각할 위 | 虎 호랑이 호

## 돌을 호랑이인 줄 알고 (화살을) 쏘다.

정신을 집중하면 불가능한 일도 달성함.

전한前漢시대, 한漢나라의 맹장 이광李廣이 어느 날 사냥하러 갔다가 풀숲에 호랑이가 있는 것을 보고 급히 화살을 쏘았다.

'사석위호'는 이광장군이 돌을 호랑이로 잘못 알고서, 활시위를 힘껏 당겨 적중시켰던 일화에서 유래된 성어이다.

> 이광이 사냥을 나갔다가 풀 속의 돌을 보고 호랑이로 생각하여 활을 쏘았더니 돌 속으로 화살이 들어갔다. 살펴보니 (호랑이 모양의) 돌이었다. 다음날 다시 쏘았더니 끝내 들어가지 않았다
>
> 廣出獵見草中石以爲虎而射之,中石沒矢.視之石也.他日射終不能入

獵 사냥 렵 / 沒 빠질 몰 / 他 다를 타 / 終 끝내 종

## 이광(李廣)의 궁술

이광은 궁술사의 대명사격인 활쏘기의 대가이다. 그가 활쏘기에서 높은 적중률을 보인 데에는 그 나름의 유리한 요인이 있었다. 궁술가 집안의 유전자를 타고났고 큰 체구에 긴팔을 지녀 활쏘기에 적합한 신체조건을 갖춘 데에다가 사정거리 안에 있는 적만을 상대로 활시위를 당겼으며, 성품이 용맹스럽고 배려심이 크다는 점 등이 그것이다.

호랑이 형상의 돌을 호랑이인줄로 잘못 알고, 실제 호랑이를 겨냥하듯이 쏘았다는 뜻의 射石爲虎, 이 성어에는 호랑이로부터 부하들을 보호하겠다는 일념으로 화살을 쏜 결과, 돌에 화살을 꽂은 이광의 놀라운 배려심과 집중력이 나타나 있다. 호랑이를 잡아야만 한다는 절박감이 일구어낸 기적이다. 절절한 염원이 있지 않고서는 도저히 일어날 수 없는 기현상이 벌어진 것이다. 다급한 상황에서 얼마나 정신 집중을 했으면 돌을 뚫는 괴력을 낼 수 있었는지 본인 스스로도 믿기 어려운 결과라서 이광은 이미 돌이라는 사실을 알고 난 후, 재차 활쏘기를 시도했다. 견고한 돌에 대한 선입견이 집중력을 희석시켜서인지 더 이상 화살이 꽂히지 않았다. 기적은 저절로 일어나는 게 아니었다. 그의 궁술 비결은 순수한 이타심과 집중력이었다.

'사석위호'는 인간의 능력이 무한대임을 보여주는 성어이다. 자신의 능력을 스스로 한계 지으며 쉽게 포기하는 사람들에게 이 성어는 불가능한 일일지언정 전력투구를 한다면 얼마든지 기적 같은 일이 일어날 수 있다는 가르침을 주며 정신일도하사불성精神一到何事不成을 연상시킨다.

[동의어]　中石沒矢(중석몰시) :　(호랑인 줄 알고 쏘았더니) 돌 속으로 화살이 들어가다.
　　　　　　中石沒鏃(중석몰촉) :　(호랑인 줄 알고 쏘았더니) 돌 속으로 화살촉이 들어가다.
　　　　　　射石沒羽(사석몰우) :　(호랑인 줄 알고 쏘았더니) 돌 속으로 화살 깃이 들어가다.
[유사어]　金石爲開(금석위개) :　(집중해서 쏘았더니) 쇠와 돌이 열리게 되었다.

[출전]『史記』「李將軍列傳」

# 四海兄弟 사해형제

四 넉 사 ㅣ 海 바다 해 ㅣ 兄 형 형 ㅣ 弟 아우 제

## 사방이 형제.

천하 사람들이 마음과 뜻을 같이 한다면 다 형제처럼 지낼 수 있음.

춘추春秋시대, 송宋나라 군자 사마우司馬牛는 천하의 악명 높은 형, 사마환퇴司馬桓退 때문에 걱정이 이만저만이 아니었다. 자신에게는 형이 없는 거나 마찬가지라고 여기며 자하子夏에게 자신의 외로움을 털어놓았다.
'사해형제'는 사마우가 형제다운 형제가 없음을 걱정하자, 자하가 공자의 말을 인용하여 그의 근심을 해결해주는 답변에서 유래된 성어이다.

| | |
|---|---|
| 사마우가 근심하며 말하였다. "사람은 모두 형제가 있는데 유독 나만 없소이다." 그러자 자하가 말하였다. "내가 듣기에 죽고 사는 것이 운명에 달려있고 부유함과 귀함이 하늘에 달려 있다 했소이다. 군자가 공경하는 자세로 실수하는 일이 없고 남과 함께함에 공손하고 예의가 있으면 온 세상 사람들이 모두 형제**입니다. 군자가 어찌 형제가 없는 것을 걱정하겠습니까?"** | 司馬牛憂曰人皆有兄弟<br>我獨亡.子夏曰商聞之矣<br>死生有命,富貴在天.<br>君子敬而無失,與人恭而<br>有禮,四海之內皆兄弟也<br>君子何患乎無兄弟也 |

憂 근심할 우 / 皆 모두 개 / 亡 없을 무 / 矣 ~이다 의(종결형어조사) / 敬 공경할 경 / 與 더불 여 / 恭 공손할 공 / 患 근심할 환
ㅣ司馬牛(사마우)ㅣ 성이 사마이고 이름은 경耕이며 자字가 자우子牛임. 형이 가담한 반란이 실패하자 곧 죽을 위기에 처해질 것임을 직감함.
ㅣ商(상)ㅣ 자하의 본명. 공자의 제자 가운데 가장 학문에 뛰어남.

### 자하(子夏)의 기개

사마우의 형 사마환퇴가 크게 잘못하여 그들 형제가 모두 죽음의 위기에 몰리게 되자 사마우는 공자의 문하생 자하에게 고민을 털어 놓았다. 혈육 간에 단합이 되지 않아 뿔뿔이 흩어져서 남이나 다름없이 지내니 형제가 없는 것과 같다고 여기는 사마우에게 자하는 공자의 말에서 답을 찾아 상담에 응하였다.
전 세계인이 모두 형제나 마찬가지라는 의미의 四海兄弟, 이 성어에는 혈육이 없어서 외로워하지 말라고 하며 높은 기개를 보인 자하의 세계주의가 나타나 있다. 세계인이 모두 내 가족이라는 의식을 가지라고 한다. 단, 자신의 삶에 충실하면서 남들에게 공손하고 예의를 갖출 때에 한하여 초혈연적인 우애가 생겨나서 진짜 형제와 같은 인간관계가 성립된다고 하였다. 곧 자기 자신부터 먼저 군자의 도리를 다해야 주위의 모든 사람들도 형제애를 발휘하여 도움을 준다는 것이다.
현대인은 국제교류가 활발한 다문화사회에서 지구인이라는 이름으로 살고 있다. 치열한 경쟁으로 치닫는 추세를 막고 인류애로 서로 감싸 안는 인간세상을 지향할 것을 의식하라는 '사해형제'가 현 시대에서의 인간관계를 되돌아보게 한다.

[동의어] 四海同胞(사해동포) : 천하 사람들이 같은 동포이다.
[유사어] 胡越之家(호월지가) : 북쪽의 호족과 남쪽의 월족이 한 집안이 되었다.

[출전]『論語』「顔淵」

# 殺身成仁 살신성인

殺 죽일 살 | 身 몸 신 | 成 이룰 성 | 仁 어질 인

## 자신의 몸을 죽여 인仁을 이룬다.

자기의 몸을 희생하여 옳은 도리를 행함.

춘추春秋시대, 도덕적 해이와 사회적 혼란이 극심하여 백성들이 살기가 힘들었던 시대에 공자孔子가 자기 희생적 사랑을 외쳤다.
'살신성인'은 공자가 도덕적 가치를 강조한 말에서 유래된 성어이다.

> 높은 뜻을 지닌 선비와 어진 사람은
> 인仁을 해치면서까지 삶을 구걸하지 않으며
> 자신의 몸을 죽여서 '인'을 이룬다.
>
> 志士仁人
> 無求生以害仁
> 有殺身以成仁

志 뜻 지 / 求 구할 구 / 害 해칠 해

### 공자(孔子)의 仁

공자사상의 핵심은 인仁이다. 인仁을 묻는 제자들에게 공자는 제자의 특성에 맞는 답변을 해줌으로써 이해를 체감할 수 있게 하였지만 대부분은 남에 대한 따뜻한 배려심인 복례復禮, 애인愛人, 충서忠恕, 신의信義 등으로 인仁을 설명하였다.

자기 자신을 희생해서 인仁을 실현한다는 뜻의 殺身成仁, 이 성어에는 모든 생명체의 생명을 사랑하는 마음으로 남의 생명을 소중히 대하라고 하는 공자의 이타적 생명사상이 나타나 있다. 물론 자신의 생명만큼 소중한 것이 없지만 자신을 희생하여 남의 생명을 구하는 것은 최고의 가치를 실현하는 것이라고 했다. 도의적 책임을 외면한 채, 자신의 목숨만을 보전하는 삶은 구차스럽게 삶을 구걸하는 꼴이라는 것이다. 이처럼 공자는 자신의 생명을 타인의 생명을 위하는 일에 바치는 것이 바로 남을 진정 사랑하는 덕목인 인仁을 실현하는 행위라 하였다. 그런데 자신의 생명을 소중히 여기라고 말하는가 싶더니 한편으로는 생명을 버리고서도 인仁을 실현하라는 공자의 말은 얼핏 모순처럼 들릴 수 있다. 여기서 놓치지 말아야할 '살신성인'의 요지는 인仁의 실현은 생물학적 생명의 유한성을 넘어서는, 도덕적 차원의 무한한 생명을 얻는 길이라는 점이다. 공자에 의하면 인仁의 실현은 영원히 사는 길이다.

사람은 본능적으로 자기 목숨에 연연하기 마련이다. 특히 요즘 세태는 이기심이 팽배해서 더욱 그렇다. 하지만 이러한 세태 속에서도 '살신성인'하는 사람이 있어 그의 미담은 우리의 순수하고 따뜻한 감성을 일깨워 준다. 본능을 넘어선 숭고한 삶을 살아가는 인물이라서 감동적이다. 이 사람들의 이름은 사람들의 뇌리 속에 영원히 살아있게 된다.

[동의어] 孔曰成仁(공왈성인) : 공자는 인仁을 이루라고 말씀하셨다.
[유사어] 孟曰取義(맹왈취의) : 맹자는 의義를 취하라고 말했다.
捨生取義(사생취의) : 삶을 버리고 의로움을 취하다.
命緣義輕(명연의경) : 목숨을 의義에 연연하여 가볍게 여기다.

[출전] 『論語』「衛靈公篇」

# 三顧草廬 삼고초려

三 석삼 | 顧 돌아볼 고 | 草 풀 초 | 廬 오두막집 려

## (유비가 제갈량의) 초가를 세 번 찾아감.

인재를 맞이함에 진심으로 예를 다함.

후한後漢 말 삼국三國시대 초, 촉한蜀漢 제1대 황제 유비劉備(161년~223년)는 '위魏나라 땅을 되찾아라.'는 유언을 재상 제갈량에게 남겼다. 제갈량은 유비의 뜻을 받들어, 위나라를 공격하러 떠나던 날, 2대 황제 유선劉禪에게 출사표를 바쳤다.

'삼고초려'는 제갈량이 자신을 신하로 삼기 위해 지극한 정성을 쏟았던 유비를 회상하며 북벌로 타지에 가 있는 사이, 유비의 아들 유선이 부디 선정할 것을 호소하는 글에서 유래된 성어이다.

> 臣이 본래 평민으로 몸소 남양 땅에서 밭을 갈고, 참으로 어지러운 세상에서 목숨을 보전하며 제후들에게 알려지기를 구하지 않고 지내었는데, 선제께서 신을 벼슬이 없는 천한 사람으로 여기지 않고, 외람스럽게도 스스로 몸을 굽히어 세 번이나 초가집의 가운데에서 저를 찾아 주시고 신에게 당대의 일들을 물으셨습니다.

> 臣本布衣,躬耕南陽,苟全性命於亂世,不求聞達於諸侯,先帝不以臣卑鄙猥自枉屈,三顧臣於草廬之中,咨臣以當世之事.

臣 저 신(1인칭 겸칭 대명사) / 躬 몸소 궁 / 耕 밭갈 경 / 苟 진실로 구 / 亂 어지러울 난 / 達 다다를 달 / 諸 모든 제 / 侯 제후 후 / 卑 낮을 비 / 鄙 더러울 비 / 以 생각할 이 / 猥 외람될 외 / 枉 굽힐 왕 / 屈 굽힐 굴 / 咨 물을 자

| 布衣(포의) | 벼슬하지 않아 무명옷을 입고 지내는 부류. 즉 평민을 뜻함.
| 先帝(선제) | 촉나라 1대 황제 유비를 뜻함.

## 유비(劉備)의 인간형

24세의 유비劉備 는 쇠퇴에 이른 한漢나라를 부흥시키기 위하여 관우關羽, 장비張飛와 의형제를 맺고서 군사를 이끌고 분투노력 하였다. 하지만 47세가 되도록 위나라의 조조曹操(155년~220년)에게 당하기만 하면서 갈수록 군사력을 잃고 결국에는 형주자사 유표劉表에게 의탁하는 초라하기 이를 데 없는 입장에 처하고 말았다. 물론 관우나 장비, 조자룡趙子龍과 같은 용맹한 장수가 생사를 걸고 함께 해줬지만, 작전을 짜고 군대를 지휘할 최고 통솔자가 없었던 것이 패전의 요인이었다. 유비에게는 최고의 지략가가 필요했던 것이다.

반드시 뜻을 관철하리라는 강한 의지로 인재의 집을 세 번이나 찾아간다는 뜻의 三顧草廬, 이 성어에는 인재발굴에 온 정성을 다 쏟은 유비의 겸손함과 유연성이 나타나 있다. 지략과 기지로 이름이 나 있는 제갈량을 맞이하려고 그의 누추한 초막에 세 번이나 찾아간 유비의 정성스러움은 제갈량을 감동시키기에 충분했다. 한나라 부흥의 막중한 책임감이 그만큼 컸던 유비로서는 나라를 구할 인재에게 얼마든지 자신을 낮출 수 있었던 것이다. 한나라의 혈통을 자부한 유비, 강한 의지력과 투철한 사명의식에 겸손함까지 지닌 인물이다.

[동의어]　三顧之禮(삼고지례) : 인재를 맞이함에 있어 진심으로 예를 다함.
　　　　　 草廬三顧(초려삼고) : (인재를 얻기 위해) 초가집을 세 번 찾아감.
　　　　　 三顧知遇(삼고지우) : (인재를 얻기 위해) 세 번 찾아가서 드디어 만남을 성사함.

[출전] 『三國志』 「蜀志 諸葛亮傳」

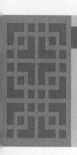

# 三復白圭 삼복백규

三 석 삼 | 復 돌아올 복 | 白 흰 백 | 圭 홀 규

## 하루에 백규를 세 번 반복한다.

말을 신중하게 삼가서 함.

춘추春秋시대, 공자孔子의 제자 남용南容이 『시경詩經』 「대아大雅」의 '억抑'이라는 시를 자주 애송하자 이를 본 공자가 그의 인품을 치하하였다.
'삼복백규'는 공자가 남용南容의 시 낭송하는 습관을 칭찬하는 대목에서 유래된 성어이다.

| | |
|---|---|
| 남용이 백규란 내용의 시를 하루에 세 번 반복하니 공자께서 그 형님의 딸을 그에게 시집보내었다. | 南容三復白圭,孔子以其兄之子,妻之 |

以 ~(으)로써 **이** / 子 자식 **자** / 妻 시집보낼 **처** / 之 그 **지**(3인칭대명사)

| 南容(남용) |　공자의 제자로 이름이 괄适.

| 白圭(백규) |　백옥의 흠은 오히려 갈 수 있지만 (백규지점白圭之玷 상가마야尚可磨也) 말의 흠은 어찌 할 수 없네. (사언지점斯言之玷 불가위야不可爲也)

## 남용(南容)의 자기수양

'억抑'이라는 시는 위衛나라 11대 임금 무공武公이 95세 때에, 주周나라 10대 임금 여왕廬王의 무도함과 쓸데없이 말 많음을 비난하려고 풍자해서 지은 것이다. 특히 위정자의 말은 백성에 대한 약속이므로 다시 주워 담을 수 없음을 명심하여 신중하게 말해야 한다. 라는 내용의 시로 무공 자신이 몸과 마음을 경계하고자 한 이유도 있었다. 남용이 위무공衛武公의 정신을 본받고자 이 시를 하루에 세 번씩 반복해서 외우며 자신의 말을 스스로 단속하였는데 이 모습을 공자가 훌륭히 본 것이다. 애송시는 곧 그 사람의 성향과 인품을 드러내는지라 공자는 그를 인격자로 인정하고 조카사위로 받아들였다.

옥에 티는 얼마든지 없앨 수 있지만 말의 실수는 절대로 돌이킬 수 없으니 말로 인한 잘못을 결코 하지 않으리라는 다짐의 표명인 三復白圭, 이 성어에는 모든 일의 화근이 경솔한 말버릇이라고 생각한 남용의 언어수양 정신이 나타나 있다. 백규라는 시의 경고를 남용은 예의 주시하며 말조심을 생활화했던 것이다. 말의 재앙을 미리 차단하고자 노력했던 남용, 공자에게 신뢰를 얻은 인물이다.

정보산업이 하루가 다르게 발달하는 현대는 시공간이 매우 좁아지고 짧아졌다. 한번 내뱉은 말은 온라인을 타고 급속도로 퍼져나가는지라 더욱 주워 담을 수 없는 세태이니, 조심하고, 조심하고 또 조심하기를 촉구하는 고사이다. 그래서 남용이 삼복백규했던 생활태도는 오늘날에 더더욱 본보기로 와 닿는다. 말을 내뱉는 혀가 자기의 몸을 베는 칼이라고 하지 않았던가!

---

[유사어] 　愼勿輕速(신물경속) :　(말을) 삼가하며 가볍거나 서두르지 말라.
　　　　　隱忍自重(은인자중) :　은근하게 참고 견디면서 몸가짐을 신중하게 행동함.

[출전] 『論語』 「先秦篇」

# 三省吾身 삼성오신

三 석삼 | 省 살필성 | 吾 나오 | 身 몸신

## 세 가지 면에서 자신을 반성함.

거듭 자신의 행동이나 생각을 반성함.

춘추春秋시대 말기, 공자孔子의 수제자인 증자曾子(BC506년~BC436년)가 매일같이 자기반성을 시도한다고 공표한 적이 있다.

'삼성오신'은 증자가 세 가지 항목에 대하여 자신이 잘 실천하고 있는 지를 늘 살펴본다는 대목에서 유래된 성어이다.

| | |
|---|---|
| 증자가 말하였다. "나는 날마다 세 가지 것에 대하여 내 몸을 살피니, 다른 사람을 위하여 일을 도모함에 충성스럽지 아니했는가? 벗과 더불어 사귀되 미덥게 하지는 않았는가? (스승께서) 전해주신 것을 익히지 아니했는가?" | 曾子曰吾日三省吾身, 爲人謀而不忠乎? 與朋友交而不信乎? 傳不習乎? |

爲 위할 위 / 謀 꾀할 모 / 與 더불어 여 / 朋 벗 붕 / 傳 전할 전 / 習 익힐 습

| 曾子(증자) | 본명은 증삼曾參. 공자의 도를 계승한 수제자로 효성이 지극함.

## 증자(曾子)의 수양방식

공자의 인仁사상을 계승한 증자는 저서 『대학大學』에서 사람들의 명덕明德을 밝혀야 한다고 했다. 그의 이 주장은 공자의 손자인 자사子思의 천명天命사상을 거쳐 맹자의 성선性善사상에게까지 영향을 끼쳤다. 사람은 누구나 선천적으로 명덕明德을 타고 났으니 밝은 덕을 밝히기 위해서는 평소에 늘 반성의 기회를 가져야 한다는 것이 증자의 생각이다. 자신의 허물을 매일 되돌아본다는 의미의 三省吾身, 이 성어에는 공자의 가르침을 그대로 실천하고자 한 증자의 수양방식이 나타나 있다. 충忠은 중中과 심心이 합해진 글자로 '자신의 속마음을 다한다.'의 의미이니 선천적인 밝은 덕을 바쳐서 남의 일에 최선을 다했는지의 여부를 살피는 것, 신信은 인人과 언言이 합해진 글자로 '남에게 말한 바를 그대로 실천에 옮긴다.'의 의미이니 친구에게 언행일치를 보이며 신뢰감을 주었는지의 여부를 살피는 것, 습習은 우羽와 일日이 합해진 글자로 '어린 새가 원숙한 비상을 위해서 날마다 날개 짓을 반복한다.'의 의미이니 스승의 가르침을 자기 것으로 만들기 위해 피나는 노력을 했는지의 여부를 살폈다는 것이다. 증자는 일에 대한 진정성(충忠), 이웃에 대한 신용도(신信), 스승에 대한 노력(습習) 등을 되돌아보며 자신을 엄격히 절제하였다. 날마다 세 가지 항목을 정해서 반성했다는 점은 증자의 수양을 향한 의지가 강했음을 말해준다. 그의 수양방식은 생활화와 주제화다. 자기 자신을 총체적으로 반성하는 식의 막연한 자세가 아니라 충忠, 신信, 습習을 주제삼아 날마다 반성함으로써 기필코 체득하리라는 의지를 보였다. 좋은 일에서든지 나쁜 일에서든지 현대인은 반성을 잊은 채 허둥지둥 하며 산다. 당장 살아가기에 급급한 나머지 되돌아보거나 내다보질 못한 채, 오늘을 사는 것이다. 그래서 허점투성이의 오늘은 내일로 반복되기 일쑤이다. 차근차근, 꾸준하게 지난 행위를 돌이켜보는 여유가 필요하다. 증자의 '삼성오신'하는 삶이 현대인에게 시사하는 바가 크다.

[동의어] 一日三省(일일삼성) : 날마다 세 가지 것을 살피다.     [출전]『論語』「學而篇」

# 三旬九食 삼순구식

三 석삼 │ 旬 열흘순 │ 九 아홉구 │ 食 먹을식

## 30일 동안에 아홉 끼니를 먹는다.

집이 몹시 가난하여 먹을 것이 부족함.

송宋나라시대 초기, 도연명陶淵明이 흠모하던 선비를 찾아갔다가 그의 덕망에 감복한 나머지, 그와 교우관계를 맺고자 하는 내용의 시를 지었다.

'삼순구식'은 도연명이 존경하는 어느 선비의 생활상을 묘사한 시어에서 유래된 성어이다.

| | |
|---|---|
| 동방에 한 선비가 있으니 | 東方有一士 |
| 옷차림이 항상 온전치 못하였고 | 被服常不完 |
| 한 달에 아홉 끼니가 고작이요 | 三旬九遇食 |
| 십년이 지나도록 모자 하나로 지내더라. | 十年著一冠 |
| 고생이 이에 비할 데 없건만 | 辛苦無此比 |
| 언제나 좋은 얼굴로 있더라. | 常有好容顔 |
| 내 그 분을 보고자 하여 | 我欲觀其人 |
| 새벽에 떠나 하관河關을 넘어 왔도다. | 晨去越河關 |
| 푸른 소나무는 길을 끼고서 나왔고 | 青松夾路生 |
| 흰 구름은 처마 끝에 잠들어 있더라. | 白雲宿簷端 |
| 내 일부러 온 뜻을 알고 | 知我故來意 |
| 거문고를 골라 나를 위해 연주하니 | 取琴爲我彈 |
| 높은 줄을 튕겨 놀랍게도 별학조 가락을 타더니, | 上絃驚別鶴 |
| 낮은 줄을 튕겨 조종하듯 고난조 가락을 타시네. | 下絃操孤鸞 |
| 원컨대, 이곳에 머물러 그대와 함께 살면서 | 願留就君住 |
| 지금부터 세한歲寒의 의리를 나누고 싶어라, | 從今至歲寒 |

被 입을 피 / 著 입을 착 / 辛 매울 신 / 顔 얼굴 안 / 晨 새벽 신 / 夾 낄 협 / 簷 처마 첨 / 端 끝 단 / 琴 거문고 금 / 彈 통길 탄 / 絃 줄 현 / 操 잡을 조 / 鸞 난새 난 / 從 ~로부터 종

│ 別鶴(별학)│ 별학조別鶴操라는 거문고 곡명으로 남편과 이별한 아내의 슬픈 노래.
　　　　　　장승비익격천단將乘比翼隔天端 (비익조를 타고 하늘을 가르네!) 산천유원로만만山川悠遠路漫漫 (산천은 아득하고 길은 멀어라!)
　　　　　　남의하침식만손攬衣下寢食忘餐 (자는 것도 먹는 것도 잊었노라!)

│ 孤鸞(고란)│ 배우자가 없음을 슬퍼하는 노래. 봉황의 일종인 난새가 홀로 되어 거울을 보고 암컷을 그리워하며 슬피 울면서 춤을 춤.

### 도연명(陶淵明)의 擬古詩

도연명은 몹시 가난했음에도 부패를 일삼는 관리에게 허리를 굽힐 수 없다고 하며 벼슬을 떠나 전원생활을 택하였던 시인이다. 자신의 정서가 어느 청빈한 선비와 꼭 맞아서 어려울 때에도 서로 변치 않는 교우가 될 것을 맹세하며 이를 시로 표현하였다.

[유사어]　上漏下濕(상루하습) : 위에서는 비가 새고 아래에서는 습기가 차오르는 가난함.　　　　[출전]『古文眞寶大全 卷之3』「陶淵明, 擬古詩」

# 三人成虎 삼인성호

三 석삼 | 人 사람인 | 成 이룰성 | 虎 범호

# 세 사람이 호랑이를 만들어내다.

근거 없는 말도 여러 사람이 하면 사실처럼 됨.

전국戰國시대, 위魏나라 3대 군주인 혜왕惠王 때의 일이다. 태자와 대신 방공龐恭이 인질의 처지로 조趙나라의 도읍 한단邯鄲에 가게 되었다. 출발을 며칠 앞둔 어느 날, 방공이 위혜왕에게 주변인들의 말을 쉽게 받아들이지 말라는 뜻으로 당부 말씀을 올렸다.

'삼인성호'는 방공이 자신의 부재중에 모함이 있으리라 예상하여 위혜왕에게 그들의 말을 믿지 말라고 부탁하는 말에서 유래된 성어이다.

| 위왕에게 말하였다. "지금 어떤 한 사람이 저잣거리에 호랑이가 나타났다고 말한다면 왕께서는 믿으시겠나이까?" "믿지 않지요." "두 사람이 저잣거리에 호랑이가 나타났다고 말한다면 왕께서는 믿으시겠나이까?" "믿지 않지요." "세 사람이 저잣거리에 호랑이가 나타났다고 말한다면 왕께서는 믿으시겠나이까?" 왕이 말하였다. "과인은 믿을 것이오." 방총이 공손하게 말하였다. "무릇 저잣거리에 호랑이가 나타날 수 없다는 것은 명백하옵니다. 그런데도 세 사람이 아뢴다면 저잣거리에 호랑이가 나타난 것이 되옵니다. 지금 한단으로 갈 터인데, 한단은 위나라와의 거리가 저잣거리보다 먼 곳이옵니다. 신을 참소하는 자가 세 사람만은 아닐 것이옵니다. 바라옵건대 왕께서는 잘 살펴주시옵소서. | 謂魏王曰今一人言市有虎,王信之乎?曰不信.<br>二人言市有虎,王信之乎?曰不信.三人言市有虎,王信之乎?王曰<br>寡人信之.龐恭曰<br>夫市之無虎也明矣,<br>然而三人言而成虎.<br>今邯鄲之去魏也遠於市,<br>議臣者過於三人.<br>願王察之. |

謂 일컬을 위 / 魏 위나라 위 / 乎 ~인가? 호(의문형어조사) / 寡 적을 과 / 夫 무릇 부 / 矣 ~이다 의(종결형어조사) / 議 꾀할 의 / 過 넘을 과 / 願 원할 원 / 察 살필 찰

| 龐恭(방공)| 위나라의 대신으로 한비자의 사상을 대변하는 인물.

## 방공(龐恭)의 군주술

위나라가 조나라에 패전하여 볼모신세로 조나라에 가는 태자를 방공이 수행하게 되었다. 방공은 정치판의 암투를 온 몸으로 느끼며 살아온 만큼, 자신이 없는 동안 위혜왕魏惠王 곁에 정적들의 비방이 끊임없으리라 예상하였다. 이에 왕으로 하여금 모함자들의 거짓말에 속지 말고 오히려 모함하는 이들의 잘못을 들여다보도록 하려고 우화로써 충언하였다. 반복되는 거짓말의 위력을 품은 三人成虎, 이 성어에는 많은 사람이 거짓을 사실처럼 말하면 결국 사실이 되고 마니 군주는 신하의 속마음을 알아야 한다고 한 방공의 군주술이 나타나 있다. 악을 분별하는 통치술을 군주께 충언한 방공, 진정한 충신이었다.

[동의어] 市虎三傳(시호삼전) : 저잣거리에 호랑이가 나타났다고 세 번 전함.
三時成虎(삼시성호) : 거짓을 세 번씩 듣다보면 진실로 받아들여짐.
[유사어] 曾參殺人(증삼살인) : 공자의 제자 증삼이 사람을 죽였다는 거짓말을 여러 사람이 하니 그의 어머니마저 믿게 됨.
衆議成林(중의성림) : 여러 사람의 의논은 평지에 숲을 이룬다. [출전]「韓非子 上」「內儲說 七術 第十三」

# 三遷之敎 삼천지교

三 석 삼 ㅣ 遷 옮길 천 ㅣ 之 ~의 지 ㅣ 敎 가르침 교

## (맹자 어머니가) 집을 세 번 옮김.

자식을 위한 열정적 교육열.

전국戰國시대, 맹자의 어머니가 맹자를 가르치기 위해 가난한 살림에도 불구하고 이사를 세 번씩이나 시도한 적이 있다.
후한後漢시대 말기에 조기趙岐가 『맹자장구孟子章句』를 저술하면서 이 일화를 소개하였다.
'삼천지교'는 맹자어머니가 맹자의 교육환경을 위해 자주 이사했다는 일화에서 유래된 성어이다.

| | |
|---|---|
| 맹자는 태어날 때부터 맑은 성품을 지녔고 일찍이 그 부친을 여의었으며 어려서 어머니의 (좋은 교육환경을 찾아) 세 번 이사하는 가르침을 받았다. 자라서는 공자의 손자인 자사에게서 사사받고 유가 학술의 도를 익혔으며 오경에 통달하고 특히 『시경』, 『서경』에 우수했다. | 孟子生有淑質,鳳喪其父<br>幼被慈母三遷之敎.<br>長師孔子之孫子思,<br>治儒術之道,通五經,<br>尤長於詩書 |

淑 맑을 숙 / 質 바탕 질 / 鳳 일찍 숙 / 喪 잃을 상 / 被 입을 피 / 慈 사랑할 자 / 長 자랄 장 / 師 스승으로 삼을 사 / 孫 손자 손 / 術 법칙 술 / 通 통할 통 / 尤 특히 우 / 長 잘할 장

ㅣ五經(오경)ㅣ　　　시경詩經, 서경書經, 역경易經, 예기禮記, 춘추春秋로 유가의 5대 경전.

## 맹자(孟子) 모친의 교육열

후한後漢 말기, 조기趙岐가 『맹자孟子』7편에 대하여 주를 달아 『맹자장구孟子章句』를 저술하였다. 그는 이 책의 서문인 「맹자제사孟子題辭」에서 『맹자』의 요지와 문장의 특색에 대하여 밝히면서 맹자 어머니의 교육열도 함께 소개하였다. 그 후, 당唐나라 때의 학자 이한李瀚이 아동용 교재로 『몽구蒙求』를 저술하였는데 그 책의 「열여전烈女傳」에 맹자어머니의 '三遷之敎'를 수록하여 아동으로 하여금 학문에 정진할 것을 독려하였다.

추나라 맹가 어머니의 집이 묘지 근처였는데 어린 맹자는 묘지 파는 흉내만 내며 놀았다. 맹자 어머니가 말하기를 "이 곳은 내가 자식을 거처하게 할 만한 곳이 아니다."라 하고 시장 근처로 이사해 살았다. 그가 이번에는 물건을 팔고 사는 장사꾼 흉내만 내는 것이었다. 또 말하기를 "이 곳은 내가 자식을 거처하게 할 만한 곳이 아니다."라 하고 다시 서당 근처로 이사했다. 그러자 맹자는 제구를 늘어놓고 제사 지내는 흉내를 내고 놀았다. 맹자 어머니가 말하기를, "참으로 내 자식이 거주할만한 곳이로다."라 하며 드디어 정착했다.(鄒孟軻母其舍近墓, 孟子少嬉遊爲墓間之事, 孟母曰此非吾所以居處子也, 乃去舍市傍, 其嬉戱乃賈人衒賣之事, 又曰此非吾所以居處子也, 復徙舍學官之旁, 其嬉戱乃設俎豆, 揖讓進退, 孟母曰眞可以居吾子矣, 遂居)

[유사어]　斷親斷機(가친당기) :　맹자(본명:가軻)의 어머니가 유학 도중에 돌아온 맹자를 훈계하기 위해 짜던 베를 끊어서 경계함.
　　　　　賢母之敎(현모지교) :　현명한 어머니의 가르침.

[출전] 『孟子章句』「孟子題辭」

# 喪家之狗 상가지구

喪 죽을 상 | 家 집 가 | 之 ~의 지 | 狗 개 구

## 상갓집 개.

여위고 기운 없이 초라한 사람을 빈정거리는 말.

춘추春秋시대 말기, 노魯나라의 공자孔子가 정鄭나라에 갔다가 제자들과 헤어져 길을 잃고 홀로 동문에 있었다. 그 모습을 어느 정나라 사람이 보았다.

'상가지구'는 정나라 사람이 피로에 지쳐있는 공자의 행색을 보고 그 인상착의를 표현한 말에서 유래된 성어이다.

| | |
|---|---|
| 정나라 사람 어떤 이가 자공에게 말하였다. "동문에 어떤 사람이 있는데 이마는 요임금과 같고, 목은 고요를 닮았으며, 어깨는 자산과 비슷하더이다. 그러나 허리 아래부터는 우임금에게 세 치쯤 미치지 못했고, 그 지친 모습은 마치 '상갓집 개'와 같습디다." 자공이 이 사실을 공자에게 전하였다. 공자가 웃으며 말했다. "용모에 대한 형용은 들어맞지 않으나 상갓집 개와 같다는 것은 그렇구나! 그랬겠어!." | 鄭人或謂子貢曰東門有人.其顙似堯,其項類皐陶,其肩類子産.然自腰以下,不及禹三寸.纍纍若喪家之狗.子貢以實告孔子.孔子欣然笑曰形狀未也.而似喪家之狗, 然哉!然哉! |

顙 이마 상 / 似 같을 사 / 項 목 항 / 類 닮을 류 / 肩 어깨 견 / 自 ~로부터 자 / 腰 허리 요 / 及 미칠 급 / 纍 뜻 잃을 류 / 若 같을 약 / 欣 기뻐할 흔 / 狀 모양 상 / 哉 감탄형어조사 재

| 鄭(정) | 진晉나라, 초楚나라, 제齊나라의 열강국 사이에 위치한 나라. |
| 子貢(자공) | 공문십철孔門十哲의 한 사람으로 언어구사력과 설득력이 뛰어남. |
| 堯(요) | 태평성대를 상징하는 중국 고대의 어진 임금. |
| 皐陶(고요) | 순임금 때의 법관으로 매우 훌륭한 신하. |
| 子産(자산) | 정나라의 명재상. |
| 禹(우) | 하夏나라의 제1대 임금으로 치수사업에 성공. |

## 공자(孔子)의 정치력

노魯나라 정공定公때(BC501년), 대사구大司寇인 공자는 왕족인 삼환三桓씨의 횡포를 보다 못해 고국 노나라를 떠나게 되었다. 그 후 공자는 14년간 자신을 받아줄 군주를 찾아 각 제후국을 주유했지만 어디에도 그를 환영해주는 군주는 없었다.

초상이 나서 밥 대접을 받지 못해 초라해진 개 신세를 묘사한 喪家之狗, 이 성어에는 어느 나라에서도 공자의 도덕정치를 반기지 않자, 현실의 정치상황에 한계를 느낀 공자의 피로감이 나타나 있다. 아무도 돌아봐 주지 않는 공자의 처지가 마치 상갓집 개처럼 발에 차이기만 할 뿐 존재감을 인정받지 못하는 형국이다. 당시 제후국의 군주들이 부국강병으로 천하통일을 꿈꾸었던 것과는 달리 공자는 만백성의 도덕심을 일깨워 도덕으로 하나 되는 천하를 지향했다. 천하통일의 방식이 남달라서 문전박대를 받았던 공자, 아이러니하게도 오늘날에는 시공을 초월한 사표가 되었다.

---

[유사어] 烏面鵠形(오면곡형) : 까마귀 얼굴에 따오기 같은 형상. 굶주려서 매우 수척함. [출전]『史記』「孔子世家」

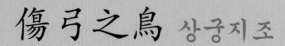

# 傷弓之鳥 상궁지조

傷 다칠상 | 弓 활궁 | 之 ~의지 | 鳥 새조

## 활에 다친 새.

일찍이 놀란 일을 겪은 후로 두려움과 의심을 갖고 위축됨.

전국戰國시대 말기, 6개국이 합종책을 취하면서 조趙나라의 위가魏加와 초楚나라 승상 춘신군春申君이 진秦나라를 공격하기 위해 협공 작전을 논의하였다.

'상궁지조'는 초나라로부터 진나라 협공 작전 지휘관에 임무군臨武君으로 내정했다는 말을 들은 조나라의 위가가 임무군이 부적절한 인물이라며 반대하는 대목에서 유래된 성어이다.

위가魏加가 말하였다. "옛날에, 경리更羸라는 자가 위왕과 함께 경대 아래에 있으면서, 하늘을 나는 새를 바라보고 있다가, 경리가 위왕에게 '제가 왕을 위해서 활을 당겨 헛방으로 쏘는 척해서 새를 떨어뜨리겠습니다.' 라고 하자 위왕이 '그렇게 활쏘기에서 이런 일이 가능하단 말이오?' 라고 물으니 경리가 '가능하옵니다.' 라고 대답하였답니다. 얼마 있다가 기러기가 동쪽으로부터 날아들자, 경리가 헛방으로 활시위를 당겨 새를 떨어뜨렸습니다. 위왕이 '활쏘기에서 이런 일 까지 가능하다니?'라고 말씀하자 경리가 '이 새는 (전에) 활을 맞았던 새이옵니다.' 라고 대답하니 왕이 '선생은 어찌 그것을 아시오?' 라고 물으셨지요. 그가 대답하기를 '그 새는 천천히 날고 슬피 울었습니다. 천천히 난다는 것은 옛 상처가 아파서이고 슬피 운다는 것은 오랫동안 무리와 떨어졌다는 거지요. 옛 상처가 아물지 못하고 마음에 놀란 것이 채 가시지 못했으므로 활시위 소리를 듣고 높이 날아오르려다가 옛 상처로 떨어지고 만 것입니다. 지금 임무군은 일찍이 진나라와 싸워 졌던 사람입니다. 그러니 진나라를 대항할 장군이 될 수 없는 거지요."

加曰異日者更羸與魏王處京臺之下,仰見飛鳥更羸謂魏王曰臣爲王引弓虛發而下鳥.魏王曰然則射可至此乎?更羸曰可.有間,鴈從東方來.
更羸以虛發而下之.魏王曰然則射可至此乎?更羸曰此孼也.王曰先生何以知之?對曰其飛徐而鳴悲.飛徐者故瘡痛也,鳴悲者久失羣也.
故瘡未息而驚心未去也,聞弦音引而高飛故瘡隕也.今臨武君嘗爲秦孼.
不可爲拒秦之將也

羸 여윌 리 / 臺 돈대 대 / 仰 우러를 앙 / 引 끌 인 / 鴈 기러기 안 / 從 ~로부터 종 / 射 쏠 사 / 孼 서자 얼 / 瘡 상처 창 / 鳴 울 명 / 驚 놀랄 경 / 弦 시위 현 / 隕 떨어질 운 / 嘗 일찍 상

## 위가(魏加)의 설득력

전국시대 연燕·조趙·한韓·위魏·제齊·초楚 등 여섯 나라가 합종책으로 최강국인 진秦나라와 대치하고 있을 때의 일이다. 조나라의 위가가 진나라와의 전쟁에서 패배한 적이 있는 초나라의 임무군을 활에 맞은 적 있는 기러기에 비유하며 진나라 대항 작전의 총지휘관으로 임명됨을 반대하였다.

과거의 상처로 몸과 마음이 모두 의기소침해 있음을 묘사한 傷弓之鳥, 이 성어에는 임무군이 총지휘관으로는 부적합하다는 정황을 실감 있게 구사한 위가의 언변 능력이 나타나 있다. 위가는 임무군이 과거에 진나라의 화살을 맞고 패전의 쓰디쓴 고통을 겪었기에 더 이상 진나라에 맞설 배포가 없다며 다친 적 있는 새에 비유하였다.

[동의어]  驚弦之鳥(경현지조) : 한 번 활에 혼이 난 새처럼 사소한 일에 미리 겁부터 먹음.
[유사어]  吳牛喘月(오우천월) : 오나라 소가 더위를 두려워한 나머지 달을 보고 헐떡거림.

[출전]『戰國策 卷17』「楚策」

# 桑田碧海 상전벽해

桑 뽕나무 상 ㅣ 田 밭 전 ㅣ 碧 푸를 벽 ㅣ 海 바다 해

## 뽕나무밭이 푸른 바다로.

세상 일이 덧없이 놀랍도록 크게 바뀜.

진晉나라 갈홍葛洪이 쓴 『신선전(神仙傳)』에 후한後漢시대의 마고麻姑선녀 이야기가 있다.
'상전벽해'는 마고선녀와 신선 왕방평王方平이 세상의 변화에 대하여 대화하는 가운데에서 유래된 성어이다.

| | |
|---|---|
| 마고가 왕방평에게 일러 말하기를 "제 자신이 모신 이래로 동해가 세 번 변하여 뽕나무 밭이 되는 것을 보았습니다. 저번에 봉래산에 갔을 때 물이 또 지난번보다 얕아졌었는데 이번 만나러 올 때 보니 대략 절반쯤으로 줄었습니다. 어찌 장차 또 다시 언덕이 되려는 것일까요?" 왕방평이 말하기를, "동해가 흐르다가 다시 흙먼지를 날리게 될 뿐이라오." | 麻姑謂王方平曰自接待以來,見東海三變爲桑田向到蓬萊,水又淺於往昔,會時略半也.豈將復還爲陵陸乎?王方平曰東海行復揚塵耳. |

接 사귈 접 / 待 기다릴 대 / 變 변할 변 / 向 지난번 향 / 到 이를 도 / 淺 얕을 천 / 往 갈 왕 / 會 마침 회 / 略 대략 략 /
豈 어찌 기 / 將 장차 장 / 復 다시 부 / 陵 언덕 릉 / 陸 언덕 륙 / 揚 날릴 양 / 塵 티끌 진 / 耳 ~뿐 이(한정형어조사)

ㅣ東海(동해)ㅣ  중국 쪽에서 바라본 동쪽바다이니 우리나라로서는 서해임.
ㅣ蓬萊(봉래)ㅣ  중국 고대 전설상의 산으로 발해 중中에 있음.『한서漢書』「교사지郊祀志」

## 마고(麻姑)의 지상체험

후한後漢시대의 신선 왕방형이 하늘로부터 지상으로 내려와 채경蔡經이라는 사람의 집에서 생활하는 내용의 신화가 이 성어의 배경이다. 이 신화에는 왕방형의 부름을 받고 역시 지상에 내려오게 된 마고선녀가 등장하는데 당시 나이가 18,9세로 빼어난 미모를 지녔다. 그녀가 동해 바다 가운데에 있는 봉래산을 찾아오면서 동해가 육지로 변해가는 것에 놀라 왕방평에게 그 소감을 말하였다.

바다가 육지로 다시 육지가 바다로 뒤바뀌는 큰 변화를 뜻하는 桑田碧海, 이 성어에는 큰 변화를 목격한 마고의 제행무상諸行無常(모든 것은 변하기 마련이다.)의 감정이 나타나 있다. 신선이 보기에도 믿기가 힘들 정도로 변화가 크니 인간의 눈으로 보면 오죽하랴! 하지만 실제로 자연재해 및 지각변동만으로도 큰 변화는 얼마든지 일어날 수 있는 법인데 자연은 늘 자연 그대로일 거라는 착각 속에 지내기 때문에 신이나 인간은 크게 놀라워한다.

첨단기술의 발달로 인해 이제 세상은 자연의 힘이 아니어도 하루가 다르게 변화하고 있다. 인간이 일궈낸 과학은 손끝만으로도 세상을 바꿔놓는 것이다. 변화에 익숙한 현대인에게 뽕나무 밭이 바다가 되었다는 신화는 오히려 진부하다. 이미 우리나라만 해도 바다를 메꾸어 간척지를 만들었으니 변화는 자연적으로 진행되는 게 아니라 인간의 계획 가운데에서 진행되는 게 지금의 현실이다. 항상 한결같은 그대로의 것들이 그리워지는 세상이다.

---

[동의어]  滄桑之變(창상지변)  :  푸른 바다와 뽕나무의 변화. 서로 뒤바뀌는 큰 변화.
[유사어]  陵谷之變(능곡지변)  :  높은 언덕과 골짜기의 변화. 서로 뒤바뀌는 큰 변화.  　　[출전] 『神仙傳』

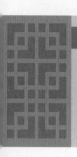
# 塞翁之馬 새옹지마

塞 변방 새 | 翁 늙은이 옹 | 之 ~의 지 | 馬 말 마

## 변방에 사는 늙은이의 말.

인생의 길흉화복은 늘 바뀌어 변화가 많음.

전한前漢시대 무제武帝 때, 북방 국경 근방에 점을 잘 치는 늙은이가 살고 있었는데 하루는 그가 기르던 말이 아무런 까닭도 없이 오랑캐 땅으로 넘어가버렸다. 마을 사람들이 그 일로 찾아와 위로하자 새옹이 도리어 희망적인 말로 그들을 일깨웠다.

'새옹지마'는 가족처럼 지내던 말을 잃었어도 실의에 빠지지 않고 도리어 희망을 갖는다는 새옹塞翁의 일화에서 유래된 성어이다.

| | |
|---|---|
| 그의 아버지가 말했다. "이 일이 어찌 갑자기 복이 되지 않겠소?" 몇 달이 지난 후, 그 말이 오랑캐의 준마를 거느리고서 돌아왔다. 사람들 모두 이를 축하하자 그 아버지가 말했다. "이 일이 어찌 갑자기 재앙이 되지 않겠소?" | 其父日此何遽不爲福乎?居數月,其馬將胡駿馬而歸.人皆賀之,其父日此何遽不爲禍乎? |
| 집에 좋은 말이 가득하자 그의 아들이 말 타기를 좋아하다가 떨어져 다리가 부러졌다. 사람들 모두 이를 위로하자 그 아버지가 말했다. "이 일이 어찌 갑자기 복이 되지 않겠소?" | 家富良馬,其子好騎,墮而折其髀.人皆弔之.其父日此何遽不爲福乎?. |
| 1년이 지난 후, 오랑캐가 대거 국경에 침입해 오자 장정들은 활시위를 당기며 싸우다가 그 마을 사람들 중 죽은 자가 10에 9명이었다. 이 아들 혼자만이 절름발이였기 때문에 부자 모두 (목숨을) 보존할 수 있었다. | 居一年,胡人大入塞.丁壯者引弦而戰.近塞之人死者十九.此獨以跛之故父子相保. |
| 그러므로 인간세상에서 복이 재앙이 되고 재앙이 복이 되는 것은 그 변화가 끝났다 할 수 없고 그 깊이를 예측할 수도 없다. | 故福之爲禍,禍之爲福化不可極深不可測也. |

此 이 차 / 遽 갑자기 거 / 居 있을 거 / 將 거느릴 장 / 胡 오랑캐 호 / 駿 빼어날 준 / 皆 모두 개 / 賀 하례할 하 / 富 넉넉할 부 / 騎 말 탈 기 / 墮 떨어질 타 / 折 꺾을 절 / 髀 넓적다리 비 / 弔 조문할 조 / 丁 장정 정 / 壯 씩씩할 장 / 引 당길 인 / 弦 활시위 현 / 跛 절뚝발이 파

## 새옹(塞翁)의 지혜

회남왕淮南王 유안劉安(BC179~BC122년)이 각계각층의 학자들과 함께 만든 철학서 『회남자』에 나오는 이야기이다. 새옹은 세상 돌아가는 이치를 일화일복一禍一福으로 꿰뚫어 보았다. 살다보면 한번은 화를 당하기도 하고 한번은 복을 받기도 한다는 뜻이다.

'변방 할아버지의 말'을 통해 복과 화의 양면성이 삶의 속성임을 밝힌 塞翁之馬, 이 성어에는 복과 화가 상대적이면서도 서로를 존재케 한다는 새옹의 화복 대대對待 정신이 나타나 있다. 곧 화복이란 상대적이면서도 서로를 필요로 한다는 것이다. 불가피한 인생의 화복, 긍정적으로 수용하라는 새옹의 가르침이 담겨있다.

---

[동의어]　北叟失馬(북수실마) ： 북방에 사는 늙은이가 말을 잃었다.
　　　　　轉禍爲福(전화위복) ： 화가 바뀌어 복이 되다.
[유사어]　苦盡甘來(고진감래) ： 쓴 것이 다하면 단 것이 온다.

[출전] 『淮南子』 「人間訓篇」

# 西施矉目 서시빈목

西 서쪽 서 | 施 베풀 시 | 矉 찡그릴 빈 | 目 눈 목

## 서시가 눈살을 찡그리다.

무조건 남의 흉내를 내어 웃음거리가 됨.

춘추春秋시대, 노魯나라의 악사인 사금師金은 안연顔淵에게 공자가 제후국에 유세 다니는 것은 마치 주공周公의 옷을 원숭이에게 입히려는 것과 같은 행동이고 월越나라의 미인 서시西施의 미모를 무작정 흉내 내는 어느 추녀와 같으니 우스꽝스러운 공자를 따르지 말라고 충고하였다.

'서시빈목'은 장자莊子의 말을 대변하는 사금이 공자의 처세가 마치 서시의 미모를 무조건 모방하는 어느 추녀의 행태와도 같다고 비아냥거린 말에서 유래된 성어이다.

| | |
|---|---|
| "서시는 가슴앓이를 하여 눈살을 찌푸리고 있었는데 그 마을의 추녀가 (그 모습을) 보고서 아름답다 여기고 (집에) 돌아오자 역시 가슴을 부여잡고 눈살을 찌푸렸다네. 네 마을의 부자가 그 모습을 보고는 문을 굳게 닫근 채 밖에 나가지 않았고 가난한 사람들은 그를 보고는 처자식을 이끌고 그곳에서 달아나 버렸지. 그녀는 서시가 눈살을 찌푸리는 모습이 아름답다는 점만 알았지 눈살을 찌푸리면 왜 아름다워지는 까닭은 알지 못했던 거야. 애석하도다! 자네의 선생께서도 곤궁에 처한 꼴이라네!" | 西施病心而矉,其里之醜 人見而美之,歸亦 捧心而矉,其里之富人見 之,堅閉門而不出,貧人 見之,挈妻子而去之走. 彼知美矉而 不知矉之所以美. 惜乎!而夫子其窮哉! |

心 심장 심 / 醜 미울 추 / 捧 받들 봉 / 堅 굳을 견 / 閉 닫을 폐 / 挈 이끌 설 / 惜 아까울 석 / 乎 감탄형어조사 호 / 而 너 이 / 窮 어려울 궁 / 哉 감탄형어조사 재.

## 장자(莊子)의 철학사상

장자는 우화속의 사금이라는 사람을 통해서 비유적인 표현 방식으로 안연의 스승인 공자를 비난하였다. 공자가 각 제후국을 다니면서 주장하는 예법들이 모두 시대에 맞지 않는 옛것들이라는 점을 거론하며 특히 그리했다. 심지어 그는 공자를 마치 서시의 아름다운 외형이 어디에나, 누구에게나 다 통하는 줄 알고 그대로 모방하는 어느 추녀를 닮았다고까지 말했다.

미인 서시의 아픔을 아름다움인 줄 알고 그대로 흉내 내는 추녀가 우스꽝스럽다는 뜻의 西施矉目, 이 성어에는 이상적理想的가치로 내세우는 공자의 상고주의尙古主義를 '모방적인 행동'에 불과하다고 비난한 장자의 본질주의가 나타나 있다. 서시의 아름다움이 미美의 전형이 아니건만 마을의 추녀가 그녀의 미를 모방하였으니 예뻐지기는커녕 주위 사람들에게 혐오감을 더해준 꼴이 되어서 장자가 볼 때, 그 추녀는 자기다움 곧 자신의 본질을 잃어버린 사람이다. 장자는 공자에게도 과거의 것을 후세에 와서 그대로 흉내 내는 짓을 더 이상 하지 말고 시대의 추이를 따르며 자기의 고유성을 지키라고 일갈하였다.

유행에 민감하고 그에 따른 모방심리로 늘 허둥대는 요즈음 사람들에게, 장자가 우화적으로 표현한 '서시빈목'은 자기다움을 잃지 말라는 울림으로 전해온다.

[동의어] 西施捧心(서시봉심) : 미인 서시가 속병으로 가슴을 움켜쥐고 있는 것을 흉내 냄.
西施效矉(서시효빈) : 미인 서시가 눈살을 찌푸리는 것을 흉내 냄.

[출전]「莊子」「外篇 天運」

# 噬臍莫及 서제막급

噬 씹을 서 | 臍 배꼽 제 | 莫 없을 막 | 及 미칠 급

## 배꼽을 물어도 (사냥꾼에게서) 벗어나지 못하다.

기회를 잃고 후회해도 소용없음.

춘추春秋시대 노魯나라 장공莊公 6년에, 초楚나라 문왕文王이 신申나라를 치기 위하여 등鄧나라 임금 기후祁侯에게 길을 빌려 달라고 요청하였다.

'서제막급'은 신나라를 정벌하기 위해 길을 빌려달라는 초나라의 요청에, 등나라의 충신들이 불길함을 예측하고 등기후鄧祁侯에게 거절할 것을 충언한 대목에서 유래된 성어이다.

| | |
|---|---|
| 등기후는 "내 조카다."라 하며 (그를) 머물게 하고서 잔치를 베풀었다. 추생, 담생, 양생이 초나라 문왕을 죽일 것을 청하였으나 등기후는 허락하지 않았다. 세 사람이 아뢰었다. "등나라를 망칠 사람은 반드시 이 사람이옵니다. 만약에 일찍 도모하지 않는다면 훗날 임금께서는 노루가 자기 배꼽을 물어뜯는 것과 같은 괴로움을 겪어야 하시니 이미 때는 늦어버립니다. 그때에야 도모하려 하십니까? 도모하려면 지금이 때이옵니다." 등기후가 말하였다. "사람들이 장차 내가 남긴 제사 음식을 먹지 않을 것이오." (세 사람이) 대답하였다. "만약에 저희 세 사람의 말을 따르지 않으시면 도리어 사직도 사실 제사를 받지 못할 터인데 전하의 제사상에 어찌 남는 음식이 있겠습니까?" 그런데도 따르지 않았다. (신나라를 토벌하고) 돌아오던 해에 초문왕이 등나라를 공략했으며 장공 16년에는 초나라가 다시 등나라를 정벌하여 멸망시켰다. | 鄧祁侯曰吾甥也.止而享之.雕甥,聃甥,養甥請殺楚子.鄧侯弗許.三甥曰亡鄧國者必此人也.若不早圖,後君噬齊. 其若圖之乎?圖之,此爲時矣.鄧侯曰人將不食吾餘.對曰若不從三臣,抑社稷實不血食而君焉取餘? 弗從.還年楚子伐鄧,十六年楚複伐鄧,滅之. |

享 베풀 향 / 許 허락할 허 / 圖 꾀할 도 / 將 장차 장 / 餘 남을 여 / 抑 누를 억 / 社 제사이름 사 / 稷 곡신 직 / 焉 어찌 언 / 從 따를 종 / 還 돌아올 환 / 複 다시 복 / 滅 멸망할 멸

| 鄧侯(등후)| 강대국 제나라와 초나라 사이에 있던 약소국의 임금. 초 문왕의 외삼촌
| 楚子(초자)| 초나라 문왕文王. 부친의 유지를 받들어 중원진출을 위해 영토 확장에 힘씀
| 噬臍(서제)| 사냥꾼의 표적이 되는 이유가 배꼽근처의 사향 때문임을 아는 노루가 본능적으로 살기 위해 자기 배꼽을 물어뜯어서 사향을 없앤 후, 탈출을 시도하고자 하나 이미 때는 늦음.
| 血食(혈식)| 피 묻은 산짐승을 잡아 제사 지내는 나라의 의식.

### 등기후(鄧祁侯)의 후회

등나라는 중원을 꿈꾸며 북진정책을 썼던 초나라의 희생국이다. 노루가 사향 때문에 사냥꾼의 표적이 되는 것처럼 등나라가 초나라의 북진에 유리한 곳이어서 이용가치가 많았다. 사향을 없애려고 배꼽을 물어뜯는다 한들, 이미 죽음의 손아귀에서 벗어날 수 없음을 뜻하는 噬齊不及, 초나라의 전쟁발판이 되겠노라고 한 등기후가 뒤늦게 후회하는 형국이다.

[동의어]  後悔莫及(후회막급) : 후회해도 소용없다.

[출전] 『春秋左氏專』「莊公6年條」

# 先公後私 선공후사

先 먼저 선 | 公 공변될 공 | 後 뒤 후 | 私 사사로울 사

## 공적인 일을 먼저 하고 사적인 일을 나중에 함.

개인의 이익보다 공익을 앞세움.

전국戰國시대, 조趙나라 혜문왕惠文王이 인상여藺相如를 재상으로 삼으니 지위가 염파廉頗장군보다 높아졌다. 이에 염파가 무공이 혁혁한 자신보다 말솜씨 하나로 높은 지위에 봉해진 인상여를 시기하였다. 인상여가 이 사실을 알고 조회 때 마다 늘 병을 핑계 대며 염파를 피하니 인상여측 사람들이 그러한 인상여를 부끄럽게 여겼다.

'선공후사'는 조나라의 재상 인상여가 염파장군을 피해 다니는 이유를 가신들에게 밝힌 대목에서 유래된 성어이다.

| | |
|---|---|
| 인상여가 말하였다 "무릇 진왕의 위세에도 내가 그를 조정에서 질타하고 그의 많은 신하들을 욕 보였소이다. 내가 비록 노둔하기로 유독 염장군만을 두려워할 리 있겠소? 돌아보건대 내가 생각해보니 강한 진나라가 감히 우리 조나라를 쳐들어오지 못하는 이유는 한갓 우리 두 사람이 건재하고 있기 때문이오. 지금 두 호랑이가 서로 싸운다면 그 형세로 보아 둘 다 살아남지 못할 것이오. 내가 이분을 피하는 까닭은 국가의 급한 것을 먼저하고 사사로운 원망을 뒤로 미루는 거지요." 염파가 이 말을 듣고 웃옷을 벗은 뒤, 가시나무를 등에 짊어지고 빈객으로서 인상여의 집에 찾아가 잘못을 사죄하였다. | 相如曰夫以秦王之威而<br>相如廷叱之,辱其羣臣<br>相如雖駑,獨畏廉將軍哉<br>顧吾念之,彊秦之所以不<br>敢加兵於趙者,徒以吾兩<br>人在也.今兩虎共鬪其勢<br>不俱生.吾所以爲此者以<br>先國家之急而後私讎也<br>廉頗聞之肉袒負荊因賓<br>客至藺相如門謝罪 |

夫 무릇 부 / 威 위엄 위 / 廷 조정 정 / 叱 꾸짖을 질 / 辱 욕보일 욕 / 羣 무리 군 / 雖 비록 수 / 駑 둔할 노 / 獨 유독 독 / 畏 두려워할 외 / 哉 ~인가? 재 / 顧 돌아볼 고 / 念 생각할 념 / 彊 강할 강 / 徒 한갓 도 / 鬪 싸울 투 / 勢 형세 세 / 俱 함께 구 / 急 급할 급 / 讎 원수 수 / 袒 웃통 벗을 단 / 負 짐질 부 / 荊 가시나무 형 / 賓 손님 빈 / 謝 사죄할 사 / 罪 죄 죄

### 인상여(藺相如)의 인간형

강성했던 진晉나라가 조趙나라, 한韓나라, 위魏나라로 삼분이 된 이후로 서쪽의 진秦나라가 세력을 떨치기 시작했다. 진秦나라의 잦은 침공에도 불구하고 조나라가 강적으로 버틸 수 있었던 것은 인상여의 지략 때문이었다.

사적인 감정보다는 공적인 업무를 더 우선시한다는 뜻의 先公後私, 이 성어에는 개인감정을 뒤로하고 국가의 이익을 먼저 생각하는 인상여의 대담한 지략과 애국심이 나타나 있다. 그에게는 국가가 우선이었기 때문에 자신의 죽음도, 동료의 원한도 두렵지 않았던 것이다.

국가보다는 당의 이익을 앞세우는 당리당략黨利黨略의 풍토, 공공기관의 이익보다는 개개인의 이익만을 탐하는 사리사욕私利私慾의 추태 등을 보이는 현 시점, 국민 모두가 떠올려야 할 것은 인상여의 선공후사 정신이다.

---

[유사어]  滅私奉公(멸사봉공) : 사사로운 감정을 없애고 공공의 목적을 받듦.
[대립어]  憑公營私(빙공영사) : 관청이나 공공의 일을 이용하여 개인의 이익을 꾀함.

[출전]「史記 卷81」「廉頗藺相如列傳 第22篇」

# 先始於隗 선시어외

先 먼저 선 | 始 비로소 시 | 於 어조사 어 | 隗 인명 외

## 먼저 외부터 시작하다.

가까이 있는 사람이나 말을 꺼낸 사람부터 시작하라함.

전국戰國시대, 연燕나라 소왕昭王은 선친을 살해한 제齊나라에 복수하고자 했으나 국토가 작고 국력이 약하여 어찌할 줄을 몰라서 곽외郭隗에게 인재를 구할 수 있는 방법을 물었다.

'선시어외'는 곽외가 연소왕에게 효율적으로 인재를 구하는 방법은 자기부터 등용하는 것이라고 답변하는 대목에서 유래된 성어이다.

시중드는 사람이 임금께 '그 말을 구해 오겠습니다.'라고 말씀드리자 임금께서 그를 보내주셨지요. 3개월 만에 천리마를 얻었는데 그 말은 이미 죽은 말이었습니다. 그래도 500금을 주고 그 말의 머리를 사가지고 돌아와서 임금께 보고 드렸더니 임금께서 크게 노하여 말씀하시기를 '구하라고 한 것은 살아 있는 천리마인데 어찌 죽은 말을 사면서 500금이나 썼는가?'라고 하자 그 사람이 대답하기를 '죽은 천리마도 500금으로 사들였으니 하물며 살아있는 천리마 값은 얼마이겠습니까? 천하 사람들이 반드시 임금님은 천리마를 잘 거래하시는 분이라고 생각하고 천리마를 끌고 올 것입니다.'라고 했답니다. 이에 1년이 지나기도 전에 천하의 명마가 3마리나 당도했다는 것입니다. 지금 왕께서 진실로 현자를 불러들이시고 싶다면 먼저 저부터 채용해 보십시오. 제가 장차 채용 된다면, 하물며 저보다 현명한 사람들에 있어서랴! 그들이 어찌 천리를 멀다 여기겠습니까?"

涓人言於君曰請求之
君遣之.三月得千里馬,
馬已死,買其首五百金,
反以報君,
君大怒曰'所求者生馬,
安事死馬而捐五百金?'
涓人對曰'死馬且買之
五百金,況生馬乎?天下
必以王爲能市馬,馬今
至矣.於是不能期年,千
里之馬至者三.今王誠
欲致士,先從隗始隗且
見事,況賢於隗者乎!
豈遠千里哉?

涓 물방울 연 / 遣 보낼 견 / 報 알릴 보 / 怒 성낼 노 / 安 어찌 안 / 捐 줄 연 / 況 하물며 황 / 誠 참으로 성 / 從 ~로부터 종 / 見 당할 견 / 豈 어찌 기

Ⅰ涓人(연인)Ⅰ 궁중에서 잡무를 보는 사람

## 곽외(郭隗)의 인재경영

강력한 제齊나라와 이웃해 있는 연燕나라는 전쟁이 잦은 곳이라 인재들이 별로 선호하지 않았다. 국력을 키우기 위한 최선의 방책으로 인재등용만한 것이 없다고 여긴 연소왕은 곽외가 제안한 인재채용에 대한 요령을 듣고 그대로 시행함으로써 연나라의 위상을 드높였다.

'먼저 곽외를 채용하라.'는 뜻으로 자기 자신에 대한 자부심이 크면서도 겸손함을 표명한 先始於隗, 이 성어에는 국력을 회복함은 물론이고 자신을 낮추면서도 좋은 집과 관직을 얻었던 곽외의 실리주의가 나타나 있다. 곽외에 의하면 실질적 이익이란 사람을 얻는 것이지 물질의 획득이 아니다. 국력 강화책은 인재에게 최고의 대접을 베푸는 것, 그리하여 그 인재가 자신의 역량을 최대한 발휘할 수 있도록 해줘야 한다는 것이다. 곽외는 자신의 처지가 죽은 천리마처럼 주목 받지 못하고 있지만 그래도 임금이 천리마 곧, 인재로서 인정해준다면 살아 있는 천리마와 같은 인재들이 수도 없이 몰려들 거라고 하였다. 가치를 알아보고 미래에 투자하는 것, 곽외가 권장하는 인재경영 방식이다.

[출전] 『戰國策』「燕策」

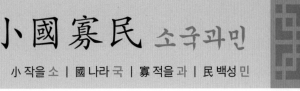

# 小國寡民 소국과민

小 작을 소 | 國 나라 국 | 寡 적을 과 | 民 백성 민

## 작은 나라 적은 백성.

가장 이상적인 국가형태.

춘추春秋시대, 주周왕실이 쇠퇴하자 모든 제후국들은 부국강병에 힘쓰며 천하대국의 자리를 놓고 혼란과 갈등을 겪었다. 이 당시 노자老子는 제후들의 희생양이 되어가고 있는 백성들의 개성과 자유를 보장해주는 것이 혼란을 해결하는 방법이라고 보았다.

'소국과민'은 노자가 이상적인 국가형태로 제시했던 대목에서 유래된 성어이다.

| | |
|---|---|
| 작은 나라에 적은 백성이 살아 | 小國寡民, |
| 열 사람, 백 사람의 (능력에 해당되는) 기구가 있어도 사용하지 않게 하고 백성에게 죽음을 중하게 여겨 멀리 옮겨가는 일이 없도록 한다면, 비록 배와 수레가 있어도 그것을 탈 일이 없을 것이고, 비록 갑옷과 무기가 있어도 그것을 벌려놓을 일이 없을 것이다. 백성에게 새끼줄을 묶어 약속의 표시로 사용하게 하면 (백성은) 음식을 달게 먹을 것이고, 의복을 아름답게 여길 것이며, 사는 곳을 편안히 여길 것이고 풍속을 즐거워할 것이다. 이웃 나라가 서로 보이고 닭과 개의 소리가 들리는 곳에 있을 지라도, 백성은 늙어 죽을 때까지 서로 왕래하지 않을 것이다. | 使有什佰之器而不用, 使民重死而不遠徙. 雖有舟輿,無所乘之, 雖有甲兵,無所陳之. 使人復結繩而用之. 甘其食,美其服, 安其居,樂其俗. 隣國相望,鷄犬之聲相 聞,民至老死不相往來 |

什 열사람 십 / 佰 백사람 백 / 器 그릇 기 / 徙 옮길 사 / 雖 비록 수 / 輿 수레 여 / 乘 탈 승 / 甲 갑옷 갑 / 陳 늘어놓을 진 / 復 다시 부 / 繩 새끼줄 승 / 服 옷 복 / 居 살 거 / 俗 풍속 속 / 隣 이웃 린 / 望 바라볼 망 / 往 갈 왕

## 노자(老子)의 정치철학

춘추시대에 대국을 경영하는 것은 모든 제후들의 바램이었다. 이러한 세태 속에서 노자가 대국을 경영하려면 작은 생선 다루듯이 해야 한다고 말한 적이 있다. 노자에게도 천하대국에 대한 청사진은 있었던 것이다. 하지만 대국을 다스리려면 대부분 법제, 제도, 강압 등을 통제수단으로 사용할 것이고 자연히 지도자는 독재자가 되어 백성들의 생활을 억압할 것이며 그렇게 되면 백성 개개인의 개성은 묻혀버릴 거라고 노자는 예견하였다. 그래서 그는 번거로울 게 없는 작은 정부를 이상적인 국가형태로 생각하였다.

작은 나라 안에 적은 수의 백성이 산다는 뜻의 小國寡民, 이 성어에는 국가가 작아야 백성의 개성이 인정될 수 있다고 여긴 노자의 개인존중 및 무위無爲사상이 나타나 있다. 대국을 지향하다보면 문화적 다채로움과 물질적 풍요로움을 누릴 수 있는 기회가 많아서 좋을 것 같지만 실상은 인간소외를 자초하는 길임을 예고하였다. 인위적인 문명을 이룩하느라 지치지 말고 조장하지 않아도 순조롭게 진행되는 자연의 이치에 순응하기를 바란 노자, 그는 인간답게 산다는 것이 바로 자연답게 사는 것이라고 하였다. 또한 그는 대국의 통치방식이 집단 획일화로 나아가기 십상이니 작은 국가에서 자신의 고유 가치를 느끼며 인간다운 삶을 살기 원했다.

[출전]『老子』「80章」

# 束脩之禮 속수지례

束 묶을 속 | 脩 육포 수 | 之 ~의 지 | 禮 예도 례

## 육포 묶음을 드리는 예의.

스승을 처음 만나 가르침을 청할 때 드리는 작은 예물.

춘추春秋시대, 공자孔子(BC551년~BC479년)는 스스로 학문을 즐기기도 하였지만 배움을 원하는 사람에게 가르침을 아끼지 않았던 교육자이다. 단, 자발적이고 향학열이 있으며 예절바른 제자가 자신의 문하에 들기를 원하였다.
'속수지례'는 스승으로부터 가르침을 받는 자의 기본예의에 대하여 최소한으로 규정한 공자의 말씀에서 유래된 성어이다.

| | |
|---|---|
| 공자가 말하였다. "말린 고기 10개 묶음 이상을 스스로 행한 사람을 내가 일찍이 가르치지 않은 적이 없다." | 子曰自行束脩以上,吾未嘗無誨焉 |

未 아닐 미 / 嘗 일찍이 상 / 誨 가르칠 회 / 焉 ~이다 언(종결형어조사)

| 子(자) |    노魯나라의 위대한 사상가이자 교육가인 공자孔子를 가리킴.
| 束脩(속수) |    말린 고기 10개 묶음. 제자가 스승을 뵐 적에 반드시 폐백이 있어야 하는데, 속수는 폐백 중 가장 약소한 것임.

## 공자(孔子)의 교육사상

공자는 중국 최초 개인적으로 학생을 모집해서 교육을 실시했던 사학의 창시자이다. 교육의 기회균등을 철학으로 내세우며 배우고자 하는 사람의 신분이나 성별, 빈부 등을 따지지 않고 개개인의 근성에 따라 맞춤교육을 하였다.

배우는 이가 스승에게 가장 약소한 예물인 말린 고기 10개 묶음을 드리는 예라는 뜻의 束脩之禮, 이 성어에는 스승께 드리고자 육포를 만드는 정성만 있다면 누구나 학문할 자격이 있다고 본 공자의 교육평등 및 예禮 중시사상이 나타나 있다. 문하생이 되고자 육포를 준비하는 과정이 곧 스승에 대한 예를 생각하고 예를 실천하는 기회이기에, 공자는 그들의 출신여건을 따지지 않고 제자로 받아들였다. 속수束脩라는 예의 표현방식을 통해서, 교육의 시작점을 알리고자 함이 공자의 진의이다. 그리하여 스승에 대한 최소한의 예의가 있는 사람이라면 가르침을 받을 자격이 있다고 봐서 사학의 문을 활짝 열었다. 공자의 문하에 들어오는 입학조건은 물질이 아니라 예를 배울 의향여부였던 것이다. 공자는 교육에 대한 신념이 분명하였다. 배우고 싶어 하는 학생은 금전적인 이유로 교육기회를 박탈당해서는 안 된다는 점과 예를 배우려는 학생은 누구든 최상의 교육을 받게 해줘야 한다는 점이다. 스승에게 예를 갖추는 사람은 공자에 의해서 교육 앞에 모두 평등한 대우를 받았다.

입학금이 생활을 위협할 정도로 고공행진高空行進하는 현실 상황에서, 배우겠다는데 교육비가 없다는 이유로 교육기회를 갖지 못하는 일부 학생들에게는 '속수지례'가 던지는 공자의 기본정신이 아쉽기만 할 터이다. 일부 교육계에도 상업성이 침투되어 영리를 추구하는 시대가 되어서 금전적 손익을 계산하지 않을 수는 없겠으나 배움에 요구되는 경비만큼은 다른 어느 경비보다 상대적으로 부담이 되지 않는 선에서 그치기를 공자가 바라고 있다.

[출전] 『論語』「述而篇」

# 宋襄之仁 송양지인

宋 송나라 송 | 襄 도울 양 | 之 ~의 지 | 仁 어질 인

## 송나라 양공의 어짊.

너무 착하여 쓸데없는 아량을 베풀다가 큰 손해를 자초함.

춘추春秋시대, 송宋나라 양공襄公이 홍수泓水라는 강에서 초나라와 전쟁을 하려는 중이었다. 강에 먼저 도착한 송양공은 초나라 군사가 홍수를 건너오는 중인데도 공격할 기색을 보이지 않았다. 재상 목이가 공격할 때임을 거듭 강조했으나 양공은 이를 받아들이지 않았다.

'송양지인'은 송나라 양공이 초나라 군사가 진용을 다 갖추기를 기다린 다음에야 공격 명령을 내렸다가, 도리어 초나라에 참패를 당하였다는 고사에서 유래된 성어이다.

---

공자 목이가 그들이 아직 진을 치기 전에 공격하기를 청하자 양공이 말하였다. "군자는 액운에 빠져있는 사람을 곤란하게 하지 않는다."라 하더니 마침내는 초나라에 패하고 말았다. 세상 사람들은 이를 두고 '송나라 양공의 어짊'이라며 비웃었다.

公子目夷請及其未陳,
擊之,襄公曰君子不困
人於阨,遂爲楚所敗,
世笑以爲宋襄之仁

---

請 청할 청 / 及 미칠 급 / 陳 진칠 진 / 擊 칠 격 / 困 어려울 곤 / 阨 좁을 액 / 遂 마침내 수 / 敗 패할 패 / 笑 웃을 소 / 敗 무너질 패

| 襄公(양공) | 춘추시대 오패 중의 한 사람인 송나라 군주. 성은 자子, 이름은 자보玆父.
| 目夷(목이) | 양공의 서형庶兄이며 송나라 재상.

## 송양공(宋襄公)의 포용정책

도덕군자 송양공宋襄公이 군주의 자리에 오른 후, 제후국 중의 최고가 되고자 하는 야망을 품고 패권다툼에 앞장섰다. 강국 초나라와 결전을 앞두고 있던 어느 날, 양공은 상대국의 전쟁태세가 완료되기를 기다렸다가 정정당당하게 맞싸우리라는 생각에서 재상의 진언마저 귀담아 듣지 않고 있다가 공격의 때를 놓쳐버렸다. 결국에는 초나라의 반격을 받아서 완패하였고 이 때 다친 상처로 죽기까지 하였다.

적국에 쓸 데 없이 배려를 베풀어 웃음거리가 되었다는 송양공의 인자함이라는 뜻의 宋襄之仁, 이 성어에는 비록 전쟁이라는 극한 상황에서라도 도덕적 예의는 지켜져야 한다고 믿은 송양공의 명분주의가 나타나 있다. 전쟁하기에 불리한 상대국의 형편을 빤히 알면서 이를 악용하여 전쟁몰이를 한다는 것은 양공에게 있어 용납할 수 없는 비겁하고 부도덕한 태도였던 것이다. 그의 군자적 생각은 오히려 적국에게 승리의 기회를 반납하는 결과를 초래하였다. 그들에게 어느 정도 진용을 갖추도록 시간을 주는 것이 군자의 도리라고 생각한 송양공, 국가의 안위와 자신의 가치실현 중 어느 것이 우선인가를 제대로 저울질 하지 못하고 실책을 범한 역사의 주인공이 되고 말았다.

세상사에 대처하는 방식에는 편법적인 권도權道와 원칙적인 정도正道가 있다. 평상시에는 당연히 정도로써 일을 해결해야 하겠지만 비상시에는 상황에 따라 융통성을 발휘하며 편법을 사용해야 한다. 특히 국민의 안전과 국가의 안보가 위협받는 상황에서 상대에 대해 예의를 차리면서까지 위험성을 포용할 필요는 없다. 냉엄한 현실을 직시하여 자국을 지키는 방향으로 전력투구하는 것이 옳다는 점을 송양공의 가치 없는 인자함이 말해주고 있다.

[출전]『十八史略』

# 首丘初心 수구초심

首 머리 수 | 丘 언덕 구 | 初 처음 초 | 心 마음 심

## (여우는 죽을 때) 머리를 (자기가 살던) 언덕으로 향하고 초심으로 돌아간다.

① 죽음을 앞두고 고향을 그리워하는 마음.
② 근본을 잊지 않는 마음.

은殷나라시대 말기, 여상呂尙 강태공姜太公이 주周나라 희창姬昌(훗날 문왕文王)과 희발姬發(훗날 무왕武王)을 도와 함께 은나라의 마지막 임금 주왕紂王을 몰아내고 주나라를 세웠다. 그 공로로 강태공은 제齊나라의 영구營丘라는 곳에 제후로 봉해졌다가 죽은 후, 5대손까지 모두 주나라 땅에 장사지내졌다.
'수구초심'은 여우에게 귀소본능이 있음을 감안해 볼 때, 제나라의 제후인 강태공과 그 후손을 고국 주나라에 안장시키는 것은 당연한 처사라고 한 대목에서 유래된 성어이다.

| | |
|---|---|
| 군자가 말하였다. "음악은 자신이 생겨나게 된 바(본원)를 즐기는 것이고 예는 그 근본을 잊지 않는 것이다." 옛사람의 말 중에 '여우가 죽을 때에 머리를 자기가 살던 굴 쪽으로 바르게 향한다.'라 하니 (차마 잊지 못하는) 어진 마음씨이다." | 君子曰樂樂其所自生, 禮不忘其本.古之人有言 曰狐死正丘首, 仁也. |

樂 풍류 악 / 즐길 락 / 忘잊을 망 / 本 근본 본

## 강태공(姜太公)의 仁

은말주초殷末周初, 주나라 무왕을 보필하며 역성혁명을 성공적으로 이룬 강태공은 오래 전, 무왕의 증조부인 고공단보古公亶父가 나라를 구할 인재로 기다려 왔던 인물이다. 고공단보 곧 태공의 희망이라 해서 태공망太公望이라는 별칭을 얻기도 한 강태공은 제나라의 제후로 봉해진 후, 지략과 용맹을 갖춘 정치가로서 정치적 수완을 훌륭히 발휘하였다. 여우의 귀소본능歸巢本能이 근본을 찾는 마음가짐이라는 뜻의 首丘初心, 이 성어에는 주나라의 고위직인 태사太師를 지냈던 강태공이 여우와 같이 초심을 가진 어진 사람으로 나타나 있다. 옛 사람들은 여우가 비록 짐승일지라도 죽을 때에 제 굴이 있는 언덕을 그리워하는 습성이 있는 점에, 근본을 잊지 않는 어진 마음씨를 지닌 인자仁者의 모습을 투영하였다. 주나라 사람으로서 제나라의 제후가 된 강태공, 비록 제나라에서 죽긴 했으나 여우의 귀소본능 덕에 다행히 고국인 주나라에 묻힐 수 있었다.
사람들은 흔히 자신의 근본을 잊지 않으려는 뜻에서 제례를 지내고 자신이 태어나 살아가게 된 시초를 즐기는 뜻에서 음악을 만든다. 예악의 배경이 뜻밖에 여우의 귀소본능에까지 그 연원을 두고 있음을 확인시켜주는 성어이다. 물고기는 제 놀던 물을 좋아하고, 남쪽에서 날아온 새는 남쪽 가지에 둥우리를 튼다 하니 이 모두가 자신의 근본과 초심을 기억하고자 하는 본능에서 비롯된 현상이다.

[동의어]  狐死首丘(호사수구)  :  여우가 죽을 때, 머리를 자기가 살던 언덕 쪽으로 향한다.
[유사어]  母川回歸(모천회귀)  :  연어가 알을 낳기 위해 자기가 태어난 개천으로 돌아간다.
　　　　  胡馬望北(호마망북)  :  호胡나라 말은 호나라 쪽인 북쪽을 바라보곤 한다.

[출전]「禮記」,「檀弓上篇」

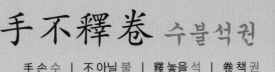

# 手不釋卷 수불석권

手손수 | 不아닐불 | 釋놓을석 | 卷책권

## 손에서 책을 놓지 않는다.

늘 책을 가까이하여 학문을 열심히 함.

삼국三國시대, 오왕吳王 손권孫權(182년~252년)의 장수 여몽呂蒙은 용감하기만 했지 학문을 도외시하였다. 손권이 그에게 독서를 권유하기 무섭게 그는 전쟁터에서도 책을 읽었다.
'수불석권'은 오나라 왕 손권이 배움이 짧은 여몽에게 전쟁터에서도 책읽기를 게을리 해서는 안 된다고 충고한 대목에서 유래된 성어이다.

| | |
|---|---|
| 공자도 말씀하기를 '종일토록 먹지 않고 밤새도록 잠자지 않고서 생각만 하였는데도 무익하니 배우는 것만 못한 것 같다.'라 하였소. 광무제도 전쟁 중에 손에서 책을 놓지 않았고 맹덕 또한 늙었지만 배우기를 좋아한다고 말하였는데 그대들은 어찌하여 유독 스스로 힘쓰려 하지 않는가?" 여몽이 비로소 학문하기 시작하여 뜻을 굳게 하여 게으르지 않아서 그가 읽어낸 독서량 옛 선비들이 따를 수 없을 정도이다. | 孔子言終日不食,終夜不寢以思,無益,不如學也 光武當兵馬之務,手不釋卷.孟德亦自謂老而好學 卿何獨不自勉勗邪? 蒙始就學,篤志不倦, 其所覽見,舊儒不勝 |

終 마칠 종 / 寢 잠잘 침 / 益 더할 익 / 如 같을 여 / 當 당할 당 / 務 일 무 / 謂 일컬을 위 / 卿 그대 경 / 獨 유독 독 / 勉 힘쓸 면 / 勗 힘쓸 욱 / 邪 ~인가? 야(반어형어조사) / 就 나아갈 취 / 篤 도타울 독 / 倦 게으를 권 / 覽 볼 람 / 舊 옛 구 / 勝 나을 승

| 孔子(공자) | 자칭 '학이지지자學而知之者'라 할 만큼 호학하고 『주역』을 늘 읽음.
| 光武(광무) | 후한後漢의 초대 황제로 유교존중주의를 내세움.
| 兵馬(병마) | '병사와 군마'라 하여 전쟁에 관한 모든 일.
| 孟德(맹덕) | 후한 말, 위魏나라 건국의 기틀을 세운 조조曹操의 자字. 전쟁 중에 손자병법을 주석함.

## 손권(孫權)의 권학

삼국시대, 오나라 주군인 손권이 장군으로 승진한 여몽과 대화를 나누던 중, 제대로 소통이 이뤄지지 않자, 장군의 지위에 걸맞은 학식을 쌓아야 발전할 수 있음을 거론하며 그에게 학문할 것을 권하였다.
때와 장소를 불문하고 늘 책을 읽고 있는 자세를 표현한 手不釋卷, 이 성어에는 주변 여건과 상관없이 책을 읽어야 한다고 권장한 손권의 독서 생활화 정신이 나타나 있다. 여몽의 전투력이 더욱 빛이 나려면 지적 사고 및 지휘 능력이 보완되어야 한다는 게 손권의 판단이었다. 가장 두렵고 긴장감이 감도는 전쟁터에서도 책읽기를 게을리 하지 않았던 광무제를 사례로 들면서 여몽의 '책 읽을 시간이 없다.' 라는 핑계에 쐐기를 박았다. 책을 통해서 일상생활의 지혜와 전시상황의 지략을 구하도록 조언한 손권, 그는 마침내 여몽을 문무겸비한 지장智將으로 성장시키는 데에 성공하였다.
이동통신기기의 발달로 인해, 현대인들이 잃은 것 중의 하나가 책읽기이다. 손에서 책을 놓지 않던 독서광마저도 지식과 정보를 얻기 위해 늘 스마트폰과 함께한다. 하지만 종이책에서 깊은 사고력을 얻을 수 있다는 점에서 '수불석권'하는 습관은 권장될 만하다.

[출전] 『三國志』 「吳書 呂蒙傳」

# 首鼠兩端 수서양단

首 머리 수 | 鼠 쥐 서 | 兩 두 양 | 端 끝 단

## 쥐가 머리를 내밀고 양쪽을 기웃거림.

행동을 결정하지 못하고 요리조리 눈치 봄.

전한前漢시대 7대 황제 무제武帝때, 5대 문제文帝의 황후의 조카인 위기후魏其侯 두영竇嬰과 6대 경제景帝의 황후의 동생인 무안후武安侯 전분田蚡은 외척관계임에도 갈등을 겪었다. 어느 날, 두영의 친구인 관부灌夫 장군이 두영에게 무례를 범한 어느 고관을 질책하고 있는데 전분이 그 고관을 두둔하자, 이에 화가 난 관부가 두영을 대신하여 전분에게 대들었다. 전분측과 두영측이 서로의 잘못을 질타하며 시비다툼을 지속하자 이들 분쟁이 조회에서 공론화 되었다. '수서양단'은 무안후 전분이 위기후 두영과 분쟁을 겪고 있는데 어사대부 한안국韓安國이 자기편을 들어주지 않자 한안국을 눈치 살피는 쥐에 비유하며 그를 힐난하는 대목에서 유래된 성어이다.

| | |
|---|---|
| 무안후가 이미 조회를 마치고 지거문에 나와서 한어사대부를 불러내어 수레에 태우더니 화를 내며 말하였다. "나는 그대와 함께 늙은이를 제거하려 하였는데 그대는 어찌하여 쥐가 머리를 내밀고 좌우를 살피며 눈치 보듯이 망설인단 말이오?" 한어사가 한참 있다가 승상에게 말하였다. "그대는 어찌 스스로 자중하지 않으시오? 저 위기후가 그대를 헐뜯는다면, 그대는 마땅히 관을 벗고 승상의 인끈을 풀어서 황상께 돌려 드리면서 '저는 인척으로 요행히 승상직을 얻었지만 죄를 짓고 참으로 그 임무를 다하지 못하니 위기후의 말이 모두 옳습니다.'라고 말했다면 황제께서는 반드시 그대에게 겸손함이 있음을 칭찬하고, 그대를 폐하지 않을 것이며, 위기후는 틀림없이 속으로 부끄러워서 문을 닫고 혀를 깨물어 자살하였을 것입니다. 지금 남들이 그대를 헐뜯었다고 하여, 그대 또한 남을 헐뜯고 있으니. 비유하건대 장사치의 심부름꾼이나 여자처럼 다툰 겁니다. 어찌 그리 대인의 체통이 없으십니까? | 武安已罷朝,出止車門 召韓御史大夫載,怒曰 與長儒共一老禿翁,何 爲首鼠兩端? 韓御史良久謂丞相曰君 何不自喜?夫魏其毀君, 君當免冠解印綬歸曰 臣以肺腑幸得待罪,固 非其任,魏其言皆是.如 此上必多君有讓, 不廢君,魏其必內愧 杜門齰舌自殺.今人毀 君,君亦毀人,譬 如賈豎女子 爭言,何其無大體也? |

罷 마칠 파 / 朝 조정 조 / 載 실을 재 / 怒 성낼 노 / 禿 대머리 독 / 毀 헐 훼 / 綬 인끈 수 / 腑 장부 부 / 固 참으로 고 / 皆 모두 개 / 是 옳을 시 / 讓 겸손할 양 / 廢 폐할 폐 / 愧 부끄러워할 괴 / 杜 막을 두 / 齰 물을 색 / 譬 비유할 비 / 賈 장사 고 / 豎 더벅머리 수.

| 武安侯(무안후) | 전한 6대 경제 황후의 동생인 전분田蚡. 능력은 많으나 오만불손함.
| 韓御史大夫(한어사대부) | 무안후를 보필하던 한안국韓安國. 갈등조정 능력이 뛰어남.
| 魏其侯(위기후) | 전한 5대 문제 황후 두태후의 5촌 조카인 두영竇嬰. 언변이 좋고 박식.

[유사어] 左顧右眄(좌고우면) : 왼쪽으로 돌아보고 오른쪽으로 돌아보며 눈치만 살핀다.
曖昧模糊(애매모호) : 이것인지 저것인지 분명하지 못하고 희미하게 행동하다.
優柔不斷(우유부단) : 마음이 여려 맺고 끊음을 못하고 줏대 없이 어물거리다.

[출전] 『史記』「魏其武安侯列傳」

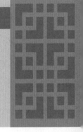

# 漱石枕流 수석침류

漱 양치질할 수 │ 石 돌 석 │ 枕 베개 침 │ 流 흐를 류

## 돌로 양치하고 흐르는 물을 베개 삼다.

① 언변이 뛰어나고 재주가 많음.
② 공명을 뜬구름으로 보고 자연을 벗.
③ 말을 잘못해놓고 억지로 꿰어 맞춤.

진晉나라시대 초기, 손초孫楚의 친구인 왕제王濟가 대중정大中正이라는 관직에 있을 때, 방문직訪問職의 하급관리가 마을 사람들을 평가하여 그 가운데 우수한 사람을 관리로 추천하였다. 손초를 평가할 때에 이르자 왕제가 직접 나서서 손초의 재치 있는 화술을 소개하였다.

'수석침류'는 손초가 친구 왕제의 지적으로 자기의 말이 잘못되었음을 알았으면서도 자신의 실언을 인정하지 않고 오히려 그럴듯하게 말을 꿰맞추었던 일화에서 유래된 성어이다.

이에 손초에 대하여 문서를 작성하여 쓰기를 "천부적인 재능이 있어 매우 뛰어나고 박식하며, 특출해서 무리와 비교되지 않았다.

손초가 젊었을 때에 은거생활을 하고 싶다고 나에게 말한 적이 있다. 마땅히 '돌을 베개 삼고, 흐르는 물로 양치질하고 싶다.'고 말해야 하는데, '돌로 양치질하고, 흐르는 물을 베개 삼고 싶다.'고 잘못 말해서 내가 '흐르는 물은 베개 삼을 수 없고, 돌은 양치질할 수 있는 것이 아니지.'라고 하자 손초가 말했다.

'흐르는 물을 베개 삼는 까닭은 (허유許由처럼 쓸데없는 말을 들었으면) 귀를 씻고자 함이고, 돌로 양치질을 하는 까닭은 치아를 닦고자 함일세."

乃狀楚曰天才
英博,亮拔不群,
楚少時欲隱居,謂濟曰
當欲枕石漱流,
誤云漱石枕流.
濟曰流非可枕,
石非可漱,楚曰
所以枕流,欲洗其耳,
所以漱石,欲厲其齒

乃 이에 내 / 狀 문서 상 / 博 넓을 박 / 亮 밝을 양 / 拔 특출할 발 / 隱 숨을 은 / 誤 그릇할 오 / 云 이를 운 / 洗 씻을 세 / 厲 갈 려.

## 손초(孫楚)의 화술

진晉나라는 속세의 출세주의를 경시하고 도가의 자연주의를 추구하는 경향이 컸다. 손초 역시 벼슬보다는 은거생활에 마음이 더 끌려서 친구인 왕제에게 자신의 미래에 대한 계획을 털어놓은 적이 있었다. 왕제가 듣기로 손초의 말은 궤변이면서 동시에 재담이었다.

말의 앞뒤가 전혀 맞지 않은데 억지로 꿰맞춘다는 의미의 漱石枕流, 이 성어에는 명예를 떠나 자연 속에서 유유자적하게 생활하고자 한 손초의 자연주의와 임기응변술이 나타나 있다. 손초가 '돌로 양치하고 물을 베개 삼는다.'는 조리에 맞지 않는 말을 재빨리 논리화하는 순발력에 왕제는 그의 억지성을 오히려 긍정적으로 받아들였다. 그만큼 손초는 자연주의적 성향을 보이는 한편, 임기응변으로 실언을 정설화 하는 재치를 발휘하였다.

| [동의어] | 枕流漱石(침류수석) : | 흐르는 물을 베개 삼고 돌로 양치질하다. |
| [유사어] | 牽強附會(견강부회) : | 억지로 끌어다가 자기 말에 부합시키다. |
| | 我田引水(아전인수) : | 내 밭에 물을 억지로 끌어대다. |
| | 推舟於陸(추주어륙) : | 배를 밀어서 육지로 끌고 가다. |

[출전] 『晉書』 「孫楚傳」

# 水魚之交 수어지교

水 물 수 | 魚 물고기 어 | 之 ~의 지 | 交 사귈 교

## 물과 물고기의 사귐.

① 임금과 신하 사이의 두터운 교분.
② 아주 친밀하여 떨어질 수 없는 사이.

후한後漢시대 말기, 유비劉備가 천하통일을 도모하기 위해 한漢나라를 부흥시킬 계책을 제갈량諸葛亮에게 물었다. 제갈량은 계책으로 형주荊州와 익주益州를 점거할 것, 이민족을 회유하여 화평하게 지낼 것, 국내정치에 심혈을 기울일 것, 오吳나라 손권孫權과 회맹하여 위魏나라 조조曹操를 토벌할 것 등을 제시하였다. 이 일이 있은 후, 유비가 제갈량을 한층 더 신뢰하고 가까이 대했는데 이를 관우關羽와 장비張飛는 불만스러워 했다.
'수어지교'는 유비가 관우와 장비의 불만을 해소해주기 위하여 자신과 제갈공명의 관계를 물고기와 물에 비유하며 해명하는 대목에서 유래된 성어이다.

| | |
|---|---|
| 관우와 장비 등이 기뻐하지 않았다. 유비가 그 점을 해명하며 말하였다. "내가 제갈공명을 얻은 것은 마치 물고기가 물을 얻은 것과 같다네. 원하건대 그대들은 다시 언급하지 말았으면 하네." 이렇게 말하자, 관우와 장비가 더 이상 불만을 하지 않았다. | 關羽張飛等不悅,先主解之曰孤之有孔明猶魚之有水也.願諸君勿復言羽飛乃止. |

等 무리 등 / 悅 기쁠 열 / 解 풀 해 / 孤 나 고(왕후의 겸칭) / 猶 같을 유 / 願 원할 원 / 諸 여러 제 / 君 그대 군 / 勿 말라 물 / 復 다시 부 / 乃 이에 내 / 止 멈출 지

| 先主(선주) | 한漢 왕실의 혈통으로 한나라의 쇠퇴함을 회복하고자 했던 촉나라의 유비.
| 孤(고) | 임금이나 황후가 자신을 겸손하게 일컫는 호칭. 여기서는 유비가 자신을 칭함.
| 孔明(공명) | 천하의 지략가 제갈공명으로 유비를 촉나라의 황제로 등극시킴.
| 關羽(관우) | 삼국 시대 유비와 함께 거병한 촉한蜀漢의 명장. 자는 운장雲長으로 충직함.
| 張飛(장비) | 삼국 시대 유비와 함께 거병한 촉한蜀漢의 명장. 자는 익덕益德으로 호탕함.

## 유비(劉備)의 인재관리

기울어가는 한漢 왕실을 부흥시키고자 동분서주했던 유비에게 의형제인 용장 관우와 장비가 있어 위안을 얻기는 했지만, 안타깝게도 그의 주변에 지략가는 없었다. 이러한 상황에서 제갈량을 삼고초려三顧草廬해서 얻었으므로, 유비의 기쁨은 천하를 얻은 만큼이나 컸다.
물을 갈망하던 물고기가 마침내 물을 얻게 되는 상황에 사람간의 친분관계를 비유한 水魚之交, 이 성어에는 후한 말의 혼란기에 자신을 살릴 수 있는 생명수와 같은 인물이 바로 제갈량이라고 밝힌 유비의 인재에 대한 절대적 신뢰감이 나타나 있다. 관우와 장비는 혈육에 준하는 동생으로서, 제갈공명은 나랏일을 함께 할 인재로서, 그들 모두를 소중히 여긴 유비, 그의 사람 아끼는 모습에 진정성이 넘친다.

[동의어] 魚水之親(어수지친) : 물고기와 물과의 절친함.
猶魚有水(유어유수) : 물고기가 물을 얻는 것과 같다.
如魚得水(여어득수) : 물고기가 물을 얻는 것과 같다.
[유사어] 風雲之會(풍운지회) : 구름이 용을 만나고 바람이 범을 만남.

[출전]『三國志』「蜀志 諸葛傳」

# 樹蔭鳥息 수음조식

樹 나무 수 | 蔭 그늘 음 | 鳥 새 조 | 息 쉴 식

# 나무에 그늘이 있어야 새가 쉴 수 있다.

사람이 덕망이 있어야 사람들이 따름.

전국戰國시대, 순자荀子는 만물의 발생에 반드시 그 발생의 시초가 있듯이 사람의 영욕榮辱도 반드시 덕의 유무로 결정된다고 하였다. 고기가 썩으면 벌레가 생겨나고 생선이 마르면 좀벌레가 생기는 것처럼, 사람 역시 태만하여 자신을 잊고 지낸다면 재앙이 닥칠 것이라고 하였다.

'수음조식'은 사람이 평소 인격과 덕망을 갈고 닦아야 영예가 따른다는 점을 밝히려고 순자가 이를 우거진 나무에 새가 모여드는 것으로 비유한 표현에서 유래된 성어이다.

| | |
|---|---|
| 강한 것은 스스로 기둥 됨을 취하지만, 부드러운 것은 스스로 묶임을 취한다. 사악함과 더러움이 몸에 있으면 원한이 맺어지는 바가 되고 땔나무를 펼쳐 놓으면 한결같이 불길은 마른 쪽으로 나아갈 것이고, 땅을 평평히 하면 한결같이 물은 습한 쪽으로 나아갈 것이다. 풀과 나무는 무리를 이루어 자라고 새와 짐승은 떼를 지어 사니 만물은 제각기 자기의 부류를 따르기 마련이다. 이 때문에 과녁을 펼쳐 놓으면 화살이 여기에 날아오고, 나무숲이 무성하면 도끼가 여기에 다가오며, 나무가 그늘을 이루면 새떼들이 여기에 와서 쉬고, 식초가 시어지면 초파리가 여기에 모여든다. 때문에 말은 화를 부를 수 있고 행동은 욕됨을 자초할 수 있으므로 군자는 자기의 입장에 대해 신중을 다할인저! | 强自取柱,柔自取束. 邪穢在身,怨之所構, 施薪若一,火就燥也, 平地若一,水就濕也. 草木疇生,禽獸群居, 物各從其類也.是故 質的張而弓矢至焉, 林木茂而斧斤至焉, 樹成蔭而衆鳥息焉, 醯酸而蜹聚焉,故言有召 禍也,行有招辱也,君子愼 其所立乎! |

柱 기둥 주 / 束 묶을 속 / 邪 간사할 사 / 穢 더러울 예 / 構 얽을 구 / 施 베풀 시 / 薪 땔나무 신 / 就 나아갈 취 / 燥 마를 조 /
濕 젖을 습 / 疇 밭두둑 주 / 禽 날짐승 금 / 獸 들짐승 수 / 群 무리 군 / 類 무리 류 / 質 바탕 질 / 的 과녁 적 / 張 펼칠 장 /
弓 활 궁 / 矢 화살 시 / 茂 무성할 무 / 斧 도끼 부 / 斤 도끼 근 / 焉 이에 언 / 醯 식초 혜 / 酸 실 산 / 蜹 초파리 예 / 聚 모일 취 /
김 부를 소 / 禍 재앙 화 / 招 부를 초 / 辱 욕될 욕 / 愼 삼갈 신 / 乎 어조사 호 (감탄형어조사)

## 순자(荀子)의 이상형

순자는 만물 간에 서로 비슷한 부류끼리 관계 맺고 있음을 사례별로 소개하였다. 무성한 잎과 그늘을 갖춘 나무에게로 쉬려고 찾아드는 새들처럼 훈훈한 덕을 갖춘 군자에게로 덕의 훈김을 받으려고 사람들이 몰려든다는 주장이 그 한 예이다.

나무에 그늘이 있어야 새들이 쉬러 온다. 라는 의미의 樹蔭鳥息, 이 성어에는 인격과 덕망을 지닌 군자가 되기 위해 부단히 노력해야 한다는 순자의 군자지향주의가 나타나 있다. 군자가 되어야 그 주변에 인격자들이 모인다는 것이다. 부단한 인격수양으로 자신의 입지를 영예롭게 할 때, 그의 주변 역시 영예로워진다는 말이다.

---

[반대어]　惡木不蔭(악목불음) :　나쁜 나무는 그늘이 없듯이 악인 곁에는 좋은 사람이 없다.　　　　　[출전]『荀子』「勸學篇」

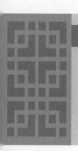

# 水滴穿石 수적천석

水 물 수 | 滴 물방울 적 | 穿 뚫을 천 | 石 돌 석

## 물방울이 돌을 뚫는다.

① 작은 노력이라도 꾸준히 하면 큰일을 이룰 수 있음.
② 작은 도둑질을 거듭하면 사회에 큰 해악을 끼침.

북송北宋시대, 숭양현령崇陽縣令 장괴애張乘崖는 관아를 순찰하다가 창고에서 황급히 뛰어나오는 한 관원을 발견하고 그 자리에서 문책했다. 그는 창고에서 훔친 것은 겨우 한 푼짜리 엽전뿐이라고 말하면서 전혀 죄의식을 갖지 않았다. 이에 장괴애가 형리에게 명하여 도둑질한 그 관원을 곤장 치게 하였다.
'수적천석'은 엽전을 훔친 관원을 참수할 때, 그 참수 이유를 밝힌 현령 장괴애의 판결문에서 유래된 성어이다.

관원이 발끈하며 말하였다. "엽전 한 푼이 무슨 대단한 것이라고 나를 곤장 친단 말이오? 당신이 나를 곤장 칠 수는 있을지라도 나를 죽일 수는 없을 것이오." 장괴애가 붓을 들어 판결문을 썼다. "하루 한 푼의 엽전이 1000일이면 1000푼의 엽전이 되고, 새끼줄로 톱질해도 나무를 자를 수 있으며, 물이 방울지어 떨어져도 돌을 뚫을 수 있소." 스스로 검을 들고 계단으로 내려가 그를 참수하고, 대부臺府에 신고한 후, 자기의 죄를 스스로 탄핵하였다.

吏勃然曰一錢何足道,乃杖我耶?爾能杖我,不能斬我也.乘崖援筆判曰一日一錢千日千錢,繩鋸木斷,水滴石穿.
自仗劍下階斬其首,申臺府自劾.

勃 갑작스러울 발 / 杖 곤장 장 / 斬 벨 참 / 援 잡을 원 / 筆 붓 필 / 判 판가름할 판 / 繩 새끼줄 승 / 鋸 톱질할 거 / 仗 기댈 장 / 階 계단 계 / 申 말할 신 / 臺 관청 대 / 劾 캐물을 핵

## 장괴애(張乘崖)의 지도력

현령 장괴애는 당시 군졸이 상관을 능멸하는 하극상의 풍조를 바로잡기 위해 사소한 과오도 용납하지 않겠다는 결의를 보였다. 그는 공금 한 푼을 훔친 관원이 잘못을 뉘우치지 않고 항변하는 것을 보고 훗날 나라의 큰 재물을 훔치는 도적의 싹을 없앤다는 생각으로 그 관원을 참수하였다.
오랜 시간과 집중 반복으로 인해 물방울이 강한 돌을 뚫을 수 있다는 뜻의 水滴穿石, 이 성어는 사소한 도벽이 오래 지속되면 나라의 재정을 파탄시킬 정도의 파괴력을 지니게 됨을 비유한 것으로 장괴애는 이 죄악의 싹을 경계하였다. 그는 물방울이 오랜 세월 한 곳에 집중적으로 낙하하면 그 반복하중으로 인해 돌을 뚫는 위력이 생기니 그 전에 파손의 싹을 없애야 한다고 여겼다. 작은 것의 큰 힘을 내다 본 장괴애, 그는 예지력을 지닌 소신 있는 지도자이다.
원전에 의하면 '수적천석'은 '잘못된 행실이 모이면 훗날 큰 재앙을 부른다.'라는 의미인데 요즈음에는 '작은 노력을 꾸준히 하면 큰일을 이룬다.'의 긍정적 의미로 사용하고 있다.

[동의어]　點滴穿石(점적천석) ： 한 점의 물방울이 돌을 뚫는다.
[유사어]　積土成山(적토성산) ： 흙을 쌓으면 산을 이룰 수 있다.
　　　　　積小成大(적소성대) ： 작은 것을 쌓아서 큰 것을 이룬다.
　　　　　積水成淵(적수성연) ： 적은 양의 물도 쌓이고 쌓이면 큰 못을 이룬다.

[출전]『鶴林玉露』「一錢斬吏條」

# 守株待兔 수주대토

守 지킬 수 | 株 그루 주 | 待 기다릴 대 | 兔 토끼 토

## 그루터기를 지켜 토끼를 기다린다.

① 노력하지 않고 요행을 바라는 어리석음.
② 고지식하고 융통성이 없어 옛것을 고집.
③ 시대의 흐름을 알지 못하고 개혁을 회피.

전국戰國시대 말기, 정치적, 사상적으로 혼란한 시대를 살았던 한비자韓非子는 국정의 혼란을 수습하기 위한 방안을 『한비자』에 실었다. 당시 군주가 구습에 젖어 안일하게 보내며, 혁신을 시도하지 않은 채, 백성이 다스려지기를 기대하자, 한비자는 이를 송宋나라의 허송세월하는 어느 농부의 어리석음에 빗대었다.
'수주대토'는 나라의 발전을 염원했던 한비자가 시대의 변화에 맞는 정치방식은 법치임을 강조하려고 송나라의 우화를 인용한 데에서 유래된 성어이다.

송나라 사람 중에 밭을 가는 사람이 있었다. 밭 가운데에 그루터기가 있는데 토끼가 달려오다 그 그루터기에 부딪쳐 목이 부러져 죽었다. 이 일로 인해 농부는 쟁기를 내려놓고 그루터기를 지키며 다시 토끼가 오기를 기다렸다. 그러나 토끼를 다시는 얻을 수 없었고 자신은 송나라의 웃음거리가 되고 말았다.
지금 이미 지나간 선왕의 정치방법으로 당대의 백성들을 다스리고자 하는 자는 모두 수주대토하는 무리들이다.

宋人有耕田者.田中有株
兔走觸株,折頸而死,因釋
其耒而守株,
冀復得兔.兔不可復得而
身爲宋國笑.
今欲以先王之政,治當世
之民,皆守株之類也

耕 밭갈 경 / 折 꺾을 절 / 頸 목 경 / 耒 쟁기 뢰 / 走 달릴 주 / 觸 부딪칠 촉 / 因 인할 인 / 釋 놓을 석 / 冀 바랄 기 / 復 다시 부 / 皆 모두 개 / 類 무리 류

## 한비자(韓非子)의 정치사상

개혁가이자 법가인 한비자에 따르면 군주는 요순시대의 통치방식이나 생활규범만을 옳다고 믿어 이를 그대로 시행해서는 안 되고 전쟁이 끊이지 않는 전국시대의 급변상황에 알맞게 강력규범과 법으로 통치해야 한다.
이미 지나간 행운에 집착하며 또 다시 요행을 바라는 형국을 그루터기를 지키고서 다시 토끼가 오기를 기다리는 어리석은 행위에 빗댄 守株待兔, 이 성어에는 혼란을 수습하고자 하는 군주라면 그 시대와 상황에 알맞은 방식을 채택해서 다스려야 한다는 한비자의 정치적 현실주의가 나타나 있다. 현실과 동떨어진 유가의 도덕 정치로는 나라의 혼란을 가속시킬 뿐, 전혀 기강을 잡을 수 없다고 하였다. 곧 이미 지나간 선왕의 정치제도로 당대의 백성을 다스리며 잘 살게 되기를 기대하는 군주의 무사안일은 농부가 현실적 생업인 농사일을 저버리고 어쩌다 쉽게 손에 넣은 토끼를 또 다시 얻고자 기대하는 어리석음이나 매한가지라는 것이다. 난세인 전국시대의 수습책으로 법치를 주장한 한비자, 전국시대를 통일로 이끈 사상적 단초 역할을 한 인물이다.

[유사어]  刻舟求劍(각주구검) : 배에 새겨서 잃어버린 칼을 찾는다.
膠柱鼓瑟(교주고슬) : 기러기발을 아교로 고정시키고서 거문고를 연주하다.

[출전] 『韓非子』「五蠹篇」

# 壽則多辱 수즉다욕

壽 목숨 수 | 則 곧 즉 | 多 많을 다 | 辱 욕될 욕

## 오래 살면 욕된 일이 많다.

오래 살수록 망신스러운 일을 많이 겪게 됨.

요堯임금이 각 나라를 순행하는 중에 화華라는 국경마을을 방문하였는데 그곳의 국경지기가 공손히 맞으며 장수하시고 부자 되시라고 축원하였다. 이에 요임금은 장수도 부자도 원치 않는다며 응수하였다.

'수즉다욕'은 요임금이 오래 살거나 부자가 되고 싶지 않은 이유를 장자적 사고를 하는 어느 국경지기에게 답변했다는 우화에서 유래된 성어이다.

> "아아, 성인이시여! 청하건대 성인께 축복 드리겠습니다. 성인으로 하여금 오래 살게 해주시기를!" 요임금은 "사양하오."라고 대답했다. "성인으로 하여금 부자가 되게 해주시길!" 요임금은 "사양하오."라고 대답했다. "성인으로 하여금 많은 아들을 두게 해주시길!" 요임금은 "사양하오."라고 대답했다. 국경지기가 말했다. "장수와 부유와 아들이 많음은 누구나 바라는 바입니다. 당신만 바라지 않다니 어째서입니까?" 요임금은 대답했다. "아들이 많으면 두려움이 많고, 부유하면 일이 많으며, 장수하면 욕된 일이 많아집니다. 이 세 가지는 덕을 키우기 위한 것이 못 됩니다."

> 嘻!聖人!請祝聖人,使聖人壽.堯曰辭.
> 使聖人富.堯曰辭.使聖人多男子.
> 堯曰辭.封人曰壽富多男子,人之所欲也.女獨不欲,何邪?堯曰多男子則多懼,富則多事,壽則多辱是三者非所以養德也

嘻 아! 희 / 請 청할 청 / 祝 빌 축 / 使 하여금 사 / 辭 사양할 사 / 富 부유할 부 / 封 봉할 봉 / 女 너 여 / 邪 ~인가? 야 / 懼 두려워할 구 / 是 이 시 / 養 기를 양 / 故 연고 고

| 堯(요)| 유가의 사상적 연원에 위치하는 성군으로 태평성대를 이룸.

| 封人(봉인)| 국경을 지키는 사람으로 장자의 견해를 대변함.

### 장자(莊子)의 反유가사상

전국戰國시대, 장자莊子는 자신의 우화에 요임금을 등장 시켜 그의 행위 및 사고가 얼마나 인위적인가를 우회적으로 비난하였다. 유가들이 보는 요임금은 사상적 연원으로 숭앙받는 전설적 성군이지만 장자가 보는 요임금은 위선적이다. 장수하면 욕되는 일을 많이 겪게 될 것이므로 오래 살기를 원치 않는다는 요임금의 답변인 壽則多辱, 이 성어에는 장자의 반유가적 사상이 나타나 있다. 나이가 많으면 많은 대로 살아가면 그뿐이거늘 욕 받을 것을 두려워하여 오래 살까 염려한다는 답변은 평소에 자연을 거스르며 살기 때문이라는 것이 장자의 지적이다. 장자는 국경지기를 통해서 자연의 원리에 따라 순리대로 살면 걱정도 두려울 것도 없다는 자신의 생각을 표출했다. 도가 베풀어지는 세상이라면 오래 살면서 만물과 함께 자유로움을 누리면 되고 도가 베풀어지지 않는다면 한적한 삶을 찾아 홀로 신선의 세계로 떠나면 그만이라고 하였다. 곧 장자는 '오래 살면 욕될 일이 많아진다.'고 한 요임금의 답변 자체는 이 일 저 일을 인위적으로 실행하느라 피곤하고 욕되게 살았음의 반증을 뜻한다고 본 것이다.

[유사어] **多男多懼(다남다구)** : 아들이 많으면 두려운 일이 많아진다.

[출전] 「莊子」「天地篇」

# 菽麥不辨 숙맥불변

菽 콩 숙 | 麥 보리 맥 | 不 아닐 불 | 辨 분별할 변

## 콩인지 보리인지 분별하지 못한다.

어리석고 못난 사람.

춘추春秋시대, 진晉나라는 대부들 사이에서 왕을 옹립하는 문제로 내분을 겪고 있었다. 몇몇 대부들이 역모하여 여공厲公을 시해한 후, 14살의 어린 주周를 추대하였다. 난세에 왕으로 추대된 주는 어린 나이임에도 당당하게 왕의 존재이유를 언급하며 내분을 수습하였다.

'숙맥불변'은 진晉나라의 대부들이 주周의 형을 왕으로 추대하지 않고 동생인 주를 옹립한 사건에 대하여 좌구명左丘明이 해설한 대목에서 유래된 성어이다.

| | |
|---|---|
| 주자가 말했다. "제가 처음부터 원하여 이 상황에 이른 것이 아닙니다. 비록 이렇게 되었으나 어찌 천명이 아니겠습니까? 애오라지 사람들이 군주를 원하는 것은 그로 하여금 명령을 내리게끔 하려는 것입니다. 그런데, 군주를 세워놓고 명령에 복종하지 않는다면 장차 군주가 어찌 필요하겠습니까? 몇몇 분들이 저를 군주로 세우고 세우지 않고 하는 것은 오늘의 결정에 달려있습니다. 다 함께 군주에게 복종하는 것은 신이 복 내리실 일입니다." 이에 대부들이 대답하였다. "저희들이 원하는 바입니다. 감히 명을 따르지 않겠습니까?" (중략) 주자에게는 형이 있었지만 지혜가 없어서, 콩과 보리도 분간하지 못하였으므로 임금으로 세울 수 없었다. | 周子曰孤始願不及此. 雖及此,豈非天乎?抑人之求君,使出命也. 立而不從, 將安用君?二三子用我今日,否亦今日.共而從君,神之所福也.對曰群臣之願也,敢不唯命是聽?(中略)周子有兄而無慧,不能辨菽麥 故不可立 |

ㅣ周子(주자)ㅣ    진나라 양공襄公의 증손자인 주周이며 훗날 도공悼公이 됨.
ㅣ孤(고)ㅣ        임금이 자신을 겸손하게 호칭하는 표현으로 여기서는 주자周子를 지칭함.

### 좌구명(左丘明)의 역사해설

공자孔子가 『춘추』에 '진晉나라가 그 대부 서동을 살해하다. 진나라가 그 임금 주포(여공)를 시해하다. (진살기대부서동晉殺其大夫胥童. 진시기군주포晉弑其君州蒲)'로 짧게 기록한 부분에 대해서 사관史官 좌구명이 주석을 붙였다. 진나라 여공厲公이 대부 서동胥童만을 신임하며 전권을 위임하자 이의 부당함에 화가 난 몇몇 대부들이 서동과 함께 여공을 죽인 후, 나이 어린 주周를 왕위에 추대했던 사건임을 보완 설명한 것이다. 이 경우 주의 형이 왕으로 추대되어야 했겠지만 그가 왕이 되지 못한 것은 너무 무지해서라는 부연 설명도 곁들였다.

콩인지 보리인지 구별하지 못한다는 뜻의 菽麥不辨, 이 성어는 경구의 의미를 정확하게 전달하는 일에 주력한 좌구명의 비유적 표현 방식이다. 콩과 보리는 크기나 생김새가 크게 달라서 구분 못할 수가 없음에도 이를 구별하지 못한다는 비유를 통해 주자의 형이 얼마나 무능한 사람인지를 쉽게 밝혔다.

요즘에는 무식한 사람을 가리킬 때 '숙맥불변'을 축약해서 그냥 '숙맥' 또는 '쑥맥'이라고 한다. 우리 속담 '낫 놓고 기역자도 모른다.'의 의미와 통한다.

---

[유사어]    魚魯不辨(어로불변) :  물고기 '어'자와 노나라 '노'자를 구별하지 못한다.
　　　　　目不識丁(목불식정) :  눈으로 고무래 형상의 글자인 '정'자를 알지 못한다.

[출전] 『春秋左傳』 「成公 18年」

# 脣亡齒寒 순망치한

脣 입술 순 | 亡 잃을 망 | 齒 이 치 | 寒 찰 한

## 입술이 없으면 이가 시리다.

① 한 쪽이 망하면 다른 한 쪽도 온전하기 어려움.
② 서로 도우며 떨어질 수 없는 밀접한 관계.

춘추春秋시대 말기, 강대국 진晉나라 헌공獻公은 괵虢나라를 공격한 후, 귀국길에 두 나라의 중간지점에 위치하고 있는 우虞나라를 점령할 야욕을 품었다. 괵나라를 공격하러 가기 전, 이 속셈을 감추고 우나라의 우공虞公에게 길을 빌려달라며 보물과 명마를 선물로 보냈다. 우공이 이 제의에 솔깃하여 수락하려 하자 대부 궁지기宮之奇가 헌공의 속셈을 알아차리고 극구 반대하였다.

'순망치한'은 우나라의 대부 궁지기가 괵나라와 우나라의 운명을 입술과 이의 관계로 비유하며 반대했던 대목에서 유래된 성어이다.

> "괵나라는 우나라의 울타리니, 괵나라가 망하면 우나라도 반드시 망합니다. 진나라에게 길을 열어줘서도 안 되고 적을 가벼이 보아서도 안 됩니다. 한 번 길을 빌려 준 것도 심한데 다시 빌려 주시려구요? 속어에 '위턱뼈와 잇몸뼈는 서로 의지하고, 입술이 없어지면 이가 시리다.'라는 말은 우나라와 괵나라를 두고 한 말입니다."

> 虢虞之表也.虢亡虞必從之.晉不可啓,寇不可翫一之爲甚,其可再乎?諺所謂輔車相依,脣亡齒寒者其虞虢之謂也.

虢 나라이름 괵 / 虞 나라이름 우 / 晉 나라이름 진 / 啓 열 계 / 寇 도둑 구 / 翫 가지고 놀 완 / 再 거듭 재 / 諺 속어 언 / 輔 위턱뼈 보 / 車 잇몸뼈 거 / 依 의지할 의 / 謂 일컬을 위

| 輔車(보거) | 輔는 협보頰輔로 뺨에 붙은 뼈 즉 위턱뼈(상악골)이고, 車車는 아거牙車로 어금니 잇몸뼈임. 위턱뼈와 잇몸뼈가 서로 도와서 입을 보호함.

## 궁지기(宮之奇)의 판단능력

우나라의 대부 궁지기가 평소 군주에게 간언을 드리곤 했으나 받아들여지지 않자 가족을 데리고 고국을 떠나려 할 즈음의 일이다. 진나라가 우나라의 도움을 받아 괵나라를 정벌하려 한다는 사건이 발생했다. 이웃하고 있는 괵나라의 멸망은 곧 우나라의 멸망으로 이어지니 괵나라를 공격하러 가는 진나라에 길을 내줘서는 안 된다는 게 궁지기의 지론이다. 입술과 이는 밀접해 있어 손익을 같이 나누듯이 이웃해 있는 국가와 국가는 국운을 같이 하는 공동운명체라는 의미인 脣亡齒寒, 이 성어에는 이웃과 함께 망하는 길을 피해야 한다고 간언한 궁지기의 예지력과 예언능력이 나타나 있다. 괵나라를 입술에, 우나라를 치아에 비유하여 괵나라가 망하면 우나라도 같이 망할 수밖에 없는 공동의 위기감을 직시한 것이다. 그러나 우공은 그의 간언을 거부하더니 끝내 멸망의 길로 가고 말았다.

| [동의어] | 脣齒輔車(순치보거) : | 입술과 이, 위턱뼈와 잇몸뼈처럼 매우 밀접한 관계. |
| | 脣齒之國(순치지국) : | 입술과 이처럼 매우 밀접한 국가관계. |
| | 輔車相依(보거상의) : | 위턱뼈와 잇몸뼈가 서로 의지함. |
| [유사어] | 鳥之兩翼(조지양익) : | 새의 양 날개라는 뜻으로 서로 꼭 필요한 관계. |
| | 車之兩輪(거지양륜) : | 수레의 두 바퀴라는 뜻으로 서로 꼭 필요한 관계. |

[출전]「春秋左氏傳」「僖公 5年」

# 述而不作 술이부작

述 지을 술 │ 而 말 이을 이 │ 不 아닐 부 │ 作 지을 작

## (선대의 문물제도를) 기술만 했지 짓지는 않음.

창작한 것이 아니라 계승한 것임.

춘추春秋시대, 공자孔子(BC551년~479년)는 자신의 저작 방식을 겸손하게 피력한 적이 있다.
'술이부작'은 공자가 은殷나라의 저술가 노팽을 닮고 싶다고 한 말에서 유래된 성어이다.

| | |
|---|---|
| 공자가 말씀하셨다 "(나는 선대부터 전해 내려오는 것을) 기술하기만 했지 새롭게 지어내지는 않았다. 옛 것을 믿고 좋아하기 때문이야. 조심스럽게 (은나라의 현인) 노팽에 비견되고 싶구나." | 子曰述而不作, 信而好古. 竊比於我老彭 |

竊 몰래 절 / 比 견줄 비
│老彭(노팽)│ 상고시대의 역사나 문화를 조사하여 기록으로 남긴 은殷나라때의 저술가

## 공자(孔子)의 저술정신

공자의 말 중에 "나는 주周나라의 문물제도를 따르고 싶다.(吾從周-논어 팔일편)"가 있는데 이와 연관 지어 생각해볼 성어가 '술이부작'이다. 또한 주희朱熹가 "述은 옛것을 전하는 것일 뿐이고 作은 처음으로 창작하는 것이다.(述則傳舊而已, 作則創始也)"라고 주석한 것을 토대 삼으면 공자의 옛 가르침에 대한 수용 자세가 어떠했는지를 알 수 있다. 선대의 자료를 잘 정리하여 기록으로 남기는 일을 할 뿐, 자신이 창작하는 일은 하지 않는다는 의미의 述而不作, 이 성어에는 배움에 있어 선인들의 가르침을 준수하겠다고 하는 공자의 상고주의尙古主義와 사실주의가 나타나 있다. 주周나라의 문물제도는 하夏나라와 은殷나라를 계승한 것이기 때문에 공자가 주나라를 따르겠다고 하는 말은 결과적으로 하, 은,주 3대의 문화와 제도를 좋아하고 신뢰한다는 뜻이다. 공자는 3대의 전해오는 자료를 있는 그대로 정리해서 기록으로 남기는 일을 할 뿐 자신의 생각을 개입시켜 사실을 왜곡하거나 창작하지 않는다는 소신을 밝혔다. 사실에 입각하는 자세로 선대의 가르침을 발굴 기록하여 후대까지 전승되도록 하는 일에 전념하기를 은나라의 저술가 노팽처럼 하고 싶다는 것이다. 공자의 사실추구 정신 덕에 3대의 문물제도를 기록으로 남긴 공자의 결과물은 후세 사람들에게 정통성 및 신뢰감을 얻게 되었다. 그 결과물은 공자가 곳곳에 산재해 있던 시를 선정하여 편찬한 『시경詩經』, 잘못된 부분을 바로잡은 『악경樂經』, 당시의 예법이나 제도를 정리한 『예경禮經』, 상고시대부터의 역사를 기술한 『서경書經』, 『주역周易』에 주석을 곁들인 『역전易傳』, 역사적 사건을 엄정하게 기록한 『춘추春秋』 등이 그것이다. 따라서 이 경서들은 철저한 고증을 통해 정확하게 쓰인 기록물이지 공자 자신의 유추나 생각을 덧붙인 창작물이 아닌 것이 된다.
한편에서는 '술이부작'이 창작활동이 아닌 단순한 기록행위에 그친다는 의미이므로 공자는 인간의 창조성을 외면한 면이 있다. 라는 평가를 하기도 한다. 그러나 그 방대한 양의 사료나 문화, 문물을 사장시키지 않고 기록으로 남겨서 과거를 현대의 뿌리로 삼아, 미래에 자양분을 공급하게끔 한 것은 '술이부작'한 공자의 호고好古정신 덕이다.

[출전] 『論語』「述而篇」

# 尸位素餐 시위소찬

尸 시동 시 | 位 자리 위 | 素 흴 소 | 餐 먹을 찬

## 시동의 자리를 차지하고서 공짜로 먹다.

직책을 다하지 않으면서 봉록을 먹음.

전한前漢시대, 성제成帝 때에 이르러 승상 안창후安昌侯 장우張禹가 황제의 스승으로서 특진의 직위를 차지하였고 황제는 그를 대단히 존중했다. 주운朱雲이 장우건으로 상소를 올려 공경대신들 앞에서 황제 뵙기를 청하였다.

'시위소찬'은 한漢나라 재상 장우가 높은 관직을 차지하고서 나라 일을 팽개친 채, 봉록만 축내자, 이를 지켜보다 못한 중신重臣 주운이 황제께 간언한 대목에서 유래된 성어이다.

주운이 말하였다. "요즘 조정의 대신들은 위로는 군주의 잘못을 바로 잡지 못하고 아래로는 백성들에게 보탬이 되지 못하고 있습니다. 모두가 시동처럼 자리를 차지하고서 헛되이 음식을 축내고 있사옵니다. 공자께서 말씀하신 '비루한 자와는 더불어 군주를 섬길 수 없다.'라는 자이며, '구차스럽게도 총애를 잃을까 걱정되면 하지 않는 일이 없다.'라는 자입니다.

신은 바라건대 상방참마검을 하사하시면 아첨꾼 신하 한 사람(장우)을 베어 그 나머지 무리를 엄히 다스리고자 합니다."

雲曰今朝廷大臣上不能
匡主,下亡以益民,
皆尸位素餐.
孔子所謂鄙夫不可與事
君,苟患失之,
亡所不至者也.
臣願賜尙方斬馬劍,斷佞
臣一人以儆其餘.

朝 조정 조 / 廷 조정 정 / 匡 바로잡을 광 / 亡 없을 망 / 益 더할 익 / 皆 모두 개 / 鄙 더러울 비 / 苟 구차할 구 / 願 원할 원 / 賜 줄 사 / 斬 벨 참 / 佞 아첨할 영 / 儆 엄할 여 / 餘 남을 여

| 尸位(시위) | 시동이 고인을 대신하여 신위에 앉아, 하는 일 없이 조상 대접을 받음.
| 尙方寶劍(상방보검) | 옛날 임금이 쓰던 보검.

## 주운(朱雲)의 충정

전한의 12대 황제 성제는 어린 시절 스승인 장우에게 재상직을 떠맡긴 채, 자신은 주색잡기에 놀아났으며 외척들이 고위직을 차지하고 정권을 휘둘러도 아랑곳하지 않았다. 재상 장우마저도 불안정한 정세를 걱정하기는커녕 본인 역시 무사안일에 젖어 지냈다. 의협심이 많고 호방한 성품을 지닌 주운朱雲으로서는 참을 수 없는 일이었다.

자리 값을 못하고 하는 일 없이 밥만 축낸다는 뜻의 尸位素餐, 이 성어에는 놀고먹는 벼슬아치들의 보신주의에 일침을 가한 주운의 우국충정憂國衷情이 나타나 있다. 주운은 재상 장우를 일의 앞뒤사정도 모른 채, 제사 음식을 대접받는 시동에 비유하며 그의 무능력과 무사 안일한 태도를 엄하게 내쳐서 보신에만 급급해 하는 벼슬아치들의 풍토를 쇄신하고자 칼을 뽑았다.

오늘날에도 남부러운 직장에서 빈둥거리며 월급만을 꼬박꼬박 챙기는 사람을 '철밥통'으로 부르는데 이러한 직장인 역시 현대판 '시위소찬'이다. 자신의 직무를 성실히 이행치 않고 직위에 안주한 채, 세월을 보내는 직장인들이 귀 기울여야 할 주운의 간언이다.

---

[동의어]　伴食大臣(반식대신) :　밥만 축내는 대신.
[유사어]　衣冠之盜(의관지도) :　관복 입은 도둑이란 뜻으로 무능한 벼슬아치를 이름.

[출전]「漢書 卷67」「朱雲傳」

# 信賞必罰 신상필벌

信 진실로 신 | 賞 상줄 상 | 必 반드시 필 | 罰 벌줄 벌

## 상 받을 자에게 꼭 상을주고, 벌 받을 자에게 꼭 벌을 줌.

상벌을 규정대로 분명히 함.

전한前漢시대, 효선孝宣황제는 재위 25년간 선정을 베풀었다. 백성들의 어려움을 헤아렸고 소송문제를 공정히 해결하였으며 정사에 온 힘을 쏟았기에 백성으로부터 존경을 한 몸에 받았다. 심지어 오랑캐들마저 국경을 수위하는 일에 참여하겠노라는 의사를 밝혀올 정도로 황제의 치세는 만인의 기쁨이었다.

'신상필벌'은 한나라 제10대 효선황제의 치세가 공정했다는 사실을 알게 된 원元나라의 역사가인 증선지曾先之가 한서漢書의 일부를 발췌하여 편집한 글에서 유래된 성어이다.

| | |
|---|---|
| 공경의 자리가 비면, 그 인물을 드러난 자 중에서 뽑아 차례대로 등용하였다. 한나라 시대에 좋은 관리들이 이때에 성하였으며, 상 받을 자에게 꼭 상주고 벌 받을 자에게 꼭 벌주어 명분과 실리를 종합적으로 심사하였다. 정사, 문학, 법리의 선비들이 모두 그 능력을 정밀히 다하였고, 관리가 그 직책에 걸맞게 일했으며 백성은 자기 일을 편안히 여겼다. 흉노가 쇠하여 어지러워짐을 맞닥뜨릴 경우에는, 밀어내어 도망가게 해서 조용히 지내도록 해주었으니, 신망과 위엄이 북쪽오랑캐에게까지 이르렀다. | 公卿缺則選諸所表以次用之.漢世良吏於是爲盛信賞必罰,綜核名實政事文學法理之士,咸精其能,吏稱其職,民安其業,遭值匈奴衰亂,推亡固存,信威北夷 |

卿 벼슬 경 / 缺 모자랄 결 / 選 뽑을 선 / 諸 '之於'의 축약형 저 / 表 드러날 표 / 盛 성할 성 / 綜 모을 종 / 核 조사할 핵 / 咸 모두 함 / 精 자세할 정 / 稱 알맞을 칭 / 職 벼슬 직 / 遭 만날 조 / 値 만날 치 / 衰 쇠할 쇠 / 亂 어지러울 난 / 推 밀 추 / 威 위엄 위 / 夷 오랑캐 이

| 政事(정사)| 행정 직무.

| 文學(문학)| 학문 분야.

| 法理(법리)| 법률 업무.

## 효선(孝宣)황제의 통치이념

한나라의 효선황제는 백성들을 가난으로부터 구하여 잘 살게 하려고 무척이나 애를 썼던 군주이다. 특히 사람들의 잘잘못을 공정하게 살펴서 과도하게 벌을 가하거나 부적절하게 상을 시행하는 일이 없도록 하여 백성들로 하여금 공을 세우면 상으로 치하 받고 잘못을 저지르면 벌로써 추궁 받는다는 행정을 믿게 하였다.

상벌규정을 엄격하게 준수한다는 뜻의 信賞必罰, 이 성어에는 상과 벌을 공정하게 하여 백성으로부터 신뢰를 얻은 효선황제의 원칙주의가 나타나 있다. 원칙의 실행은 신뢰의 기반이다. 원칙이 흔들리면 불신과 불만을 일으키기 마련이므로 황제는 명분과 실리의 부합여부를 철저히 조사해서 상벌을 합당하게 시행하였다. 당시 백성들이 황제의 상벌조치를 만족스럽게 여겼던 이유이다. 효선황제가 백성들의 행복한 생활 조성이란 기준에서 신상필벌을 시행했던 뜻이 잘 전달된 것이다.

[출전] 『十八史略 2卷』 「孝宣皇帝」

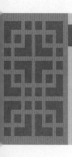

# 深根固柢 심근고저

深 깊을 심 / 根 뿌리 근 / 固 굳을 고 / 柢 뿌리 저

## 뿌리가 깊고 굳건함.

① 정세가 튼튼하고 안정됨.
② 나라와 천성을 지키는 근본은 굳고 튼튼한 無爲의 덕임.

춘추春秋시대, 노자老子가 백성을 다스리는 정치의 도道와 천성을 지키는 양생養生의 도에 대하여 설파한 적이 있다.
'심근고저'는 노자가 정치와 양생의 근본인 무위無爲의 덕을 깊고 굳건한 뿌리에 비유하며 무위의 덕을 쌓는 것이 장생長生하는 길이라고 한 데에서 유래된 성어이다.

| | |
|---|---|
| 사람을 다스리고 천성을 지킴에 있어 아끼는 것 만한 것이 없다. | 治人事天,莫若嗇 |
| 대저 오직 아끼는 것, 이것을 빨리 (근본에) 돌아간다 말하고 빨리 돌 | 夫唯嗇,是謂早服 |
| 아가는 것, 이를 (무위의) 덕을 거듭 쌓는다고 말한다. | 早服,謂之重積德 |
| 덕을 거듭 많이 쌓으면 능하지 못할 것이 없고 | 重積德,則無不克 |
| 능하지 못할 것이 없으면 그 끝남을 알 수 없고. | 無不克,則莫知其極, |
| 그 끝남을 알 수 없으면 나라를 지킬 수 있게 된다. | 莫知其極,可以有國 |
| 나라를 지키는 모태인 무위의 덕은 (나라를) 오래 보존할 수 있어서 | 有國之母,可以長久, |
| 이를 뿌리가 깊고 굳건하다 말하니 | 是謂深根固柢 |
| 오래 살고 오래 볼 수 있는 길이다. | 長生久視之道 |

嗇 아낄 색 / 夫 무릇 부 / 唯 오직 유 / 服 돌아갈 복 / 重 거듭 중 / 積 쌓을 적 / 克 이길 극 / 極 끝 극 /
根 옆 뿌리 근 / 柢 곧은 뿌리 저.
l久視(구시)l 눈을 깜빡이지 않고 오래 봄. 도가에서 장생의 비결로 삼음.

### 노자(老子)의 정치와 양생법

사람을 다스리는 일, 곧 정치하는 방법과 하늘을 섬기는 일, 곧 천성을 지키는 방법으로 노자는 똑같은 것을 제시하였다. 바로 '아낌'을 뜻하는 색嗇이다. 물질문명의 허상을 경고하며 검소와 절약을 정책적으로 표방하라 했고 속물스런 욕심과 허영을 내려놓고서 하늘이 준 소박한 덕을 쌓으라고 말하였다.
물질적 검소함과 정신적 순박함은 국가나 개인의 깊고도 단단한 뿌리라는 뜻의 深根固柢, 이 성어에는 국가의 존속과 개인의 장생을 위해서 무위적 자연성을 회복하라고 한 노자의 무위자연無爲自然사상이 나타나 있다. 아끼고 아껴서 본연의 있는 그대로를 가지고 무위의 생활을 하는 것이 오히려 국가나 개인의 생명력을 강화시킨다는 것이다. 무위만이 국가와 개인의 깊고 굳건한 뿌리라는 주장이다.
기계문명의 눈부신 발전 탓에 현대인은 넘쳐나는 물자를 아낌없이 낭비하고 있다. 썩지 않는 쓰레기로 생태계는 파괴되고 그에 따라 인간은 신종 질환을 앓는 중이다. 삶의 튼튼한 뿌리는 무위자연이어야 하는가? 아니면 인위문명이어야 하는가? 생각해봐야할 시점이다.

[동의어]  深根固蔕(심근고체) : 뿌리가 깊고 꼭지가 단단하다.
        深根固本(심근고본) : 뿌리가 깊고 근본이 견고하다.

[출전] 『老子』 「59章」

# 晏子之御 안자지어

晏 성씨 안 ｜ 子 높임말 자 ｜ 之 ~의 지 ｜ 御 말몰이 어

## 안자의 마부.

변변치 못한 지위를 믿고 우쭐대는, 기량이 작은 사람.

춘추春秋시대, 제齊나라의 경공景公 때의 명재상 안영晏嬰이 외출 하려고 마차를 탔다. 이날도 언제나처럼 안영은 겸손한 자세로 경외를 표하는 사람들에게 인사하며 지나가고 있는데 그의 마부는 마치 자기가 위대해진 듯이 우쭐거렸다. 마차가 집 앞을 지나간다는 소식을 들은 마부의 아내가 문틈으로 살펴본 남편의 모습은 너무나 역겨웠다.

'안자지어'는 마부인 주제에 자신이 모시는 재상 안영보다 더 우쭐대는 남편을 크게 질책한 그 부인의 말에서 유래된 성어이다.

얼마 있다가 (남편이) 돌아오자 그 아내가 떠나겠다고 했다. 남편이 그 까닭을 묻자 아내가 말하였다. "안자께서는 키가 6척도 안된 몸으로 제나라의 재상이 되셨고 이름을 제후들에게 나타내셨습니다. 오늘 제가 그 분이 외출하시는 것을 뵈니 뜻이 깊고 늘 자신을 낮추는 분이시던데 지금 당신은 신장이 8척이나 되면서 남의 마부가 되었음에도 당신의 뜻을 보니 스스로 만족하시는 것 같았습니다. 제가 이 때문에 집을 떠나기로 한 겁니다." 그 후부터 남편은 스스로 (허세를) 억누르며 겸손했는데 안자가 괴이해서 그 까닭을 물으니 마부가 사실대로 대답하였다. 안자는 천거하여 대부로 삼아주었다.

既而歸,其妻請去.夫問其故.妻曰晏子長不滿六尺,身相齊國,名顯諸侯.今者妾觀其出,志念深矣,常有以自下者.今子長八尺,乃為人僕御,然子之意自以為足,妾是以求去也.其後夫自抑損.晏子怪而問之,御以實對.晏子薦以為大夫

既 이미 기 ／ 滿 찰 만 ／ 相 재상 상 ／ 顯:나타날 현 ／ 侯 제후 후 ／ 妾 아내 첩 ／ 深 깊을 심 ／ 子 그대 자 ／ 長 길이 장 ／ 人 남 인 ／ 僕 마부 복 ／ 足 족할 족 ／ 抑:누를 억 ／ 損 덜 손 ／ 怪 기이할 괴 ／ 實 사실 실 ／ 對 대답할 대 ／ 薦 천거할 천

ǀ 既而(기이)ǀ　'얼마 안 있어, 이윽고, 잠깐 후에' 등을 나타내는 시간부사.

ǀ 晏子(안자)ǀ　제나라 영공靈公, 장공莊公, 경공景公을 55년간 모신 재상, 탁월한 정치가.

### 안영(晏嬰)과 마부와 마부의 처

『사기史記』의 저자 사마천은 안영이 살아있다면 그의 마부가 되고 싶다고 할 정도로 그의 인품을 높이 샀다. 그런데 당시 안영의 마부는 사마천과 달리, 그의 훌륭함을 본받기는커녕 오히려 안영의 권위와 인기를 자기 것인 양 착각하며 백성들에게 우쭐대었다.

안영의 권력을 등에 업고 오만불손한 작태를 보이는 마부라는 의미의 晏子之御, 이 성어에는 겸손한 안영의 모습과 대조를 이루는 어리석은 마부에게 경종을 울린 마부 아내의 현명함이 나타나 있다. 마부의 아내는 남편의 행동을 객관적으로 비판하며 그의 어처구니없는 처신이 얼마나 부끄러운 짓인가를 일깨워 주었다. 오만불손했던 마부가 자신의 잘못을 바로 고치고 대부로 신분 상승할 수 있었던 것은 남아의 기개를 심어준 아내 덕분이었다. 아내의 내조 덕으로 마부는 안영의 눈에 잘못을 반복하지 않을 사람으로 비쳐졌던 것이다.

[동의어]　晏御揚揚(안어양양) : 재상 안영의 마부가 안영보다 의기양양하게 우쭐댐.　　[출전]『史記』卷62「管晏列傳」

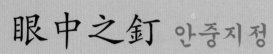

# 眼中之釘 안중지정

眼 눈 안 | 中 가운데 중 | 之 ~의 지 | 釘 못 정

## 눈 속의 못.

몹시 싫거나 미워서 항상 눈에 거슬리는 사람.

당唐나라시대 명종明宗 때, 송주절도사宋州節度使 조재례趙在禮가 불법적인 일을 많이 자행하여 백성들이 고통스러워했다. 다행히 그가 영흥永興으로 옮겨가게 될 거라는 소식이 전해지자 송주의 백성들은 서로에게 축하의 말을 건넸다. '안중지정'은 송주백성들이 악명 높은 절도사 조재례의 전근소식을 듣고 그동안 그 때문에 겪었던 아픔을 비유적으로 표현한 대목에서 유래된 성어이다.

> "이 사람이 만약에 떠난다면 눈 속의 못이 빠져나가는 것 같을 터이니 어찌 기쁘지 않겠습니까?" 재례在禮가 그 말을 듣고 화가 나서 갑자기 임금께 글을 올려 다시 송주에 있기를 요청하니 임금은 조서를 내려 허락하였다. 재례가 이에 아전에게 명하여 관할구역의 호구조사를 해서 주인과 나그네를 논할 것 없이 해마다 천 냥씩 납세하게끔 하였으니 이를 '못 빼는 돈'이라 불렀다.

> 此人若去,可爲眼中拔釘子,豈不快哉?在禮聞之怒遽上表更求宋州,詔許之.在禮於是命吏籍管內戶口,不論主客每歲納錢一千號日拔釘錢

此 이 차 / 若 만약 약 / 拔 뺄 발 / 豈 어찌 기 / 快 기뻐할 쾌 / 哉 ~인가? 재(반어형어조사) / 遽 갑자기 거 / 表 아랫사람이 윗사람에게 쓰는 글 표 / 更 다시 갱 / 詔 윗사람이 아랫사람에게 알릴 조 / 許 허락할 허 / 命 명하여~하게 할 명 / 籍 문서 적 / 管 다스릴 관 / 納 바칠 납 / 號 부를 호 / 錢 돈 전

### 조재례(趙在禮)의 착취

당나라 말기의 혼란을 틈타 조재례는 상납과 뇌물로 출세가도를 달리고 있었다. 출세비용을 마련하느라 백성들에게 갖가지 명목으로 세금을 착취하였고 그렇게 해서 모은 돈을 가지고 때마다 상납하여 직위를 높여갔다.

눈 속의 못이라는 뜻이라 '눈엣가시'를 연상시키는 眼中之釘, 이 성어에는 '백성들의 눈에 박힌 못'으로 불린 조재례의 잔혹함이 나타나 있다. 눈의 가시정도가 아닌 뾰족한 쇠붙이에 비유될 정도로 조재례는 백성들에게 아픔과 고통 그 자체였다. 지방관으로서 백성을 위하기는커녕 도리어 '못 빼기 돈'과 같은 식으로 백성의 쌈짓돈마저 노려왔던 인물이다. 오죽하면 조재례의 전근 소식에 '눈 속의 못이 빠져나가는 통쾌함'으로 표현했겠는가? 신체부위에서 가장 소중하다 할 수 있는 눈의 참을 수 없는 통증의 요인이 조재례였다.

요즘에도 골치 아픈 사건이나 사람의 문제가 홀가분하게 마무리되었을 때 '앓던 이가 빠진 듯하다.' 라는 비유적 표현으로 시원한 기분을 나타낸다. 어느 때 어느 장소에나 '눈엣가시', '앓던 이', '눈 속의 못', 곧 '안중지정'과 같은 부류들이 존재하기 마련이다. 최소한 '남의 눈에 박힌 못'과 같은 사람이 되지 말아야겠다는 교훈으로 사용되어야 할 성어이다.

---

[반대어]  眼中之人(안중지인) : '눈 속의 사람'이라는 뜻으로 언제나 마음에 담아 둔 사람.　　　　[출전] 『新五代史』「趙在禮傳」

# 揠苗助長 알묘조장

揠 뽑을 알 | 苗 싹 묘 | 助 도울 조 | 長 자랄 장

## 싹을 뽑아 자라나도록 돕다.

자연의 순리를 거스르고 억지로 일을 진행시킴.

전국戰國시대, 맹자孟子가 공손추公孫丑에게 호연지기浩然之氣를 기르는 방법을 설명하기 위해 하나의 일화를 들었다. 송宋나라 어느 농부가 싹이 잘 자라지 않는 것을 걱정하여 그 싹을 일일이 뽑아 올리느라 지쳐서 집에 돌아와 식구들에게 자랑스레 말했다는 내용이다.

'알묘조장'은 맹자가 공손추에게 호연지기를 억지로 키워서는 안 된다는 경계를 주기 위해 비유로 든 송나라 농부의 일화에서 유래된 성어이다.

(송나라 어느 농부가) 그 가족들에게 말하였다. "오늘 병날 지경이다! 내가 싹이 잘 자라도록 도와주었지." 그의 자식이 뛰어가서 살펴보니 싹이 말라버렸다. 세상 사람들 중에는 (이 농부처럼) 싹이 자라는 것을 돕지 않는 사람이 드물다네. (싹이 자라도록 돕는 것이) 무익하다 생각해서 그것을 방치하는 사람은 김을 매지 않는 자이고, (억지로) 자라는 것을 돕는 사람은 싹을 뽑는 자이니 한갓 이익이 없을 뿐만 아니라 또한 해치기까지 하는 것이야.

謂其人曰今日病矣! 予助苗長矣.其子趨而往視之,苗則槁矣.天下之不助苗長者寡矣.以爲無益而舍之者不耘苗者也, 助之長者揠苗者也.非徒無益而又害之.

謂 일컬을 위 / 今 이제 금 / 病 병날 병 / 予 나 여 / 趨 달릴 추 / 往 갈 왕 / 槁 마를 고 / 寡 적을 과 / 舍(=捨) 버릴 사 / 耘 김 맬 운 / 徒 한갓 도 / 害 해칠 해

## 맹자(孟子)의 호연지기 양성법

맹자는 의義에 근거하여 호연지기를 양성하는 것으로 심성수양의 큰 틀을 삼았다. 그는 호연지기를 천지사이에 꽉 차는 마음속의 성대하고 벅찬 기운이라 하며 기르는 방법은 내재된 도道와 의義를 근거삼아 도덕을 실천하며 점차적으로 축적하는 것이라고 했다. 그리하면 자신 스스로가 천지자연과 하나 되는 일체감과 충만감을 느낄 수 있게 된다고 하면서 송나라 농부처럼 기다리지 못하고 서둘러서는 안 된다고 하였다.

내적 성장능력을 무시한 채, 외압적으로 싹을 키우려 하는 어리석고 무리한 행동을 뜻하는 揠苗助長, 이 성어에는 새싹의 자생력을 믿고 싹이 자라기를 기다려야 하듯이 인간 내면의 도의성道義性을 스스로 계발하여 하늘의 뜻에 부합하는 기상을 얻도록 서두르지 말아야 한다고 한 맹자의 집의集義사상이 나타나 있다. 맹자는 우주를 가득 채울 성대한 기氣의 핵인 의義가 인간에게 내재되어 있으니 이것이 싹 트도록 기다렸다가 차근차근하게 의義의 실천을 일상화해야 한다는 것이다. 그리 하지 않고 섣불리 호연지기의 완전한 양성을 요구하는 것은 단기성과를 욕심내는 송나라 농부만큼이나 어리석다고 하였다.

최근 들어 '알묘조장'은 가정과 학교의 교육현장에서 많이 쓰이고 있다. 아이들의 성장을 인내하며 기다려주지 않고 구속과 독촉으로 숨 조이는 부모의 행동을 비난조로 비유할 때 사용하니 그 용도가 적절하다.

---

[동의어]　揠苗助長(발묘조장) : 싹을 뽑아 올려 자라도록 돕는다는 뜻으로 오히려 망침.　　[출전]「孟子」「公孫丑 上」

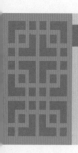
# 殃及池魚 앙급지어

殃 재앙 앙 | 及 미칠 급 | 池 연못 지 | 魚 물고기 어

## 재앙이 연못속의 물고기에 미치다.

이유 없이 엉뚱한 제 삼자가 피해를 입음.

춘추春秋시대, 송宋나라의 사마司馬 관직에 있던 환퇴桓魋가 진귀한 보석을 관리하고 있었는데 처벌받을 일이 생기자 보석을 가지고 달아나 버렸다. 왕은 측근 환관에게 속히 환퇴에게서 보석을 찾아오라고 명했다. 환관이 어렵사리 찾아가 추궁하자 환퇴는 연못에 버렸다고 거짓 진술했다.

'앙급지어'는 보석을 가지고 도망간 환퇴가 환관에게 붙들리자 연못에 버렸다고 거짓말하는 바람에 연못에 사는 물고기들이 말라 죽게 된 일화에서 유래된 성어이다.

> "그것을 연못 가운데에 버렸소."라 하니 이에 연못을 다 훑으며 찾아보았으나 얻지 못하고 물고기만 죽었다. 많은 사람을 동원하여 모두 연못물을 퍼 올렸지만 보석은 없었다.
> 곧 재앙이 연못의 물고기에게 미치고 만 것이다.

> 投之池中.於是竭之而求
> 之,無得魚死焉.動員多
> 人,盡出以淵水無寶珠.
> 曾殃及池魚

投 던질 투 / 竭 다할 갈 / 員 사람 원 / 盡 다할 진 / 淵 연못 연 / 寶 보배 보 / 曾 곧 증

## 환퇴(桓魋)의 위기모면책

환퇴와 관련되어 전해지는 내용 중에는 좋지 않은 이야기가 많다. 공자를 죽이려했던 인물이라는 점과 송나라에서 모반죄를 저질러 도망 다녀야 하는 신세라는 점, 그리고 거짓말을 하는 통에 연못속의 물고기들을 다 말라 죽게 만든 점 등이다.

'맑은 하늘에 날벼락'을 연상시키는 '재앙이 연못 속의 물고기에 미친다.' 라는 뜻의 殃及池魚, 이 성어에는 자신의 거짓말로 엉뚱한 상대에게 피해를 준 환퇴의 무책임한 위기모면책이 나타나 있다. 환퇴가 훔친 보석과 연못의 물고기는 애초에 전혀 관련성이 없는 관계였다. 하지만 환퇴의 거짓말은 보석과 물고기가 연못에 함께 있는 상황으로 바꾸어 놓았고 물고기에게 자신의 위기를 고스란히 떠안도록 만들었다. 환퇴가 보석을 연못에 던졌다고 하자 왕은 보석을 찾기 위해 사람들을 시켜서 연못의 바닥을 샅샅이 훑게 하고 물을 다 퍼 올리게 했으니 물고기에게는 그야말로 뜻밖의 재앙이 닥친 것이다. 환퇴는 자신의 위기를 벗어나고자 보석을 연못에 던졌다는 거짓말을 해서 애먼 물고기들이 떼죽음을 당하게 하였다. 그의 행동은 작게 보면 보석을 빼돌린 도둑질이지만 크게 보면 자연 생태계를 파괴하며 뭇 생명을 앗아간 살생행위이다.

자기와 무관했던 일이건만 뜻하지 않게 엮이면서 손해를 입는 경우가 종종 있다. 애먼 상대에게 불똥이 튀는 일이 있을 수 있는 만큼 가해 측이나 피해 측이나 더욱 조심하고 살피며 살아야 한다는 경종으로 들리는 성어이다.

[동의어]   池魚之殃(지어지앙) :   연못 속 물고기의 재앙.
[유사어]   鯨戰蝦死(경전하사) :   고래 싸움에 새우등 터진다.

[출전] 『呂氏春秋』「必己篇」

# 藥籠中物 약롱중물

藥 약 약 | 籠 대그릇 롱 | 中 가운데 중 | 物 만물 물

## 약그릇 속의 약재.

항상 곁에 없어서는 안 될 긴요한 인물.

당唐나라시대, 제3대 황제 고종高宗의 황후인 측천무후則天武后가 정치에 관여하며 잔혹성을 드러내 보일 때, 명재상 적인걸狄仁傑은 그 때마다 간언하며 정치를 바로잡았고 유능한 선비들을 불러들였다. 적인걸의 집에는 그를 존경하는 문하생들이 많았는데, 어느 날 원행충元行沖이 적인걸의 문하에 찾아와서 부탁하였다.

'약롱중물'은 적인걸이 문하생 원행충의 능력과 박식함을 접하고 그를 칭찬한 말에서 유래된 성어이다.

일찍이 (원행충이) 적인걸에게 이르기를 "아랫사람이 윗사람을 모시는 것을 비유하자면 부잣집에 쌓아놓은 음식이 저절로 조달되는 것과 같습니다. 고기포, 생선포, 육고기로 먹거리를 공급하고 인삼, 약재, 버섯, 계수나무들로 질병을 예방합니다. 각하에게는 맛난 음식들로 채워진 게 많사옵니다. 원하옵건대 소인을 일종의 약과 돌침을 갖춘다는 차원으로 여겨주셨으면 합니다."

인걸이 웃으면서 말했다. "자네는 바로 내 약그릇 속의 약재라네, 하루라도 없을 수 없지."

嘗謂狄人傑曰下之事上
譬富家儲積以自資也.
脯腊鮭胰以供滋膳,參朮
芝桂以防疾疢,閣下充旨
味者多矣.願以小人備一
藥石可乎!
仁傑笑曰君正吾藥籠中
物,不可一日無也

---

嘗 일찍이 상 / 儲 쌓을 저 / 積 쌓을 적 / 資 밑천 자 / 脯 포 포 / 腊 고기 포 석 / 鮭 어채 해 / 胰 등심 이 / 供 바칠 공 / 滋 보탤 자 / 膳 반찬 선 / 參 인삼 삼 / 朮 약재 출 / 芝 버섯 지 / 桂 계수나무 계 / 防 막을 방 / 疾 병 질 / 疢 열병 진 / 充 채울 충 / 旨 맛있을 지 / 備 갖출 비

| 鮭(해) | 원문에는 月과 夅의 합자인 '저장식품'인데 해당 한자가 없어서 의미상 통용되는 鮭로 대체함.
| 藥石(약석) | 약과 돌침을 뜻하는 말로 모든 치료를 통칭함.
| 狄人傑(적인걸) | 재상으로서 측천무후에게 직간하여 정치를 바로잡음. 이후 국로國老로 예우 받다가 예종睿宗때 양국공梁國公에 추봉됨.(630년~700년).

## 적인걸(狄人傑)의 인재관리

적인걸의 문하생이 되고자 찾아온 원행충의 첫인상은 그의 호감을 얻기에 충분할 만큼 훌륭했다. 원행충은 적인걸의 당대 문하생들을 영양이 있는 존재라는 뜻에서 온갖 산해진미에 비유하고 자신은 변고발생시의 응급처치 곧, 음식을 먹고 탈이 났을 때 쓰이는 약재와 약침의 치료제에 비유하였다. 이에 적인걸은 한 술 더 떠서 원행충을 창고안의 일반약재가 아닌 항상 자기 옆에 두는 비상약통의 약재로 인정하며 그의 출중함을 칭찬하였다.

건강에 이상이 생겼을 때에 절대적으로 필요한 '구급약'과 비슷한 뜻의 藥籠之物, 이 성어에는 인재를 알아보고 후히 대우하는 적인걸의 사람 보는 안목이 나타나 있다. 적인걸이 측천무후에게 발탁되어 요직을 맡은 것처럼 그 역시 자기의 측근에 둬야할 인물로 원행충을 지목하였다. 원행충으로 하여금 자긍심을 갖게 한 발탁이다.

---

[출전] 『唐書』「元行沖傳」

# 弱肉強食 약육강식

弱 약할 약 | 肉 고기 육 | 強 굳셀 강 | 食 먹을 식

## 약한 자는 고기가 되고 강한 자는 그것을 먹는다.
약자는 강자의 지배를 받음.

당唐나라시대, 대 문장가인 한유韓愈(768년~824년)가 승려인 문창文暢에게 유학의 도道와 가르침에 관한 글을 써 보냈다. 그 글에서 한유는 인仁과 의義를 도로 내세우고 예악禮樂과 형정刑政을 가르침으로 제시하였는데 인, 의, 예악, 형정을 천하에 시행하면 만물이 모두 합당함을 얻고, 개인에게 적용하면 만사가 안정된다고 하였다. 이같이 유교가 현실적으로 좋은 영향을 끼치는 것에 반하여 불교는 탈속적인 기풍을 조성하여 인간세상을 허망하게 만든다고 하였다. '약육강식'은 한유가 승려 문창을 전송하는 글 「송부도문창사서送浮屠文暢師序」에서 유교를 강자強者로, 불교를 약자弱者로 표현한 대목에서 유래된 성어이다.

> "무릇 새들이 몸을 숙여 모이를 쪼다가 고개를 들어 사방을 둘러보고, 무릇 짐승들이 깊은 곳에 살다가 가끔 나타나는 것은 다른 것들이 자신을 해칠까 두려워서입니다. 그런데도 오히려 또 이 상황에서 벗어나지 못하니 약한 것이 고기가 되고 강한 것이 그것을 먹기 마련입니다."

> 夫鳥俛而啄,仰而四顧
> 夫獸深居而簡出,懼物之
> 爲己害也.猶且不免焉,
> 弱之肉, 強之食

夫 무릇 부 / 俛 숙일 면 / 啄 쫄 탁 / 仰 우러를 앙 / 顧 돌아볼 고 / 獸 짐승 수 / 簡 가릴 간 / 懼 두려워할 구 / 猶 오히려 유 / 且 또 차 / 免 벗어날 면 / 焉 이에 언

## 한유(韓愈)의 유학사상

유학자 한유는 불교와 도교의 폐단을 지탄하며 유학의 본류를 회복하고자 노력하였다. 도교가 추구하는 무위적 삶과 불교가 지향하는 현실 도피적 삶은 나라를 쇠퇴하게 할 것이라고 본 한유는 승려 문창에게 유교에 귀의할 것을 종용하는 글을 썼다.

약한 것은 강한 것의 먹이가 된다는 弱肉強食, 이 성어에는 유가의 입장에서 불교를 비판하며 유학을 부흥시키려한 한유의 배불숭유排佛崇儒사상이 나타나 있다. 한유는 자연생태계에서 이뤄지는 강자와 약자간의 주종관계를 사례로 들면서 유교를 강자의 위치에, 불교를 약자의 위치에 놓으며 승려인 문창에게 강자의 먹이가 될 처지인 불가에서 하루빨리 벗어나라고 권유하였다. 새나 짐승들이 산 속에서 평화롭게 생활하는 듯 보이지만 사실은 자신보다 더 강한 자가 언젠가 공격해 올지 모르는 공포심 때문에 항시 안절부절 눈치 보는 것처럼, 승려인 문창이 불교의 허무와 적멸에 빠져들어 당대唐代의 주된 사상이라 믿고서 안주하고 있지만 도덕과 예법을 중시하는 유학의 현실적 영향력 앞에서 꼼짝 없이 당하게 될 거라고 한유는 예고하였다. 그는 유교를 숲속의 강자에, 불교를 약자에 비유하며 머지않아 먹잇감으로 사라지고 말 불교의 최후를 문창에게 경고한 것이다.

현대와 같은 경쟁시대는 특히 약육강식의 지배원리가 냉엄하리만치 맞아 떨어진다. 하지만 강자와 약자가 공존하는 상황일수록 먹고 먹히는 지배원리 보다는 서로의 존재를 있는 그대로 인정하는 상생원리를 다문화시대의 생존철학으로 받아들여야 한다.

[출전]韓愈, 「送浮屠文暢師序」

# 良禽擇木 양금택목

良 좋을 양 | 禽 새 금 | 擇 가릴 택 | 木 나무 목

## 좋은 새는 나무를 가린다.

현명한 사람은 훌륭한 사람을 가려서 섬김.

춘추春秋시대, 공자孔子가 인의仁義의 정치를 펼치기 위해 열국을 주유하다가 귀국하던 길에 위衛나라를 방문하였다. 어느 날, 공문자孔文子가 자신의 사위인 대숙질大叔疾을 공격하려고 공자에게 자문을 구하자 공자가 병법에 대해서는 아는 것이 없다고 답변하고서 위나라를 떠날 때, 하나의 비유를 들었다.

'양금택목'은 위나라의 정치판에 실망한 공자가 자신의 처지를 새에 비유하며 좋은 나무를 찾아 떠나겠노라는 뜻을 위나라의 대부 공문자에게 밝힌 대목에서 유래된 성어이다.

| | |
|---|---|
| 공자가 말하였다. "제사의 일은 일찍이 배운 적이 있지만 전쟁의 일은 아직 들어 본 적이 없습니다."<br>(공자가) 물러나며 수레에 말을 매어 떠나자고 하며 말하였다. "새가 앉을 나무를 택하지 나무가 어찌 새를 택할 수 있겠소?" 공문자가 황급히 그를 제지하며 말하였다. "내가 어찌 감히 사사로운 일을 도모하겠습니까? 위나라의 어려움을 물어본 거지요." 공자가 장차 위나라에 머물려고 했으나 노나라 사람이 예물을 갖추어 그를 초청해서 이에 노나라로 돌아가게 되었다. | 仲尼曰胡簋之事則嘗學之矣,甲兵之事未之聞也退命駕而行曰<br>鳥則擇木,木豈能擇鳥?文子遽止之曰圉豈敢度其私?訪衛國之難也.<br>將止,魯人以幣召之,乃歸 |

胡 제기 호 / 簋 제기 궤 / 嘗 일찍이 상 / 矣 ~이다 의 / 甲 갑옷 갑 / 兵 무기 병 / 命 명하여 ~케 하다 명 / 駕 멍에 가 /
豈 어찌 기 / 遽 갑자기 거 / 圉 이름 어 / 度 헤아릴 탁 / 訪 물을 방 / 將 장차 장 / 魯 나라이름 노 / 幣 예물 폐 / 召 부를 소 /
乃 이에 내

| 仲尼(중니) | 공자가 '니구산의 정기를 받아 태어난 둘째 아들'이라는 의미의 자字.
| 胡簋(호궤) | 예禮에 쓰는 제기그릇. 하夏나라에서는 호胡, 주周나라에서는 궤簋라 함.
| 文子(문자) | 위나라 대부. 성은 공孔, 이름은 어圉, 시호는 문文.

## 공자(孔子)의 주체의식

공자 일행은 위나라를 시작으로 여러 제후국에 유세를 다니다가 본국인 노魯나라에 돌아가던 길에 다시 위나라를 방문하였다. 집정대부인 문공자가 사위인 태숙질의 부도덕한 행실에 화가 나서 그를 내치려고 하였다. 먼저 공자에게 공격법에 대하여 자문을 구하자 공자는 문공자가 도덕정치에는 관심이 없고 가족의 불화를 부추기는 일에 온 신경을 곤두세우고 있어 공자는 위나라에서 유세할 뜻을 접었다.

좋은 새는 쉬어 갈만한 나무를 잘 가려서 쉰다는 뜻의 良禽擇木, 이 성어에는 훌륭한 신하는 섬길만한 군주를 잘 헤아려서 섬기므로 개인의 능력과 나라의 발전을 함께 이룬다고 본 공자의 주체의식이 나타나 있다. 신하라 해서 무조건 무능하고 부도덕한 군주임에도 군주로 모실 필요는 없다는 것이다. 자기가 머무르기에 어울릴 곳, 자기가 모시기에 알맞을 사람을 선택하라는 공자의 말씀은 삶을 주도적으로 살라는 가르침인 동시에 현명한 선택으로 소신을 지키라는 당부이자 자신의 의지이기도 하다.

[출전] 『春秋左氏專』 「哀公11年條」

# 梁上君子 양상군자

梁 대들보 양 | 上 윗 상 | 君 임금 군 | 子 사람 자

## 대들보 위의 군자.
집 안에 들어온 도둑.

후한後漢시대 말기, 흉년이 든 어느 해에 태구현太丘縣의 현령 진식陳寔의 집에 도둑이 들어와 대들보 위에 숨었다. 진식이 가만히 지켜보다가 도둑을 모질게 내치지 않고 일어나더니 똑바로 앉아서 아들과 손자들을 불러들인 후, 그들을 훈계하였다.

'양상군자'는 고을의 현령 진식이 자기 집에 숨어든 도둑이 스스로 반성하기를 바라는 마음으로 자신의 자손들을 대신 훈계하는 대목에서 유래된 성어이다.

| | |
|---|---|
| "무릇 사람은 스스로 노력하지 않으면 안 된단다. 착하지 못한 사람도 반드시 본래 성품이 악한 것은 아니야. 습관이 성품이 되어 마침내 이 지경에 이른 것이지. '대들보 위에 있는 군자'가 바로 이렇단다." 도둑이 크게 놀라서 스스로 밑으로 뛰어 내려 이마를 조아리고 사죄했다. 진식이 천천히 그를 일깨우며 말했다. "자네 모양새를 보아하니 악인이 아닌 것 같네. 마땅히 깊이 자신의 욕심을 이기고 선한 사람으로 돌아가게나. 그러나 이 일은 당연히 가난 때문에 했겠지." 라 하며 그에게 비단 두 필을 주게끔 명령하였다. 이로부터 이 고을에 다시는 도둑이 나타나지 않았다. | 夫人不可不自勉.不善之人未必本惡.習以性成遂至於此.梁上君子者是矣.盜大驚自投於地,稽顙歸罪.寔徐譬之曰視君狀貌不似惡人.宜深剋己反善.然此當由貧困.令遺絹二匹,自是一縣無復盜竊. |

夫 무릇 부 / 勉 힘쓸 면 / 習 익힐 습 / 遂 마침내 수 / 至 이를 지 / 是 이 시 / 矣 ~이다 의 / 盜 도둑 도 / 驚 놀랄 경 / 投 던질 투 / 稽 조아릴 계 / 顙 이마 상 / 徐 천천히 서 / 譬 깨우칠 비 / 君 자네 군 / 狀 모양 상 / 貌 모양 모 / 似 같을 사 / 宜 마땅할 의 / 深 깊을 심 / 剋 이길 극 / 遺 끼칠 유 / 絹 명주 견 / 自 ~로부터 자 / 縣 고을 현 / 復 다시 부 / 竊 훔칠 절

### 진식(陳寔)의 교화사상

정치적, 경제적으로 극심한 혼란 시기인 후한 말, 진식은 학자로서 정치가로서 생을 마칠 때까지 가난한 백성을 정성껏 배려하고 모든 일을 공정히 처리하여 백성들로부터 한없는 존경을 받았던 인물이다. 그의 덕망은 집안에 든 도둑을 대하는 일에서 더욱 돋보였다.

도둑을 '덕과 학식이 높은 사람'으로 미화한 '梁上君子', 이 성어에는 잘못된 습관 때문에 도둑질을 한 사람일지라도 그의 본성만은 결코 악하지 않다고 여긴 진식의 성선性善사상이 나타나 있다. 도둑의 생계형 절도를 옹호하지는 않았지만 시국이 어수선한 상황임을 감안해준 진식의 따뜻한 배려가 도둑의 심금을 울렸다. 모든 사람의 본성은 선하다는 명제를 믿고 있었기에 가능했던 진식의 여유로움이다. 도둑은 착한 본성을 입증이라도 하듯이 진식의 말에 감동하며 잘못을 뉘우쳤다. 도둑질을 비난하며 악인이라 단정 짓지 않고, 군자다운 본성이 도둑에게도 내재한다고 믿어준 진식의 선함이 도둑을 교감시킨 것이다.

[유사어]　綠林豪傑(녹림호걸)　：　푸른 숲 속에 사는 호걸이라는 뜻으로 산적을 일컬음.
　　　　　無本大商(무본대상)　：　밑천 없이 장사하는 큰 장수라는 뜻으로 도둑을 일컬음.
　　　　　草頭天子(초두천자)　：　풀잎 끝의 이슬 같은 천자라는 뜻으로 강도 중의 수령.

[출전]『後漢書 卷62』「陳寔傳」

# 良藥苦口 양약고구

良 좋을 양 | 藥 약 약 | 苦 쓸 고 | 口 입 구

## 좋은 약은 입에 쓰다.

충언은 귀에는 거슬리나 자신에게 이로움을 줌.

춘추春秋시대, 공자孔子가 개인적 측면이나 국가적 측면에서 발전을 기할 수 있는 방안으로 '충언'을 제시하였다.
'양약고구'는 공자가 비판적인 충언을 효험 좋은 쓴 약에 비유하여 그 유익함을 언급한 대목에서 유래된 성어이다.

"좋은 약은 입에 쓰지만 병에는 이롭고,
충성스런 말은 귀에 거슬리지만 행실에는 이롭다. 탕왕과 무왕은
(신하의) 곧은 말 때문에 번창했고, 걸왕과 주왕은 (신하의) '네!
네!' 때문에 멸망했다. 임금에게 간쟁하는 신하가 없고, 아버지에
게 간쟁하는 자식이 없고, 형에게 간쟁하는 동생이 없고, 선비에게
간쟁하는 친구가 없다면 자기에게 허물 없는 사람이 없을 것이다.

良藥苦於口而利於病,
忠言逆於耳而利於行.湯
武以諤諤而昌,桀紂以唯
唯而亡.君無爭臣,父無
爭子,兄無爭弟,士無爭
友無己過者未之有也.

病 병 병 / 逆 거스를 역 / 諤 바른말 할 악 / 昌 창성할 창 / 唯 대답할 유 / 爭 간할 쟁 / 過 허물 과 / 故 연고 고 /
危 위태할 위 / 兆 조짐 조 / 悖 어그러질 패 / 遊 놀 유 / 絶 끊을 절
| 湯武(탕무) |  은나라의 개국왕인 탕왕과 주나라의 개국왕인 무왕을 일컬음.
| 桀紂(걸주) |  중국 역사상 대표적인 폭군인 하夏나라 걸왕과 은殷나라 주왕을 일컬음.
| 諤諤(악악) |  아무런 거리낌 없이 바른 말을 함.
| 唯唯(유유) |  다른 사람의 뜻을 거스르지 않고 네! 네! 하며 순종함.

## 공자(孔子)의 국가발전책

공자의 말씀 중에 쟁신칠인諍臣七人이 있다. 간쟁하는 신하가 7명만 있어도 나라가 건재하다는 것이다. 이와 관련된 내
용으로 공자는 역대의 망하는 임금들이 주위의 충언을 거부하였고 흥하는 임금이 충언을 귀담아 들었음을 사례로 들며
아랫사람은 충언하고 윗사람은 이를 적극 수용해야 비로소 국가와 가정이 발전할 수 있다고 하였다.
약초의 쓴 맛이 병을 낫게 해주는 기능이 있음을 밝힌 良藥苦口, 이 성어에는 쓴 맛이 병을 치유한다고 본 공자의 오행사
상이 나타나있다. 목,화,토,금,수木火土金水의 5행 중, 火는 화기火氣이고 맛으로는 쓴맛이며 색상으로는 붉은 색이고
신체부위로는 심장이다. 쓰디쓴 약이 심장의 혈액순환을 도움으로써 체온을 올려 병을 치유하듯이 충성스런 말은 듣기
에 고통스러울 정도의 쓴 맛이지만 객관적 분석을 통한 견해이기 때문에 개인적, 국가적 병폐를 개선시킨다고 하였다.
주위의 냉혹하리만치 쓰디쓴 충언을 효험 좋은 약으로 받아들일 때, 국가와 국민은 발전한다는 것이 공자의 주장이다.
요즘에도 듣기 좋은 말만 늘어놓는 사람보다는 문제의 심각성을 지적해주는 사람이 오히려 진실하고 건설적이라는 평
을 듣는다. 안일한 오늘을 지양하고 더 나은 내일을 이루게 하는 것, 바로 몸에 쓴 약처럼 충언이 그러하다.

[동의어]　忠言逆耳(충언역이) :　충성스런 말은 귀에 거슬린다.　　　　　　　　　　　　　　[출전]『孔子家語』「六本篇」

# 養虎遺患 양호유환

養 기를 양 | 虎 범 호 | 遺 남길 유 | 患 근심 환

# 범을 길러서 근심거리를 남기다.

장래의 화가 될 줄을 모르고 화근禍根을 키움.

진秦나라시대 말기, 초楚나라 항우項羽의 군사가 전쟁에 지치고 배고파서 전의를 상실한데 비해 한漢나라 유방劉邦의 군대는 강성하고 식량도 넉넉해서 승전할 가능성이 높았다. 하지만 유방의 부모처자가 항우의 수중에 있었기 때문에 먼저 협상을 요청해야만 했다. 유방 측의 협상 조건은 홍구鴻溝를 경계로 서쪽은 한나라의 영토, 동쪽은 초나라의 영토로 하자는 것이었다. 장기전에 지친 항우는 이를 수락하며 유방의 가족을 돌려보냈다. 이에 유방이 서쪽지역으로 돌아가려고 하자, 유방의 참모인 장량과 진평이 이를 만류하였다.

'양호유환'은 한왕 유방의 참모인 장량과 진평이 미래의 화근이 될 항우를 범에 비유하며 천하양분 조약을 무시하고 공격할 것을 유방에게 건의하는 대목에서 유래된 성어이다.

> 장량과 진평이 유방을 설득하며 말하였다. "한나라가 천하의 태반을 차지하였고 제후들도 모두 유공을 따르고 있습니다. 초나라 병사는 지치고 식량마저 떨어졌으니 지금은 하늘이 초나라를 망하게 하는 때입니다. 이 기회를 타서 마침내 초나라를 취해야만 합니다. 지금 놓아주고 공격하지 않으면 이는 이른바 범을 길러 스스로 우환을 남기는 격입니다."라 하니 한왕이 이 말을 귀담아 들었다.

> 張良陳平說曰漢有天下太半而諸侯皆附之,楚兵罷食盡,此天亡楚之時也不如因其機而遂取之.今釋弗擊,此所謂養虎自遺患也." 漢王聽之.

說 달랠 세 / 諸 모두 제 / 侯 제후 후 / 皆 모두 개 / 附 붙을 부 / 罷 지칠 피 / 盡 다할 진 / 因 인할 인 / 機 기회 기 / 遂 마침내 수 / 釋 놓을 석 / 擊 칠 격 / 此 이 차 / 謂 일컬을 위

| 張良(장량),陳平(진평) | 한나라 유방의 책사이고 한나라의 개국공신임.

## 장량(張良)과 진평(陳平)의 시대정신

진나라가 쇠망한 틈을 타, 초왕 항우와 한왕 유방이 패권을 다투었던 초한楚漢전쟁(BC206년~BC202년)에서 대부분 승세를 유지했던 쪽은 초나라 항우 측이었다. 하지만 항우는 자신의 혈기와 자신감만을 믿은 잘못으로 책사 범증范增을 잃으면서부터 모든 것을 함께 잃고 말았다. 이에 반해 한나라 유방은 장량과 진평 등의 책략을 존중함으로써 승리의 청사진을 펼쳐볼 수 있었다. 유방의 천하통일 원동력은 장량과 진평이었다.

범을 기르면 언젠가 드러내 보일 야성 앞에 위협받기 마련이라는 뜻의 養虎遺患, 이 성어에는 천하통일의 천시天時를 읽은 한나라의 명신 장량과 진평의 천명사상이 나타나 있다. 그 두 사람은 초나라가 망하고 한나라가 흥할 기회를 하늘이 주고 있음을 간파하였다. 언제라도 포효할 수 있는 항우임을 알아차린 이들은 항우가 열세에 처했을 때 공격하는 것이 미래의 위기를 예방하는 것임을 통찰하였다. 항우의 야성이 없어진 당시상황을 천운으로 믿은 것이다.

[동의어]　養虎後患(양호후환)：　호랑이를 길렀더니 후환이 생기다.
　　　　　養虎貽患(양호이환)：　호랑이를 길러서 근심을 갖다.
　　　　　養虎爲患(양호위환)：　호랑이를 기른 것이 우환이 되다.
[유사어]　引狼入室(인랑입실)：　이리를 방안으로 데리고 들어옴

[출전]『史記 卷7』「項羽本紀」

# 漁父之利 어부지리

漁 고기 잡을 어 | 父 아비 부 | 之 ~의 지 | 利 이익 리

# 어부의 이익.

두 사람이 이해관계로 다투는 사이에 엉뚱한 딴 사람이 이득을 봄.

전국戰國시대, 조趙나라가 장차 연燕나라를 정벌하려 하자 소대蘇代가 연나라를 위해 조나라 혜왕惠王을 설득하였다. '어부지리'는 조나라의 연나라 침공계획을 철회시키기 위하여 연나라의 유세가인 소대가 자신의 목격담을 가지고 조나라 혜왕을 설득하는 대목에서 유래된 성어이다.

| | |
|---|---|
| 오늘 제가 (조나라에) 오느라 역수를 지나는데 조개가 마침 (강가에) 나와 햇볕을 쬐고 있었고 황새는 그 조갯살을 쪼고 있었습니다. 조개가 조가비를 굳게 닫으며 그 부리를 놓아주지 않자 황새가 말하기를 '오늘 비가 오지 않고 내일도 비가 오지 않으면 말라 죽은 조개가 있을 것이야.'라고 하자, 조개 역시 황새에게 말하기를 '오늘 탈출하지 못하고 내일도 탈출하지 못하면 굶어 죽은 황새가 있을 것이네.'라고 맞받았습니다. 양쪽이 서로 놓아주려 하지 않는 사이에 어부에게 그만 둘 다 잡혀 버리고 말았습니다. 지금 조나라가 장차 연나라를 치려고 합니다만 연나라와 조나라는 오랫동안 서로 버티느라 대중들이 피폐해질 것입니다. 저는 저 강대한 진나라가 어부가 될까 두렵습니다. 고로 원하옵건대 왕께서는 깊이 이 점을 통찰해주옵소서."라 하다. | 今者臣來過易水.蚌方出曝而鷸啄其肉蚌合而箝其喙鷸曰今日不雨,明日不雨卽有死蚌.蚌亦謂鷸曰今日不出,明日不出卽有死鷸,兩者不肯相舍,漁者得而幷擒之.今趙且伐燕,燕趙久相支以弊大衆.臣恐强秦之爲漁夫也.故願王熟計之也." |

蚌 조개 방 / 曝 쬘 폭 / 鷸 황새 휼 / 啄 쪼을 탁 / 箝 재갈 먹일 겸 / 喙 부리 훼 / 肯 기꺼이 할 긍 / 幷 함께 병 / 擒 사로잡을 금 / 伐 칠 벌 / 弊 해질 폐 / 恐 두려워할 공 / 熟 익을 숙

| 臣(신) | 소대가 자신을 겸허히 호칭함. 형 소진蘇秦과 마찬가지로 '합종책'을 주장.
| 易水(역수) | 연나라, 조나라 사이의 국경을 이루는 강.

## 소대(蘇代)의 외교술

진나라의 국력 증강은 주변국에게 매우 위협적이었다. 6개국이 연합하여 진나라에 대항하자는 소진蘇秦의 합종책合縱策을 그가 죽은 후, 동생인 소대가 이어서 주장하였다.

황새와 조개가 서로 맞붙어 싸우는 사이에 엉뚱하게도 어부가 이득을 본다는 뜻의 漁父之利, 이 성어에는 조나라와 연나라의 전쟁 상황을 황새와 조개와의 다툼에 비유하여 양측이 모두 피해보는 일임을 깨닫게 한 소대의 합종책이 나타나 있다. 양국이 서로 힘을 합쳐야 할 상황에 오히려 지치도록 전쟁한다면 어부처럼 이익을 가로챌 진나라만이 더욱 강성해질 게 분명하다는 것이다. 진나라의 먹잇감이 되지 않는 길은 다툼을 넘어 약소국 간의 화합임을 실감케 한 소대는 사태파악 능력과 외교 능력을 발휘하여 연나라를 구하였다.

[동의어]    蚌鷸之爭(방휼지쟁) :  황새와 조개의 싸움.
[유사어]    田父之功(전부지공) :  농부의 공.
            犬兔之爭(견토지쟁) :  개와 토끼가 싸우다 지쳐서 죽으니 지나가던 농부가 주워감.

[출전] 『戰國策』 「燕策」

# 掩耳盜鐘 엄이도종

掩 가릴 엄 | 耳 귀 이 | 盜 훔칠 도 | 鐘 종 종

## 귀를 막고 종을 훔침.

① 자기의 잘못은 생각하지 않고 남의 비판을 듣기 싫어함.
② 자기가 안 들으면 남도 듣지 못한다고 여기는 어리석음.

춘추春秋시대 말기, 진晉나라에 범씨范氏가 망하자 백성 가운데 범씨의 종을 훔치려는 사람이 있었다. 하지만 종이 너무 커서 지고갈 수가 없다보니 망치로 깨부숴서 가져가려 했다.
'엄이도종'은 권력가 범씨가 패망하자 어떤 사람이 그 집에 있는 큰 종을 훔치려고 취했던 행동에서 유래된 성어이다.

| | |
|---|---|
| 종이 커서 짊어질 수가 없어 망치로 그것을 깨뜨리려 하자 종에서 쨍그렁! 하는 소리가 났다. 남들이 그 소리를 듣고 자기에게서 뺏어 갈까 두려워하여 급히 자기의 귀를 가렸다.<br>남이 자신의 종 훔치는 소리를 듣는 것을 싫어하는 것은 그럴 수 있겠지만 자기 스스로 그 소리 듣는 것이 싫어서 귀를 막는 것은 어리석은 짓이다. 군주가 되어 자기의 잘못을 듣는 것을 싫어하는 것도 이와 같지 않겠는가? 남이 자기의 잘못을 알아차리는 것을 싫어하는 것은 오히려 그럴 수는 있다. | 則鐘大不可負,以椎毀之,鐘況然有音.恐人聞之而奪己也,遽掩其耳.<br>惡人聞之可也,<br>惡己自聞之悖矣.<br>爲人主而惡聞其過非猶此也?惡人聞其過<br>尚猶可 |

負 짐질 부 / 椎 망치 추 / 毀 헐 훼 / 恐 두려워할 공 / 奪 빼앗을 탈 / 遽 갑자기 거 / 惡 싫어할 오 / 悖 어그러질 패 / 過 잘못 과 / 猶 같을,오히려 유 / 尚 오히려 상

| 況然(황연)| · 종소리를 묘사한 의성어.

### 『여씨춘추』, 군주에게 권하는 말

진나라 문공文公 때의 권력가 중 한 사람인 범씨가 패망하자 어느 도둑이 이 집에 종을 훔치러 들어왔다가 도둑질을 숨기려고 어리석은 짓을 저질렀다. 『여씨춘추』의 「자지편自知篇」에 이 도둑 이야기를 수록한 목적은 군주가 자신의 과오를 스스로 깨닫게(자지自知) 하려는 취지에서이다.
남들이 종소리를 듣지 않아야 성공적으로 종을 훔칠 수 있다는 생각에서 자기의 귀를 틀어막고 종을 훔친다는 뜻의 掩耳盜鐘, 이 성어는 자기를 기만하고 남의 눈을 속이면서 자신의 잘못을 들키지 않으려고 하는 군주로 하여금 자신의 처신이 얼마나 어리석은 지를 깨닫게 한다. 백성들의 재산을 몰수하고 그 잘못을 어리석게 감추려는 '엄이도종'의 도둑과 같은 군주들은 자신의 도둑질을 들키고 싶지 않은 심정에서 잘못을 부정하고 싶겠지만 그렇다 해서 절도 자체가 용서되고 감추어지는 것이 아님을 깨달으라 한다. 특히 백성들의 눈과 귀가 모두 자신에게 향하고 있음을 명심하여 남의 지탄을 경청할 줄 알아야 한다고 했다.
부정한 곳을 향해 종소리가 더 크게 울리는 듯하다.

[동의어]　掩耳偷鈴(엄이투령)：　귀를 막고 방울을 훔치다.
[유사어]　掩目捕雀(엄목포작)：　눈 가리고 참새를 잡는다.
　　　　　自欺欺人(자기기인)：　자신을 속이고 남을 속인다.

[출전] 『呂氏春秋』 「不苟論, 自知篇」

# 餘桃之罪 여도지죄

餘남을 여 | 桃복숭아도 | 之 ~의지 | 罪죄죄

## 먹다 남은 복숭아를 먹인 죄.

애정과 증오의 변화가 심함.

전국戰國시대, 위衛나라 왕의 총애를 받던 미자하彌子瑕가 어머니의 병환 소식을 듣고 왕의 허락 없이 임금의 수레를 타고 집에 간 적이 있다. 그 일로 임금에게 효자라는 칭찬을 들었다. 또 왕과 과수원을 거닐던 중, 복숭아를 따서 먹다가 맛이 있어서 먹던 복숭아를 왕에게 바친 적이 있다. 왕은 이번에도 기뻐하며 칭찬했다. 그러나 미자하는 그의 미모가 퇴색하면서 왕의 총애를 잃더니 급기야는 그의 칭찬받았던 과거 행실까지 죄를 받게 되었다.

'여도지죄'는 미자하에 대한 위나라 임금의 총애가 엷어지면서, 과거에 칭찬받았던 복숭아 선물이 도리어 화가 되어 무례한 사람이라고 꾸중 받는 대목에서 유래된 성어이다.

| | |
|---|---|
| 왕이 말씀하길 "이놈은 참으로 일찍이 속이고서 내 수레를 탔고, 또 나에게 먹다 남은 복숭아를 맛보였지."라 하였다. 고로 미자의 행실은 처음과 달라지지 않았는데 이전에는 어질다고 평가 받고 이후에는 죄를 얻게 되는 것은 (왕의) 애정과 미움이 변해서이다. 그러므로 왕에게 애정이 있으면 지혜가 마땅하다 하여 더 친밀해지지만 왕에게 미움이 있으면 지혜가 마땅하지 못하다 하여 죄를 얻고 더 소원해진다. 그러므로 간언하고 유세하며 담론하는 선비는 애증의 임금을 살핀 이후에 유세하지 않을 수 없다. | 君曰是固嘗矯駕吾車, 又嘗我以餘桃.故彌子之 行未變於初也,而以前之 所以見賢而後獲罪者,愛 憎之變也.故有愛於主則 智當而加親,有憎於主則 智不當見罪而加疏,故 諫說談論之士不可不察愛 憎之主而後說焉 |

固 참으로 고 / 嘗 일찍이,맛볼 상 / 矯 속일 교 / 駕 탈 가 / 變 변할 변 / 獲 얻을 획 / 憎 미워할 증 / 見 당할 견 / 諫 간할 간 /
察 살필 찰 / 焉 ~이다 언(종결형어조사)

### 한비(韓非)의 유세술

「세난편說難篇」에서 한비는 유세의 어려움을 밝혔다. 신하의 유세나 간언은 임금의 심리상태에 따라 그 평가가 칭찬과 벌로 나뉘기 때문이다. 따라서 유세하기 전에 임금의 기분과 마음을 잘 헤아려서 적절한 시기를 잡으라고 하였다. 그는 유세가 얼마나 어렵고 위험한 행위인가를 강조하기 위해서 임금의 총애를 받던 미자하가 미모를 잃으면서부터 죄인으로 낙인찍힘을 보여주는 일화를 소개하였다.

먹다 남긴 맛있는 복숭아 선물이 사랑할 때는 칭찬거리이지만 사랑이 식으면 죄가 된다는 뜻의 餘桃之罪, 이 성어에는 임금의 감정 변화를 헤아려 그의 마음에 맞게 설득해야 한다고 한 한비자의 지심知心중심 유세술이 나타나 있다. 미자하의 단순하고 한결같은 언행이 임금의 애증상태에 따라 칭찬거리가 되기도 하고 벌 받을 짓이 되기도 함을 감안하여 유세자는 더더욱 임금의 심중을 살핀 후, 그에 맞춰 유세해야 한다는 것이다. '먹다 남은 복숭아 선물'에 대해, 사랑하는 사이라면 '복숭아의 맛'에 기뻐하지만 사랑하는 사이가 아니라면 '먹다 남긴' 사실에 불쾌감을 나타내기 마련이다. 애증에 따라 '같은 일, 다른 평가'가 실재한다.

[동의어]  餘桃啗君(여도담군) : 남은 복숭아를 임금에게 먹이다.　　　　　　　　　　　　　[출전] 『韓非子』 「說難篇」

# 如履薄氷 여리박빙

如 같을 여 | 履 밟을 리 | 薄 엷을 박 | 氷 얼음 빙

## 엷은 얼음 위를 걷는 것 같다.

세상의 처세에 매우 조심함.

춘추春秋시대, 증자曾子가 병이 나자 제자들을 불러 놓고 삶의 자세를 당부하려는 의도에서 『시경詩經』의 「소민小旻」이라는 시를 인용하였다.

'여리박빙'은 증자가 제자들에게 지혜로운 삶의 자세를 당부하고자 인용한 『시경』의 시구에서 유래된 성어이다.

| | |
|---|---|
| 내 발을 펼쳐보고 내 손을 펼쳐 보아라! 『시경』에 이르기를 | 啓予足,啓予手!詩云 |
| 두려워 벌벌 떨듯 조심하기를, | 戰戰兢兢, |
| 마치 깊은 못에 다가있는 것처럼 | 如臨深淵, |
| 마치 살얼음을 밟는 것처럼 | 如履薄氷, |
| 이라 했으니 지금 이후로는 내가 그 근심에서 벗어났음을 알겠구나! | 而今而後,吾知免夫! |
| 애들아! | 小子! |

啓 열 계 / 予 나 여 / 戰 두려워 떨 전 / 兢 두려워할 긍 / 臨 임할 임 / 深 깊을 심 / 淵 연못 연 / 免 벗어날 면 / 夫 감탄형어조사 부

## 증자(曾子)의 효사상

유학자 증자가 제일 큰 효란 어버이에 대한 공경의 마음을 잃지 않는 것, 곧 어버이의 뜻을 잘 헤아리는 것이라고 언급한 적이 있다. 부모가 물려주신 신체를 잘 보전하여 건강하게 지내는 것이 자식 된 도리이자 부모의 뜻 중의 하나라고 여겼기에 병이 난 후, 제자들에게 자신의 몸 상태를 확인하도록 했다.

평생토록 손쓰고 발로 뛰며 살얼음 같은 인생살이를 조심스럽게 살아왔다는 뜻의 如履薄氷, 이 성어에는 생활고가 심하여 음식과 의복을 제대로 갖추지 못하였기에 몸을 훼손할 수도 있는 삶을 살아 왔지만 난세라는 위기 상황에서 늘 조심스럽게 살아온 덕택으로 신체를 온전히 지킬 수 있었다며 안도의 숨을 내쉬는 증자의 정신적인 효사상이 나타나 있다. 죽음을 코앞에 둔 병약한 몸으로 죽음에 대한 두려움 보다는 부모의 뜻을 잘 지켜냈다는 만족감을 드러내고 있는 것이다. 살얼음판을 걷듯이 매사에 조심하고 또 조심하면서 위험한 상황에 신중히 대처하라는 점과 부모에게서 물려받은 신체를 소중히 여기며 살아갈 것을 당부하는 증자, 자신의 평생 삶을 반추하면서 실감나는 가르침을 남겼다.

| | | |
|---|---|---|
| [동의어] | 薄氷如履(박빙여리) : | 살얼음 위를 걷는 것과 같다. |
| [유사어] | 風前燈火(풍전등화) : | 바람 앞의 등불. |
| | 焦眉之急(초미지급) : | 눈썹이 타들어가는 위급함. |
| | 危機一髮(위기일발) : | 위기가 한 오라기의 머리카락 차이. |
| | 累卵之勢(누란지세) : | 계란을 쌓아 놓은 것 같은 형세. |
| | 百尺竿頭(백척간두) : | 백 척 높이 되는 대나무 꼭대기 위. |
| | 一觸卽發(일촉즉발) : | 한 번 닿다하면 곧 폭발할 형세 |

[출전] 『論語』「泰伯篇」

# 如火燎原 여화요원

如 같을 여 | 火 불 화 | 燎 불태울 요 | 原 들판 원

## 불길이 들판을 태우는 것 같다.

나쁜 일이 삽시간에 퍼져 나감.

춘추春秋시대, 진陳나라가 정鄭나라의 침략을 받아 크게 낭패를 보았다. 이 전쟁의 발단은 작년에 정나라의 정백鄭伯이 진후陳侯에게 화친을 요구했지만 진나라에서 이를 받아들이지 않았기 때문이다. 진후의 동생 오보五父가 이웃나라와는 화친하는 것이 나라를 위해 좋은 일이라며 진후를 설득했건만 끝내 화친을 거절하며 정나라를 무시하더니 침략 당한 것이다. 심지어 무시한 이유가 송宋나라와 위衛나라에 비해서 정나라는 약소국이기 때문이라는 것이었다. 진후의 이 같은 처신에 대해 좌구명이 『상서尙書』의 글을 인용하여 평하였다.

'여화요원'은 진나라 후작이 강대국 송나라와 위나라와의 외교에는 온 신경을 다 쓰면서도 약소국 정나라에 대해서는 소홀히 해오다가 정나라에 패전하자 그의 처신에 대하여 좌구명이 평가한 대목에서 유래된 성어이다.

"군자가 '선한 일을 놓쳐선 안 되고 악한 일을 커지게 해서는 안 된다.'라고 평한 말은 진나라 환공을 이르는 말이도다!
악이 커지는 데에도 고치지 않으면 (화가) 따라 자신에게 미치게 된다. 비록 내 몸을 구해 내려고 한들 구할 수가 있겠는가?
서경에 쓰여 있기를 '악이 쉽게 커짐은 마치 불길이 벌판을 태우는 것 같아, (불을) 향해 가까이 갈 수 없는데 그 불을 다 꺼버릴 수 있으랴?' 라 했고, 또 주임周任이 한 말 중에는 '국가를 다스리는 자는 악한 일을 보면 농부가 잡초를 베어 없애듯이 해야 한다. 농부가 잡초를 모조리 뽑아 쌓아 썩혀, 그 뿌리를 없애 뻗지 못하게 하면 (작물이) 잘 자랄 것은 믿을만하다.'라고 한 적이 있습니다."

君子曰善不可失,惡不可長.其陳桓公之謂乎!
長惡不悛,從自及也.
雖欲救之,其將能乎?
商書曰惡之易也,如火之燎于原,不可嚮邇,其猶可撲滅?周任有言曰
爲國家者見惡如農夫之務去草焉.芟夷蘊崇之,絶其本根勿使能殖則善者信矣.

長 자랄 장 / 謂 이를 위 / 悛 고칠 전 / 從 따를 종 / 雖 비록 수 / 救 구할 구 / 易 쉬울 이 / 嚮 향할 향 / 邇 가까울 이 / 猶 오히려 유 / 撲 칠 박 / 滅 멸할 멸 / 農 농부 농 / 務 힘쓸 무 / 焉 ~이다 언(종결형어조사) / 芟 벨 삼 / 夷 평평할 이 / 蘊 쌓을 온 / 崇 높일 숭 / 絶 끊을 절 / 根 뿌리 근 / 使 하여금 사 / 殖 번성할 식 / 善 잘할 선

| 陳桓公(진환공)| 진陳나라 12대 임금으로 정鄭나라를 무시했다가 도리어 침략 당함.

| 尙書(상서) | 서경書經이라고도 함. 반경편盤庚篇

| 周任(주임) | 주周나라의 대부. 사관을 지냄.

| 芟夷(삼이) | 모두 다 베어버림.

| 蘊崇(온숭) | 쌓아두어 썩힘.

[유사어]　星火燎原(성화요원) : 매우 다급한 정도가 들판을 태우는 불길 같음.
　　　　　燎原之火(요원지화) : 들판을 태우는 불길처럼 삽시간에 번짐.

[출전] 『春秋左氏傳』 『隱公6年』

# 緣木求魚 연목구어

緣 좇을 연 │ 木 나무 목 │ 求 구할 구 │ 魚 물고기 어

## 나무에 올라 물고기를 구하다.

잘못된 방법으로 목적을 달성하고자 함.

전국戰國시대, 맹자孟子는 제齊나라 선왕宣王에게 왕도정치를 기대하며 찾아 갔다. 그러나 선왕은 맹자에게 춘추 시대의 패자霸者였던 제환공齊桓公과 진문공晉文公의 부국강병 방법에 대한 질문만을 하였다. 이에 맹자는 제선왕의 속마음을 알아차리고 패도에 따른 백성들의 고통과 그 후유증을 언급하였다.

'연목구어'는 제선왕이 패도정치를 실시하면서 천하통일을 이루려는 포부를 비치자 맹자가 그의 포부가 얼마나 무모한지를 비유적으로 깨닫게 하는 대목에서 유래된 성어이다.

| | |
|---|---|
| (맹자가) 말하길 "그렇다면 왕이 크게 하고자 하시는 바를 알 만합니다. 땅을 개척하고 진나라와 초나라의 조회를 받고 중국에 임하여 사방의 오랑캐를 어루만지고자 하시는 겁니다. | 曰然則王之所大欲可知已.欲辟土地,朝秦楚,莅中國而撫四夷也. |
| 만약 하고 있는 일로 바라는 것을 추구한다면 나무에 올라 물고기를 구하는 것과 같습니다."라 하니 왕이 말하기를 "이처럼 심합니까?" 답변하기를 "매우 심합니다. 나무에 올라 물고기를 구하는 것은 비록 물고기는 잡지 못하더라도 훗날, 재앙은 없습니다. 하오나 만약 하는 바로써 바라는 바를 구한다면 아무리 마음과 힘을 다해서 한다 하여도 뒤에 반드시 재난이 오고 맙니다." | 以若所爲求若所欲猶緣木而求魚也.王曰若是其甚與?曰殆有甚焉.緣木求魚雖不得魚,無後災.以若所爲求若所欲,盡心力而爲之後必有災. |

欲 하고자 할 욕 / 辟 개간할 벽 / 朝 뵐 조 / 莅 다다를 이 / 撫 어루만질 무 / 夷 오랑캐 이 / 若 같을 약 / 猶 같을 유 / 甚 심할 심 / 與 ~인가? 여(의문형 어조사) / 殆 거의 태 / 焉 ~이다 언(종결형어조사) / 雖 비록 수 / 災 재앙 재 / 盡 다할 진

## 맹자(孟子)의 정치사상

전국시대는 '전국戰國'이라는 명칭이 보여주는 것처럼 각 제후국들이 무력과 책략으로 전쟁을 일삼으며 부국강병에 혈안이 된 시대이다. 제선왕 역시 무력을 수단으로 천하통일을 도모하고자 맹자에게 그 방안을 물었다. 맹자는 제선왕의 심중을 정확히 꿰뚫어 보며 그릇된 국정운영을 비유적으로 지적함으로써 정치의 방향을 바로잡고자 하였다.

물고기를 강가가 아닌 나무 위에서 잡으려는 행위라는 뜻의 緣木求魚, 이 성어에는 군주로서 인의의 정치를 해야 천하의 백성이 잘 살 수 있다고 말하는 맹자의 왕도정치 사상이 나타나 있다. 백성을 잘 살게 하고자 하면서 이웃나라의 영토침략을 도모하는 행위는 결국 불가능한 일을 꿈꾸는 격이라는 것이다. 천하통일을 이룩하여 백성이 잘 살기를 바라는 바(구어求魚)인 목적과 현재 무력강화에 힘쓰고 있는 바(연목緣木)인 수단이 일치하지 않는 이상, 결코 어리석은 군주라는 평을 면치 못할 것이라고 맹자가 경고하였다.

[동의어]　上山求魚(상산구어) ：　산꼭대기에서 물고기를 찾는다.

[유사어]　射魚指天(사어지천) ：　물고기를 쏘아서 잡으려고 하늘에다 겨눔.
　　　　　乾木水生(건목수생) ：　마른 나무에서 물을 짜내려 하다.

[출전]『孟子』「梁惠王章句 上篇」

# 燃眉之急 연미지급

燃 불탈 연 | 眉 눈썹 미 | 之 ~의 지 | 急 급할 급

## 눈썹에 불이 붙은 급한 상황.

아주 화급한 상황.

북송北宋시대, 7대 황제 철종哲宗때의 재상 사마광司馬光(1019년~1086년)이 6대 황제 신종神宗 때의 재상 왕안석王安石이 신설한 청묘법靑苗法과 조역법助役法의 폐지를 단행하였다.

'연미지급'은 왕안석의 신법이 백성을 병들게 한다는 이유로 사마광이 이를 개혁했는데 개혁의 속도가 얼마나 빨랐던지 이를 마단림馬端臨이 비유적으로 묘사한 대목에서 유래된 성어이다.

---

원우元祐 초에 온공이 재상이 되어 모든 현자들을 대거 등용하였으며 신법 중에 백성을 병들게 하는 것을 개혁하였는데 마치 눈썹에 불이 붙은 것을 구하는 것처럼 하였다. 청묘법과 조역법이 그 가운데 특히 심했다. 그리하여 이미 "청묘전을 파하고 다시 상평창법을 시행하라."고 말했다.

元祐初, 溫公入相, 諸賢竝進用, 革新法之病民者如救眉燃, 靑苗助役其尤也. 然旣曰罷靑苗錢, 復行常平倉法矣.

---

祐 도울 우 / 初 처음 초 / 溫 따뜻할 온 / 相 재상 상 / 諸 모든 제 / 竝 함께할 병 / 進 나아갈 진 / 革 고칠 혁 / 病 병 병 / 救 구할 구 / 苗 싹 묘 / 役 일 역 / 尤 더욱 우 / 旣 이미 기 / 罷 그칠 파 / 錢 돈 전 / 復 다시 부 / 倉 곳집 창 / 矣 ~이다 의(종결어조사)

| 元祐(원우) | 북송시대 철종 때의 연호로 1086년~1094년. |
| --- | --- |
| 溫公(온공) | 북송의 인종仁宗, 영종英宗, 신종神宗, 철종哲宗에 걸쳐 유학자, 역사가, 정치가로서 명성을 떨친 사마광. 사후에 온국공溫國公의 작위를 추증 받아 사마온공司馬溫公이라고 불림. |
| 新法(신법) | 북송 신종 때에 왕안석이 부국강병을 이루기 위해 시행한 법. |
| 靑苗錢(청묘전) | 상평창의 돈을 보릿고개 시기와 가을걷이 이전의 곤궁기에 농민에게 대출해주고 수확하면 이자를 붙여 받기 때문에 상평전이라고도 함. |
| 助役(조역) | 북송의 왕안석이 시행한 신법 가운데 하나로 기존에 실시해오던 차역법差役法을 대신하여 집집마다 노동력 대신 면역전免役錢을 부과하는 제도. 관원과 상인들에게는 면역전의 절반가인 조역전을 부과함. |
| 常平倉法(상평창법) | 관청에서 풍년일 때에 상평창 자금으로 농민의 곡물을 높은 가격으로 사들이고 흉년일 때에 상평창의 곡식을 시중에 풀어 곡물 가격을 낮추어 줌으로써 가난한 자를 구제하는 법. |

---

[동의어] 火燒眉毛(화소미모) : 불이 눈썹의 털에 붙은 화급한 상황.
　　　　 焦眉之急(초미지급) : 눈썹에 불이 붙은 화급한 상황.
[유사어] 一觸卽發(일촉즉발) : 한 번 건드리기만 해도 금방 폭발할 것 같은 위기 상황.
　　　　 如履薄氷(여리박빙) : 살얼음 위를 밟는 것 같은 위기 상황.
　　　　 風前燈火(풍전등화) : 바람 앞의 등불처럼 금방 사라지고 말 것 같은 위기 상황.
　　　　 累卵之危(누란지위) : 계란을 쌓은 것처럼 금방 무너지고 말 것 같은 위기 상황.
　　　　 百尺竿頭(백척간두) : 백 자나 되는 높은 장대 위에 올라선 것 같은 위기 상황.

[출전] 馬端臨,『文獻通考 卷21』「市糴考 2」

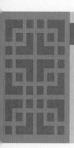
# 曳尾塗中 예미도중

曳 끌 예 | 尾 꼬리 미 | 塗 진흙 도 | 中 가운데 중

## 꼬리를 진흙 속에서 끌다.

비록 가난하더라도 자유로운 생활을 누리는 게 나음.

전국戰國시대, 장자莊子가 복수濮水에서 낚시를 하고 있는데 초楚나라 왕이 보낸 두 대부가 찾아와 국정을 맡아달라고 요청하였다. 그러나 장자는 낚싯대를 쥔 채 돌아보지도 않고 도리어 대부에게 질문을 던져서 가지 않겠다는 답변을 암묵적으로 하였다.

'예미도중'은 자연생활을 만끽하며 지내는 장자가 왕의 부름을 거절하기 위하여 비유적으로 답변한 대목에서 유래된 성어이다.

> (장자가) 말하기를 "초나라에는 신귀가 있는데 죽은 지 이미 3천 년이나 되었다는군요. 왕은 그것을 헝겊에 싸서 상자 안에 넣어 묘당 위에 보관하고 있다는데 이 거북은 차라리 죽어서 뼈를 남긴 채 소중하게 받아들여지기를 바랄까요? 차라리 살아서 꼬리를 진흙 속에서 끌고 다니기를 바랄까요?" 라 하니 두 대부가 말하기를 "진흙 속에서 꼬리를 끌고 다니길 바라겠지요." 라 하자 장자가 말하길 "가보시오. 나는 장차 진흙 속에서 꼬리를 끌며 다니겠소."

> 曰吾聞楚有神龜,死已三千歲矣.王巾笥而臟之廟堂之上.此龜者寧其死爲留骨而貴乎?寧其生而曳尾於塗中乎?二大夫曰寧生而曳尾塗中.莊子曰往矣.吾將曳尾於塗中

濮 강 이름 복 / 巾 헝겊 건 / 笥 상자 사 / 龜 거북 귀 / 已 이미 이 / 歲 해 세 / 臟 숨길 장 / 廟 사당 묘 / 堂 집 당 / 此 이 차 / 寧 차라리 녕 / 留 남을 류 / 往 갈 왕 / 矣 ~이다 의(종결어조사) / 吾 나 오 / 將 장차 장

## 장자(莊子)의 철학사상

세속적인 욕망으로 빚어지는 온갖 분쟁과 갈등을 뒤로한 채, 유유자적하게 낚시를 즐기며 자연생활을 만끽하던 장자에게 선택해야할 과제가 주어졌다. 흔히 세속에서 말하는 명예와 권력이 손짓해온 것이다. 그러나 그의 선택은 단호하고 빨랐다.

살아서 꿈틀대는 거북이로서의 자유롭고 유연한 삶의 형태를 표현한 曳尾塗中, 이 성어에는 죽음보다는 삶, 구속보다는 자유, 명예보다는 순박함을 추구한 장자의 무위자연無爲自然 사상이 나타나 있다. 장자는 정계의 요직을 맡아 자기 자신을 잃어버리고 일에만 매달리며 지내는 정치인들을 박제가 되어 명예를 누리고 있는 신귀에 비유하였다. 신귀가 아무리 우대받는다 한들 죽은 목숨이라는 것이다. 벼슬아치인 대부들도 자기의 본성을 지키고 생명을 편하게 하며 천수를 누리는 삶을 선택하는 답변을 하였으니 장자는 이를 통해서 자연과 자유는 인간의 생명이라는 사실을 누구도 부인할 수 없다는 것까지 입증하였다.

'예미도중'은 생명, 자유, 자연, 본성을 상징하므로 누구나 선택의 기로에서 망설일 때, 결정을 쉽게 할 수 있도록 도움 주는 표현이다. 삶에 허둥대며 자신을 돌아볼 사이 없이 그저 뜬 구름이나 물거품과 같은 재물과 권력과 명예를 뒤쫓느라 지치고 만 현대인, 장자는 이 성어를 통해서 이들에게 쉬어감도, 무료함도, 단순함도 때로는 생명을 위해서 필요하다고 외친다. 일 없음 마저 행복거리로 와 닿게 하는 성어이다.

[출전]『莊子』「秋水篇」

# 五里霧中 오리무중

五 다섯 오 | 里 마을 리 | 霧 안개 무 | 中 가운데 중

# 사방 5리가 짙은 안개 속.

사물의 행방이나 사태의 추이를 알 길이 없음.

후한後漢시대, 순제順帝 때의 학자 장해張楷는 학식과 명망이 높아 그의 주변으로 고관대작부터 문하생들까지 다 모여들었다. 번잡한 것을 싫어하는 장해는 화음산華陰山 기슭으로 집을 옮겨 버렸다. 그러나 이곳까지 찾아오는 문하생과 학자들로 인해 그의 집 앞은 늘 저잣거리처럼 붐볐으며 그 가운데에는 불순한 생각으로 찾아오는 사람도 있었다.
'오리무중'은 한나라의 학자 장해가 학식뿐만이 아니라 재주 면에서도 도술이 뛰어났는데 자신의 존재를 사람의 눈에 띄지 않게 하려고 안개를 일으켜 몸을 숨긴 도술에서 유래된 성어이다.

| |
|---|
| 장해는 성향이 도술을 좋아하여, 능히 5里까지 안개를 만들 수가 있었다. 당시 관서 사람인 배우裵優 또한 능히 3里까지 안개를 일으킬 수가 있었는데 스스로 장해만 못하다고 생각하여 그를 따르며 배우고 싶어 했지만 장해가 피하며 그를 보려 하지 않았다.<br>환제가 즉위했을 때, 배우는 마침내 안개를 일으켜 도둑질을 하다가 일이 발각되어 조사받게 되자 장해를 끌어들여 그에게 기술을 배웠다고 말해서 장해도 연루되어 투옥되었다. 2년이 지나는 동안 (장해는 옥중에서) 항상 경전을 읽고 암송했으며, 『상서』에 주석을 달았다. 훗날 사건에 혐의가 없어서 원래의 집에 돌아가게 되었다.<br>건화 3년에 조서를 내려 보내 편안한 수레로 예를 갖추어 그를 초빙했으나 중한 병을 핑계로 거절하고, 나아가지 않았다. |

張楷性好道術,能作五里霧.時關西人裵優亦能爲三里霧.自以不如楷,從學之.楷避不肯見.
桓帝卽位,優遂行霧作賊,事覺被考,引楷言從學術,楷坐繫廷尉詔獄,積二年恒諷誦經籍,作尙書注,
後以事無驗,見原還家.
建和三年,下詔安車備禮聘之,辭以篤疾不行.

以 생각할 이 / 從 따를 종 / 避 피할 피 / 肯 기꺼이 할 긍 / 遂 드디어 수 / 賊 훔칠 적 / 被 입을 피 / 考 살필 고 / 繫 맬 계 /
恒 늘 항 / 諷 욀 풍 / 誦 욀 송 / 經 책 경 / 籍 책 적 / 注 물댈 주 / 驗 증험 험 / 還 돌아갈 환 / 備 갖출 비 / 聘 부를 빙 /
辭 거절할 사 / 篤 도타울 독

| 裵優(배우)| 한나라 중기 때, 삼리무三里霧를 일으켜 도적질할 때에 사용함.
| 桓帝(환제)| 후한 11대 황제.
| 詔獄(조옥)| 임금의 명에 의해 죄인을 가두는 감옥.
| 尙書(상서)| 우虞, 하夏, 상商, 주周 시대의 역사서.
| 建和(건화)| 후한시대 환제桓帝의 첫 연호.

## 장해(張楷)의 은신술

장해는 사람들이 호기심에서 자기를 만나자고 하는 것을 싫어하여 호젓한 곳으로 거처를 옮겼고 조정의 부름이 있을 시에도 병을 핑계 삼아 응하지 않았다.
사방 오리(약 2㎞)까지 안개를 일으키며 은신했다라고 하는 五里霧中, 이 성어에는 조용하고 소박하게 지내고 싶어 하는 장해의 은둔사상이 나타나 있다. 특히 도적질을 일삼는 배우裵優라는 사람은 절대로 만나지 않겠다는 생각에서 안개를 일으켜 몸을 숨기곤 하였다.

[출전] 『後漢書 卷36』 「張楷傳」

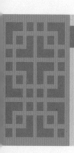

# 五十笑百 오십소백

五 다섯 오 | 十 열 십 | 笑 웃을 소 | 百 일백 백

## 오십 보가 백 보를 비웃다.

잘못의 정도만 다를 뿐 잘못한 것은 마찬가지.

전국戰國시대, 위魏나라 혜왕惠王은 천리 길을 멀다 하지 않고 자신의 초빙에 응해준 맹자에게 감사해 하였다. 하지만 맹자는 위혜왕이 원하는 부국강병책을 제시하지 않고 인의仁義의 정치를 실행하는 군주가 되어줄 것을 당부하였다.

'오십소백'은 위혜왕의 호전적 기질로는 정치를 잘해봤자 백성을 힘들게 할 것임을 안 맹자가 인의仁義의 정치를 실행하라고 비유적으로 권유하는 대목에서 유래된 성어이다.

> 맹자가 대답하였다. "왕께서 전쟁을 좋아하시므로 전쟁에 비유해서 아뢰겠습니다. 둥 둥 둥 북을 두드리며 전쟁이 이미 시작되었는데 (어떤 병사들이) 무기를 버리고 도망쳤습니다. 어떤 이는 백 보를 도망친 후에 멈추고 어떤 이는 오십 보를 도망친 후에 멈췄습니다. 오십 보를 도망친 사람이 백 보를 도망친 병사를 비웃는다면 어떻겠습니까?" 혜왕이 말하길 "옳지 않소. 단지 백 보가 아닐 뿐이지 이 사람 역시 도망간 거지요."

> 孟子對曰王好戰,請以戰喻.塡然鼓之,兵及旣接棄甲曳兵而走.或百步而後止,或五十步而後止.以五十步笑百步則何如?曰不可.直不百步耳,是亦走也.

喻 비유할 유 / 塡 북소리 전 / 刃 칼날 인 / 旣 이미 기 / 接 접할 접 / 棄 버릴 기 / 甲 갑옷 갑 / 如 어찌 여 / 直 다만 직 / 耳 ~일 뿐 이

| 何如(하여) | 어떠한가?의 의미를 나타내는 관용어구.

## 맹자(孟子)의 정치사상

전란이 끊일 사이 없었던 당시, 위魏나라가 서쪽으로 진秦나라, 동쪽으로 제齊나라와 인접해 있었기 때문에 혜왕은 약소국의 군주로서 불안감을 떨쳐낼 수 없었다. 수도를 대량大梁으로 이전할 정도로 주변의 강국들은 위협적이었다. 위나라를 양梁나라라고 부르게 된 배경이다. 위혜왕 곧 양혜왕은 강대국의 틈바구니에서 살아남기 위한 부국강병책을 맹자에게서 얻고자 하였지만 맹자의 생각은 그와 크게 달랐다.

전쟁 중에 50보 도망친 자가 100보 도망친 자에게 비겁자라며 흉보는 정황을 뜻하는 五十笑百, 이 성어에는 왕도정치를 하지 않는 이상, 백성을 조금 힘들게 하거나 많이 힘들게 하거나 모두 잘못된 정치라고 지적하는 맹자의 왕도정치사상이 나타나 있다. 맹자에 의하면 부국강병의 기치를 올리려고 양혜왕처럼 백성들을 약간씩 배려해주는 행위는 백성들을 혹독하게 훈련시키는 이웃 나라의 왕과 약간의 차이만 날 뿐 크게 다를 바가 없다. 전쟁을 꿈꾸는 한, 백성을 괴롭히는 것은 매한가지라는 것이다. 맹자가 권유하는 왕도정치는 전쟁을 멈추고 백성을 인의로써 보살피며 인격적으로 다스리는 것을 뜻한다.

---

[동의어]　五十步百步(오십보백보) : 오십 보 도망친 자가 백 보 도망친 자를 비웃다.

[유사어]　大同小異(대동소이) :　크게 보면 같고 조금만 차이난다.

彼此一般(피차일반) :　저것이나 이것이나 마찬가지이다.

走逐一般(주축일반) :　빨리 걷는 것이나 달리는 것이나 마찬가지이다.

[출전]『孟子』「梁惠王篇」

# 吳越同舟 오월동주

吳 나라 오 | 越 나라 월 | 同 같을 동 | 舟 배 주

## 오나라 사람과 월나라 사람이 한 배에 타다.

어려운 상황에서는 원수라도 협력함.

춘추春秋시대, 오吳나라 손무孫武는 사지死地에서 승리하는 병법을 『손자병법孫子兵法』에 소개하였다. 전설상의 뱀으로 알려진 솔연率然과 같은 용사를 둔다면 불리한 전장에서도 승리할 수 있다는 내용이다. 그의 소개에 의하면 이 뱀은 누군가가 자기를 잡으려고 머리를 치면 꼬리로 반격하고, 꼬리를 치면 머리로 반격하고, 몸통을 치면 머리와 꼬리가 함께 반격을 가하므로 결코 죽지 않는다. 손무는 솔연처럼 궁지에서 살아남으려고 사력을 다하는 방식도 하나의 병법이라고 하였다.

'오월주'는 오나라와 월나라의 관계가 최악의 상태일지라도 양국의 백성들이 위기 상황에 처하자 서로 사력을 다하여 합심하더라는 일화에서 유래된 성어이다.

무릇 오나라 사람과 월나라 사람은 원래가 서로 증오하는 사이지만, 두 나라 사람이 같은 배를 타고 강을 건너가다가 폭풍을 만났을 때 서로 구원하려는 것이 왼손과 오른손이 협력하는 것과 같다.

夫吳人與越人相惡也
當其同舟而濟遇風,
其相救也如左右手

夫 무릇 부 / 惡 미워할 오 / 當 당할 당 / 濟 건널 제 / 遇 만날 우 / 救 구할 구 /

| 吳人(오인)| 오나라의 왕 합려闔閭가 월나라의 왕 구천勾踐에게 패했음.
| 越人(월인)| 월나라의 왕 구천勾踐이 오나라 합려의 아들 부차夫差에게 복수를 당했음.

### 손무(孫武)의 군사정신

오나라와 월나라는 지리적으로 인접해 있는 이웃이지만 역사적으로는 복수를 주고받은 원수관계이다. 솔연이라는 뱀이 머리, 꼬리, 몸통이 일체감을 이루며 자기를 해치려는 상대방에게 반격을 가해서 살아남는 것처럼 손무는 오나라와 월나라 사람들이 평소에는 서로 죽일 듯이 싫어하다가도 절체절명의 위기상황에서는 한 몸같이 힘을 합하여 풍파를 극복하더라고 설명하였다.

오나라 사람과 월나라 사람이 한 배에 있다는 뜻이라 '원수가 외나무다리에서 만나다.'라는 속담을 연상시키는 吳越同舟, 이 성어에는 죽을 수밖에 없는 사지에 이르면 죽음을 피하기 위해서라도 너, 나를 따지며 개별행동을 하지 말고 일단은 단결해야 한다고 한 손무의 인화人和중시 사상이 나타나 있다. 이 세상에 목숨보다 더 소중한 것은 없기 때문에 위기상황이 닥치면 우선 살고보자는 식으로 상생의 협력자가 되어야 한다는 것이다.

우리들 주변에도 오월동주의 상황처럼 불편한 관계지만 피치 못하여 정략상 행동을 같이하는 경우가 많다. 속마음은 미움이 가득할지라도 당장의 어려운 정국을 헤쳐 나가기 위해서 부득이 정적과 손을 맞잡는 정치현실이 그렇다. 전시상황에서만이 아니라 무형의 경쟁사회에서도 통하는 손자의 병법, 인간의 생존전략은 때로는 적과의 동침임을 시사한다.

[동의어] 同舟濟江(동주제강) : (원수끼리) 같은 배를 타고 강을 건너다.
同舟相救(동주상구) : (원수끼리) 같은 배를 타다가 서로 돕는다.
[유사어] 患難與共(환난여공) : 환난이 닥치면 그 어려움을 함께 한다.

[출전] 『孫子兵法』「九地篇」

# 屋下架屋 옥하가옥

屋 집 옥 | 下 아래 하 | 架 시렁 가 | 屋 집 옥

## 지붕 아래에 또 지붕을 시렁처럼 얹다.

괜히 쓸데없이 중복시켜 볼품없게 만듦.

동진東晋시대, 문장가 유중초庾仲初는 양도부揚都賦를 지어 당시 세도가이자 친척이었던 유량庾亮에게 평을 부탁했다. 유량은 친족이라는 생각으로 그 작품이 이름값을 내기 바라면서 과장된 평을 해주었다.
'옥하가옥'은 유중초의 양도부에 대해서 친척인 유량이 과장되게 서평하자, 사안謝安이 그의 작품을 비유적으로 혹평한 대목에서 유래된 성어이다.

| | |
|---|---|
| (유량이) 말하기를 "(장형張衡의) 이경부를 삼경부로, (좌사左思의) 삼도부를 사도부라 할만하다." 이에 사람들마다 양도부揚都賦를 다투어 베끼는 통에 서울의 종이가 귀하게 되었다. 사태부가 말하길 "그렇지 않습니다. 지붕 밑에 지붕을 얹은 것일 뿐이에요. 사건마다 모방하였고 내용도 빈약함을 면치 못하더이다." | 云可三二京, 四三都.於此人人競寫, 都下紙爲之貴.謝太傅云 不得爾.此是屋下架屋 耳.事事擬學而不免儉狹 |

競 다툴 경 / 寫 베낄 사 / 耳 ~뿐 이 / 擬 본뜰 의 / 免 면할 면 / 儉 적을 검 / 狹 좁을 협

| 二京(이경)|     한漢나라 때 시인. 과학자인 장형이 장안과 낙양의 풍속을 지은 이경부.
| 三都(삼도)|     진晋나라 때 시인. 좌사가 위魏,촉蜀,오吳의 각 수도를 예찬한 삼도부.
| 謝太傅(사태부)|     동진 중기 때 정치가 사안(謝安 320년~365년)의 직책이 태부임.

## 사안(謝安)의 서평 기준

사안謝安이 살펴본 유중초의 양도부는 장형이 지은 이경부와 좌사가 지은 삼도부를 모방한 작품에 지나지 않거늘 유량이 혈육이라는 이유로 호평하자 이에 반박하며 혹평하였다.
기존의 지붕 밑에 또 하나의 지붕을 더 얹은 격의 가치 없는 일을 비유적으로 표현한 屋下架屋, 이 성어에는 유중초의 양도부를 쓸모없는 작품으로 평가한 사안의 서평 기준점이 나타나 있다. 아무리 명작에 비견될 정도의 작품이라 할지라도 내용에 참신성이 없다면 그 작품은 이미 작품으로서의 가치가 없음을 보여준 평가 사례이다. 사안이 독창성을 서평의 기준으로 삼은 데에는 나름의 근거가 있다. 한나라 때 시인인 왕은王隱이 양웅揚雄의 태현경太玄經에 대해 혹평한 적이 있는데 이 경우를 참고한 것이다. 왕은이 서평하기를 '태현경은 비록 절묘하긴 하나 이로운 점이 없다.'라 하며 평가의 기준점을 암묵적으로 제시한 적이 있다. 여기서 사안은 이로운 점이 없다는 것을 창의적인 내용이 없는 것으로 해석하였기 때문에 유중초의 양도부를 창의적이지 못한 가치 없는 작품이라고 혹평하였다.
요즘에도 문학계, 가요계에 표절시비가 잦다. 사안의 평가기준에서 보면 표절 논란이 있는 작품은 이미 가치를 잃었다. 부분 표절이라 할지라도 참신성을 작품의 생명이라고 할 때, 부분적으로 생명을 잃었다는 평가를 면치 못한다. 사안의 냉엄한 잣대는 여전히 필요하다.

---

[동의어]    屋上架屋(옥상가옥) : 지붕 위에 지붕을 얹다.
[유사어]    床上安床(상상안상) : 침상 위에 또 침상을 놓다.

[출전]『世說新語』「文學篇」

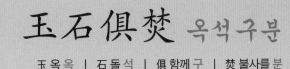

# 玉石俱焚 옥석구분

玉옥옥 | 石돌석 | 俱함께구 | 焚불사를분

## 옥과 돌멩이가 모두 불에 타다.

선악의 구분 없이 함께 멸망함.

하夏나라시대, 제후국 윤胤나라의 왕 윤후胤侯가 천자 중강仲康의 명령을 받들어 천문관인 희羲와 화和를 정벌하러 나가면서 선언하였다.
'옥석구분'은 윤후가 천문관인 희,화를 정벌하러 출정하면서 그들의 잘못을 비유적으로 묘사한 선언 문구에서 유래된 성어이다.

| | |
|---|---|
| 불이 곤강을 태우면 옥과 돌이 다 함께 타게 되노라.<br>하늘의 관리(천문관)가 덕을 잃으면 맹렬한 불길보다 더 매섭다.<br>그 우두머리 괴수를 죽이고 협박에 못 이겨 복종한 사람들은 다스리지 않을 것이며 옛날에 물들어 더러워진 풍속은 모두 더불어 오직 새롭게 하겠노라. | 火炎崑岡,玉石俱焚.<br>天吏逸德,烈于猛火.<br>殲厥渠魁,脅從罔治.<br>舊染汚俗,咸與惟新. |

炎 불탈 염 / 崑 산 이름 곤 / 岡 산등성이 강 / 逸 잃을 일 / 烈 세찰 열 / 于 ~보다 우 / 猛 사나울 맹 / 殲 다 죽일 섬 / 厥 그 궐 / 渠 클 거 / 魁 수령 괴 / 脅 위협할 협 / 從 따를 종 / 舊 옛 구 / 染 물들일 염 / 汚 더러울 오 / 俗 풍속 속 / 咸 다 함 / 惟 오직 유
| 崑岡(곤강) |  옥옥을 생산하는 산의 이름.
| 天吏(천리) |  하늘을 관측하는 벼슬아치. 주색에 빠진 화씨와 희씨를 가리킴.

## 윤후(胤侯)의 출정 선언

고대사회에서 천문과 역법을 관장 한다는 것은 백성들의 일상생활과 농사를 책임 있게 관리한다는 의미이다. 그런데 하나라 때 천문관인 희씨와 화씨는 늘 주색잡기에 빠져 자신들의 본분을 잊고 지냈다. 그 결과 백성들은 농사철을 놓치기 일쑤였고 거듭되는 흉년으로 점점 더 가난해졌다. 하나라 4대 황제 중강은 백성들의 삶이 피폐해짐을 더 이상 볼 수 없어 윤후胤侯로 하여금 희화의 죄를 묻도록 하였다.
귀한 옥과 흔한 돌멩이가 화마에 휩싸여 모두 다 못쓰게 돼버린다는 뜻의 玉石俱焚, 이 성어에는 희,화의 직무유기로 인한 부패상이 나타나 있다. 불길은 선악善惡과 피아彼我를 구분을 하지 않고 모든 것을 똑같이 태워 버린다. 직무에 태만한 희씨와 화씨 때문에 선한 이와 악한 이가 모두 그 피해를 입고 있는 정황과 비슷하다고 본 윤후는 이러한 불길의 무차별적 횡포를 거론하면서 불길보다 더 매서운 것이 천문관의 무책임이라며 희,화 정벌을 정당화 했다. 불길은 불탄 곳에만 피해를 주지만 직무 태만한 희화는 백성들에게 책력을 알려주지 않음으로써 하나라의 모든 백성에게 피해를 주었기 때문이다.
최근에는 '옥석구분'을 '옥석을 잘 구분한다.'는 뜻으로 잘못 쓰기도 한다. 표음화한 결과이겠지만 성어는 뜻글자이고 전고가 있으니 원문에 근거한 의미로 사용해야 한다.

[유사어]　玉石混淆(옥석혼효) :　옥과 돌이 함께 뒤섞여 있듯이 선과 악이 함께 섞여 있음.
　　　　　玉石同碎(옥석동쇄) :　옥과 돌이 함께 부서지다.
　　　　　玉石同櫃(옥석동궤) :　옥과 돌이 같은 궤짝에 들어있다.

[출전] 『書經 卷3』 『夏書 胤征篇』

# 溫 故 知 新 온고지신

溫 익힐 온 | 故 옛고 | 知 알지 | 新 새신

## 옛 것을 익혀서 새 것을 안다.

옛 것을 익히고 그것을 토대로 해서 새 것을 앎.

춘추春秋시대, 공자孔子는 스승이 되는 조건에 대하여 언급한 적이 있다.
'온고지신'은 공자의 말씀에서 유래된 성어이다.

> 옛 것을 익히어 새 것을 알면 이로써 스승이 될 수 있느니라.　　　溫故而知新, 可以爲師矣

可 ~할 수 있다 가 / 以 ~써 이 / 矣 ~이다 의(종결어조사)

## 공자(孔子)의 스승상

공자는 스스로 '생이지지자生而知之者'가 아니라 '학이지지자學而知之者'라고 말할 만큼 다방면의 것을 두루 배워서 폭 넓게 알아가는 자신에 대해 자부심을 가졌던 성인이다. 또한 제자들에게 배움을 충족시켜 줄 수 있는 스승이 되기 위해 서는 어떠한 점을 구비해야 하는 지에 대해서도 간결하게 그러나 의미심장하게 언급하기도 하였다.

'옛 것을 익혀서 새로움을 찾아낸다.' 라는 뜻의 溫故知新, 이 성어에는 스승이 될 수 있는 조건으로 재창조성을 말한 공 자의 미래지향적 스승상이 나타나 있다. 스승이란 옛 지식과 신지식을 겸비한 사람이 아니라 옛 것을 오늘에 되살려 현 실적 의미로 재해석할 수 있는 사람이어야 한다는 것이다. 따라서 공자가 말한 스승의 자격요건은 옛 지식의 답습자이 자 신지식의 전달자로서 제자에게 많은 것을 가르칠 수 있는 능력이 아니라 옛 가르침에 관한 지식의 비판자로서 지식을 자기 내면화하고 현실화하여, 새로움을 창조해낼 수 있는 능력을 뜻한다. 다시 말하면 공자가 내세운 스승상은 옛 것을 알고 새 것도 아는 신구新舊를 겸비한 사람이 아니라 옛 것에서 새로움을 찾아내는 창조적인 사람이다. 공자의 의중대 로 온고지신을 '옛 것의 재창조적 의미'로 이해해야 옛 것과 새 것으로 이분화하지 않고 옛날과 현재와 미래가 연속선상 에 있다고 보며 시대를 초월하여 모든 존재자를 중요시 여기는 풍토가 조성된다. 옛것의 전승에 그치는 정도의 변變함 이 아니라 옛 것을 탈바꿈시켜 완전히 새롭게 화化할 수 있는 능력자, 공자가 그리는 스승상이다.

'온고지신'의 의미를 음미해 보면 '오래 묵은 것이 오히려 신선하다.'라는 말과도 통함을 알 수 있다. 오랜 세월의 역사와 성현의 말씀도 얼마든지 재해석을 통해 새로워 질 수 있기 때문이다. 따라서 현대인에게 옛 가르침은 진부하기는커녕 세월의 깊이만큼 오히려 신선하다. 스승의 조건인 '온고지신'으로 창조의 시대를 준비하라는 공자의 외침을 교육계는 물론이고 각계각층의 리더들 모두가 정확히 이해할 필요가 있다.

---

[유사어] 　博古知今(박고지금) ： 옛 것을 널리 알아서 오늘날의 일도 알다.
　　　　　以故爲鑑(이고위감) ： 옛 것을 거울로 삼는다.
　　　　　學于古訓(학우고훈) ： 옛 가르침에서 배운다.

[출전]『論語』「爲政篇」

# 蝸角之爭 와각지쟁

蝸 달팽이 와 | 角 뿔 각 | 之 ~의 지 | 爭 다툴 쟁

## 달팽이 뿔 위에서의 싸움.

명분 없는 부질없는 싸움이나 별 성과가 없는 전쟁.

전국戰國시대, 위魏나라 혜왕惠王이 제齊나라 위왕威王과 화친조약을 맺었으나 위왕이 이를 배반하였다. 이에 혜왕이 분노하여 자객을 보내 그를 죽이려고 했다. 이 일에 대하여 현신賢臣들의 의견이 분분하였다. 공손연公孫衍은 군사를 일으켜 정당하게 공격하자 했고 계자季子는 7년간 전쟁을 일으키지 않은 명예를 지키자 했으며, 화자華子는 공손연과 계자의 말을 귀담아 듣지 말라 하면서 혜왕에게 도道를 찾으라고 하였다. 이 와중에 혜자惠子가 대진인戴晉人과 혜왕과의 만남을 주선하여 일을 해결하였다.

'와각지쟁'은 현자인 대진인이 위혜왕魏惠王으로 하여금 제나라 침공 계획을 철회하게 하려고 두 나라간의 전쟁이 보잘 것 없는 싸움임을 일깨워준 대목에서 유래된 성어이다.

"달팽이의 왼쪽 뿔에 나라가 있는데 촉씨라 하고 달팽이의 오른쪽 뿔에 있는 나라는 만씨입니다. 때마침 그들은 서로 영토를 다투어 전쟁을 시작했는데 죽은 자가 수만 명에 이르고, 패군을 쫓아갔다가 15일 만에야 돌아왔습니다." 혜왕이 "아, 그건 거짓말이군요." 하자 대진인이 말하였다. "제가 임금님을 위해 사실을 예로 들어 말씀드리겠습니다. 임금께선 이 사방 위아래의 공간에 끝이 있다고 생각하십니까?" 하고 물었다. 혜왕이 "끝이 없지요." 라고 말했다.

有國於蝸之左角者曰觸氏,有國於蝸之右角者曰蠻氏,時相與爭地而戰,伏尸數萬,逐北旬有五日而後反.君曰噫!其虛言與.曰臣請爲君實之.君以意在四方上下有窮乎?君曰無窮.

觸 닿을 촉 / 蠻 오랑캐 만 / 伏 엎드릴 복 / 尸 주검 시 / 逐 쫓을 축 / 北 질 배 / 旬 열흘 순 / 噫 아 희 / 窮 다할 궁

## 대진인(戴晉人)의 도가사상

위혜왕이 화친조약을 어긴 제위왕을 죽이려고 하자 공손연은 배신행위를 척결하는 차원에서 전쟁을 옹호했고 계자는 7년 동안 전쟁하지 않은 명예를 지키자고 했으며 화자는 공손연과 계자처럼 시비를 논하며 나라를 혼란시켜서는 안 되니 도道의 시각이 필요하다고 했다. 한편 우주의 경지를 아는 대진인은 복수심에 불타있는 근시안적 위혜왕을 일깨웠다. 보잘 것 없는 작은 전쟁을 비유적으로 묘사한 '달팽이 뿔 위에서의 전쟁'의 뜻인 蝸角之爭, 이 성어에는 달팽이의 두 뿔 위에 세워진 나라들 간의 전쟁이야기를 우주적 시각으로 들려준 대진인의 초탈적인 장자사상이 나타나 있다. 그는 무궁무진한 우주계에서 한 점의 크기로 존재하는 위나라와 제나라가 시비를 가리며 싸워봤자 달팽이의 나라 만씨와 촉씨와의 작은 싸움에 지나지 않는다고 하며 그 허망한 사실을 깨닫게 하였다. 서로 이기려고 싸우느라 당사자들만 고달프지 대국적으로는 미동일 뿐이라는 것이다.

[동의어]  蝸角相爭(와각상쟁) : 달팽이 뿔에서 서로 싸우다.
　　　　　蝸牛之爭(와우지쟁) : 달팽이의 싸움.
　　　　　蠻觸之爭(만촉지쟁) : 달팽이 오른쪽 나라인 만씨와 왼쪽 나라인 촉씨와의 싸움.

[출전] 「莊子」「雜篇 則陽」

# 臥薪嘗膽 와신상담

臥 누울 와 | 薪 섶나무 신 | 嘗 맛볼 상 | 膽 쓸개 담

## 섶나무에 눕고 쓸개를 맛보다.

원수를 갚으려고 괴롭고 힘든 일을 참고 견딤.

춘추春秋시대 말기, 오왕吳王 합려闔閭가 월왕越王 구천句踐과의 전쟁에서 부상당한 손가락이 좀처럼 낫지 않고 악화되는 바람에 목숨을 잃었다. 임종 직전 합려는 태자인 부차夫差에게 반드시 아버지의 원수를 갚으라고 유언하였다. 이일로 두 나라는 복수혈전을 펼쳤다.

'와신상담'은 이웃 간에 원수지간이 된 오왕 부차와 월왕 구천이 복수심에 불타 편안한 생활을 포기하고 패배의 쓴 맛을 잊지 않으려고 각자 고통스런 생활을 자초한 대목에서 유래된 성어이다.

부차가 복수에 뜻을 두고 아침, 저녁으로 섶나무에 누워있으면서, 출입하는 신하들로 하여금 (부왕의 유언을) 외치게 하였다. "부차야! 당신은 월왕 구천이 당신의 아버지를 죽인 것을 잊었는가?"
주나라 경왕 26년에
부차는 부초에서 월나라를 패배시켰다.
월왕 구천은 남은 병사를 데리고 회계산에서 지내다가
자신의 처를 부차의 첩으로 바치겠노라고 청하였다. 오자서는 용납하지 않았으나 재상 백비는 월나라의 뇌물을 받았기 때문에 부차를 설득하여 월나라를 용서하라고 하였다.
구천이 고국으로 돌아와서 (자신의 자리) 위에 쓸개를 매달아 놓고, 누워서 쓸개를 쳐다보다가 쓴맛을 맛보며 말하였다. "너는 회계의 치욕을 잊었느냐?" 모든 국정을 대부인 종種에게 맡기고 (자신은) 범려와 함께 군사훈련을 다스리며 오나라에 복수할 것을 도모하였다.

夫差志復讐,朝夕臥薪中,出入使人呼曰夫差!而忘越人之殺而父耶?周敬王二十六年,夫差敗越於夫椒.越王句踐,以餘兵棲會稽山,請爲臣妻爲妾,子胥言不可.太宰伯嚭受越賂,說夫差赦越.句踐反國,懸膽於坐,臥卽仰膽嘗之曰女忘會稽之恥耶?擧國政屬大夫種而與范蠡共治兵,事謀吳.

讐 원수 수 / 呼 부를 호 / 而 그대 이 / 忘 잊을 망 / 耶 ~인가? 야(의문형조사) / 餘 남을 여 / 宰 재상 재 / 賂 뇌물 뇌 / 說 타이를 설 / 赦 용서할 사 / 懸 매달 현 / 仰 우러를 앙 / 女 그대 여 / 恥 부끄러울 치 / 擧 모두 거 / 屬 맡길 촉 / 與 ~와 여 / 謀 꾀할 모

| 夫差(부차)| 오나라의 마지막 왕으로 합려闔閭의 아들. 월나라에 복수했으나 다시 패함.
| 句踐(구천)| 월나라의 왕으로 오왕 부차에게 패한 후 / 복수에 성공함.
| 范蠡(범려)| 월나라의 명재상으로 월왕 구천을 섬겼으며 오나라를 멸망시킨 공신.
| 會稽山(회계산)| 오왕 부차가 월왕 구천을 포위한 곳. 월왕에게는 수치스러운 장소.
| 子胥(자서)| 초나라의 망명 대신인 오자서伍子胥로 오나라를 강대국으로 키운 책사.
| 伯嚭(백비)| 초에서 망명해 와 오왕 합려와 부차를 섬김. 올곧은 오자서와 자주 대립함.

[유사어]　會稽之恥(회계지치) : (월왕 구천이 겪은) 회계산에서의 치욕.
切齒扼腕(절치액완) : (복수를 위해) 이를 갈고 팔을 걷어붙임.
切齒腐心(절치부심) : (복수를 위해) 이를 갈고 속을 썩임.
漆身呑炭(칠신탄탄) : 몸에 옻칠을 하고 숯불을 삼키며 자기 몸을 괴롭힘.

[출전]『十八史略』

# 玩物喪志 완물상지

玩 가지고 놀 완 | 物 물건 물 | 喪 잃을 상 | 志 뜻 지

## 물건을 가지고 놀다가 뜻을 잃음.

쓸 데 없는 물건을 애완하여 소중한 뜻을 잃음.

은말주초殷末周初, 주周나라 무왕武王이 은殷나라 정벌에 성공하자 그의 덕망이 오랑캐 땅에 까지 알려졌다. 무왕은 오랑캐 국가들로부터 갖가지 공물을 받았는데 그 가운데 서쪽 여旅나라에서 보내온, 사람 말을 알아듣는 커다란 개에 관심을 가졌다. 무왕이 이 맹견의 모습과 영민함에 정신이 팔려 정사를 소홀히 할 낌새를 보이자 이를 우려한 동생 소공召公이 간언하였다.

'완물상지'는 개국공신 소공이 여나라의 진귀한 개 선물에 너무 기뻐하는 주무왕을 보고 건국의 초심을 잃을까 염려하여 간언한 대목에서 유래된 성어이다.

귀와 눈에 부림을 받지 말고 온갖 법과 제도를 오로지 바르게 하십시오. 사람을 가지고 놀면 덕을 잃고 물건을 가지고 놀면 뜻을 잃을 것이니 뜻을 도로써 편안히 하시며 말을 도로써 응접하소서. 무익한 일로 유익한 일을 해치지 않으면 공이 이에 이루어지고, 기이한 물건을 귀히 여기거나 일용품을 천히 여기지 않으면 백성들은 만족하옵니다. 개와 말은 그 곳 토질에 맞는 것이 아니면 기르지 말고 진귀한 새와 기이한 짐승은 나라에서 키우지 마십시오.

不役耳目,百度惟貞.
玩人喪德,玩物喪志.
志以道寧,言以道接.
不作無益害有益,功乃成
不貴異物賤用物,
民乃足.犬馬非其土性,
不畜.珍禽奇獸不育于國

役 부릴 역 / 度 법도 도 / 惟 오직 유 / 寧 편안할 녕 / 接 이을 접 / 害 해칠 해 / 乃 이에 내 / 異 다를 이 / 賤 천할 천 / 畜 기를 휵 / 珍 진귀할 진 / 禽 새 금 / 奇 기이할 기 / 獸 짐승 수

## 소공(召公)의 경고

주나라 무왕武王은 은殷나라의 마지막 왕 주왕紂王을 토벌하고 주周나라의 건국 왕이 되었다. 사실 신하국 주나라가 천자국 은나라를 정벌하는 것은 대단히 위험하고 어려운 일이었다. 그러함에도 불구하고 무왕이 역사적 혁명을 단행한 것은 오로지 은나라 주왕의 폭정으로부터 백성을 구하겠다는 일념에서였다. 강태공姜太公, 주공周公, 소공이 그 뜻을 함께 한 덕분에 혁명은 성공적이었다. 그런데 무왕이 주나라의 서쪽 여旅나라에서 축하선물로 진상한 사냥개에 매료당하여 국정을 잠시 소홀히 하며 지냈다.

하찮은 물건에 너무 빠져들면 큰 뜻을 잃어버리게 된다는 뜻의 玩物喪志, 이 성어에는 애완견에 정신이 팔려 백성을 잘 살게 하고자 했던 초심을 잊은 형 무왕에게 충심으로 간언한 소공의 물욕 경계심이 나타나 있다. 특히 천자가 된 입장에서 자신의 물욕을 절제하지 못하고 한갓 사냥개에 빠져 지내면 백성의 안위를 전혀 돌보지 않는 폭군이 될 수 있음을 우려한 소공, 인간이 물건보다 우선임을 잠시라도 잊어서는 안 된다고 생각했던 현인이다.

현대는 애완용품이 다양한데다가 품목별로 대중화, 전문화가 이루어져서 벽癖, 펫pet, 마니아mania, 오타쿠御宅 등의 관련 용어가 일상화되었다. 이를 통해서 인간관계를 형성하고 정신적 위안을 받기도 하니 완물취미를 경고했던 소공의 염려가 무색할 정도이다. 하지만 인간보다 완물에 더 빠져들고 있는 사람은 소공의 경고에 귀 기울일 필요가 있다.

[출전] 『書經』 「周書 旅獒篇」

# 燎原之火 요원지화

燎 불탈요 | 原 들판원 | 之 ~의지 | 火 불화

## 들판을 태우는 불길.

세력이나 주장이 걷잡을 수없는 기세로 퍼져감.

은殷나라시대, 제19대 왕 반경盤庚이 황하의 범람으로 수해를 자주 입게 되자 이를 피하기 위해 수도를 경耿에서 은殷으로 옮길 생각을 하였다. 하지만 고위관리들을 비롯하여 농민들 대부분이 생활의 터전이자 안식처인 경땅을 떠나고 싶어 하지 않았다. 이에 반경이 반대여론의 배경을 조사한 결과 기득권을 지키고자 하는 관리들의 유언비어가 크게 작용했음을 알고 이들을 설득하며 협조를 당부하였다.

'요원지화'는 은나라 왕 반경盤庚이 황하의 수해를 피하기 위해 천도하려 했으나 백성들의 반대가 불길처럼 들끓자 관리들을 설득하는 대목에서 유래된 성어이다.

"그대들은 어찌하여 나에게 고하지 않고 뜬소문으로 서로 충동하여 백성들을 두렵게 하고 (죄에) 빠지게 하오? 불길이 들판에 타오르는 것 같아서 가까이 갈 수조차 없지만 그 또한 꺼버릴 수 있소이다. 곧 오직 그대들이 스스로 편안하지 못하게 만든 것이니 나에게 잘못이 있는 게 아니오."

汝曷弗告朕而胥動以浮言恐沈于衆?若火之燎于原,不可嚮邇,其猶可撲滅.則惟汝衆自作弗靖,非予有咎."

汝 너 여 / 曷 어찌 갈 / 朕 나 짐 / 胥 서로 서 / 浮 뜰 부 / 沈 잠길 침 / 嚮 향할 향 / 邇 가까울 이 / 撲 칠 박 / 滅 멸할 멸 / 惟 오직 유 / 汝 너 여 / 靖 편안할 정 / 予 나 여 / 咎 잘못 구

## 반경(盤庚)의 천도추진

은나라 왕, 반경은 수도 경땅이 생활하기에 편리한 곳이긴 하나 황하의 잦은 범람으로 재산과 인명의 피해가 잦았기에 수도를 옮기고자 하였다. 그러나 반대 여론이 너무도 뜨겁게 들끓었다. 이 상황을 반경은 설득과 의지로 풀어나갔다. 넓은 벌판을 순식간에 불태우는 불길처럼 거센 여론이 삽시간에 확산되는 형세를 뜻하는 燎原之火, 이 성어에는 막을 길 없을 정도의 맹렬한 불길이지만 어떻게든 잡아보겠다는 반경의 미래지향적인 천도의지가 나타나 있다. 관리들의 입장에서는 지금의 수도가 재물을 축적하기에 좋은 곳이라서 천도 추진이 반갑지 않았다. 그리하여 관리들이 손해를 피해볼 요량으로 결집된 세를 형성하며 반대하는 것임을 간파한 반경은 그들의 무사안일과 이기적 처신을 지적하였다. 백일하에 자신들의 추태가 드러나자 반대할 명분을 잃은 관리들은 더 이상 백성을 선동할 수가 없었다. 일신상의 이익을 챙기려 하지 말고 진정 백성을 위하는 길을 생각하라고 설득한 반경은 거센 반대여론을 잠재우고 천도를 성사시켰다. 은나라의 미래가 반경의 천도의지에 의해 중흥의 길로 나아가게 된 것이다.

민주사회에서의 여론형성은 은나라에 비할 바 아닐 만큼 더 거세고 힘차다. 반드시 추진해야 할 국가정책이라면 들판에 불붙은 불길처럼 거센 반대여론에 밀려 백지화를 선언하거나 강제추진을 시도할 게 아니라 반경처럼 의지와 설득과 소통으로 대처할 필요가 있다. 정부, 관리, 백성의 합의하에 정책을 시행하는 것이 순차적이고 무리가 없기 때문이다.

---

[유사어] 如火燎原(여화요원) : 불불은 들불처럼 막기 어려운 맹렬한 기세.　　　　　　　　[출전] 『書經』 『商書 第9章 盤庚 上』

# 窈窕淑女 요조숙녀

窈 그윽할 요 | 窕 고요할 조 | 淑 맑을 숙 | 女 계집 녀

# 마음씨가 고요하고 맑은 여자.

마음씨가 얌전하고 자태가 아름다운 여자.

어느 군자가 강가 모래섬에서 노니는 암수 다정한 물수리와 물위에 떠다니는 마름풀을 관망하면서 자신의 좋은 배필을 찾는 일과 연관하여 시를 지었다.

'요조숙녀'는 암수 물수리가 서로 다정하게 구애하는 모습을 본 어느 군자가 좋은 배필과 짝을 이루고 싶어 하는 자신의 처지에 견주어 시를 쓴 데에서 유래된 성어이다.

| | |
|---|---|
| 꾸룩꾸룩 물수리, 강가 모래섬에 있구나. | 關關雎鳩 在河之洲 |
| 아리따운 아가씨, 군자의 좋은 짝이로다. | 窈窕淑女 君子好逑 |
| 들쭉날쭉 마름풀, 이리저리 떠다니네. | 參差荇菜 左右流之 |
| 아리따운 아가씨, 자나 깨나 구해보지만 | 窈窕淑女 寤寐求之 |
| 구하여도 못 만나서 자나 깨나 생각하노라. | 求之不得 寤寐思服 |
| 생각하고 또 생각하니 이리 뒤척 저리 뒤척 | 悠哉悠哉 輾轉反側 |
| 들쭉날쭉 마름풀, 이리저리 캐노라. | 參差荇菜 左右采之 |
| 아리따운 아가씨, 금슬 타며 친하게 지내고파. | 窈窕淑女 琴瑟友之 |
| 들쭉날쭉 마름풀, 이리저리 다듬노라. | 參差荇菜 左右芼之 |
| 아리따운 아가씨, 종과 북을 두드리며 즐기려네. | 窈窕淑女 鐘鼓樂之 |

河 강 하 / 洲 모래섬 주 / 逑 짝 구 / 參 섞일 참 / 差 어긋날 치 / 荇 마름 행 / 菜 나물 채 / 寤 깰 오 / 寐 잠잘 매 / 服 생각할 복 / 悠 생각할 유 / 輾 구를 전 / 轉 돌 전 / 采 캘 채 / 琴 거문고 금 / 瑟 비파 슬 / 芼 가려낼 모 / 鐘 쇠북 종 / 鼓 북 고

| 關關(관관) | 암수가 서로 부르는 물수리의 의성어.

## 공자(孔子)의 관저장(關雎章) 시평

공자는 300여 편의 시를 편집하면서 「주남편周南篇」의 「관저장關雎章」을 『시경』의 첫 작품으로 선정하였다. 일반적으로 사람들이 이리 저리 떠다니는 마름풀을 얻기 위해 채취하고 다듬기까지의 힘든 과정을 견디는 것처럼 훌륭한 배필을 얻기 위해 잠 못 이루는 나날을 보내던 어느 군자가 언젠가는 배필과 함께 평생토록 즐기며 살 것을 꿈꾼다는 내용의 시이다. 공자가 아들 백어伯魚에게 「주남편」을 반드시 읽으라고 권한 적이 있다. '주남과 소남을 읽지 않으면 마치 담벼락 앞에 서있는 거나 마찬가지이니라. (논어 양화편)'라는 말로 주남편과 소남편을 읽고서 세상의 이치와 삶의 방향을 깨우치기를 바랐다. 공자가 주남편 중에서도 「관저장」을 『시경』의 대표시로 뽑은 것은 물수리 암수의 다정한 모습에서 음양의 조화를 알아챈 군자가 자신에게 알맞은 배필감으로 窈窕淑女를 간절히 원하는 내용을 담고 있기 때문이다. 세상사가 남녀의 만남으로부터 비롯되는 것이 이치인 만큼 사나이가 아가씨를 갈망한다는 내용은 단연 만물생성의 출발점으로 인정하기에 충분했던 것이다. 공자는 이 시에 대하여 '樂而不淫 哀而不傷(낙이불음 애이불상 : 즐기되 음탕하지 않고 슬퍼하되 건강을 해치지 않는다)'이라고 평가함으로써 연애감정에 중용을 지키는 품격이 있다고 칭송하였다.

[출전] 『詩經』 「周南篇 關雎章」

# 欲速不達 욕속부달

欲 하고자 할 욕 | 速 빠를 속 | 不 아닐 부 | 達 이를 달

## 빨리하고자 하면 도달하지 못한다.

어떤 일을 급하게 하면 도리어 이루지 못함.

춘추春秋시대, 공자孔子의 제자 자하子夏가 노魯나라 동쪽 거보莒父 고을의 읍장이 되었다. 그는 고을을 잘 다스릴 수 있는 방안에 대하여 공자에게 여쭈었다.

'욕속부달'은 정사를 잘 돌볼 수 있는 방안을 묻는 자하에게 공자가 서두르지 않는 것이라고 답변한 대목에서 유래된 성어이다.

> 공자께서 말씀하시기를 "(고을 일을) 너무 서둘러 하지 말고 작은 이익을 탐내지 말아야 한다. 너무 서두르다 보면 (정사를) 이루지 못하고, 작은 이익을 탐내다가는 큰 일을 이루지 못하느니라."
>
> 子曰無欲速,無見小利
> 欲速則不達,
> 見小利則大事不成.

無 말라 무 / 利 이로울 리

## 공자(孔子)의 경영철학

공자가 제자인 자하와 자장子張에 대하여, 자장은 넘치고 자하는 좀 미치지 못한다고 평가한 바 있다. (논어 선진편). 긍정적으로 보면 자하는 헛된 꿈을 꾸지 않고 주어진 상황에 맞게 최선을 다하는 성실형이고 부정적으로 보면 근시안적이고 대범하지 않으며 스케일이 작다. 그래서 공자는 자하에게 군자유君子儒가 되어야지 소인유小人儒가 되어서는 안 된다고 당부하기도 했다. 이利보다는 의義를 추구하는 지도자가 되기를 바랐던 것이다.

목적달성을 서두를수록 도리어 이루지 못함을 뜻하는 欲速不達, 이 성어에는 자하의 성향상 작은 일에 치중하여 성급하게 성과를 내고자 안달할 것임을 내다보고 이를 경계한 공자의 도덕지향적 경영철학이 나타나 있다. 자하가 한 고을의 관리자로 부임하는 입장임을 고려한 공자는 위정자가 된 이상, 거시적인 안목으로 고을을 위한 청사진을 그리되, 추진속도보다는 향선적向善的인 방향으로 나아가기를 권하였다. 서두른다는 것은 이익을 쫓느라 이치를 거스르고 단계를 무시하면서 졸속행정을 시도한다는 의미이기 때문이다. 자하가 당장은 허울 좋은 결과물을 내놓긴 하겠지만 머지 않아 그 폐해에 맞닥뜨려 곤경에 처하리라 예상한 공자가 정사를 무리하게 경영하면 오히려 실수가 많아질 수 있음을 경고한 것이다.

초고속의 시대를 살고 있는 현대인들은 '기다림과 느림'이라는 용어에서 답답한 느낌을 받는다. 하지만 공자가 단언한 '욕속부달'의 의미를 재음미해보면 '기다림과 느림'이 오히려 힐링의 요건이자 알찬 성과의 바탕이 됨을 알 수 있게 된다. 외부환경이 급박한 속도로 변화할수록 차분하게 마음잡기 훈련을 해야 한다. 서두를수록 주위환경의 회전속도와 균형을 맞추기도 힘들거니와 하는 일도 제대로 되기 어렵기 때문이다. '내가 멈춰야 세상이 보인다.'고 한 어느 스님의 말씀처럼 서두름을 멈추고 욕심을 내려놓고 보면 눈앞의 이익에 허둥댔던 자신을 발견하게 된다는 말과도 통한다. 자하에게 당부한 공자의 가르침은 이 시대에도 여전히 효력을 발휘한다.

[출전] 『論語』 「子路篇」

# 愚公移山 우공이산

愚 어리석을 우 | 公 귀공 | 移 옮길 이 | 山 메산

## 우공이 산을 옮긴다.

어떤 큰일이라도 끊임없이 노력하면 반드시 이루어짐.

춘추春秋시대, 사방 700리 면적에 높이가 만 길이 되는 태행산太行山과 왕옥산王屋山 사이의 좁은 땅에서 90세 우공愚公이 가족과 함께 살고 있었다. 이 두 산이 집 앞뒤를 가로막고 있어 왕래에 큰 장애가 됨을 느껴온 우공이 가족에게 산을 평평하게 만들자고 제안하였다.

'우공이산'은 집 앞 뒤를 가로막고 있는 높은 산 때문에 산 너머 바깥세계를 모르고 답답한 채로 살아가는 현실에서 벗어나고자, 우공이 가족의 협조를 받아 산들을 발해 쪽으로 옮겼다는 우화에서 유래된 성어이다.

| | |
|---|---|
| (모든 식구들이 허락했으나) 그의 아내는 의심을 표하며 물었다.<br>"당신의 힘으로 일찍이 괴보의 언덕도 무너뜨릴 수 없었거늘<br>태형산과 왕옥산을 어찌 한다고요?<br>또 파낸 흙과 돌멩이를 어디에다 버리고요?" 모두 말하기를 "그 흙을<br>발해의 그트머리와 은토의 북쪽에 버리면 되어요."라 했다.<br>마침내 자손 중에 짐질 수 있는 세 사람을 이끌고 가서<br>돌을 깨고 흙을 파서 키와 삼태기에 담아 발해의 그트머리로 옮겼다.<br>이웃 경성씨의 과부에게 사내아이가 있었는데 이제 젖니를 갈 나이<br>이지만 뛰어와서는 이 일을 도왔다.<br>추위와 더위가 때를 바꾸고서야 비로소 한번 되돌아오게 되었다.<br>하곡 지수가 비웃으면서 그것을 멈추게 하며 말하기를<br>"심하십니다! 당신의 지혜롭지 못함이여! 얼마 남지 않은 일생과 여력으로는 산의 터럭 하나조차 헐지 못할 텐데 그 흙과 돌을 어찌 하시려고요?"<br>북산의 우공이 길게 탄식하며 말하길 "당신의 고루한 생각은 정말 통할 수 없을 정도로군요. 지난 번 과부의 어린애만도 못하다니.<br>비록 내가 죽어도 자식이 있소.<br>자식이 또 손자를 낳고 손자가 또 자식을 낳으며,<br>그 자식은 또 자식이 있고, 그 자식은 또 손자가 있어서<br>아들들과 손자들의 숫자가 다함이 없을 것이고 산은 더 이상 높아지지 않을 터이니 어찌 고생해서 평평하게 만들 수 없겠소?" | 其妻獻疑曰<br>以君之力,曾不能損魁父<br>之丘,如太形王屋何?<br>且焉置土石,雜曰投諸渤<br>海之尾,隱土之北.<br>遂率子孫荷擔者三夫,<br>叩石墾壤,箕畚運於渤海<br>之尾,鄰之京城氏之孀妻<br>有遺男,始齔跳往助之.<br>寒暑易節,始一反焉.<br>河曲智叟笑而止之曰甚<br>矣!汝之不慧!以殘年餘<br>力,曾不能毁山一毛其如<br>土石何<br>北山愚公長息曰汝心之<br>固,固不可徹,曾不若孀<br>妻弱子.雖我之死,有子<br>存焉.子又生孫,孫又生<br>子,子又有子,子又有孫<br>子子孫孫,無窮匱也,而<br>山不加增,何苦而不平? |

妻 아내 처 / 獻 바칠 헌 / 疑 의심할 의 / 君 그대 군 / 曾 일찍이 증 / 損 덜 손 / 焉 어찌 언 / 諸 어조사 저 / 遂 마침내 수 / 率 이끌 솔 / 荷 맬 하 / 擔 맬 담 / 叩 두드릴 고 / 墾 개간할 간 / 壤 흙 양 / 箕 키 기 / 畚 삼태기 분 / 隣 이웃 린 / 孀 과부 상 / 遺 남길 유 / 齔 이를 갈 촌 / 跳 뛸 도 / 寒 찰 한 / 暑 더울 서 / 節 계절 절 / 殘 남을 잔 / 餘 남을 여 / 曾 일찍 증 / 毁 헐 훼 / 徹 통할 철 / 雖 비록 수 / 窮 다할 궁 / 匱 다할 궤 / 加 더욱 가 / 增 더할 증

---

[유사어]　積土成山(적토성산) : 흙을 쌓아 산을 만든다.

[출전]『列子』「湯問篇」

# 牛刀割鷄 우도할계

牛소우 | 刀칼도 | 割벨할 | 鷄닭계

## 소 잡는 칼로 닭을 잡다.

작은 일을 하면서 격식에 맞지 않게 일을 크게 벌임.

춘추春秋시대, 공자孔子가 제자들과 함께 노魯나라의 작은 고을 무성武城 땅을 지나가다가 현악기 소리를 듣고 반가워서 한 말씀 하였다.

'우도할계'는 자유子游가 다스리고 있는 무성지역을 때마침 방문한 공자가 그곳에서 들리는 음악소리를 듣고 기쁜 나머지, 자유에게 농담을 건네며 그의 경영방식을 칭찬하는 대목에서 유래된 성어이다.

> 공자께서 빙그레 웃으시며 말씀하였다. "어찌 닭을 잡는데 소 잡는 칼을 쓰고 있느냐?" 자유가 대답하며 말했다. "옛날에 저는 선생님께서 '군자는 도를 배우면 사람을 사랑하지만 소인이 도를 배우면 부리기가 쉬워진다.'라고 말씀하신 것을 들었기 때문입니다. 공자가 말씀하였다. "얘들아! 자유의 말이 옳단다. 앞에 했던 말은 그에게 농담했을 뿐이야."

> 夫子莞爾而笑曰割鷄焉用牛刀?子游對曰昔者偃也聞諸夫子曰君子學道則愛人,小人學道則易使也.子曰二三子!偃之言是也,前言戲之耳.

莞 빙그레 웃을 완 / 諸 어조사 저 / 易 쉬울 이 / 使 부릴 사 / 戲 장난할 희 / 耳 ~뿐 이

| 夫子(부자) | 덕행이 높아 모든 사람의 스승이 될 만한 인물.
| 子游(자유) | 이름이 언偃이고 자유는 자字. 공문십철孔門十哲에 속함. 문학적 재능이 훌륭함.

### 공자(孔子)의 음악사상

공자는 평소 제자들에게 '예禮로 서고 음악으로 완성하라.(立於禮 (成於樂 - 『論語』「陽貨篇」)'고 당부했었다. 무성지역의 원님이 된 제자 자유가 스승의 가르침을 잊지 않고 음악을 통해서 고을 사람들의 정서를 순화하며 마을을 경영하자 이에 공자가 기뻐서 농담을 건네었다.

닭은 닭 크기에 맞게 작은 칼로 잡고 소는 소 크기에 맞게 큰 칼로 잡는 것이 효율적이라는 점을 우회적으로 표현한 牛刀割鷄, 이 성어에는 자유가 실시하는 음악교화법의 의중이 자신의 도道에 부합하자 이를 기뻐한 공자의 인화人和중심 사상이 나타나 있다. 공자에 의하면 사람은 관계 속에서 살아가는 존재이니 자신과 다른 상대방을 인정하고 존중하는 의미에서 예를 지켜야 하며 서로 다른 만큼 관계적 충돌을 피하기 위해 좋은 음악으로 조화를 이뤄야 한다고 하였다. 공자가 장난삼아 작은 고을이니 대충 다스리면 될 것을 거창하게 음악까지 동원하느냐는 뜻으로 닭 잡는 데에 소 잡는 칼을 써서 격식을 잃고 있느냐며 자유의 의중을 살폈다. 자유는 공자의 도를 반영하기 위함이라고 진지하게 대답하였다. 비록 작은 고을이지만 이곳도 사람 사는 곳인데 지역의 규모를 따져 소홀히 할 문제가 아니라며 사람들이 어울려 잘 살도록 해야 하는 것이 위정자의 몫이라고 공자에게서 배웠다는 대답을 한 것이다. 공자는 음악이 가진 조화의 힘을 고을 경영에 반영하고 있는 자유를 기특하게 바라보며 다른 제자들에게 보란 듯이 칭찬하였다.

오늘날 이 성어는 공자의 장난 섞인 발설의 배경은 사라지고 '작은 일을 처리하는 데 격식에 맞지 않은 부적절한 조치'라는 의미로 쓰이고 있다. 부정적 이미지만을 담고 있다.

[출전] 『論語』「陽貨篇」

# 牛溲馬勃 우수마발

牛 소 우 | 溲 오줌 수 | 馬 말 마 | 勃 성할 발

## 소 오줌으로 불리는 풀과 말똥으로 불리는 버섯.

하찮은 것도 때로는 쓸모 있음.

당唐나라 헌종憲宗 때, 한유韓愈는 자신의 저작인「진학해進學解」속에 국자선생國子先生으로 등장하였다. 작품의 전반부에서 학생이 바라본 국자선생의 모습 곧 학생의 입을 빌려 자신의 인생 역정을 소개한 다음, 학생들에게 학문에 힘쓸 것을 권장하였으며 후반부에서는 재상의 본분을 다루었다.

'우수마발'은 한유가 국자선생이라는 작품 속 인물을 통해서, 하잘 것 없는 약초라도 의사에 의해 쓸모가 생기듯이 별 능력 없는 인물이라도 재상에 의해 적재적소에서 일하는 세상이 되기를 기대한다고 말한 대목에서 유래된 성어이다.

선생께서 말하였다. "아아! 자네는 이 앞으로 나오시게.
무릇 큰 나무는 대들보가 되고 가는 나무는 서까래가 되지.
굵직한 키 큰 기둥과 키 작은 받침 기둥. 문지도리. 문지방. 빗장.
문설주 등이 제각기 그 마땅한 자리를 얻음으로써 집이 완성되는 것은 목수의 공이라네. (한약재 중에) 옥찰과 단사와 적전과 청지와 소오줌풀과 말똥버섯과 못쓰게 된 북 가죽을 다 거두어 함께 두었다가 쓸모를 기다려 버리지 않는 사람은 훌륭한 의사이지. (인재의) 등용을 밝게 하고 선발을 공정히 하여 잘하는 사람과 못하는 사람을 섞어 관직에 나아가게 하고, (재능이) 풍부하여 여유 있는 자를 아름답다 하고, (능력이) 탁월한 자를 인걸로 인정하며, 장단점을 비교하고 헤아려 오직 그릇에 알맞은 일을 맡기는 것이 재상의 임무라네."

先生曰吁!子來前.
夫大木爲柇,細木爲桷,
欂櫨,侏儒,椳闑扂楔各
得其宜以成室屋者匠氏
之功也.玉札,丹砂,赤箭,
青芝,牛溲,馬勃,敗鼓之
皮,俱收幷蓄,待用無遺
者醫師之良也.登明選
公,雜進巧拙
紆餘爲姸
卓犖爲傑,較短量長
惟器是適者宰相之方也

吁 아! 우 / 子 자네 자 / 夫 무릇 부 / 柇 들보 망 / 細 가늘 세 / 桷 서까래 각 / 欂 기둥 윗도리 박 / 櫨 기둥 윗도리 로 /
侏 난쟁이 주 / 椳 지도리 외 / 闑 문지방 얼 / 扂 빗장 점 / 楔 문설주 설 / 宜 마땅할 의 / 屋 집 옥 / 匠 장인 장 / 敗 손상할 패 /
鼓 북 고 / 俱 함께 구 / 幷 함께 병 / 蓄 쌓을 축 / 遺 버릴 유 / 醫 의원 의 / 選 뽑을 선 / 雜 섞을 잡 / 巧 공교할 교 /
拙 서툴 조 / 紆 두를 우 / 餘 남을 여 / 姸 고울 연 / 卓 높을 탁 / 犖 뛰어날 락 / 傑 뛰어날 걸 / 較 비교할 교 / 量 헤아릴 량 /
適 알맞을 적 / 宰 재상 재 / 相 재상 상

| 欂櫨(박로) | 기둥 위를 장식하는 넓적한 나무.
| 侏儒(주유) | 받침기둥
| 椳闑(외얼) | 외는 문지도리, 얼은 문지방
| 扂楔(점설) | 점은 빗장, 설은 문설주.
| 玉札(옥찰) | 한약재인 지유地楡의 딴 이름으로 일명 오이풀.
| 丹砂(단사) | 수은과 유황의 화합물. 불로장생의 채료彩料나 선약仙藥을 만든다.
| 赤箭(적전) | 붉은 화살 깃 모양의 잎이 나는 난초과. 뿌리는 천마天麻라 하는 약재.
| 青芝(청지) | 태산에서 난다고 전해지는 귀한 약재.

# 한유(韓愈)의 지도자상

한유가 지은 「진학해進學解」는 관리로 나가는 자(진進)와 학문하는 자(학學)의 도리에 대하여 해설한(해解) 글이다. 이 작품에 의하면 당헌종의 시기는 성군과 어진 재상이 서로 만나 법령을 펼치고, 흉하고 간사한 사람을 제거하여 그 자리에 뛰어난 인재를 등용하였으며 조그만 선행이 있는 자라도 이름을 기록해주던 때이다. 관리로 나아가기에 최적의 시대임을 밝히고 있다.

하찮은 것의 대명사로 알려진 소오줌풀과 말똥버섯이라는 의미의 牛溲馬勃, 이 성어에는 보잘 것 없는 인물일지라도 적재적소에 배치해서 능력을 발휘할 수 있게 해야 한다고 한 한유의 인사관리에 능한 지도자상이 나타나 있다. 한유는 잡초가 하찮은 것이 된 이유로 사람들이 그 용도를 몰라서 이롭게 쓰지 않은 점을 들며 잡초를 쓸모 있게 쓸 줄 아는 사람이 진정한 명의라고 하였다. 명의가 소오줌 풀이나 말똥버섯의 쓸모가치를 알아차리고 병 치료에 요긴하게 사용하는 것처럼 재상도 부족한 사람의 장점을 잘 살펴서 그 능력에 맞는 임무를 맡겨 그 분야의 인재가 될 수 있도록 이끌어줘야 한다는 게 한유의 지론이다. 그는 학생들에게는 자신의 역량을 갖추도록 노력하라 했고 지도자들에게는 세상에 쓸모없는 사람이 없이 모두 귀하다는 사실을 알아야 한다고 설파하였다.

[출전] 韓愈, 「進學解」

# 牛首馬肉 우수마육

牛소우 | 首머리수 | 馬말마 | 肉고기육

## 밖에는 소머리, 안에는 말고기.

겉은 훌륭하나 내세우는 속이 변변치 않음.

춘추春秋시대, 제齊나라 제24대 군주인 영공靈公은 자신의 첩이 남장男裝하는 것을 좋아하였다. 그런데 궁 안의 궁녀들 뿐만 아니라 일반 여인들 사이에서도 남장차림을 즐기는 풍조가 생기자 영공은 관리에게 명하여 궁 밖 여인들의 옷을 찢고 허리띠를 잘라버리게 하였다. 그러나 여인들은 서로 바라다보며 즐거워할 뿐, 남장을 멈추지 않았다. 영공이 안영晏嬰에게 근절되지 않은 까닭을 묻자 그가 답변하였다.

'우수마육'은 궁녀들의 남장은 허용하면서 궁 밖의 여인들에게는 금지령을 내리는 제영공齊靈公의 불공평한 정책에 대하여 안영이 절묘하게 비유를 들어 사건을 해결한 대목에서 유래된 성어이다.

---

안자가 대답하여 말했다. "전하께서는 궁 안에서 남장을 입도록 하시면서 궁 밖에서는 그것을 금하시니 이는 '문에는 소머리를 걸어 놓고 안에서는 말고기를 파는 것'과 같습니다.
전하께서는 어째서 궁녀들로 하여금 남장을 못하게 하시어 궁 밖의 여인들도 감히 남장하지 못하게끔 하지 않으십니까?"
영공이 "좋소."라 하더니 궁녀들로 하여금 남장하지 못하도록 하였다. 한 달도 못되어 백성들 중에 남장하는 사람이 없었다.

晏子對曰君使服之于內,
而禁之于外,猶懸牛首于
門而賣馬肉于內也.
公何以不使內勿服則外
莫敢爲也?
公曰善.使內勿服,不踰月
而國人莫之服

---

對 대답할 대 / 服 입을 복 / 使 하여금 사 / 于 ~에 우(처소격어조사) / 禁 금할 금 / 猶 같을 유 / 懸 매달 현 / 賣 팔 매 / 善 좋을 선 / 踰 지날 유 / 莫 없을 막

| 晏子(안자) | 제나라의 명재상 안영晏嬰. 충성심, 애민사상, 화술, 외교수완 등이 뛰어남.

## 안영(晏嬰)의 간언술

제영공은 애첩인 융자戎子가 바지차림으로 말 타는 것을 좋게 여겼다. 이 옷차림은 삽시간에 궁 안팎의 여인들에게 번져 오랑캐의 복장이 유행하는 형국이 되고 말았다. 여인들의 남장 문제로 속 태우던 영공에게 때맞춰 안영이 간언함으로써 사건은 잘 마무리 되었다.

'겉과 속이 다름'의 전형적 표현인 '소머리를 내놓고 안에서는 말고기를 판다.'라는 뜻의 牛首馬肉, 이 성어에는 궁 안팎의 일관된 정책 시행을 제안한 안영의 시의적時宜的이고 우회적迂廻的인 간언술이 나타나 있다. 그는 영공이 사건의 해결방안을 절실하게 요구할 때를 기다렸다가 간언하고 영공의 자존심을 건드리지 않으려는 마음에서 우회적인 방법으로 군주의 잘못을 지적한 것이다. 그의 간언은 당당하면서도 시의적절하고 절묘하였다.

---

[유사어]  羊頭狗肉(양두구육) : 양머리를 내걸고 개고기를 판다.
　　　　　魚質龍紋(어질용문) : 본바탕이 물고기인데 용 가죽을 씌움.
　　　　　衒玉賈石(현옥고석) : 옥을 진열해 놓고 돌을 판다.
　　　　　外華內貧(외화내빈) : 겉은 화려한데 속은 빈약함.
　　　　　表裏不同(표리부동) : 겉과 속이 같지 않다.

[출전]『晏子春秋』「內篇 雜下 第6」

# 羽翼已成 우익이성

羽 깃 우 | 翼 날개 익 | 已 이미 이 | 成 이룰 성

## (새의) 깃과 날개가 이미 자랐다.

여건이나 능력이 충분히 성숙해짐.

한漢나라시대, 고조 유방劉邦이 황태자 유영劉盈을 폐하고 척부인戚夫人의 아들 유여의劉如意를 태자로 삼고자 하였다. 태자의 어머니 여태후呂太后는 황당하여 유후劉侯 장량張良에게 도움을 청하니 장량이 태자를 지키기 위한 묘안을 짜내었다. 그의 계책에 따라 네 명의 현인이 태자를 늘 수행하였다. 황제 유방은 자신이 초빙을 해도 응하지 않던 자들이 태자를 위해서라면 목숨까지라도 바치겠노라는 뜻을 비치자 황태자에 대한 생각을 바꾸었다.

'우익이성'은 한고조 유방이 황태자를 폐하고 애첩인 척부인의 아들을 태자로 봉하려다가 당대 현인들이 태자를 극진히 보좌하는 모습을 보고, 태자의 위상이 굳건하다는 생각에 그 정황을 비유적으로 묘사한 말에서 유래된 성어이다.

황제는 눈길로 그들을 전송하면서 척부인을 불러 그 네 사람을 가리켜 보이며 말했다. "내가 태자를 바꾸고자 하였으나 저 네 사람이 보좌하여 태자의 깃과 날개가 이미 이루어졌으니 움직이기가 어렵겠소. 여후는 진정으로 그대의 주인이오." 척부인이 흐느끼자 황제께서 말씀하였다. "나를 위해서 초나라 춤을 춰요. 나도 당신을 위해서 초나라 노래를 부르리다." 노래하기를

큰 고니 높게 날아
한 번에 천 리를 가는구나.
날개가 어느덧 다 자라나매
사해를 가로질러 날아다니도다.
사해를 가로질러 날아다니니
마땅히 또 어떻게 하겠는가!
설령 주살이 있다고 한들
오히려 그 무슨 소용이 있으리요

上目送之,召戚夫人指示
四人者曰我欲易之,彼四
人輔之,羽翼已成難動矣
呂后眞而主矣.戚夫人泣
上曰爲我楚舞,吾爲若楚
歌.歌曰
鴻鵠高飛,
一擧千里.
羽翼已就,
橫絶四海.
橫絶四海,
當可奈何
雖有矰繳
尙安所施

送 보낼 송 / 召 부를 소 / 戚 겨레 척 / 指 가리킬 지 / 易 바꿀 역 / 彼 저 피 / 補 도울 보 / 呂 음률 여 / 后 왕비 후 / 眞 참으로 진 / 而 자네 이 / 泣 울 읍 / 楚 초나라 초 / 舞 춤출 무 / 若 너 약 / 歌 노래 가 / 鴻 클 홍 / 鵠 고니 곡 / 擧 오를 거 / 就 나아갈 취 / 橫 가로 횡 / 絶 끊을 절 / 奈 어찌 내 / 雖 비록 수 / 矰 주살 증 / 繳 주살의 줄 격

| 四人(사인)| 유방이 존경하는 현인으로 동원공東園公, 하황공夏黃公, 녹리선생鹿里先生, 기리계綺里季를 가리키며 상산사호商山四皓로 불림. 그들은 유방이 인의仁義를 잃었다고 개탄하며 상산에서 지내다가 태자교체설이 나돌자 이를 바로잡기 위해 세속에 잠깐 출현함.

| 呂后(여후)| 유방의 정비로 총명하고 지혜로워 유방의 천하통일에 크게 내조함.

| 戚夫人(척부인)| 초나라 춤을 잘 춘 유방의 애첩. 유방 사후에 여후에게 복수 당함.

---

[동의어] 羽翼已就(우익이취) : 깃과 날개가 이미 이루어지다.    [출전]「史記」「留侯世家」

# 羽化登仙 우화등선

羽 깃 우 | 化 될 화 | 登 오를 등 | 仙 신선 선

## 날개가 돋아나 신선이 되어 하늘로 오름.

번잡한 세상일에서 떠나 즐겁게 지냄.

송宋나라시대, 신종神宗 초가을, 소동파蘇東坡(1036년~1102년)가 손님과 더불어 배를 띄우고 적벽赤壁 아래에서 자연풍광을 즐기며 놀았다. 술을 주거니 받거니 권하고 『시경詩經』의 시들을 암송하며 야경의 멋스러움에 빠져들었다. '우화등선'은 벗과 함께 자연을 만끽하던 소동파가 자신의 탈속적인 기분을 비유적으로 묘사한 대목에서 유래된 성어이다.

| |
|---|
| 달이 동산 위에 나와 남두성과 견우성 사이에서 배회하더라. 흰 이슬은 강을 가로지르고 물빛은 하늘에 닿은지라, 한 잎 갈대배가 가는 대로 맡겨, 만 이랑이나 되는 넓은 강을 지나가노라. 넓고 넓도다! 허공을 타고 바람을 몰고 가니 그 그치는 곳을 모르겠더라. 훨훨 나부끼도다! 속세를 버리고 홀로 존재하며 날개가 돋아 신선되어 올라가는 것 같구나. 이때에 술을 마시니 즐거움이 더해져서 뱃전을 두드리며 노래하였다. | 月出於東山之上,徘徊於斗牛之間.白露橫江, 水光接天.縱一葦之所如 凌萬頃之茫然.浩浩乎! 如憑虛御風而不知其所 止.飄飄乎!如遺世獨立,羽 化而登仙.於是飮酒甚樂, 舷而歌之 |

徘 서성거릴 배 / 徊 서성거릴 회 / 露 이슬 로 / 橫 가로지를 횡 / 接 이을 접 / 縱 쫓을 종 / 葦 갈대 위 / 如 갈 여 / 凌 업신여길 릉 / 頃 이랑 경 / 茫 아득할 망 / 浩 클 호 / 乎 감탄형어조사 호 / 如 같을 여 / 憑 기댈 빙 / 御 몰 어 / 飄 회오리바람 표 / 遺 버릴 유 / 舷 뱃전 현

| 飄飄乎(표표호)| 가볍게 나부끼는 모습. 몸이 두둥실 떠오르는 듯한 기분.

## 소동파(蘇東坡)의 신선사상

송나라 신종 때 왕안석王安石의 급진적인 개혁을 반대하다가 모함을 받고 황주로 유배 온 소동파가 이곳에서 인생의 허무함을 달래고 자연의 섭리를 예찬하는 내용의 『전적벽부前赤壁賦』를 지었다. 6년간의 생활터전이자 유배지였던 황주의 동쪽 언덕(동파:東坡)을 자신의 호로 삼으며 삶의 낙원지로 승화시킨 데에는 낙천적이고 탈속적인 성품이 한 몫을 하였다.

날개가 돋아 신선이 되어서 하늘로 올라가는 기분을 묘사한 羽化登仙, 이 성어에는 속세의 고단함을 떨쳐내고 무한한 자연세계에 동화될 것을 토로한 소동파의 자연일체주의가 나타나 있다. 갈대배와 하나 되어 강물의 흐름을 따라 목적없이 소요하던 소동파는 어느새 탈속의 자유로움에 젖어 무심의 경지에서 신선이 된 듯 환상에 빠졌다. 신선의 기분을 느끼며 그가 손님에게 주장했던 점은 인간을 자연의 일부로 합간(合看:합하여 봄)하라는 것이다. 그리해야 인간이 자연과 어우러져 영원한 생명력을 가질 수 있다고 하였다. 그런데 손님처럼 인간과 자연을 별개로 이간(離看:나누어 봄)하면 인간은 자연 앞에 한없이 보잘것없고 허망한 존재에 그치고 만다는 사실을 일깨워 주었다. 유배지 황주땅 적벽에서 삶의 멍에를 짊어진 유배자로서가 아니라 자연과 하나 되어 유유자적한 삶을 살아간 소동파, 그는 날개가 돋은 신선처럼 전설적 인물이 되었다.

[출전] 蘇東坡, 『前赤壁賦』

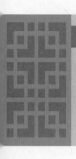

# 遠交近攻 원교근공

遠 멀 원 | 交 사귈 교 | 近 가까울 근 | 攻 칠 공

## 먼 곳과는 사귀고 가까운 곳은 치다.

먼 나라와 화친하고 이웃 나라를 공격함.

전국戰國시대, 범저范雎는 진秦나라 소양왕昭襄王의 간곡한 요청에 따라 제齊나라를 공격하는 방안에 대하여 진언하였다. 재상 양후穰侯가 가까운 한韓나라와 위魏나라를 넘어 멀고 먼 제나라 강수綱壽지역을 공격하자고 하자, 소양왕이 결정하지 못하고 범저의 답변을 간구했기 때문이다. 이에 범저는 과거 제나라가 멀리 초楚나라를 공격했다가 크게 패한 사례를 들며 제나라의 정벌 계획을 철회하도록 설득하였다.

'원교근공'은 범저가 진나라 소양왕의 제나라 정벌을 만류하기 위해 동쪽의 강력한 제나라와는 화친을 맺고, 국경을 접하고 있는 위, 한, 조나라는 공략하는 것이 부국강병의 길이라고 답변한 데에서 유래된 성어이다.

이는 이른바 적에게 군사를 빌려주고 도둑에게 식량을 주는 겁니다. 왕께서 먼 곳과 사귀고 가까운 곳을 공격함만 못하니 한 치를 얻으면 왕의 한 치 되는 땅이고, 한 자를 얻으면 왕의 한 자 되는 땅입니다. 지금 이 방안을 놓아버리고 먼 곳을 공격한다면 또한 잘못하는 것이 아니겠습니까? 또 지난번에 중산국은 땅이 사방으로 500리가 되는데 (바로 이웃에 있던) 조나라가 혼자 다 삼켜버리면서 공을 이루고 명예를 세우며 이익을 다 차지했음에도 불구하고 천하 사람들이 그 나라를 해칠 수 없었습니다.

지금 무릇 한나라와 위나라는 나라의 중앙에 위치하였고 천하의 중추에 해당되니, 왕께서 패자가 되고 싶으시다면 반드시 나라의 중심국과 화친을 맺어 천하의 중추로 삼아서 초나라와 조나라를 위협하셔야 합니다. 초나라가 강해지면 조나라를 귀속하고 조나라가 강해지면 초나라를 귀속하면 됩니다.

초나라와 조나라를 모두 귀속하면 제나라가 반드시 두려워할 것이고, 제나라가 두려워하면 반드시 말을 낮추고 폐물을 갖추어서 진나라를 섬길 것입니다. 제나라도 귀속하면 한나라와 위나라도 이로 인해 사로잡을 수 있습니다.

此所謂借賊兵而齎盜糧
者也.王不如遠交而近攻
得寸則王之寸也,得尺亦
王之尺也.今釋此而遠攻
不亦繆乎?且昔者中山
之國地方五百里,趙獨呑
之,功成名立而利附焉,
天下莫之能害也.
今夫韓、魏中國之處而
天下之樞也.王其欲霸,
必親中國以爲天下樞,以
威楚、趙.楚強則附趙,
趙強則附楚.
楚、趙皆附,齊必懼矣.
齊懼必卑辭重幣以事秦
齊附而
韓、魏因可虜也.

此 이 차 / 謂 일컬을 위 / 借 빌 차 / 賊 도둑 적 / 齎 줄 재 / 盜 도둑 도 / 糧 양식 량 / 寸 마디 촌 / 尺 자 척 / 釋 놓을 석 / 繆 잘못 무 / 呑 삼킬 탄 / 附 붙을 부 / 夫 무릇 부 / 樞 근본 추 / 覇 으뜸 패 / 威 협박할 위 / 皆 모두 개 / 懼 두려워할 구 / 卑 낮출 비 / 辭 말 사 / 幣 예물 폐 / 事 섬길 사 / 因 인할 인 / 虜 사로잡을 로

## 범저(范雎)의 외교전략

진나라가 전국시대를 마감하고 천하를 통일할 수 있었던 요인 중의 하나는 위나라 출신 범저가 소양왕에게 제안한 부국강병책이 역사상 유례가 없을 만큼 혁신적이었기 때문이다. 전국시대에는 각국이 생존전략 차원에서 합종책 아니면 연횡책을 채택하였다. 합종책은 강국 진나라에 대항하기 위해 6국(조趙나라, 한韓나라, 위魏나라, 초楚나라, 연燕나라, 제齊나라)이 연합하는 전략이고 연횡책은 진나라와 화친하기 위해 6국이 개별적으로 친선을 꾀하는 전략이다. 그런데 범저는 이 두 가지 전략을 뛰어 넘는 제3의 외교 전략을 소양왕 시대에 정착시켰다.

지리적으로 먼 나라와는 화친하고, 가까운 나라에 대해서는 차례차례 공격해가는 전략인 遠交近攻, 이 성어에는 진나라의 영토 확장을 통해 천하통일까지 염두에 둔 범저의 거시적이고 현실적인 외교사상이 나타나 있다. 범저는 재상 양후가 제안한 대로 멀리 있는 제나라를 공격하는 것은 이웃국가들에게 공격당할 빌미를 제공할 뿐이라고 하였다. 그래서 그는 진나라와 국경을 맞대고 있는 조나라, 한나라, 위나라를 먼저 공격하여 영토를 넓히고 동쪽 지역 먼 곳 제나라와는 친교를 맺어 저절로 복속되기를 원하도록 유도해야 한다는 논리를 펼친 것이다. 자신과 가까운 곳은 공략해 승복시키고 먼 곳은 동맹관계를 유지하는 전략이 진나라를 섬기자라고 하는 6국의 연횡책보다 더 효과적이라고 본 범저의 외교 전략 덕으로 마침내 진나라는 이웃나라를 귀속하여 영토를 넓히면서 초강국의 위용을 갖추어 나갔다. 진시황 천하통일의 그 단초가 마련된 역사적 배경이다.

[출전]『史記 卷79』「范雎列傳」

**320**

# 怨入骨髓 원입골수

怨 원망할 원 | 入 들 입 | 骨 뼈 골 | 髓 골수 수

## 원한이 골수에 사무치다.

잊을 수 없는 깊은 원한.

춘추春秋시대, 진晉나라 태자(훗날 양공襄公)는 아버지 문공文公의 장례를 아직 치루지 않은 중에 외조부 진목공秦穆公의 군사가 자국의 영토인 활滑을 침공했다는 소식을 듣고 분노하였다. 상복을 검게 물들여 입고 효산殽山에 매복했다가 진나라 군사를 대파하여 장수 3명을 사로잡았다. 이때 진秦나라 출신인 태자의 어머니가 이 3장수를 살리려고 꾀를 내었다.

'원입골수'는 진晉목공의 딸이자 진秦나라 태자의 어머니인 문영文嬴이 친정국인 진秦나라 3장수의 목숨을 구하기 위해 기지를 발휘한 대목에서 유래된 성어이다.

청원하기를 "이 세 사람에 대한 목공의 원한이 골수에 사무치셨을게요. 원하건대 이 3사람을 돌려보내
나의 친정아버지로 하여금 직접 이들을 가마솥에 삶아 죽이게 해 주시오." 진晉나라 태자가 이를 허락하여 진秦나라의 3장수를 돌려보냈다. 3장수가 돌아오자 목공이 소복을 입고 교외에 나와서 맞이하며 3사람을 향하여 곡하며 말했다. "내가 백리혜와 건숙의 말을 듣지 않아서 3사람을 욕보이게 했으니
이 3사람이 무슨 죄가 있겠는가? 그대들은 마음을 다하여
치욕을 씻을 수 있도록 나태하지 말게나." 마침내 (목공은) 3사람의 관직과 봉록을 예전과 같이 회복시키고 더욱 더 후대하였다.

請曰穆公之怨此三人入
於骨髓, 願令此三人歸,
令我君得自快烹之.
晉君許之. 歸秦三將.
三將至穆公素服郊迎,
向三人哭曰孤以不用百
里傒·蹇叔言以辱三子,
三子何罪乎? 子其悉心
雪恥毋怠. 遂復三人
官秩如故, 愈益厚之

請 청할 청 / 穆 화목할 목 / 願 원할 원 / 令 하여금 령 / 快 상쾌할 쾌 / 烹 삶을 팽 / 素 흴 소 / 郊 성 밖 교 / 迎 맞이할 영 / 哭 곡할 곡 / 孤 나 고 / 傒 묶을 혜 / 蹇 절뚝거릴 건 / 辱 욕보일 욕 / 罪 허물 죄 / 悉 다 실 / 雪 씻을 설 / 毋 말라 무 / 怠 게으를 태 / 遂 마침내 수 / 秩 녹봉 질 / 愈 더욱 유 / 益 더할 익 / 厚 두터울 후

## 문영(文嬴)의 지혜

친정인 진秦나라에서는 목공의 딸로, 시댁인 진晉나라에서는 태후로 지내는 문영은 양국의 화친과 세 장수를 구하기 위해 말을 꾸며대었다. 아들의 칼에 피를 묻힐 필요가 없다는 의미로 진秦나라에서 파견된 세 장수들이니 진秦나라에서 처단하도록 돌려보내자고 제안한 것이다. 문영은 일단 이들의 죽음을 막으려고 진晉목공이 패전에 대한 원망으로 처참히 그들을 죽일 거라는 예상을 태자에게 심어주면서 그들을 풀어주도록 권고하였다.

원한이 골수에 사무친다는 뜻의 원입골수, 이 성어에는 분노에 찬 아들과 아들의 천적관계인 친정아버지를 두루 만족시킨 문영의 지혜가 나타나 있다. 아들이 납득할 수 있도록 유도성 발언을 한 것이다. 문영 덕에 세 장수는 훗날 진秦이 강성해지는 기초 역량이 된다.

---

[동의어]　怨徹骨髓(원철골수)：　원한이 골수에 사무친다.
[유사어]　含憤蓄怨(함분축원)：　분함을 품고 원망을 쌓아가다.
　　　　　徹天之恨(철천지한)：　하늘에 사무치는 원한.

[출전]「史記」「秦本紀」

**114**

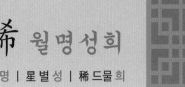
# 月明星稀 월명성희

月 달 월 ㅣ 明 밝을 명 ㅣ 星 별 성 ㅣ 稀 드물 희

## 달이 밝아 별이 드물다.

한 영웅이 나타나면 다른 군웅의 존재가 희미해짐.

삼국三國시대, 위魏나라 조조曹操(155년~220년)가 천하통일을 염원하면서 이 일을 함께 도모할 인재를 구하고 싶다는 내용의「단가행短歌行」을 지었다.
'월명성희'는 위나라 조조가 지은 시가에서 유래된 성어이다.

| | |
|---|---|
| 술을 대하면 마땅히 노래해야지. 사람이 살면 얼마나 살겠는가? | 對酒當歌.人生幾何? |
| 비유하자면 아침이슬 같으니, 지난날 고통이 많았노라. | 譬如朝露, 去日苦多. |
| 슬퍼 탄식하여도, 근심을 잊을 길 없네. | 慨當以慷, 憂思難忘. |
| 어떻게 이 근심을 풀 수 있을까? 오로지 술이 있을 뿐 | 何以解憂: 唯有杜康: |
| 푸르던 그대들의 옷깃, 아득히 그리워지는 내 마음이라. | 青青子衿, 悠悠我心. |
| 다만 그대들을 위하는 까닭에, 깊이 생각하며 오늘까지 왔네. | 但爲君故, 沈吟至今. |
| 우우하고 우는 사슴의 무리, 들에서 풀을 뜯는구나. | 呦呦鹿鳴, 食野之蘋. |
| 내게도 좋은 손님 오신다면, 비파 타고 생황을 불 터인데. | 我有嘉賓, 鼓瑟吹笙. |
| 밝고 밝은 달, 어느 때 딸 수 있으랴. | 明明如月, 何時可掇. |
| 마음속에서 우러나는 근심, 끊어버릴 수 없구나. | 憂從中來, 不可斷絶. |
| 이리저리 논두렁 밭두렁 건너 굽히고 찾아가 | 越陌度阡, 枉用相存. |
| 애써서 부지런히 이야기하며 마음속으로 옛 은혜를 생각하네. | 契瀾談嘗, 心念舊恩. |
| 달이 밝아 별이 드문데, 까막까치가 남쪽으로 날아간다. | 月明星稀, 烏鵲南飛. |
| 나무를 세 번 돌아도 어느 가지에 의지할 수 있을꼬? | 繞樹三匝, 何枝可依. |
| 산은 높음을 싫어하지 않고, 바다는 깊음을 싫어하지 않네. | 山不厭高, 海不厭深. |
| 주공처럼 어진 선비 환영해야, 천하 인심이 돌아오지. | 周公吐哺, 天下歸心. |

譬 비유할 비 / 慨 슬퍼할 개 / 悠 멀 유 / 沈 빠질 침 / 呦 울 유 / 蘋 개구리풀 빈 / 嘉 고울 가 / 瑟 비파 슬 / 笙 생황 생 / 掇 깎을 철 / 陌 두렁 맥 / 枉 굽을 왕 / 鵲 까치 작 / 匝 돌 잡

ㅣ杜康(두강)ㅣ 최초로 술을 빚은 인물의 이름. 여기서는 술을 상징함.

ㅣ子衿(자금)ㅣ 『시경』의 시로 사랑하는 사람을 그리워하는 내용.

## 조조(曹操)의 인재등용

위魏, 촉蜀, 오吳가 대치하는 상황에서 위나라 조조는 천하통일의 주역은 자신이라고 호언장담하였다. 통일까지의 과정이 비록 험난하고 시간이 그리 많지 않지만 인재들과 함께 한다면 충분히 가능한 일이라며 자신감을 내비쳤다.
달이 밝으면 상대적으로 별빛은 흐릿해 보이기 마련이라는 月明星稀, 이 성어에는 자신을 밝은 달에 비유하고 다른 영웅들을 흐릿한 별에 비유하며 홀로 빛나는 존재임을 과시한 조조의 기상이 나타나 있다. 다만 혼자 힘으로는 어림도 없는 천하통일의 숙원사업을 위해서, 주공周公이 먹던 밥도 뱉으며 버선발로 나아가 인재를 맞이했듯이 자신도 훌륭한 인재를 모시기 위해 산 넘고 바다 건너는 어려움을 마다하지 않겠다며 인재등용에 정성을 보였다.

[출전] 曹操,「短歌行」

# 月下氷人 월하빙인

月 달 월 | 下 아래 하 | 氷 얼음 빙 | 人 사람 인

## 달빛 아래의 노인과 얼음위에 있는 사람.

남녀혼인을 주관하는 중매인.

당唐나라시대, 위고韋固가 여행 중에 송성宋城의 여관에 묵고 있다가 달빛아래에서 책을 살펴보는 노인을 만났다. '월하노인'은 청년 위고가 결혼을 중매하는 노인과 대화하는 대목에서 유래된 성어이다.

진晉나라 때, 효렴孝廉 영호책令孤策이 얼음 위에 서서 얼음 아래에 있는 사람과 이야기를 주고받는 꿈을 꾸었는데 이 꿈의 해몽을 음양과 천문에 밝은 색담索紞에게 부탁하였다. '빙상인'은 점술가 색담이 영호책의 꿈 이야기를 듣고 중매하게 될 것이라고 해몽하는 대목에서 유래된 성어이다.

따라서 '월하빙인'은 당나라 때의 어느 신령스런 노인(月下老)과 진나라 때의 영호책(氷上人)이 혼인을 성사시키는 일을 했다는 고사를 묶어 표현한 데에서 유래된 성어이다.

---

노인이 자루에 기대어 앉아 달빛 아래에서 책을 뒤적이고 있었다. 위고가 자루속의 붉은 줄에 대해서 물으니 노인이 말하길 "이것은 부부의 발을 묶어주는 것으로써 비록 원수의 집안이나 이방인끼리라도 줄로 한번 묶으면 역시 반드시 좋게 맺어진다오."라고 했다.

색담이 말하였다. "얼음 위는 양陽이며 그 아래는 음陰이므로 이는 음양에 관한 일이고, (시경에) '남자가 아내를 맞이하는 일은 얼음이 녹기 전에 해야 한다.'라 했으니 혼인에 관한 일입니다. 그대가 얼음위에 있으면서 얼음 아래 사람과 대화를 한 것은 양이 음에게 말을 건넸으니 중매하는 일이지요. 그대는 마땅히 남을 위해서 중매할 것이고 얼음이 녹을 무렵 혼인이 이뤄질 것입니다."
영호책이 말하였다. "늙은 점쟁이 양반! 난 중매를 하지 않아요."
마침 태수 전표가 영호책에게 아들을 위해 고향사람 장공정의 딸과 짝지어주기를 주선해달라고 요구했다. 중춘절에 혼인이 이뤄졌다.

遇老人依囊坐,向月下檢書.問囊中赤繩,云此以繫夫婦之足,雖仇家異域繩一繫之,亦必好合

紞曰氷上爲陽,氷下爲陰,陰陽事也.士如歸妻,迨氷未泮,婚姻事也.君在氷上與氷下人語,爲陽語陰,媒介事也.君當爲人作媒,氷泮而婚成.
策曰老夫耄矣,不爲媒也.會太守田豹因策爲子求鄉人張公征女,仲春而成婚焉.

---

遇 만날 우 / 依 의지할 의 / 囊 주머니 낭 / 坐 앉을 좌 / 檢 조사할 검 / 赤 붉을 적 / 繩 줄 승 / 云 이를 운 / 此 이 차 / 繫 맬 계 / 婦 아내 부 / 雖 비록 수 / 仇 원수 구 / 異 다를 이 / 域 지경 역 / 索 찾을 색 / 紞 귀막이 끈 담 / 陽 볕 양 / 陰 그늘 음 / 如 갈 여 / 歸 시집갈 귀 / 妻 시집갈 처 / 迨 이를 태 / 泮 녹을 반 / 婚 혼인할 혼 / 姻 혼인할 인 / 與 ~와 여 / 媒 중매 매 / 介 낄 개 / 君 그대 군 / 耄 늙은이 모 / 會 마침 회 / 鄉 고향 향

| 紞(담) | 돈황燉煌사람으로 태학太學에서 수업하고 경전을 통달했으며 음양과 천문에 밝아서 점술을 잘 쳤던 색담索紞을 일컬음.

---

[동의어]　月下老(월하노) : 달빛 아래의 노인.
　　　　　氷上人(빙상인) : 얼음위에 있는 사람.

[출전] 『續幽怪錄』, 『晉書 권95』 「藝術傳 索紞篇」

# 韋編三絶 위편삼절

韋 가죽 위 | 編 엮을 편 | 三 석 삼 | 絶 끊을 절

## 가죽으로 맨 책 끈이 세 번이나 끊어지다.

한 책을 되풀이하여 숙독함.

춘추春秋시대, 공자孔子가 만년에 『주역周易』을 매우 좋아하였다.
'위편삼절'은 공자가 자연현상과 삶의 이치를 담아낸 『주역』의 매력에 빠져 이 책을 수없이 정독한 데에서 유래된 성어이다.

| | |
|---|---|
| 단전象傳, 계사전繫辭傳, 상전象傳, 설괘전說卦傳, 문언전文言傳을 정리하고, 『주역』을 읽어 가죽으로 엮은 끈이 세 번이나 끊어졌다. 말씀하기를 "내가 몇 해를 빌어 이와 같이 하면, 나는 『주역』에 대해서 빛나고 빛날 것이다." | 序象繫象說卦文言,讀易 韋編三絶. 曰假我數年若是,我於易 則彬彬矣. |

象 판단할 단 / 繫 맬 계 / 象 모양 상 / 卦 괘 괘 / 易 주역 역 / 假 빌릴 가 / 若 같을 약 / 彬 빛날 빈 / 矣 ~이다 의(종결형어조사)
| 易(역) | 공자가 소중히 받들었던 주周나라의 철학서이자 점서로 『周易』을 가리킴.
송宋나라 주희朱熹가 『역경易經』이라 칭하였고 오경의 으뜸으로 손꼽히게 됨.

## 공자(孔子)의 애독서, 『周易』

『史記』뿐 아니라 공자의 언행을 다룬 『논어論語』에도 『주역』에 대한 공자의 관심도가 나타나 있다. '나에게 몇 년이 더 해져서 끝까지 『주역』을 공부하면 큰 허물이 없게 될 것이다.(子曰:加我數年,五十以學易,可以無大過矣.「述而」)'와 관련해보면 공자의 『주역』에 대한 탐닉이 얼마나 깊었는가를 알 수 있다. 당시에는 종이가 없던 때라 대쪽에 글을 쓴 죽간竹簡을 여러 개씩 가죽 끈으로 엮어서 책을 만들었는데 『주역』도 마찬가지이다.
죽간을 엮은 가죽 끈이 여러 번 끊어질 정도로 『주역』읽기에 열중했다는 의미인 韋編三絶, 이 성어에는 『주역』을 통해서 길흉소장吉凶消長하는 자연의 이치와 진퇴존망進退存亡하는 인사人事의 도에 몰입한 공자의 호학好學정신이 나타나 있다. 공자는 배움을 좋아하는 정도에 그치지 않고 실천에 옮겼을 뿐 아니라 불후의 결과물을 내놓기까지 하였다. 그 대표적인 사례가 『주역』에 대한 주석서 『역전易傳』편찬이다. 책의 가죽 끈이 끊어질 정도로 연구에 연구를 거듭한 끝에 괘의 좋고 나쁨을 판단하는 단전象傳 상하와 괘사와 효사를 묶어서 풀이한 계사전繫辭傳 상하와 64괘를 설명한 상전象傳 상하와 점치는 방법을 풀이한 설괘전說卦傳과 건괘와 곤괘를 풀이한 문언전文言傳과 64괘의 순서를 풀이한 서괘전序卦傳과 서로 대립하는 괘를 설명한 잡괘전雜卦傳 등 십익十翼을 편찬하였다. 이 십익 곧 『역전易傳』은 공자가 『주역』을 수없이 반복해서 읽고 통달의 경지에 이르렀기에 가능할 수 있었던 역작이다. 노익장을 과시하듯 공자의 학문적 탐구는 『주역』에서 그 절정을 이루었다.
요즘의 종이책은 가죽 끈으로 편철한 것보다 훨씬 강도가 약할 터이니 공자처럼 반복하여 읽는다면 아마도 너덜너덜해져서 더 이상 읽기조차 힘들 것이다. 그 정도로 평생에 통독과 정독을 반복하며 몰입할 만한 전공서적이나 교양서적과 함께 한다면 오늘 날에도 공자가 그랬던 것처럼 해당 분야에서 빛나고 빛나는 존재가 될 것이다.

[출전] 『史記』 「孔子世家」

# 有教無類 유교무류

有 있을유 ㅣ 教 가르칠교 ㅣ 無 없을무 ㅣ 類 무리류

## 가르침은 있고 (인종, 귀천의) 부류는 없다.

누구나 교육기회를 균등하게 가짐.

춘추春秋시대, 공자가 교육에 대하여 그 방침을 밝혔다.
'유교무류'는 중국 최초의 사학 창시자인 공자가 교육철학을 표방한 대목에서 유래된 성어이다.

| | |
|---|---|
| 공자가 말씀하였다. "가르침은 있으나 부류는 없다." | 子曰有教無類 |

ㅣ子(자)ㅣ 공자를 가리킴.

## 공자(孔子)의 교육철학

춘추시대는 신분세습의 봉건제가 시행되던 때이다. 공자는 중국 최초의 사학기관을 설립하면서 교육에 있어서만큼은 신분을 따지지 않겠다고 선언하였다. 그는 교육의 효용성에 주안점을 두었기 때문에 제도적으로 정해진 신분의 귀천이나 타고난 기질의 차이를 크게 염두에 두지 않았다. 배움을 향한 열정과 덕성의 계발의지가 있는 학생을 상대로 해서 그들의 기질이나 성향에 따라 맞춤식 교육을 한다면 그 누구라도 교육목표에 도달할 수 있다고 본 것이다.

교육자로서 문하생의 신분을 초월하여 열린 교육을 제공하겠다. 라는 의미의 有教無類, 이 성어에는 배울 의욕만 있다면 누구나 교육받을 권리가 있다고 본 공자의 교육평등사상 및 인권사상이 나타나 있다. 공자는 가르치는 자가 가르치는 일에 게을리 해서는 안 된다(회인불권誨人不倦)라고 전제하며 배우는 자 역시 배우는 일을 싫어하지 않고(학이불염學而不厭) 최소한의 예물을 갖출 정도의 예禮 곧 속수지례束脩之禮를 지킬 줄 안다면 이들 모두에게는 교육받을 권리가 있다고 설파하였다. 신분제 사회에서 이 같은 공자의 교육방침은 당시로서는 매우 획기적인 일이었다. 신분의 제약을 떨쳐버리게 해주었을 뿐만 아니라 교육기회의 균등이자 인권의 평등이라는 새로운 기조를 확립해 주었기 때문이다. 그 결과 신분이 저마다 다른 공자의 제자가 무려 3000여명에 육박하였다.

공자의 이 교육방침은 오늘날에도 여전히 유효하다. 사회적으로 신분차별이 철폐된 데다가 의무교육이 제도화 되었고 어느 시대에도 없는 강한 교육 풍토가 조성이 된 현실이므로 본인이 원한다면 얼마든지 교육기회는 주어지고 있다. 다만 공자의 의도하는 바와 달라진 게 있다면 큰 교육비의 부담이다. 누구나에게 열려있는 교육기회이건만 이를 포기해야 하는 사정 중에는 교육비의 부담이 큰 이유로 작용한다. 하지만 경제적 이유를 배제하고 볼 때 공자의 '유교무류' 방침은 교육기회균등 부여 차원에서 현대에 그 뿌리를 깊게 내렸다.

[출전] 『論語』「衛靈公篇」

# 柔之勝剛 유지승강

柔 부드러울 유 | 之 ~이 지 | 勝 이길 승 | 剛 굳셀 강

## 부드러움이 강한 것을 이긴다.

유연성이 경직성을 제압함.

춘추春秋시대, 노자老子는 「도덕경道德經」에서 부드러움의 위력에 대하여 역설하였다.
'유지승강'은 노자가 임금이 나라의 주인이 되고 천황이 천하의 왕이 되기 위한 비결로 물의 유약함을 제시한 대목에서 유래된 성어이다.

> 천하에 물보다 부드럽고 약한 것이 없지만 군세고 강한 것을 공격하는 데는 능히 이보다 더 나은 것은 없으니 그것은 물과 바꿀 만한 것이 없기 때문이다. 약한 것이 강한 것을 이기고, 부드러운 것이 군센 것을 이긴다는 것을 천하에 모르는 사람이 없으면서도 이를 능히 행하지는 못한다. 이러므로 성인이 말하기를 "나라의 욕된 일을 맡는 이를 한 국가의 군주라 하고, 나라의 상서롭지 못한 일을 맡는 이를 천하의 제왕이라 한다."라 하니 바른 말은 (진실과) 반대인 것 같다.

> 天下莫柔弱於水,而攻堅
> 強者莫之能勝,以其無以
> 易之,弱之勝強,柔之勝剛,
> 天下莫不知,
> 莫能行,是以聖人云
> 受國之垢,是謂社稷主,受
> 國之不祥,是謂天下王,正
> 言若反

莫 없을 막 / 於 ~보다 어 / 堅 굳을 견 / 勝 나을,이길 승 / 以 까닭 이 / 易 바꿀 역 / 受 받을 수 / 垢 때 구 / 社:토지의 신 사 /
稷 오곡의 신 직 / 祥 상서로울 상 / 謂 일컬을 위

## 노자(老子)의 지도자상

춘추시대의 군주들은 부국강병의 기치아래 경제적으로나 군사적으로 강대국을 꿈꾸었다. 이러한 추세를 못마땅하게 여긴 노자는 오히려 유연한 것이 진정 강한 것이라고 역설하며 군주나 천황의 자격요건으로 물의 덕성인 부드러움과 약함을 꼽았다.
부드러운 물이 강한 바위를 뚫어냄을 연상시키는 柔之勝強, 이 성어에는 유연한 것이 단단한 것을 이긴다고 한 노자의 유柔의 미학이 나타나 있다. 노자는 더럽거나 상서롭지 못한 것까지 포용하여 큰물로 거듭나는 물의 특성을 거론하면서 지도자는 오욕을 받아들이는 물과 같이 유연하게 사고하고 약한 듯이 처신해서 상대국이 경계하기는커녕 오히려 함께하고자 하는 동반의식이 생기도록 해야 한다는 주의이다. 유약하면 오히려 강건해진다는 만물의 이치를 역설하여 지도자들에게 부드러운 리더십의 필요성을 느끼게 해주었다.
이솝우화 중에 바람과 태양이 강자의 자리를 놓고 내기를 건 이야기가 있다. 나그네의 옷을 벗기는 쪽이 강자로 하자는 내기이다. 내용을 보면 차가운 북풍이 세차게 불어대자 나그네는 몸을 더욱 움츠렸고 햇볕이 따듯한 햇살을 쏟아 붓자 나그네가 옷을 벗어 던지더라고 했다. 상대방을 움직이게 하는 것은 북풍의 거센 풍력이 아니라 햇볕의 온화함이라는 이 이야기는 노자의 '유지승강'에 맞아 떨어진다.

---

[동의어]  **柔能勝剛**(유능제강) :  부드러움이 강한 것을 이길 수 있다.
　　　　**以柔克剛**(이유극강) :  부드러움으로써 강한 것을 이기다.
[유사어]  **弱之勝強**(약지승강) :  약한 것이 강한 것을 이기다.

[출전] 『老子』「道德經 78章」

# 游於釜中 유어부중

游 헤엄칠 유 | 於 ~에 어 | 釜 가마 부 | 中 가운데 중

## 가마솥 속에서 논다.

죽음이 임박해 있음.

후한後漢시대 제10대 황제 질제質帝때, 선대의 외척인 양기梁冀형제들의 전횡을 참다못해 충신 장강張綱이 그들을 탄핵하는 상소문을 올렸다. 그러나 어린 황제가 그들을 어찌하지 못하자 오히려 장강은 양기에 의해서 사지死地나 다름없는 광릉군廣陵郡에 태수로 좌천되었다. 광릉군은 장영張嬰이 10여 년째 도둑들을 거느리는 곳으로, 이전의 태수들이 구원병을 요청할 정도의 흉흉한 고을이다. 누구나 기피하는 도둑소굴을 장강은 혼자서 찾아갔다.
'유어부중'은 장강의 설득에 감명 받은 장영이 도적질을 하며 지내는 자신들의 처지를 죽음이 머지않은 물고기에 비유한 대목에서 유래된 성어이다.

| | |
|---|---|
| 장영은 장강의 말을 듣고 눈물을 흘리며 말했다. "거칠고 어리석게 살아온 저희들은 조정과 통할 수도 없고 가혹함을 감당하지 못해 마침내 다시 서로 모여서 구차하게 살고 있지만 마치 솥 안의 물고기가 헤엄치는 것처럼 오래 버틸 수 없음을 알지요. 또한 잠깐 동안 헐떡거릴 뿐입니다! 지금 태수님의 말씀을 들으니 저희들이 갱생할 때입니다." 마침내 물러나 자신의 진영으로 돌아갔다가 이튿날 만여 명과 처자식을 이끌고 두 손을 등 뒤로 묶은 채로 앞을 보며 돌아와서 항복했다. 장강은 혼자서 수레를 몰고 장영의 진영에 들어가 큰 잔치에서 술을 베풀며 즐기게 하고 각자 가고 싶은 대로 가게 했다. | 嬰聞泣下曰荒裔愚民,不能自通朝廷不堪侵枉,遂復相聚偸生,若魚游釜中,知其不可久.且以喘息須臾間耳!今聞明府之言,乃嬰等更生之辰也!乃辭還營.明日將所部萬餘人與妻子面縛歸降.綱單車入嬰壘,大會置酒為樂,散遣部衆任從所之 |

荒 거칠 황 / 裔 후손 예 / 堪 견딜 감 / 枉 굽을 왕 / 聚 모일 취 / 偸 구차할 투 / 喘 헐떡거릴 천 / 須 잠깐 수 / 臾 잠간 유 / 等 무리 등 / 辰 때 진 / 縛 묶을 박 / 壘 진 루 / 散 흩어질 산

### 도둑 장영(張嬰)의 위기의식

물고기는 헤엄칠 수 있는 공간과 여건만 주어지면 죽음의 위기에서도 즐거워한다. 설령 솥 안일지라도 죽음에 대한 공포심이 서서히 찾아오기 때문이다. 광릉군의 도둑 괴수인 장영도 10여 년을 그럭저럭 살아왔다. 그러나 최근에 부임한 태수 장강으로 인해서 자신의 앞날이 현재보다 더욱 불운해질 거라는 것을 감지하였다. 장영의 이 위기의식은 장강이 살려주고자 베푸는 진정어린 호소로부터 생겼다.
죽음의 장소인 솥 안에서도 헤엄치며 즐긴다는 뜻의 遊於釜中, 장영은 도적질의 끝이 죽음임을 모른 채 즐기다가 태수의 따뜻한 위로를 받으면서부터 자신의 실체는 죽음을 코앞에 둔 물고기의 신세임을 깨달았다. 죽음으로부터 벗어나는 길은 개과천선의 기회를 주는 장강의 손길을 잡는 것임을 도둑 장영은 알아챘다. 솥 안에서 튀어나온 물고기가 된 셈이다.

| | | |
|---|---|---|
| [동의어] | 釜中之魚(부중지어) : | 가마 솥 안의 물고기. |
| [유사어] | 俎上之肉(조상지육) : | 도마 위의 고기신세이니 곧 죽음을 앞두고 있는 위기상황 |
| | 不免鼎俎(불면정조) : | 솥에 삶아지고 도마에 오르는 것을 면치 못함. |

[출전]『資治通鑑 卷52』「漢紀44」

# 孺子可教 유자가교

孺 젖먹이 유 | 子 사람 자 | 可 가히 가 | 敎 가르칠 교

## 젊은이는 가르칠 만하다.

젊은이가 발전성이 있어 재능을 전수해 줄 만함.

진秦나라시대, 진시황秦始皇이 자신을 저격하려 했던 장량張良을 잡아들이고자, 수배령을 내렸다. 장량이 이름을 바꾸고 하비下邳로 달아나 숨어 지내던 중, 다리 위를 지나가다가 어떤 노인의 의도적인 테스트를 받게 되었다. 그 노인은 신발 한 짝을 고의로 다리 밑에 떨어뜨리고서 주어오라고 하더니 이내 신겨줄 것을 요구하였다. 장량은 어이가 없었지만 노인인 점을 감안하여 요구를 다 들어 드렸다.

'유자가교'는 장량의 사람됨을 알아본 황석공黃石公이라 불리는 노인이 그의 발전가능성을 치하하던 말에서 유래된 성어이다.

장량은 남다른 점에 크게 놀라서 그가 가는 것을 보고 있는데 노인은 1리쯤 가다가 다시 돌아와 말했다. "젊은이, 가르칠 만하구먼. 5일 뒤 동틀 무렵 여기서 나를 만나도록 하게나."

장량은 이 일로 인해 그를 이상히 여겼지만 무릎 꿇고서 "네"라고 대답하였다. 닷새 뒤 동틀 무렵, 장량이 그곳에 가보니 노인은 이미 먼저 와 있다가 화를 내며 말했다. "늙은이와 약속 하고서 늦다니, 어찌 이런가? 가게나." 라며 "5일 뒤에 좀 더 일찍 다시 만나자고."라 말했다. 5일 후, 닭이 울자 장량은 바로 나갔지만 노인은 또 먼저 나와 있었다. 다시 성 내며 "늦다니 어찌된 일인가? 가게나." 하며 말하길 "5일 뒤에 다시 일찍 오게." 라 했다.

5일 뒤, 장량은 밤이 반도 지나지 않았는데 그곳에 나갔다. 잠시 후에 노인도 오더니 기뻐하며 말했다. "마땅히 이래야지." 노인은 한 권의 책을 내놓으며 말했다. "이 책을 읽으면 제왕의 스승이 될 것이고, 10년 후에는 크게 발전할 것이며 13년 뒤 자네는 나를 제수의 북쪽에서 만날 수 있을 것인데, 곡성산 아래의 누런 돌이 바로 나일 것이네." (그 노인은) 마침내 떠났으며, 다른 말도 없었고 다시는 볼 수도 없었다. (장량이) 아침에 그 책을 보니 그것은 『태공병법太公兵法』이었다. 장량은 이일로 인해 기이하게 생각하여 그 책을 항상 익히고 외우며 읽었다.

良殊大驚,隨目之,父去里所,復還曰孺子可敎矣.後五日平明,與我會此.良因怪之跪曰諾.
五日平明,良往.父已先在怒曰與老人期後,何也?去,曰後五日早會.五日雞鳴,良往.父又先在,復怒曰後,何也?
去,曰後五日復早来.五日良夜未半往.有頃,父亦來喜曰當如是.
出一編書曰讀此則爲王者師矣.後十年興.十三年孺子見我濟北,穀城山下黃石卽我矣.遂去,無他言,不復見.旦日視其書,乃太公兵法也.良因異之,常習誦讀之

殊 남다를 수 / 驚 놀랄 경 / 隨 따를 수 / 復 다시 부 / 還 돌아올 환 / 怪 기이할 괴 / 跪 꿇어앉을 궤 / 諾 대답할 락 / 怒 성낼 노 /
期 만날 기 / 鳴 울 명 / 頃 잠깐 경 / 喜 기쁠 희 / 當 마땅히 당 / 編 책 편 / 因 인할 인 / 常 항상 상 / 誦 외울 송

| 良(량) | 장량張良. 한漢고조 유방劉邦의 책사로서 천하 통일에 크게 기여한 개국공신.
| 濟(제) | 중국 4대강 중의 하나. 황하黃河, 장강長江, 회수淮水, 제수濟水
| 穀城山(곡성산) | 지금의 산동성 동북쪽에 있는 황산黃山.
| 太公兵法(태공병법) | 태공망太公望 여상呂尙이 지은 병법서.

[출전] 『史記 卷55』 「留候世家」

# 宥坐之器 유좌지기

宥 놓을 유 ㅣ 坐 앉을 좌 ㅣ 之 ~의 지 ㅣ 器 그릇 기

## 앉은 자리 옆에 두는 그릇.

마음을 올바르게 가지기 위해 곁에 두고 보는 그릇.

춘추春秋시대, 공자孔子는 노魯나라 제15대 환공桓公의 사당을 찾아갔다가 기울어진 그릇을 보게 되었다. 공자가 사당을 지키는 이에게 그릇의 용도를 물으니 옛 군주들이 거처하는 곳의 옆에 두고서 바라보는 그릇이라고 답변하였다. 이에 공자가 설명을 덧붙였다.

'유좌지기'는 노환공의 사당에 있는 기울어진 그릇을 보고 공자가 이 그릇이 주는 가르침을 설명한 내용 가운데에서 유래된 성어이다.

공자가 말씀하였다. "나도 거처하는 곳의 옆에 두는 그릇에 대해 들었소이다. 속이 비면 기울고 물이 알맞게 차면 바로 서며, 가득 차면 엎어진다고 하지요." 공자가 제자를 돌아보며 말했다. "물을 따라 보아라." 제자가 물을 퍼서 따랐는데, 정말 알맞게 물이 차니 바로 섰고, 가득 차니 엎어졌으며, 텅 비니 기울어졌다. 공자가 탄식하며 말했다.
"아! 어찌 가득 차면 엎어지지 않는 것이 있겠는가?"
자로가 말했다. "감히 여쭙사온데 가득함을 유지함에 지켜야 할 도가 있습니까? 공자가 말씀하셨다.
"총명함과 성스런 지혜가 있으면 어리석음으로 지키고,
공적이 천하를 덮을 정도라면 양보로 지키고,
용맹스런 능력이 세상을 다 어루만질 정도면 겁냄으로 지키고,
부유함이 사해에 가득차면 겸양으로써 지키면 된다네.
이것이 이른 바, 물을 떠서 덜어내는 도라고 하지."

孔子曰吾聞宥坐之器
者.虛則欹,中則正,滿則
覆.孔子顧謂弟子曰
注水焉.弟子挹水而注
之,中而正,滿而覆,虛而
欹,孔子喟然而歎曰
吁!惡有滿而不覆者哉?
子路曰敢問,持滿有道
乎?孔子曰
聰明聖知守之以愚,
功被天下守之以讓,
勇力撫世守之以怯,
富有四海守之以謙,
此所謂挹而損之之道也

欹 기울 기 / 滿 가득할 만 / 覆 엎어질 복 / 顧 돌아볼 고 / 注 물댈 주 / 挹 물 퍼 올릴 읍 / 喟 한숨 쉴 위 / 吁 탄식할 우 / 惡 어찌 오 / 持 가질 지 / 聰 귀 밝을 총 / 愚 어리석을 우 / 被 입을 피 / 讓 양보할 양 / 撫 어루만질 무 / 怯 겁낼 겁 / 謙 겸손할 겸 / 損 덜 손

## 공자(孔子)의 중용사상

노환공이 자신의 좌석 근처에 기울어진 그릇을 두었던 것은 자기 마음을 평정한 상태로 유지하기 위한 노력의 일환이었다고 공자는 해석하였다.

거처지 옆에 두고서 늘 바라보며 '알맞음'의 교훈을 얻고자 한 그릇이라는 뜻의 宥坐之器, 이 성어에는 모든 일에서 적정선을 유지하라고 한 공자의 중용사상이 나타나 있다. 텅 비면 기울고 가득차면 엎어지지만 적당히 차면 곧게 서 있는 그릇으로부터 중용의 교훈을 얻어야 한다는 것이다. 지나친 욕심으로 엎어지는 일을 당하지 말고 끝없는 겸손함으로 지나침을 알맞게 조정하라는 공자의 이 말씀은 과시와 경쟁으로 얼룩진 요즘 세태에 경종처럼 울리고 있다.

[유사어]   戒盈盃(계영배) : 술을 가득 채우면 술이 사라져 버리는 술잔. 알맞게 채워야 함          [출전] 「荀子」「宥坐篇」

# 有志竟成 유지경성

有 있을유 | 志 뜻지 | 竟 마침내경 | 成 이룰성

## 뜻이 있으면 마침내 이룬다.

뜻을 이루기 위해 꾸준히 노력하면 반드시 성취함.

후한後漢시대, 광무제光武帝 유수劉秀가 경엄耿弇장군으로 하여금 장보張步를 공격하도록 명하였다. 당시 장보의 군대는 매우 조직적이어서 쉽게 공격할 수 있는 상대가 아니었다. 장보와의 전쟁에서 허벅다리에 화살을 맞아 피투성이가 된 경엄은 부하의 만류를 호통 치며 오로지 적군을 남겨둘 수 없다는 의지로 싸운 끝에 불리한 전쟁을 승리로 이끌었다. 이에 광무제는 경엄의 군은 투지와 승전보 소식을 듣고 전한前漢의 명장 한신韓信장군에 비교하며 칭찬을 아끼지 않았다. '유지경성'은 광무제의 신임을 받은 후한의 건국공신 경엄이 그 후로도 내치에 큰 공을 세우자 광무제가 그를 극찬하던 말에서 유래된 성어이다.

"옛날에는 한신이 역하를 함락시켜 (한나라의) 기초를 이룩하더니 지금은 장군이 축아를 공략하여 공적을 드러냈구려. 이 모든 땅은 제나라의 서쪽 경계이었으니 그대의 공은 족히 상대 (한신)의 짝이 되오. 하지만 한신은 이미 항복한 적을 습격하였고 장군은 오로지 억센 적을 뽑아버렸으니 공을 세우기가 한신보다 어려웠던 일이오. 또 전횡이 역이기를 삶아 죽이고 전횡이 항복하려할 즈음에 한고조가 조서를 (역이기 동생인) 위위 에게 내려 원수가 되는 것을 들어주지 않았소. 장보도 이전에 복륭을 죽였소. 만약에 장보가 투항해 와서 내 명을 받는다면 나는 당연히 조서를 대사도에게 내려 그 원한을 풀게 할 것이니, 또한 일이 매우 비슷하구려. 장군이 전에 남양에 가서 큰 책략을 세운 것에 대해 항상 다른 사람들과 뜻이 맞지 않을 것이라 생각했는데 뜻이 있는 자는 마침내 일을 성취하는구려.

昔韓信破歷下,以開基
今將軍攻祝阿以發跡
此皆齊之西界,功足相方
而韓信襲擊已降,
將軍獨拔勍敵,其功乃難
於信也,又田橫亨酈生,
及田橫降,高帝詔衛尉不
聽爲仇,張步前亦殺伏
隆,若步來歸命,吾當詔大
司徒釋其怨,
又事尤相類也,
將軍前在南陽建此大
策,常以爲落落難合
有志者事竟成也.

基 기초 기 / 跡 자취 적 / 襲 엄습할 습 / 擊 칠 격 / 降 항복할 항 / 獨 오직 독 / 拔 뺄 발 / 勍 셀 경 / 敵 원수 적 / 亨 삶을 형 / 詔 알릴 조 / 仇 원수 구 / 釋 풀 석 / 怨 원망할 원 / 尤 매우 우 / 類 비슷할 류 / 建 세울 건 / 策 계책 책 / 常 항상 상

| 韓信(한신) | 유방劉邦을 도와 한漢나라 건국에 공로를 세운 명장. 한신이 전횡을 급습함.
| 田橫(전횡) | 한왕 유방의 항복 권유를 받아들이기로 한 제나라 왕으로 한신의 급습을 받고 유방에게 속았다는 생각에 한나라 책사 역이기를 죽임.
| 酈生(역생) | 이름이 食其(이기)로 유방이 제나라 왕 전횡에게 항복을 권유하도록 파견된 책사.
| 衛尉(위위) | 역이기의 동생이 담당했던 직책으로 궁정의 출입과 경비를 주관함.
| 張步(장보) | 제나라 땅의 강력한 지방 세력가.
| 落落(낙락) | 광활하고 원대함을 형용.

[출전] 『後漢書』 「耿弇列傳」

# 殷鑑不遠 은감불원

殷 나라이름 은 | 鑑 거울 감 | 不 아니 불 | 遠 멀 원

## 은나라의 거울(하나라 시대)이 멀지 않다.

남의 실패를 자신의 거울로 삼음.

은殷나라시대 말기, 마지막 군주인 주왕紂王의 잔학함을 간하다가 서백西伯(훗날 주나라 문왕)이 유폐되었다. 서백은 직전의 왕조인 하夏나라 걸왕桀王의 비참한 최후를 거울삼아서 방탕한 생활을 삼가야 한다는 뜻으로 주왕에게 간언했 는데 이 일로 화를 당하고 만 것이다. 이 역사적 사실을 다룬 시가 「탕시湯詩」이다.

'은감불원'은 은나라의 주왕에게 하나라의 전철을 밟지 말라고 충언한 서백의 일화를 소재삼아 주나라 때, 어느 사대부 가 지은 「탕시」에서 유래된 성어이다.

| | |
|---|---|
| 문왕께서 말씀하시기를, 아아! | 文王曰咨 |
| 아아! 그대들의 은나라여! | 咨女殷商 |
| 사람들 사이에서도 떠도는 말 있었지 | 人亦有言 |
| 넘어지고 뽑히어 뿌리 드러나매 | 顚沛之揭 |
| 가지와 잎사귀에는 해가 없다 해도 | 枝葉未有害 |
| 뿌리가 사실은 먼저 끊긴 거라네. | 本實先撥 |
| 은나라의 거울이 멀리 있지 않으니 | 殷鑑不遠 |
| 바로 하나라 임금 때에 있다네. | 在夏后之世 |

咨 탄식할 자 / 商 은나라의 수도 상 / 顚 넘어질 전 / 沛 늪 패 / 揭 들 게 / 枝 가지 지 / 葉 잎 엽 / 本 뿌리 본 / 撥 없앨 발 / 夏 나라이름 하 / 后 임금 후

| 文王(문왕) | 은나라 삼공三公 중 서백西伯 희창姬昌을 가리키며 주나라 건국시조인 무왕武王의 아버지로 훗날 문왕으로 추존됨.
| 殷商(은상) | 상나라의 마지막 수도가 은殷이어서 은나라라고도 함.

### 서백(西伯)의 역사적 안목

은나라 직전의 왕조인 하나라의 마지막 군주 걸왕이 말희妹嬉라는 여인과 향락에 빠져 포악무도한 일을 자행하다가 결 국은 나라를 망치고 말았다. 그런데 은나라의 마지막 군주인 주왕 역시 달기妲己라는 여인과 놀아나며 온갖 사치와 횡 포를 저지르는지라 이를 보다 못한 서백이 목숨 걸고 간언하기에 이르렀다. 망국의 길로 나아감을 저지했던 것이다.

은나라의 역사를 통해서 오늘을 사는 지혜를 얻으라는 의미의 殷鑑不遠. 이 성어에는 망국사를 거울삼지 않으면 멸망의 역사는 순환되기 마련임을 간파한 서백의 순환적 역사관이 나타나 있다. 하나라의 걸왕이 은나라의 탕왕에게 멸망당한 지 이제 겨우 600여 년 전으로 은나라로부터 그리 멀지 않은 시대의 망국사를 은나라 주왕이 되풀이해서는 안 된다고 한 서백의 충언은 폭군의 말로가 망국으로 이어졌던 과거의 불상사를 예방하고자 했던 충정에서였다.

---

[동의어] 商鑑不遠(상감불원) : 상나라(은나라)의 거울이 멀지 않은 하나라에 있다.
[유사어] 他山之石(타산지석) : 남의 산에 있는 돌을 가져다가 가치 있게 사용함.
　　　　覆車之戒(복거지계) : 앞의 수레가 뒤집히는 것을 보고 뒤의 수레가 경계함.

[출전] 『詩經』 「大雅篇 湯詩」

# 陰德陽報 음덕양보

陰 그늘 음 | 德 덕 덕 | 陽 볕 양 | 報 갚을 보

## 그늘에서 베푼 덕을 밝은 곳에서 갚아줌.

남몰래 선한 일을 하면 하늘이 갚아줌.

춘추春秋시대, 초楚나라 손숙오孫叔敖가 어렸을 때 밖에 나가 놀다가 집에 돌아와서는 밥도 안 먹고 걱정에 빠져 울먹였다. 그 어머니가 사연을 알아보니 이 날 머리가 둘 달린 뱀을 보았기 때문에 자신이 곧 죽을 거라는 것이다. 옛날에는 이런 뱀을 보면 죽는다는 속설이 있었다. 그 뱀이 있는 곳을 물으시는 어머니에게 손숙오는 다른 사람이 보면 죽을까봐 자신이 죽여서 묻었다고 하였다. 어머니는 아들의 마음씨를 기특히 여기고 위로하셨다.

'음덕양보'는 머리가 둘 달린 뱀을 보면 죽는다는 속설을 믿고 어린 손숙오가 자신의 죽음과 다른 사람의 죽음을 염려하며 슬퍼하는 모습을 본 어머니가 그를 위로해주려고 인용한 속설에서 유래된 성어이다.

> 그의 어머니가 말씀하였다. "걱정하지 말거라. 너는 죽지 않아. 내가 듣기로 '남몰래 덕을 쌓은 사람은 반드시 하늘이 갚아주고 남몰래 선행한 사람은 반드시 밝게 빛나게 돼 있다.'라 하더구나."
>
> 其母曰無憂.汝不死.
> 吾聞之,有陰德者必有陽報,
> 有隱行者必有昭明

---

無 말라 무 / 憂 근심할 우 / 汝 너 여 / 隱 숨길 은 / 昭 밝을 소

### 손숙오(孫叔敖)의 大道정신

초나라 장왕莊王 때의 명재상을 지냈던 손숙오는 공직자의 표본이 되는 인물로서 겸손하고 공정하며 온화하기로 유명하다. 그는 어려서부터 남다른 자질과 고운 심성을 보였다.

'소리 소문 없이 좋은 일을 하는 사람은 언젠가 복을 받는다.'라는 뜻의 陰德陽報, 이 성어에는 다른 사람들까지 죽는 일을 겪게 해서는 안 된다고 생각하여 머리 두 개 달린 뱀을 없앤 손숙오의 이타적 대도정신大道精神이 나타나 있다. 죽을까봐 걱정하며 울 정도로 나이 어린 아이이지만 그의 행실과 심보는 어른 못지않게 성숙하였다. 어린 손숙오의 대인다운 점을 기특하게 여긴 그의 어머니는 아들의 복 짓는 처신에 감동하면서 위로하였다. 아들이 보답을 바라고 남을 살리고자 한 게 아니라 오로지 많은 이들의 불행을 애초에 없애서 자신과 같은 죽음을 겪지 않게 하려고 한 배려심에 하늘도 감복하여 천복을 내려줄 거라며 어머니가 격려한 것이다.

각박한 현대사회라 하지만 한편에서는 대가를 바라지 않는 나눔과 봉사 활동이 남 모르게 진행되는 세상이기도 하다. 아무도 모르게 덕행을 쌓았음에도 불구하고 하늘의 도우심 때문인지 세상에 알려져서 사람들의 심금을 울리곤 한다. 어린 나이에 음덕을 보여준 손숙오의 마음씀씀이가 아무도 눈치 채지 않게 어려운 이웃에 도움의 손길을 뻗어보라는 울림으로 우리 모두의 마음에 전해온다.

---

[유사어]  積善餘慶(적선여경) : 착한 일을 많이 하여 경사스러운 일이 자손에게까지 미침.
　　　　　厚德載福(후덕재복) : 덕이 있는 자에게 복이 있음.
　　　　　善有善報(선유선보) : 착한 일을 하면 좋은 결과가 있음.

[출전] 「淮南子」「人間訓」

# 泣斬馬謖 읍참마속

泣 울 읍 | 斬 벨 참 | 馬 성씨 마 | 謖 일어날 속

## 울면서 (군령을 어긴) 마속을 벰.

법의 공정을 지키기 위해 사사로운 정을 버림.

삼국三國시대 초기, 촉蜀나라 제갈량諸葛亮이 출병해 기산祁山으로 향했다. 이때 숙장宿將인 위연魏延, 오일吳壹 등이 있었기에 논자들은 모두 당연히 이들이 선봉이 되어야 한다고 말했다. 하지만 제갈량은 중론을 따르지 않고 마속으로 하여금 선두에서 대군을 이끌게 하였다. 하지만 그는 제갈량의 기대와 달리 군령을 어기고 멋대로 작전을 수행하다가 위魏나라 장수 장합張郃에게 포위되고 말았다.

'읍참마속'은 제갈량이 북벌정책을 추진하느라 가정街亭이라는 곳을 선점하기 위해 그 선봉장으로 마속을 내세웠는데 마속이 그만 군법을 어기고 위나라에 대패를 당하여 군법에 따라 그를 처형한 사건에서 유래된 성어이다.

| | |
|---|---|
| 위나라 장수 장합과 가정에서 싸우게 되었으나 장합에게 격파당해 사졸이 흩어져 버렸다. 제갈량은 진격해 점거할 곳이 없어 군사를 후퇴시키고 한중으로 돌아왔다. 마속을 하옥한 후 죽였는데 제갈량은 눈물을 흘렸다. 마량이 죽은 것이 그의 나이 36세 때이고, 마속은 39세에 죽었다. | 與魏將張郃戰於街亭, 爲郃所破,士卒離散. 亮進無所據,退軍還漢 中.謖下獄物故,亮爲之 流涕.良死時年三十六, 謖年三十九 |

將 장수 장 / 卒 군사 졸 / 離 헤어질 이 / 散 흩을 산 / 據 의거 거 / 獄 감옥 옥 / 涕 눈물 체

| 張郃(장합)| 위나라의 장수로 촉나라와의 가정전투에서 마속을 격퇴시킴.

| 街亭(가정)| 제갈량이 위나라를 정벌함에 선점해야했던 교통의 요지이자 식량보급로임.

| 物故(물고)| 죄지은 사람을 죽임.

### 제갈량(諸葛亮)의 법치사상

제갈량은 촉한蜀漢의 군주인 유비劉備의 유언을 받들어 한漢나라의 옛 영토를 차지하고 있는 위나라를 정벌하기 위해 북벌정책을 구상하였다. 그 첫 번째 계획이 한중을 회복하고 가정을 선점하여 위나라 수도 장안長安을 공략하는 것이었다. 그러나 계획대로 승승장구하던 전세가 마속의 결정적인 판단잘못으로 불리하게 뒤바뀌면서 실패로 끝나고 말았다. 아무리 명장이라 하나 상관의 지시를 어겼다면 사심 없이 처형해야 한다. 라고 하는 '눈물을 흘리며 아끼는 마속을 죽이다.'의 뜻인 泣斬馬謖, 이 성어에는 군령 위반자를 엄히 다스렸던 제갈량의 법치 행정 사상이 나타나 있다. 제갈량은 마속이 친구 마량馬良의 동생이기도 하고 매우 유능한 재원인지라 총애하고 신임해서 중요한 전투의 선봉장으로 선발했지만 군령을 어긴 이상에는 군법에 따라 처형할 수밖에 없었다.

제갈량이 마속을 처형했다는 기록을 살펴보면 그 어느 곳에도 '읍참마속'이라는 표현은 없다. 단지 『삼국지』 「제갈량전」에 '마속을 죽여서 군중들에게 사죄하였다. (戮謖以謝衆)'라든가 『삼국지연의』에 '제갈량이 눈물을 뿌리며 마속을 베었다. (諸葛亮揮淚斬馬謖)'라고 되어 있을 뿐이지만 어쨌든 제갈량은 사건의 공정한 해결을 위해 마속을 처형한 것만은 분명하다.

[출전] 『三國志』 「蜀志 馬良馬謖傳」

# 依門之望 의문지망

依 의지할 의 | 門 문 문 | 之 ~의 지 | 望 바라볼 망

## 문에 기대고서 (자식이 오는지) 바라봄.

자식이 돌아오기를 기다리는 부모의 정.

전국戰國시대, 왕손가王孫賈는 15세에 제齊나라 민왕閔王을 모실 정도로 유능하였다. 연燕나라가 제나라의 도성 임치臨淄를 습격했을 때 왕손가는 행방불명이 된 민왕을 찾다가 허탕치고 집에 돌아왔다, 그의 어머니는 아들이 왕을 끝까지 찾지 않고 귀가한 사실을 알고 크게 나무랐다.

'의문지망'은 부모가 자식을 애타게 기다리듯이 신하된 자는 왕의 신변을 가족처럼 보필해야 한다고 훈계하신 왕손가의 어머니 말씀에서 유래된 성어이다.

| | |
|---|---|
| 왕손가의 어머니가 아들에게 말하기를 "네가 아침에 나가서 늦게 들어오면 나는 곧 집 문에 의지하여 네가 오고 있는지 바라보고, 저물었는데도 나가서 돌아오지 않으면 나는 동네 밖 문에 의지하여 네가 오는지 바라본단다. 너는 지금 왕을 섬기다가 왕이 피신하셨는데, 너는 왕의 거처를 알지 못하고도 오히려 어찌 왔느냐?"<br><br>왕손가가 이에 시내로 들어가 말하였다.<br><br>"요치가 제나라에 난을 일으켜 민왕을 살해하였다. 나와 함께 요치를 주살하려는 자는 오른쪽 어깨를 내어 놓아라." 시내 사람들 중 그를 따르는 사람이 4백여 명이었고, 그들과 더불어 도치를 주살하자며 찔러 죽였다 | 王孫賈之母謂賈曰汝朝出而晚來,吾則依門而望暮出而不還,吾則依閭之望.女今事王,王出走,女不知其處,女尚何歸?<br>王孫賈乃入市中曰淖齒亂齊國,殺閔王,欲與我誅齒者袒右,市人從之者四百人,與之誅淖齒刺而殺之. |

汝 너 여 / 晚 늦을 만 / 暮 저물 모 / 還 돌아올 환 / 閭 마을의 문 려 / 女 너 여 / 尙 오히려 상 / 乃 이에 내 / 淖 젖을 요 / 誅 죽일 주 / 從 따를 종 / 刺 찌를 자

| 閭(여) | 스물다섯 집을 리里라 하고 里마다 세운 문 / 곧 이문里門을 閭라고 함.
| 淖齒(요치) | 초나라 장수로 제나라를 구원하러 왔다가 도리어 제나라 민왕을 살해함.
| 袒右(단우) | 오른 쪽 어깨를 들어내며 협조하겠다는 결의를 보임.
| 閔王(민왕) | 연나라의 공격을 받고 임치를 벗어나 거성莒城에 피신해 있던 중 / 시해됨.

### 왕손가(王孫賈) 모친의 훈계

왕손가는 담력과 지혜가 탁월하여 어린 나이에도 불구하고 제나라 민왕을 측근에서 모셨다. 평소에 그의 어머니는 아들을 대견스레 여기며 사랑을 아끼지 않았지만 군왕의 보필을 제대로 하지 못한 잘못에 대해서는 엄히 다스렸다. 연나라의 침공을 받아 피신해 있는 민왕의 행방을 모른 채, 왕손가가 귀가하자 아들의 직무유기를 꾸짖었던 일화이다.

밤늦도록 귀가하지 않은 자식을 기다리는 부모의 애타는 모습을 담은 倚門之望, 이 성어에는 외출해 있는 자식에 대해 노심초사하는 부모처럼 피신해 계신 군왕에 대해 신하로서 진정 걱정하고 애태워야 한다는 왕손가 모친의 애정 어린 훈계가 나타나 있다. 모친의 훈육 방식은 애정과 관심을 기울이되 자식의 잘못에 대해서는 엄격하게 일깨우는 것이다.

---

[동의어]  倚閭之望(의려지망) : 동네 밖 문에 의지하여 자식이 돌아오길 바라는 부모의 정.                    [출전] 『戰國策』「齊策」

# 意人竊斧 의인절부

意 생각할 의 | 人 남 인 | 竊 훔칠 절 | 斧 도끼 부

## 남이 (자기의) 도끼를 훔쳤다고 생각하다.

잘못된 선입견으로 판단을 그르침.

전국戰國시대, 열어구列禦寇는 『열자列子』 「설부편說符篇」의 우화를 통해서 우주의, 인생의 진리를 설파하였다. 이 중에는 어떤 사람이 아끼던 도끼를 잃어버리고 이웃집 아이를 의심한다는 내용의 우화가 있다.
'의인절부'는 도끼를 잃어버린 사람이 이웃 사람이 훔쳤을 거라고 의심하는 대목에서 유래된 성어이다.

어떤 사람이 도끼를 잃고 그 이웃집 아이가 (훔쳤을 거라고) 생각했다. 그 아이의 걸음걸이를 보아도 도끼를 훔친 것 같고 안색을 보아도 훔친 것 같고, 말투를 봐도 훔친 것 같고
동작하는 태도마다 도끼를 훔치지 아니함이 없어 보였다.
갑자기 (생각나는 게 있어서) 계곡을 파헤치다가 그의 도끼를 찾았다. 어느 날 그 이웃집의 아들을 다시 보았는데 동작하는 태도마다 도끼를 훔치지 않은 것 같았다.

人有亡斧者,意其鄰之子.視其行步,竊斧也,顏色,竊斧也,言語竊斧也,動作態度,無爲而不竊斧也.俄而抇其谷而得其斧,他日復見其鄰人之子動作態度無似竊斧者.

視 볼 시 / 步 걸음 보 / 顏 얼굴 안 / 態 모양 태 / 度 기량 도 / 俄 갑자기 아 / 抇 파헤칠 골 / 谷 골 곡 / 他 다를 타 / 復 다시 부 /
鄰 이웃 린 / 似 같을 사

## 열자(列子)의 인간분석

도가적 성향을 지닌 열자는 우화를 통해서 인간의 속성이 얼마나 편협한가에 대하여 언급하였다. 도끼를 잃어버린 어떤 사람의 이야기를 예로 들며 이 점을 입증하였다. 도끼의 분실책임을 자기에게서 찾지 않고 물증도 없이 이웃 사람을 범인으로 지목한다는 내용이다.

도끼를 잃고서 가장 먼저 측근의 사람을 의심한다는 뜻의 意人竊斧, 이 성어에는 물건을 잃어버리게 되면 가장 먼저 이웃을 불신하기 마련이라고 한 열자의 인간 회의주의가 나타나 있다. 열자에 의하면 사람은 자기중심적이고 주관적이라서 객관적 진실을 외면하고 자신의 편견에 따라 사실을 판단할 뿐만 아니라 자기식대로 믿어버리는 속성을 보인다. 자신의 불이익 앞에서는 순리적 사고를 하지 못하는 인간의 편협함이 열자의 눈에 인간의 한계로 비쳤기에 그는 자신의 사고에 갇혀 의심의 눈으로 세상을 바라보면 세상의 모든 게 의심스러울 수밖에 없다고 하였다.

흔히 물건을 잃어버리면 먼저 옆 사람을 의심하는 경우가 허다하다. 이웃 간에 불신의 정도를 보여주는 측면이라 서글픈 상황이지만 열자는 일찍이 이에 해답을 주었다. 편견이나 선입견을 떨쳐내어 진실을 제대로 바라보라는 열자의 통 큰 외침이 바로 이 성어이다.

| [동의어] | 失斧疑隣(실부의린) : | 도끼를 잃어버리고 이웃을 의심하다. |
|---|---|---|
| | 竊斧之疑(절부지의) : | 이웃 사람이 도끼를 훔쳤으리라는 의심. |
| [유사어] | 疑心暗鬼(의심암귀) : | 의심하게 되면 있지도 않은 귀신이 나타나는 듯 느껴짐. |
| | 杯中蛇影(배중사영) : | 술잔에 비친 활 그림자가 뱀 그림자로 생각됨. |

[출전] 『列子』 「說符篇」

# 以管窺天 이관규천

以 써 이 | 管 대롱 관 | 窺 엿볼 규 | 天 하늘 천

## 대롱 구멍으로 하늘을 엿보다.

좁은 소견으로는 사물의 전체를 파악할 수 없음.

춘추春秋시대 말기, 제齊나라 편작扁鵲이 괵虢나라에 갔을 때였다. 때마침 괵나라의 태자가 숨졌다는 소식을 듣게 된 편작은 성 아래로 가서 중서자中庶子를 만나 태자의 병이 무슨 병이었는지를 물었다. 태자의 사인死因이 혈액순환 불순과 기혈이 엉켜서 밖으로 내보내지 못하여 생긴 장기의 손상임을 알아낸 편작은 자신이 태자를 살려보겠다고 하였다. 이에 중서자가 태자를 만나보지도 않은 상태에서 그를 살리겠다고 나서는 편작에게 황당해 하자 편작이 의술의 이치를 설명하였다.

'이관규천'은 제나라 발해의 명의인 편작이 괵나라 의원 중서자의 의술을 비유적으로 비난한 대목에서 유래된 성어이다.

| | |
|---|---|
| 해가 기울자 편작은 하늘을 우러르며 탄식하듯 말했다. "당신의 의술은 대롱으로 하늘을 엿보며 좁은 틈새로 무늬를 보는 것과 같소. 저의 의술은 진맥하거나 병색을 보거나 소리를 듣거나 형체를 보지 않아도 병의 소재를 말할 수 있습니다. 병이 양에 있음을 듣고 그것을 미루어 음을 논할 수 있고 병이 음에 있음을 듣고 그것을 미루어 양을 논할 수 있는 거지요. 병이란 큰 표징을 보이는데 천리까지 나가지 않아도 결정하는 것이 지극히 많은데 일부만을 보고 판단해서는 안 됩니다. 선생께서는 내 말을 사실이라 생각되지 않으시다면 시험 삼아 태자를 진찰해 보십시오. 분명히 귀 울림과 콧구멍이 넓어진 증세가 있을 것이고, 양쪽 허벅지를 따라 올라가 음부에 이르면 따듯한 기운이 있을 것입니다." | 終日扁鵲仰天歎日 夫子之爲方也若以管窺天,以郄視文.越人之爲方也不待切脈望色聽聲寫形,言病之所在, 聞病之陽,論得其陰. 聞病之陰,論得其陽 病應見於大表,不出千里, 決者至衆,不可曲止也.子以吾言爲不誠, 試入診太子.當聞其耳鳴而鼻張,循其兩股以至於陰,當常溫也. |

扁 넓적할 편 / 鵲 까치 작 / 仰 우러를 앙 / 郄 틈 극 / 文 무늬 문 / 待 기다릴 대 / 脈 맥 맥 / 望 바라볼 망 / 寫 베낄 사 /
應 응할 응 / 決 결정할 결 / 衆 많은 중 / 曲 굽을 곡 / 試 시험할 시 / 診 진찰할 진 / 鼻 코 비 / 張 넓힐 장 / 循 좇을 순 /
股 넓적다리 고 / 溫 따뜻할 온

- **扁鵲(편작)** | 중국 고대 황제 헌원軒轅 때의 명의로 동방 의원들의 원조임.
- **夫子(부자)** | 덕행이 높아 모든 사람의 스승이 될 만한 사람을 높여 부르는 말.
- **越人(월인)** | 전설상의 의원인 편작처럼 의술이 훌륭한 제나라 진월인秦越人을 가리킴.

---

[동의어]
用管闚天(용관규천) : 대롱으로 하늘을 쳐다보다.
以郄視文(이극시문) : 좁은 틈 사이로 무늬 일부를 보다.

[유사어]
夏蟲語氷(하충어빙) : 여름 곤충이 얼음을 말하기
群盲撫象(군맹무상) : 많은 맹인이 코끼리를 어루만지면서 품평하기
管中窺豹(관중규표) : 대롱의 구멍을 통해 표범을 보기
用錐指地(용추지지) : 송곳으로 땅 깊이를 재는 것
鼠目寸光(서목촌광) : 쥐새끼의 안목은 한 치밖에 보지 못한다.

[출전] 『史記 卷105』 『扁鵲倉公列傳』

# 以暴易暴 이폭이폭

以 써 이 | 暴 사나울 폭 | 易 다스릴 이 | 暴 사나울 폭

## 폭력으로 폭력을 다스린다.

정치를 함에 있어 덕으로 하지 않고 힘으로 다스림.

은殷나라시대 말기, 주周나라 무왕武王이 혼란스런 은나라를 평정하자 천하 사람들이 주 왕실을 종주로 섬겼다. 하지만 백이伯夷와 숙제叔齊만은 주나라의 백성이 되는 것을 치욕으로 생각하여 주나라의 양식을 거부하는 뜻으로 수양산首陽山에 들어가 고비로 연명하였다. 그러다가 굶어 죽어갈 즈음에, 채미가采薇歌를 지었다.
'이폭이폭'은 주나라의 무왕이 무력을 써서 은나라 마지막 왕 주왕紂王의 횡포를 제압한 거사에 대하여 백이숙제가 비난하며 작곡한 채미가에서 유래된 성어이다.

저 서산에 올라 고비를 꺾노라
포악한 것으로 포악한 것을 다스리다니!
그 잘못됨을 알지 못하네.
신농, 우, 하의 시대는 홀연히 지나가 버렸으니
우리는 장차 어디로 돌아간다는 말인가?
아! 이제는 떠나가야겠구나! 우리의 운명이 다했도다.

登彼西山兮 采其薇矣
以暴易暴兮,
不知其非矣.
神農,虞,夏忽焉沒兮
我安適歸矣?
于嗟徂兮! 命之衰矣.

登 오를 등 / 彼 저 피 / 兮 감탄형어조사 혜 / 采 캘 채 / 薇 고비 미 / 忽 갑자기 홀 / 沒 잠길 몰 / 安 어디 안 / 適 갈 적 / 嗟 탄식할 차 / 徂 갈 저 / 衰 쇠할 쇠

| 西山(서산) | 수양산의 별칭
| 神農(신농) | 중국 전설상의 황제. 농업과 제약의 방법을 백성에게 가르침.
| 虞(우) | 순임금을 우순虞舜이라고도 함. 전설적인 성군.
| 夏(하) | 우임금을 우하禹夏라고도 함. 전설적인 성군.

### 백이숙제(伯夷叔齊)의 절조

백이와 숙제는 은나라의 신하국인 고죽국孤竹國 국왕의 두 아들이다. 아버지가 돌아가시고 난 후 이들은 서로에게 왕위를 양도하며 고국을 떠나 주나라로 향하였다. 주나라를 선택한 이유는 주나라 서백창西伯昌이 노인을 잘 봉양한다는 소문을 듣고 그를 찾아가서 어진정치를 배우고자 함이었다. 그러나 하필이면 서백이 이미 죽고 그의 아들 무왕이 은나라 주왕을 정벌하려고 출정할 참이었다. 이에 백이와 숙제는 무왕을 만류하면서 부친의 장례를 치루지 않는 불효不孝와 신하로서 천자를 시해하는 불인不仁함을 간하였다.
폭력은 폭력을 부르는 악순환임을 묘사한 以暴易暴, 이 성어에는 무력의 부작용을 걱정하며 국가 대 국가, 인간 대 인간 관계에서의 인륜적 처세를 주창했던 백이숙제의 도덕정신이 나타나 있다. 무왕이 아버지 서백창의 장례를 치르기보다 먼저 천자국인 은나라 주왕의 잔혹함(폭暴)을 무력(폭暴)으로 평정하는 행위는 백이숙제의 눈에 매우 반인륜적이고 비인간적으로 비쳤다. 이들에 의하면 부정의 척결방식은 무왕과 같은 혁명보다는 도덕적, 평화적 차원의 개혁이 효율적이다. 폭력보다는 충忠과 효孝와 인仁의 실천, 곧 도덕적 방식으로 주왕의 잘못된 삶을 고치도록 유도했어야 한다는 게 백이숙제의 지론이다.

[출전]『史記』「伯夷列傳」

# 因人成事 인인성사

因 인할 인 | 人 남 인 | 成 이룰 성 | 事 일 사

## 남의 힘으로 인해 일을 이루다.

자기의 힘으로는 일을 해내지 못하고 남의 힘을 빌려 일을 성취함.

전국戰國시대 말기, 진秦나라의 침략을 받은 조趙나라의 효성왕孝成王은 재상 평원군平原君을 초楚나라에 보내어 구원을 요청했다. 평원군은 수행원들을 대동하고 초나라를 방문했지만 초왕은 원조 결정을 쉽게 하지 못 했다. 회담이 오래 지속되자 수행원 중의 한 사람인 모수毛遂가 이를 참지 못하고 칼자루를 움켜쥔 채 회담 장소로 들어가서 초왕을 설득하였다.

'인인성사'는 조나라의 모수가 원병문제에 관한 회의가 지체되고 있자 본인이 직접 초왕을 설득하여 원병을 약속받은 후, 그때까지 회담을 마냥 지켜만 보고 있는 수행원들의 무능함을 꾸짖은 대목에서 유래된 성어이다.

드디어 (조와 초의) 합종이 전각 위에서 이루어졌다. 모수는 왼손으로 희생의 피가 든 쟁반을 들고 오른손으로 19명의 수행원들을 불러 말하였다. "그대들은 전각 아래에서 희생의 피를 마십시오. 그대들은 무능하고 재주도 변변치 못하면서 소위 남에게 의지하여 일을 이루려는 사람들이구려."

遂定從於殿上,毛遂左手持槃血,而右手招十九人曰公相與歃此血於堂下,公等錄錄,所謂因人成事者也

遂 드디어 수 / 殿 궁궐 전 / 槃 쟁반 반 / 歃 마실 삽 / 堂 집 당 / 與 더불어 여 / 等 무리 등 / 錄 변변치 못할 록 / 謂 일컬을 위

### 모수(毛遂)의 수행능력

진나라로부터 수도 한단邯鄲을 공격 받은 조나라 효성왕은 다급한 나머지 초나라와 합종하여 진에 대적할 생각으로 평원군平原君 조승趙勝을 초楚나라에 파견하기로 했다. 효성왕의 명을 받아 초행楚行을 준비하던 평원군은 수행원을 대동하기 위해 그의 3,000여 식객 중에서 20명을 선발할 계획이었다. 19명을 뽑아놓고 마지막 한 사람을 뽑지 못해 고심하고 있던 차에, 모수毛遂라는 식객이 자천하고 나섰다. 구국의 길에 동참하여 수행원으로서 능력을 보이고자 한 모수의 자신만만한 자천이었다.

그런데 초왕이 진나라의 후환이 두려워서 조나라와의 합종을 쉽게 결정하지 못하고 지지부진하며 회의를 지연시키자 이를 보다 못한 모수가 칼을 찬 채 회의장에 뛰어 들어가 칼을 쥔 자로서의 위협적이며 주도적인 모습으로 초왕에게 합종의 이점을 설명하였다. 다행히 구원병을 보내겠다는 확답을 바로 얻어 내었다. 조나라의 위기가 코앞에 닥친 상황에서의 협상자리이기 때문에 모수의 공격적이고 적극적인 공세 전략이 먹혀들어 간 것이다. 또한 모수는 문제 해결 능력을 보인 데에 그치지 않고 동행한 수행원들의 나태함을 지적하여 책무감을 심어주었다. 높은 경쟁률을 뚫고 발탁되었건만 아무런 능력을 보이지 못하는 19명의 수행원을 향하여 因人成事하려는 곧, 한낱 남 덕에 묻어서 편히 공을 이루고 있는 그들의 무사 안일한 태도를 강도 높게 질타하는 용기도 발휘하였다.

---

[유사어]　因利乘便(인리승편) : 이로움을 이유로 편리함에 편승함.　　　　[출전]『史記』「第16篇 平原君 虞卿列傳」

# 一擧兩得 일거양득

一 한 일 | 擧 들 거 | 兩 두 양 | 得 얻을 득

## 한 번 들어 둘을 얻음.

한 가지 일을 하여 두 가지 이익을 거둠.

서진西晉시대, 진晉나라 2대 황제인 혜제惠帝 때 역사가인 속석束晳이 농업을 권장하기 위해 간언하였다. 그는 위魏나라 때의 개척지인 양평陽平 지방으로 들어가 살게 했던 백성들을 다시 서쪽으로 이주시켜 변방지역의 방위를 튼튼히 하자고 제의하였다.

'일거양득'은 진나라 속석이 백성을 이주시킴으로써 얻게 되는 두 가지 성과를 황제께 제안하는 대목에서 유래된 성어이다.

> "10년 동안 부세를 면제해 줌으로써 두 번이나 이사한 일을 위로하면 한 가지 일을 들어 두 가지 이익을 얻으므로 밖으로는 (국방이) 튼실해지고, 안으로는 너그러운 일이 됩니다. 궁한 사람에게 일을 더 늘려주어 서쪽 외곽의 밭을 일구게 하니 이 또한 농사의 큰 이익이 됩니다."라 하였다.

> 賜其十年之復,以慰重遷之情,一擧兩得,外實內寬.
> 增廣窮人之業,以關西郊之田,此又農事之大益也

錯 줄 사 / 慰 위로할 위 / 遷 옮길 천 / 寬 너그러울 관 / 增 더욱 증 / 廣 넓힐 광 / 窮 다할 궁 / 業 일 업 / 關 열 벽 / 郊 성 밖 교 / 此 이 차 / 益 더할 익

## 속석(束晳)의 국가안보책

진나라 혜제 때, 책을 편찬하는 저작랑著作郎의 직책을 맡아 진사晉史를 저술한 역사가 속석은 매우 박학다식하였다. 어리석은 황제로 알려져 있는 혜제 때는 이민족들의 침입이 잦았던 시기로 이 당시의 가장 큰 골치 거리였던 대외 국방과 식량문제를 동시에 해결할 수 있는 방안을 속석이 제안하였다.

한 가지 일로 둘 이상의 성과를 거둔다는 의미의 一擧兩得, 이 성어에는 밖으로는 실속 있는 국방강화(외실外實)와 안으로는 너그러운 세제경감(내관內寬)의 성과를 내다본 속석의 외실내관外實內寬정책이 나타나 있다. 속석이 제안한 이 정책은 양평 주민이 서쪽 변방지역으로 이주하는 대가로 거두게 될 성과인 만큼 그들에게 실질적인 특혜를 베풀어야 한다는 내용이다. 10년간 감세해 주고 농토를 분배해주자는 것이다. 한 가지 일로 두 가지의 성과를 거두는 효율성을 예측할 수 있었던 것은 속석의 통찰력과 혜안이 있었기에 가능했다.

도랑파고 가재 잡고, 매부 좋고 누이 좋고 식의 성과를 거두는 일에 대해서 착수를 망설일 필요는 없다. 쌍방에게 두루 도움이 되는 일거양득의 기회라면 단연코 시행해야 하는 것이 옳다. 하지만 그런 일이 어디 그리 쉽게 있겠는가? 어쨌든 두 가지의 성과를 기대할 수 있는 일 앞에서 주저하는 사람들이 있다면 이들은 속석의 '외실내관'하자는 건설적 뜻에 귀 기울일 필요가 있다.

[동의어]　一擧兩全(일거양전)　:　한 가지를 들어 두 가지의 일을 이루다.
　　　　　一石二鳥(일석이조)　:　하나의 돌을 던져 두 마리의 새를 잡다.
　　　　　一箭雙雕(일전쌍조)　:　화살 하나로 수리 두 마리를 떨어뜨리다.
[반대어]　一擧兩失(일거양실)　:　한 가지를 들어 두 가지를 잃다.

[출전]『晉書』「束晳傳」

# 一鳴驚人 일명경인

一 한일 | 鳴 울 명 | 驚 놀랄 경 | 人 사람 인

# 한 번 울어 사람을 놀라게 함.

한번 시작하면 사람을 놀라게 할 만큼 큰일을 함.

전국戰國시대, 제齊나라 위왕威王 때의 일이다. 왕은 수수께끼와 술 마시기를 즐기느라 정사를 멀리하였다. 그 틈에 경대부들마저 사리사욕을 채우며 부정축재를 일삼다가 주변국들의 침입으로 나라를 위기에 빠뜨렸다. 이를 보다 못한 대부 순우곤淳于髡이 왕에게 3년 동안 울지도 않고 날지도 않는 새 이야기로 수수께끼를 내며 간언하였다.
'일명경인'은 향락을 일삼던 제위왕齊威王이 순우곤의 뼈있는 수수께끼를 듣고 난 후, 자신의 존재감을 과시하는 대목에서 유래된 성어이다.

| | |
|---|---|
| 순우곤이 그에게 수수께끼로 말하였다. "나라에 큰 새가 있는데 대궐 뜰에 멈추어 있으면서, 3년간 날지도 않고 울지도 않습니다. 왕께서는 이 새가 무슨 새인 줄 아십니까?" 왕이 대답하였다. "이 새가 날지 않으면 그만이지만 한 번 날면 하늘을 뚫고, 울지 않으면 그만이지만 한 번 울면 세상 사람을 놀라게 할 것이네." 이에 왕은 모든 현령 72명을 조정으로 불러들여 그 중 한 사람은 상을 주고, 또 한 사람은 죽여 버렸다. 그리고는 군사를 일으켜 출정하니 제후들이 크게 놀라서 침략하여 차지했던 제나라 땅을 모두 돌려주었다. 이로써 제나라의 위엄이 36년간에 걸쳐 떨쳐졌다. | 淳于髡說之以隱曰 國中有大鳥,止王之庭, 三年不蜚又不鳴.王知此 鳥何也?王曰 此鳥不飛則已,一飛沖天 不鳴則已,一鳴驚人. 於是乃朝諸縣令長七十 二人,賞一人,誅一人. 奮兵而出,諸侯振驚 皆還齊侵地. 威行三十六年 |

隱 숨을 은 / 庭 뜰 정 / 已 얼마 후 이 / 沖 뚫을 충 / 振 떨칠 진 / 驚 놀랄 경 / 朝 알현할 조 / 長 어른 장 / 賞 상줄 상 / 誅 죽일 주 / 奮 떨칠 분 / 皆 모두 개 / 還 돌려보낼 환 / 侵 침노할 침 / 威 위엄 위

## 제위왕(齊威王)의 통치술

젊은 나이에 즉위한 제위왕은 국사를 내팽개치고 매일매일 주색놀음으로 밤을 지새우는 통에 정치는 혼란지경에 빠졌고 국경은 무방비상태로 침범당했다. 재치 있는 입담으로 위왕의 총애를 받았던 순우곤은 임금의 비위를 거스르지 않는 선에서 수수께끼로 그의 실정失政을 일깨웠다.
가만히 있어서 그렇지 한번 소리 냈다 하면 세상 사람들이 깜짝 놀란다는 뜻의 一鳴驚人, 이 성어에는 자신이 미친 듯이 생활하고 있지만 한번 작정 하고 나서면 모두가 놀랄 것이라며 자신의 존재감을 은근히 과시한 위왕의 무위無爲통치술이 나타나 있다. 겉으로는 정사를 내팽개친 듯이 했지만 속으로는 개혁의 칼날을 갈고 있음을 시사한 것이다. 제위왕은 순우곤과 같은 충신을 신뢰하고 부정부패를 일삼는 자들을 내치며 위엄을 떨쳤던 군주이다.

[유사어] 一飛沖天(일비충천) : 한 번 날면 하늘 높이 난다. [출전] 『史記』「滑稽列傳 第66」

# 日暮途遠 일모도원

日 날 일 | 暮 저물 모 | 途 길 도 | 遠 멀 원

## 날은 저물고 갈 길은 멀다.

몸은 쇠약한데 뜻은 커서 앞으로 할 일이 매우 많음.

춘추春秋시대 말기, 초楚나라 사람 오자서伍子胥와 신포서申包胥는 친교를 맺은 관계이다. 하지만 초나라 평왕平王에게 아버지와 형이 살해되자 한꺼번에 부형을 잃고 만 오자서가 오吳나라로 가면서 신포서에게 훗날 초나라를 전복시킬 것이라고 경고하였다. 이에 신포서는 초나라를 반드시 지킬 것이라며 반박했다. 오나라 병법가 손무孫武와 함께 초나라 수도 공략에 성공한 오자서는 이미 세상을 뜬 초평왕의 묘를 파서 그 시체에 삼백 번 매질하였다. 이 소식을 들은 신포서가 산속으로 달아났다가 사람을 시켜 오자서에게 하고픈 말을 전하였다.

'일모도원'은 오자서의 친구인 신포서가 초나라 평왕에 대한 오자서의 복수가 너무 심하다고 지적하자 오자서가 자신의 복수에 대하여 변명하는 대목에서 유래된 성어이다.

| | |
|---|---|
| (신포서가) 사람을 시켜 오자서에게 말하기를 "자네가 원수를 갚는 것이 심하네그려! 내가 들으니 사람이 많으면 하늘을 이길 수 있지만, 하늘은 반드시 또한 그런 사람을 파멸시킨다고 하네. 지금 자네가 예전에 평왕의 신하로서 직접 북면하며 왕을 섬긴 적이 있었거늘, 지금 죽은 사람을 욕보이는 지경에 이르니, 이 어찌 천도를 저버림이 아니겠는가?"라고 했다. 오자서가 말하기를 "나를 위하여 신포서에게 사과한다고 말해 주게. '내가 날은 저물고 갈 길은 멀어서 내가 그 때문에 일을 거꾸로 행하며 (하늘의 뜻에) 거슬러 하게 됐네.'라고 했다." | 使人謂子胥曰子之報讎, 其以甚乎!吾聞之,人衆者勝天,天定亦能破人. 今子故平王之臣,親北面而事之,今至於僇死人, 此豈其無天道之極乎?" 伍子胥曰爲我謝申包胥 曰吾日莫途遠,吾故倒行而逆施之. |

使 시킬 사 / 子 자네 자 / 報 갚을 보 / 讎 원수 수 / 甚 심할 심 / 勝 이길 승 / 定 반드시 정 / 破 깨뜨릴 파 / 親 몸소 친 / 事 섬길 사 / 僇 욕보일 륙 / 豈 어찌 기 / 極 다할 극 / 爲 위할 위 / 謝 사죄할 사 / 倒 거꾸로 도 / 逆 거스를 역 / 施 베풀 시 / 莫(=暮) 저물 모

| 申包胥(신포서) | 오자서가 오의 군사를 이끌고 초를 공격해오자 진秦나라에 가서 7일간을 읍소한 결과, 지원받게 된 구원병으로 초나라의 국운을 회복함.

## 오자서(伍子胥)의 복수

초나라 사람 오자서는 태자의 스승인 아버지와 형이 모함을 받아 초평왕에게 살해되고 자신의 목숨도 위태로워지자 오나라로 망명하였다.

해는 지고 있는데 갈 길이 먼 형국을 묘사한 日暮途遠, 이 성어에는 매우 초조하고 긴박한 상황에 처해 있어 순리를 따질 게재가 아님을 강조한 오자서의 역행적 사고방식이 나타나있다. 억울하게 죽음을 맞은 아버지와 형의 통한을 기필코 풀어 드리겠다는 효심에 사로잡혀 초조감이 극도에 이르렀음을 보여준다. 개인적 원한을 갚겠다는 생각에 집착한 나머지 그만 초나라 민심을 잃을 정도로 천도에 어긋나는 행동을 저지르고 만 것이다.

최근에는 '일모도원'이 '할 일이 많이 쌓여 있음'을 표현하는 성어로 쓰이지만 사실은 '복수를 빨리 단행해야 하는 긴박감에 쫓기는 상황'을 뜻한다.

[출전] 『史記』 「伍子胥列傳」

# 一葉知秋 일엽지추

一 한일 | 葉 잎엽 | 知 알지 | 秋 가을추

# 나뭇잎 하나에서 가을이 옴을 안다.

① 작은 징후에서 큰 이치를 깨달음.
② 일부를 미루어 전체를 알게 됨.

전한前漢시대, 회남왕淮南王 유안劉安(BC179년~BC122년)은 여러 학자들과 함께 백과사전식 철학서인 『회남자淮南子』를 지었다.
'일엽지추'는 자연의 섭리를 통해서 삶의 이치를 알 수 있다고 하는 대목에서 유래된 성어이다.

| | |
|---|---|
| 한 점의 고기를 맛보아, 냄비 전체의 맛을 알며, 깃털과 숯을 매어달아 놓아 대기의 마르고 습한 기운을 아니 작은 것으로 큰 것을 분명하게 안다는 것이다. 한 개의 나뭇잎이 떨어지는 것을 보고 한해가 장차 저물어 가는 것을 알고, 병 속의 물이 언 것을 보고 천하의 추위를 아니 가까운 것으로 먼 것을 논할 수 있다는 것이다. | 嘗一臠肉知一鑊之味懸羽與炭而知燥濕之氣以小明大.見一葉落而知歲之將暮,觀瓶中之氷,而知天下之寒,以近論遠 |

嘗 맛볼 상 / 臠 저민 고기 련 / 鑊 가마솥 확 / 懸 매달 현 / 羽 깃 우 / 與 ~와 여 / 炭 숯 탄 / 燥 마를 조 / 濕 축축할 습 / 歲 해 세 / 將 장차 장 / 暮 저물 모 / 觀 볼 도 / 瓶 병 병 / 寒 찰 한 / 近 가까울 근 / 論 논할 논 / 遠 멀 원

## 유안(劉安), 나뭇잎으로 훈계함

『회남자』는 회남왕 유안이 도가사상을 핵심으로 하되, 제자백가들의 다양한 사상과 이념을 포용하고 통합할 목적으로 저술한 책이다. 원도原道, 천문, 지형, 통치술, 인간사, 세상의 법도, 생태계의 원리 등을 정리해 놓은 책으로「설산훈說山訓」에는 자연현상과 일상생활의 각 단면을 소개하고 인간과 자연을 연계한 내용이 수록되어 있다.
낙엽 한 잎을 보고 온 세상이 곧 가을 색을 입으리라고 예측한다는 뜻의 一葉知秋, 이 성어에는 자연현상을 예리하게 통찰하여 인간사의 난제를 그에 맞게 풀어가라는 유안의 교훈이 나타나 있다. 그는 나뭇잎이 가지에 실하게 매달려서 갖은 풍상을 견디며 최고의 부피로 무성해지다가 어느 추운 날, 낙엽이 되어 뿌리 곁으로 찾아드는 자연현상을 통해서 인간사 해결의 실마리를 찾으라 했다. 그리고 낙엽 한 잎이 사람들에게 인생의 굴곡을 잘 견디고 앞으로 닥칠 추위에 잘 대비하라는 메시지를 주고 있으니 잘 알아차리라 했다. 곧 자연의 이치, 인생의 이치를 온전히 품고 있는 낙엽 하나가 이 이치를 깨달으라며 사람 곁으로 떨어진다는 것이다.

[유사어]
以偏槪全(이편개전) : 반쪽으로써 전체를 짐작함.
嘗鼎一臠(상정일련) : 한 점 고기로 솥의 음식을 맛본 거나 매한가지임.
見霜知氷(견상지빙) : 서리 내린 것을 보고 얼음 얼 것을 안다.
履霜之戒(이상지계) : 서리를 밟는 것은 얼음이 얼 징조이므로 미리 추위에 대비해야 한다는 경계.

[출전] 『淮南子 卷16』「說山訓」

# 一衣帶水 일의대수

一 한 일 | 衣 옷 의 | 帶 띠 대 | 水 물 수

## 옷의 허리띠 한 개만한 강물.

① 매우 좁은 가느다란 물줄기.
② 매우 친밀한 관계.

남북조南北朝시대, 북조를 통일하고 수隋나라를 건국한 양견楊堅(훗날 수문제隋文帝)은 남조까지 통일할 야심을 가졌다. 남조의 마지막 왕조인 양자강 이남의 진陳나라 왕 숙보叔寶가 마침 주색에 빠져 정사를 일체 돌보지 않자 양견은 이 때를 기회삼아 공략할 것을 선언하였다.
'일의대수'는 북조의 양견이 양자강 이남에 위치한 남조의 진나라를 정벌하려 할 때 양자강을 바라보며 호기롭게 선언한 말에서 유래된 성어이다.

> 수나라 문제가 말하였다. "나는 백성의 어버이 된 자로서 어찌 옷의 허리띠만한 강물 따위에 막혀서 그들을 구하지 않을 수 있겠는가?"

> 隋文帝曰我爲百姓父母 豈可限一衣帶水, 不拯之 乎?

我 나 아 / 爲 될 위 / 豈 어찌 기 / 限 한정할 한 / 拯 구조할 증 / 乎 ~인가? 호
|隋文帝(수문제)| 남북조의 혼란을 통일로 이끈 수나라(581년~604년)의 초대황제이며 이름이 양견임.

## 수문제(隋文帝)의 기백

북주北周의 군주인 양견이 북조를 통일하고 송宋나라, 제齊나라, 양梁나라, 진陳나라로 이뤄진 남조까지 병합하려는 포부를 갖고 야심차게 기회를 엿보던 중, 마지막 왕조로 남아 있던 진나라의 왕 숙보가 백성을 도탄에 빠지게 하며 사치향락을 일삼는 생활을 하자 바로 공격에 나섰다.

옷의 허리띠처럼 가느다란 강물이라는 뜻의 一衣帶水, 이 성어에는 세계 3대강중의 하나인 양자강을 일개 허리띠에 비유한 양견의 호연지기浩然之氣(천지간에 가득 차 있는 넓고 큰 기운)가 나타나 있다. 중국 대륙의 중앙부를 가르며 흐르는 긴 강이라서 일명 장강長江이라고도 불리는 양자강이건만 양견의 눈에는 허리띠 정도의 길이와 폭으로 보인 것이다. 이 강의 근역에 위치한 진나라 군주인 숙보의 실정失政으로 인해 고통 받는 백성을 염려한 양견에게는 이까짓 양자강이 진나라 공격에 전혀 장애물로 여겨지지 않았던 모양이다. 그의 통일을 향한 염원과 백성을 구제해야겠다는 의지가 합해져서 나온 패기이다.

현대에 들어서 '일의대수'는 원전의 의미인 '좁고 작은 강물'보다는 '상대 국가와의 관계상황이 매우 좋거나 밀접함'을 나타내는 용어로 쓰이고 있다. 수문제의 당당한 기백을 담았던 '일의대수'가 지금에 와서는 외교차원의 친밀도를 묘사하는 성어가 된 것이다. 시대의 변천과 함께 언어의 의미변화도 함께 이뤄진 사례이다.

[유사어]　一牛鳴地(일우명지) : 한 마리 소 울음소리가 들릴 정도의 가까운 지역.
　　　　　一牛吼地(일우후지) : 한 마리 소 울음소리가 들릴 정도의 가까운 지역.
　　　　　指呼之間(지호지간) : 손가락으로 부를 정도의 간격.

[출전]『南史』「陳後主紀」

# 一以貫之 일이관지

一 한 일 | 以 써 이 | 貫 꿸 관 | 之 그것 지

## 하나로써 그것을 꿰뚫다.

① 하나의 이치로써 모든 일을 꿰뚫음.
② 처음부터 끝까지 하나로 꿰뚫음.

춘추春秋시대, 공자孔子가 평소 제자들에게 삶의 이치를 터득하라고 일설하였다. 증삼曾參에게는 자신의 일관된 도를 말해주었고 자공子貢에게는 자신의 박학함이 이치의 터득에서 비롯된 것이라고 하였다.
'일이관지'는 공자가 제자 증삼과 자공에게 세상사의 현상보다는 삶의 이치에 관심을 가지라고 언급한 대목에서 유래된 성어이다.

| | |
|---|---|
| 공자께서 "삼아! 나의 도는 한 가지 이치로 꿰뚫었느니라."라고 말씀하자 증자가 "네"하고 대답했다. 공자께서 나가시자 문인들이 물었다. "무엇을 말씀하신 거지?" 증자가 말하기를 "선생님의 도는 충서忠恕일 뿐이야."라고 대답했다. | 子曰參乎!吾道一以貫之 曾子曰唯.子出門人問曰何謂也?曾子曰夫子之道忠恕而已矣. 「이인편 里仁篇」 |
| 공자께서 말씀하셨다. "사야! 너는 내가 많이 배웠기 때문에 그 모든 것을 안다고 여기느냐?" 자공이 대답하였다. "그렇습니다. 그렇지 않습니까?" 공자께서 말씀하셨다. "아니다. 나는 한 가지 이치로 꿰뚫는 것이다." | 子曰賜也!女以予爲多學而識之者與?對曰然.非與? 曰非也.予一以貫之. 「위령공편 衛靈公篇」 |

唯 네! 유 / 謂 일컬을 위 / 恕 용서할 서 / 女 너 여 / 予 나 여 / 識 알 식 / 與 ~인가? 여 / 對 대답할 대 /

| 參(삼) | 증자의 이름. 공자의 만년제자로 『대학』을 저술하여 공자의 사상을 계승함.
| 夫子(부자) | 덕행이 높아 모든 이의 스승이 될 만한 인물에 대한 경칭.
| 賜(사) | 자공의 이름.

## 공자(孔子)의 학문적 경지

공자의 박학다식함에 놀란 제자들은 공자를 '생이지지자生而知之者' 곧 태어날 때부터 모든 것을 아는 천재형 인물로 생각했다. 이에 공자는 자신에 대해 옛것을 좋아해서 그것을 탐구하는 노력파일 뿐이라 말하고 공부하다보니 한 가지 이치를 터득하여 만사를 다 깨치게 된 것이라며 제자의 생각을 바로잡아주었다.
삼라만상을 하나의 이치로 다 깨달아 통달한다는 의미의 一以貫之, 이 성어에는 하나의 원리를 알면 복잡다단한 세상사의 향방을 다 꿰뚫어 알 수 있다고 하는 공자의 본질중심 사상이 나타나 있다. 다양한 현상세계가 본질적으로는 하나의 이치에 귀결함을 깨닫는 것이 중요하다는 것이다. 후세에 성리학의 리일분수설理一分殊說의 단초가 되는 공자 사상이다.

[유사어]   初志一貫(초지일관) :   처음에 세운 뜻을 이루려고 끝까지 밀고 나감
         始終一貫(시종일관) :   처음부터 끝까지 하나로 꿰뚫음.
         首尾一貫(수미일관) :   머리에서 꼬리까지 한 번에 꿰뚫음.

[출전] 『論語』「里仁篇」「衛靈公篇」

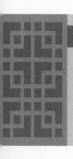
# 一字千金 일자천금

一 한 일 | 字 글자 자 | 千 일천 천 | 金 돈 금

## 한 글자에 천금의 가치가 있다.

글씨나 문장이 아주 훌륭함.

진秦나라시대, 재상 여불위呂不韋(BC292년~BC235년)는 3천명이 넘는 천하의 인재를 초빙하여 그들에게 천지만물과 고금의 온갖 사상을 집대성하게 하였다. 이렇게 해서 완성된 책에 자신의 성씨를 붙여 백과사전 형태의『여씨춘추呂氏春秋』를 출간하였다. 책이 완성되자 수도 함양의 시장 문 앞에 진열해놓고 현상금을 걸며 책에 대한 자신감을 외쳐댔다. '일자천금'은 진나라의 재상 여불위가 3천명의 문객들을 유치해서 공동 작업으로 완성한 책『여씨춘추』에 만족감을 드러내며 호언장담했다는 일화에서 유래된 성어이다.

"한 글자라도 더하거나 뺄 수 있는 자가 있다면 한 글자 당 천금을 주겠다." 고 명령을 내렸다.

令有能增損一字者予千金

슈 명령 령 / 增 더할 증 / 損 덜 손 / 予 줄 여

## 여불위(呂不韋)의 투자능력

한韓나라 출신의 거상巨商 여불위는 진나라의 천하통일 전후해서 두 번의 큰 투자에 대성공을 거둔다. 통일 전, 인질신세의 진나라 태자 자초子楚(훗날 진왕)에게 거금을 후원하여 재상직을 맡게 된 일과 통일 후, 직하학궁稷下學宮(제나라의 수도의 서쪽 성문인 직문稷門에 있었던 학문의 요람지) 출신의 문객 3천여 명을 초빙하여『여씨춘추』를 편찬하는 일에 투자하여 명작을 남긴 일이 그것이다.

한 글자의 가치가 천금에 해당될 정도의 명작이라는 점을 밝힌 一字千金, 이 성어에는 미래의 최고 가치를 내다보고 투자할 줄 알았던 여불위의 최고를 이룩한 신념과 자신감이 나타나 있다. 여불위가 자신의 약점으로 늘 신경 쓴 부분은 신분사회제도에서 하위층에 해당하는 상인출신이라는 점이다. 그에게 있어 약점을 커버할 수 있는 길은 불후의 명작을 편찬하는 일이었다. 천하의 인재로 불리는 이들을 무려 3천 명씩이나 자신의 식객으로 두고서 당대 최고의 책을 만드는 일은 약점을 보상받기에 충분했다. 또한 최고의 책을 만드는 일에 의지를 보였던 여불위의 또 다른 이유는 사공자四公子라 불리는 네 나라의 왕자들이 많은 식객을 거느리고 있어서이다. 조趙나라의 평원군, 제齊나라의 맹상군, 위魏나라의 신릉군, 초楚나라의 춘신군이 그들이다. 여불위에게 있어 이들 나라는 진나라에 비하면 약소국에 불과하건만 문객들을 많이 두고 있다는 자체가 심정적으로 용납되지 않았다. 그래서 여불위는 이들과 차별화하기 위해 더 많은 문객들을 유치하였고 이들이 갖고 있는 다방면의 지식을 총망라하여 흠하나 없는 책을 편찬하기에 이르렀던 것이다.

여불위의 투자는 최고 가치를 알아보는 예지력에 있었다.

[유사어] 一字連城(일자연성): 한 글자가 성을 짓는 값에 해당한다.

[출전]『史記 卷85』「呂不韋列傳」

# 一箭雙雕 일전쌍조

一 하나 일 | 箭 화살 전 | 雙 쌍 쌍 | 雕 독수리 조

## 하나의 화살로 두 마리의 독수리를 맞추다.

한 번의 조치로 두 가지 이익을 봄.

남북조南北朝시대, 북주北周 선제宣帝 때 돌궐突厥 섭도攝圖가 북주의 왕실에 청혼하였다. 선제가 이를 허락하여 천금공주千金公主를 시집보내기로 했다. 이 행차에 활쏘기의 명수인 장손성長孫晟(552년~609년)이 돌궐에 사신으로 파견되었다.

'일전쌍조'는 북주의 장손성이 돌궐에 사신으로 가서 지내는 동안, 그의 놀라운 사냥솜씨를 돌궐 왕 섭도에게 보여준 일화에서 유래된 성어이다.

---

섭도가 장손성을 총애하여 매번 함께 사냥을 나갔다.
일찍이 두 마리의 독수리가 날면서 고기를 다투고 있던 일이 있었는데 장손성이 화살 한 대로 두 마리를 꿰어버렸다.

攝圖愛晟, 每共遊獵,
嘗有二雕飛而爭肉.
晟一發雙貫焉.

---

攝 당길 섭 / 圖 꾀할 도 / 晟 밝을 성 / 每 매양 매 / 遊 놀 유 / 獵 사냥 렵 / 嘗 일찍이 상 / 爭 다툴 쟁 / 焉 ~이다 언(종결형어조사)

| 攝圖(섭도) | 동돌궐의 제5대 왕의 이름.
| 晟(성) | 장손성長孫晟은 민첩한 성품을 지닌 활쏘기의 명수. 훗날 수나라 통일에 업적을 세웠으며 그 후 군사가이자 외교가로 활약함.

## 장손성(長孫晟)의 활쏘기

활쏘기의 명사수 장손성은 굳세고 날렵하기가 남보다 뛰어나다는 점을 제외하고는 별로 이름이 알려지지 않은 인물이었다. 국운이 쇠퇴해가던 북주와 강성한 돌궐족간의 인척관계를 맺은 사건 당시, 장손성이 활쏘기로 자국의 체면을 세웠다.

한 대의 화살을 쏘아서 거칠고 날렵한 독수리를 두 마리나 획득했다는 의미의 一箭雙雕, 이 성어에는 독수리를 겨냥하여 화살을 쏜 장손성의 몰입능력과 기술력이 나타나 있다. 목표물인 독수리 두 마리가 높은 곳에서 공격적인 날개 짓을 하며 재빠르게 움직이고 있는 상황임에도 사냥을 보기 좋게 성공시켰으니 장손성의 활쏘기 실력이 얼마나 대단했는지를 돌궐 왕 섭도가 재삼 확인할 수 있었던 기회였다. 두 마리 새의 움직이는 방향을 예측하기 힘든 먹이다툼의 상황, 공중을 향해 발사할 때 요구되는 활시위를 당기는 힘, 먼 곳의 움직이는 물체를 잘 구별해야 하는 동체시력, 새의 비행속도에 비해 더딘 화살의 속도, 많은 사람들의 시선을 받고 있다는 부담감 등, 장손성은 이 모든 요소들을 극복하고 명중시켜서 주위사람들의 경외감을 한 몸에 받은 것이다. 더군다나 화살 한 대에 두 마리의 독수리를 관통했으니 돌궐족의 놀라움은 이루다 형언할 길이 없었다.

약소국 북주의 장손성이 활쏘기 하나로 강성한 돌궐인들을 경악에 빠뜨리게 했던 고사이다.

---

[유사어] 一擧兩得(일거양득) : 한 번 거동하여 두 가지의 소득을 올림.
一石二鳥(일석이조) : 한 개의 돌멩이를 던져서 두 마리의 새를 맞혀 잡음.

[출전] 『隋書』 「長孫晟傳」

# 一敗塗地 일패도지

一 한 일 | 敗 패할 패 | 塗 도배할 도 | 地 땅 지

## 한번 패하여 (전사자가) 땅을 도배하다.

여지없이 패하여 재기불능이 됨.

진秦나라시대 말기, 유방劉邦은 패현沛縣 고을의 유지들에게 진의 탄압을 더 이상 참지 말고 봉기하라는 편지글을 화살에 꽂아 보냈다. 패현의 현령을 위해 성을 지키고 있겠지만 머지않아 반란군에 함락될 것이니 힘을 합쳐 현령을 죽이고 더 이상 무고한 백성의 희생을 없도록 하라는 내용이다. 그들은 호소문에 호응하며 유방에게 새 현령이 되어달라고 간청했건만 뜻밖에도 유방은 이를 거절하였다.

'일패도지'는 진나라 2세 황제 때 반란군으로 나라가 혼란스러워지자 패현 고을 유지들이 새 현령으로 유방을 추대하려고 하자, 유방이 이를 거절하며 한 말에서 유래된 성어이다.

> "천하가 바야흐로 혼란스러워지자 제후가 곳곳에서 일어나고 있소. 이때 훌륭하지 못한 인물을 장수로 둔다면 한 번 패하여 (전사자의 간과 뇌가) 땅을 도배하고 말 것이오. 나는 감히 내 몸을 아껴서가 아니라 내 능력이 부족하여 그대들의 부형이나 자제들을 완전히 할 수 없음을 두려워해서요. 이는 큰 문제이니 원하건대 다시 서로 추천하여 적임자를 뽑도록 하시오."

> 天下方擾,諸侯竝起
> 今置將不善,一敗塗地
> 吾非敢自愛, 恐能薄不
> 能完父兄子弟. 此大事,
> 願更相推擇可者

方 바야흐로 방 / 擾 어지러울 요 / 諸 여러 제 / 侯 제후 후 / 竝 나란할 병 / 起 일어날 기 / 置 둘 치 / 將 장수 장 / 善 좋을 선 / 敢 감히 감 / 恐 두려울 공 / 能 능력 능 / 薄 엷을 박 / 能 ~할 수 있다 능 / 此 이 차 / 願 원할 원 / 更 다시 갱 / 推 밀 추 / 擇 가릴 택 / 可 옳을 가

## 유방(劉邦)의 지도자상

진시황이 죽고 2세 황제 호해胡亥가 즉위하면서 곳곳에서 반란군이 기승을 부렸다. 반란군 가운데 진승陳勝의 반란이 계기가 되어 유방이 패현 고을의 새 지도자로 주목받게 되었다. 패현의 현령은 목숨을 부지할 방도를 찾다가 측근이 진승보다 덕망이 훌륭한 유방에게 합세하는 것이 더 안전할 거라고 답변하자 이를 옳다 여겨 유방을 성으로 초빙하였다. 그런데 갑자기 마음이 바뀐 현령이 유방 일행의 입성을 거부하자 유방이 성 안의 유지들에게 대세를 따르라는 편지를 보내었다.

처참하게 죽은 자들이 온 땅을 뒤덮을 정도라는 뜻의 一敗塗地, 이 성어에는 능력이 부족한 장수는 무고한 백성들을 죽음으로 내몰게 된다고 한 유방의 능력본위의 지도자상이 나타나 있다. 유방은 재기가 불가능할 정도로 많은 백성들이 전사하는 경우, 대부분은 장수가 통솔력과 판단력이 없을 때 발생하므로 전시상황에서의 장수의 지도력은 백성들의 생명을 좌우할 만큼 절대적이라고 말하며 장수의 자리인 현령 직책을 사양하였다.

흔히 '이기고 지는 일은 병가의 상사'라는 말이 있지만 유방은 재기가 어려운 패전은 단 한번이라도 있어서는 안 된다고 하며 진두지휘하는 지도자의 능력을 중시하였다.

---

[동의어]　肝腦塗地(간뇌도지)　: 죽은 자의 간과 뇌로 땅을 도배하다.　　　　　　[출전]『史記』「高祖本紀」

# 臨渴掘井 임갈굴정

臨 임할 임 | 渴 목마를 갈 | 掘 팔 굴 | 井 우물 정

## 목이 말라서야 우물을 팜.

준비 없이 있다가 일을 당하여 허둥지둥하고 애씀.

춘추春秋시대, 노魯나라 소공昭公이 나라를 잃고 제나라로 망명해왔다. 제齊나라 경공景公이 소공에게 나라를 잃게 된 이유를 묻자, 그는 자신을 아껴준 이와 간언한 이를 가까이 하지 않고 주변에 아부하는 이들만 두었기 때문이라며 자신의 처지를 '뿌리는 하나인데 잎새와 가지가 많아서 가을바람이 불어 닥치면 뿌리가 뽑히는 가을철 쑥'에 비유하였다. 경공은 자신의 과오를 깨닫고 있는 소공의 모습을 보고, 안자晏子에게 소공이 노나라로 돌아가도록 도와주면 현명한 군주가 되지 않겠느냐고 물었다.

'임갈굴정'은 제나라 경공이 노나라 소공의 망명이유와 반성하는 모습을 보고 귀국을 도와주자고 안자에게 말하자 안자가 소공은 후회가 많은 사람이라 큰 인물이 되지 못할 것이라고 대답한 데에서 유래된 성어이다.

안자가 대답하기를 "그렇지 않습니다. 무릇 어리석은 자는 후회가 많고, 불초한 자는 스스로 현명하다고 합니다. 물에 빠진 자는 물길을 물어보지 않았고, 길을 잃은 자는 길을 묻지 않아서입니다. 물에 빠지고서야 물길을 묻고, 길을 잃고서야 길을 묻는 것은 비유하자면 국난에 직면해서야 급히 병기를 만들고 (음식을 먹다가) 목이 메어서야 급히 우물을 파는 것과 같으니, 비록 빨리 한다고 한들 이미 때가 늦었을 뿐입니다."라고 하였다.

> 晏子對曰然. 夫愚者多
> 悔, 不肖者自賢. 溺者不問
> 隊, 迷者不問路.
> 溺而後問隊, 迷而後問
> 路. 譬之猶臨難而遽鑄兵,
> 臨噎而遽掘井,
> 雖速亦無及已.

夫 무릇 부 / 愚 어리석을 우 / 悔 뉘우칠 회 / 肖 닮을 초 / 溺 빠질 익 / 隊(=墜) 떨어질 추 / 迷 헤맬 미 / 譬 비유할 비 / 猶 같을 유 / 遽 갑자기 거 / 鑄 쇠를 부어 만들 주 / 噎 목멜 일 / 雖 비록 수 / 速 빠를 속 / 及 미칠 급 / 已 ~뿐 이

| 晏子(안자)| 안영晏嬰을 가리키며 제나라의 위대한 명재상임.

## 안자(晏子)의 군주상

노나라의 소공이 제나라에 망명하게 된 사건을 두고 제나라의 군주 경공과 재상 안자의 견해는 크게 엇갈렸다. 제후 계손씨季孫氏와 세력 다툼을 할 때, 충신의 말을 귀담아 듣지 않고 간신들의 말에 놀아났다는 과오를 토로하며 이를 뉘우치는 소공의 모습에서 제경공은 군주의 자질을 보았고 안자는 가망성이 없음을 보았다.

미래에 대한 장기적인 준비 없이 다급해진 뒤에라야 허둥대며 일에 맞닥뜨린다는 의미의 臨渴掘井, 이 성어에는 군주로서 미래를 내다보는 혜안이 없으면 백성의 부모 될 능력이 없다고 단언한 안자의 미래지향적 군주상이 나타나 있다. 백성이 잘 살 수 있도록 이끌어 가야할 군주가 미래에 대한 대비 없이 주변인들의 칭찬을 위한 칭찬에만 익숙해져 나라가 나아갈 방향을 찾지 못하다가 쫓기는 신세가 되고 나서야 후회하였으니 이미 때는 늦었다는 것이다. 청사진도 없는 소공의 막무가내식 국정운영에 안자는 일침을 가하였다.

---

[동의어]  渴而穿井(갈이천정) :  목이 말라서야 우물을 판다.

[출전] 『晏子春秋』「內篇雜 上」

# 入耳著心 입이착심

入 들 입 | 耳 귀 이 | 著 붙을 착 | 心 마음 심

## 귀로 들어온 것을 마음속에 붙인다.

들은 것을 마음속에 깊이 새겨 잊지 않음.

전국戰國시대 말기, 순자荀子는 학문을 군자의 학문과 소인의 학문으로 구별하며 군자의 학문을 지향하였다.
'입이착심'은 순자가 당시 사람들이 학문을 수양의 요소로 삼지 않고 입발림용으로 이용하는 풍토를 개탄하며 군자의 학문을 권장하는 대목에서 유래된 성어이다.

| | |
|---|---|
| 군자의 학문은 (배운 것이) 귀로 들어온 것을 마음속에 분명히 하여 온몸에 퍼져 행동으로 나타난다. 진실하게 말하고 조심스럽게 행동하니 한결같이 모범이 될 만하다. 소인의 학문은 (배운 것이) 귀로 들어가 입으로 나온다. 입과 귀 사이는 네 치 정도이니 어찌 일곱 척의 몸을 아름답게 할 수 있겠는가? | 君子之學入乎耳著乎心, 布乎四體,形乎動靜. 端而言,蠕而動,一可以 爲法則.小人之學也入乎 耳出乎口.口耳之間則四 寸,曷足以美七尺之軀哉 |

乎 ~에 호(처소격어조사) / 體 몸 체 / 形 나타날 형 / 靜 고요할 정 / 端 진실할 단 / 蠕 꿈틀거릴 연 / 爲 될 위 / 則 법칙 칙 / 寸 마디 촌 / 曷 어찌 갈 / 尺 자 척 / 軀 몸 구 / 哉 ~인가? 재(반어형어조사)

## 순자(荀子)의 학문관

순자는 인간을 사회적 욕망으로 인해 악해질 수밖에 없는 존재로 보고, 교육과정을 통해야 선한 행위를 할 수 있다는 주장을 하였다. 교육과정이란 폭넓은 독서와 스승의 가르침을 뜻한다. 그는 심층적 사색을 통하여 스승으로부터 배웠거나 자주적으로 독서한 내용을 자기내면화해서 인격 함양을 목적으로 학문해야 욕망으로 얼룩진 본성이 선해질 수 있다고 하였다.
군자는 배운 학문을 내면화하여 자신의 인격을 함양할 것을 생각한다는 뜻의 入耳著心, 이 성어에는 학문할 때에 귀로 들은 것을 마음으로 되새겨서 자기의 관점이나 소견으로 재정립해야 남의 귀감이 되고 사회발전에도 영향력을 발휘할 수 있다고 한 순자의 군자적君子的 학문관이 나타나 있다. 순자가 권장하는 군자의 학문에는 몇 가지 특징이 있다. 학문하는 태도로 학사병진學思竝進 곧 배움과 생각의 조화로운 발전을 요구하고 학문의 목표로 수기치인修己治人 곧 자기를 수양하여 남을 교화함에 두었으며 학문의 효과로 수양실천을 통한 선善의 회복을 기대하였다. 반면에 소인들은 배운 것을 사유하지 않아 지식을 축적할 겨를이 없어서 깊이가 없을 뿐더러 실천과제도 깨닫지 못한다고 하였다. 단지 귀로 들은 것을 입으로 과시하는 데에 급급한 가벼움 때문에 소인의 학문은 인격수양과는 거리가 멀 수밖에 없다는 것이다. 따라서 소인의 학문을 뜻하는 구이지학口耳之學은 단순한 앎이요 발전 없는 생활의 반복이고, 군자의 학문을 뜻하는 입이착심은 인간이 선해지기 위한 필수불가결한 요건이며 수기치인修己治人의 기반이 되는 인간학이다.

---

[반대어]　口耳之學(구이지학) : 귀로 들은 것을 입으로 말하여 깊이가 없는 소인의 학문.

[출전]「荀子」「勸學篇」

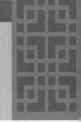

# 煮豆燃萁 자두연기

煮 삶을 자 | 豆 콩 두 | 燃 불탈 연 | 萁 콩대 기

## 콩대를 태워 콩을 삶는다.

형제 혹은 동족간의 싸움.

삼국三國시대, 위魏나라 문제文帝 조비曹丕는 일찍이 동생 동아왕東阿王(조식)에게 일곱 걸음을 걷는 동안 시 한 수를 지으라고 하면서 만약 완성하지 못하면 국법으로 다스릴 것이라 명하였다. 이에 동아왕은 대답과 동시에 시를 완성하였다.

'자두연기'는 위문제 조비가 여러모로 능력 있는 동생 조식을 제거할 심산으로 칠보시七步詩를 요구하며 위협했지만 조식이 멋들어지게 시를 지음으로써 죽음의 위기를 넘기게 되었다는 고사에서 유래된 성어이다.

| | |
|---|---|
| 콩을 삶아 콩국을 끓이고 | 煮豆持作羹 |
| 콩물을 짜서 즙을 만드네. | 漉菽以爲汁 |
| 콩대는 솥 아래서 불 지피고 | 萁在釜下燃 |
| 콩은 솥 안에서 눈물짓네. | 豆在釜中泣 |
| 본래 같은 뿌리에서 생겨났건만 | 本自同根生 |
| 서로 볶아댐이 어찌 이다지도 급한가? | 相煎何太急? |

持 ~로써 지 / 羹 국 갱 / 漉 거를 록 / 菽 콩 숙 / 汁 즙 즙 / 釜 가마솥 부 / 燃 불탈 연 / 泣 울 읍 / 根 뿌리 근 / 煎 지질 전 / 急 급할 급

### 조식(曹植)의 七步詩

위나라 왕 조조曹操의 맏아들 비丕와 셋째 아들 식植은 아버지를 닮아 글재주가 탁월하였다. 조조가 죽은 뒤 위왕을 세습한 조비는 후한後漢의 헌제獻帝(189년~226년)를 폐위시키고 위魏,촉蜀,오吳의 삼국분쟁 시기를 종결하며 스스로 황제(문제文帝)라 칭하였다. 어느 날, 문제는 동아지역의 왕으로 있는 동생 조식이 반역을 꾀할 거라는 주변인의 참소를 믿고 그를 처벌할 궁리를 하였다. 일곱 걸음을 걷는 사이에 시를 지으라는 조건을 내걸며 이를 완성하지 못하면 목숨이 위태로워 질 것이라고 엄포를 놓았다.

콩대에 의해 삶아지고 있는 콩의 비애를 실감나게 묘사한 煮豆燃萁, 이 성어에는 형인 조비가 동생인 자신을 들볶는 것이 마치 콩대가 콩을 뜨겁게 삶아 익히는 정황과 비슷하다고 한 조식의 은유적 표현능력이 나타나 있다. 같은 뿌리에서 나와 줄기가 된 콩대가 열매가 된 콩을 뜨겁게 삶기 위해 자신을 맹렬히 불사르는 현실이 참으로 안타깝다고 읊음으로써 같은 부모를 둔 형제지간에 서로를 힘들게 하는 일은 없었으면 좋겠다는 바람을 은연중에 담아내었다. 형제간의 다툼은 콩대로 인해 슬퍼하는 콩처럼 결국은 두 사람 모두 공멸하게 되리라라는 점을 암시한 시이다.

| [동의어] | 煎豆燃豆(전두연두) : | 콩을 볶아대고 콩대는 불 지피다. |
|---|---|---|
| [유사어] | 骨肉相爭(골육상쟁) : | 형제나 같은 민족끼리 서로 다툼. |
| | 兄弟鬩墻(형제혁장) : | 형제가 담 안에서 서로 다툼. |
| | 同族相爭(동족상쟁) : | 형제끼리 서로 다툼. |

[출전] 『世說新語』「文學篇」

# 自暴自棄 자포자기

自 자기 자 | 暴 해칠 포 | 自 자기 자 | 棄 버릴 기

## 자신을 해치고 자신을 버리다.

① 도덕성을 잃고 도덕적 삶을 포기함.
② 절망에 빠져 자신을 버리고 돌보지 않음.

전국戰國시대, 맹자孟子는 '자포自暴'와 '자기自棄'에 대한 개념 설명을 통해 인간의 도덕적 의지 및 실천을 강조하였다. '자포자기'는 맹자가 인간의 도덕성과 무관하게 살아가는 사람들을 안타까워하며 이들을 독려했던 고사에서 유래된 성어이다.

> 맹자가 말하였다. "자신을 해치는 사람과는 함께 대화할 수가 없고, 자신을 버리는 사람과는 함께 행동할 수가 없다.
> 말끝마다 예의를 비방하는 것을 '자포自暴' 라 하고, 자기 자신은 인仁에 살 수도, 의義를 실천할 수도 없다고 하는 것을 '자기自棄'라고 한다. 인仁은 사람의 편안한 집이오, 의義는 사람의 바른 길이다.
> 편안한 집을 비워두고 살지 아니하며 바른 길을 버리고서 이를 경유하지 아니하니 슬프도다!"

> 曰自暴者不可與有言也,
> 自棄者不可與有爲也.
> 言非禮義謂之自暴也,
> 吾身不能居仁由義謂之
> 自棄也.仁人之安宅也,
> 義人之正路也.
> 曠安宅而弗居,舍正路而
> 不由,哀哉!

與 더불어 여 / 非 그릇될 비 / 謂 일컬을 위 / 由 말미암을 유 / 宅 집 택 / 曠 빌 광 / 弗(=不) 아닐 불 / 居 살 거 / 舍(=捨) 버릴 사 / 哉 감탄형어조사 재

## 맹자(孟子)의 도덕철학

맹자가 살았던 전국시대는 국가 간에 분열과 전쟁이 끊일 사이 없는데다가 사람들은 저마다 도덕불감증에 빠져 살았기 때문에 동물들의 본능적 삶의 형태와 별반 다를 게 없었다. 이러한 풍토를 개탄했던 맹자는 인간의 선천적 선한 본성을 회복하기를 주창하였다.

사람의 본성이 선함을 부정하고 도덕적 삶을 살 수 없다고 하는 인간부류를 '自暴'와 '自棄'의 합성어로 표현한 自暴自棄, 이 성어에는 인간의 존엄성을 무시하는 자들과는 상종하기 힘들다고 한 맹자의 엄숙주의가 나타나 있다. 사람의 도덕성인 인의예지는 타고날 때 천부 받은 덕목이라서 누구나 선善한 법이거늘 이를 믿지 않고 비방하는 사람에 대해서 맹자는 자신의 존엄성을 해치는 사람이라는 의미로 자포자自暴者라 했고, 천부적 도덕성을 인정하기는 하면서도 자신은 감히 인의仁義를 실천할 능력이 없다고 하는 사람에 대해서는 자신의 실천 가능성을 아예 내팽개친 사람이라는 의미로 자기자自棄者라 하였다. 도덕성을 자각하지 못하여 자포自暴하고 도덕적 삶을 실천할 수 없다고 자기自棄한 사람들은 스스로 자신의 존엄성을 져버린 셈이니 이들과는 결코 언행言行을 함께하지 않겠다고 단호하게 말한 맹자, 그는 인간의 본질을 선한 것이라고 엄숙하게 언급함으로써 세상의 어지러움을 치유하고자 했다. 어지러운 시대의 탈출구로 인간의 도덕성과 자율적 능력을 주장한 것이다.

맹자에 의한 '자포자기'의 본뜻은 '도덕성을 잃고 도덕적 삶을 내팽개침'이었으나 오늘날에는 '절망에 빠져 자신을 돌아보지 않고 체념함'의 뜻으로 사용하고 있다.

[출전] 『孟子』「離婁篇」

# 長頸鳥喙 장경조훼

長 길 장 | 頸 목 경 | 鳥 새 조 | 喙 부리 훼

## 긴 목과 새의 부리 같은 입.

도량이 좁고 의심이 많은 인간형.

춘추春秋시대 말기, 월왕越王 구천句踐이 충신 범려范蠡와 대부 문종文種의 계책을 수용한 덕으로 오나라에서 당했던 치욕을 갚을 수 있었다. 구천이 오나라를 평정할 당시 월나라의 군대가 양자강 및 회하淮河 동쪽을 다 휩쓸었기 때문에, 제후들은 모두 축하를 보냈으며 구천을 패왕覇王이라고 불렀다. 하지만 범려는 오히려 월나라를 떠나 제齊나라로 가서 문종에게 구천 곁을 떠날 것을 종용하였다.

'장경조훼'는 월나라 대부 범려가 구천의 관상을 좋지 않게 보고 월나라를 떠난 후, 동료인 문종에게 월나라를 떠나라고 쓴 편지글에서 유래된 성어이다.

<table>
<tr><td>(범려가) 편지에 쓰기를 "나는 새가 다 잡히면, 좋은 활은 거두어지는 것이고, 교활한 토끼가 죽으면, 사냥개는 삶아지는 법이오. 월왕(구천)의 사람됨이 목이 길고 입은 새처럼 뾰쪽하니, 어려움은 함께 할 수 있어도, 즐거움은 같이할 수 없는 사람이오. 그대는 어찌 (월나라를) 떠나지 않소?"라 했다. 문종이 편지를 읽고서 병을 핑계대고 조회에 나가지 않으니, 어떤 사람이 그가 장차 반란을 일으키려 한다고 참소했다. 월왕은 이에 문종에게 칼을 내리며 말하기를 "그대는 나에게 오나라를 칠 수 있는 일곱 가지 술수를 가르쳐 줬소. 나는 그 중 세 가지만을 사용해 오나라를 물리쳤소. 그 네 가지는 그대에게 있으니, 그대는 나를 위해 선왕을 뒤좇아 가서 그것을 시험해 보시오."라 했다. 문종은 마침내 자결하였다.</td>
<td>書曰蜚鳥盡良弓藏,<br>狡兔死,走狗烹.<br>越王爲人長頸鳥喙,可與<br>共患難,不可與共樂.子<br>何不去? 種見書,稱病不<br>朝.人或讒種且作亂,<br>越王乃賜種劍曰<br>子敎寡人伐吳七術.<br>寡人用其三而敗吳.<br>其四在子,子爲我從先王<br>試之.種遂自殺</td>
</tr>
</table>

蜚(=飛) 날 비 / 盡 다할 진 / 弓 활 궁 / 藏 감출 장 / 狡 교활할 교 / 狗 개 구 / 烹 삶을 팽 / 患 근심 환 / 子 자네 자 / 稱 일컬을 칭 / 朝 알현할 조 / 或 혹 혹 / 且 장차 차 / 賜 줄 사 / 劍 칼 검 / 寡 적을 과 / 伐 칠 벌 / 術 계략 술 / 從 따를 종 / 試 시험할 시 / 遂 마침내 수

| 越王(월왕) | 오왕 부차夫差에게 굴욕을 당한 후 수족과 같은 문종과 범려의 도움으로 쓸개를 맛보는 고통을 견디며 마침내 원수를 갚은 구천句踐을 가리킴.

### 범려(范蠡)의 관상가적 통찰

월나라 재상 범려는 월왕 구천을 패왕으로 만든 일등공신이었기에 명예와 부를 두루 차지할 수 있었음에도 미련 없이 그 나라를 떠났다. 구천의 관상이 공신들에게 등 돌릴 상임을 그는 알았기 때문이다.

긴 목과 새의 부리 모양의 입을 묘사한 長頸鳥喙, 이 성어에는 구천의 인상을 보고 배신형 인물로 평한 범려의 예지력이 나타나 있다. 도량이 좁고 의심이 많은 구천이기에 언젠가는 자신을 정적으로 몰아갈 것임을 안 범려가 물러날 때임을 알아서 제3국으로 향한 것이다. 반면 문종은 배신할 관상을 가진 구천의 곁을 떠나라고 한 범려의 충고를 받아드리지 않고 있다가 죽음을 자초하고 말았다.

[출전]『史記 卷41』「越王句踐世家」

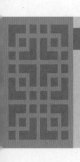

# 載舟覆舟 재주복주

載 실을 재 | 舟 배 주 | 覆 뒤집을 복 | 舟 배 주

## 배를 띄우기도 배를 뒤집기도 함.

어떤 일에 도움을 줄 수도 해를 줄 수도 있음.

전국戰國시대, 순자荀子가 춘추春秋시대의 노魯나라 애공哀公이 자신의 고민거리를 공자孔子에게 털어놓았던 일화를 기록으로 남겼다. 애공이 상담을 청한 내용은 궁궐에서 부인의 내조를 잘 받으며 생활해 왔기에 사람이면 누구나 겪는 슬픔, 근심, 노고, 두려움, 위태로움을 느끼지 못한다는 것이다. 그러한 감정을 느낄 수 있으려면 어찌해야 하는지를 물었다. 이에 공자가 조목조목 비유를 들어 애공의 질문에 응하였다.

'재주복주'는 어찌해야 위기의식을 가질 수 있는 지를 묻는 애공의 질문에 공자가 민심이 돌아서게 되는 경우, 그 위태로움을 실감할 것이라고 설명하는 대목에서 유래된 성어이다.

> "또한 제가 들은 바로는
> '대저 임금은 배요, 백성은 물이다.
> 물은 배를 띄우기도 하지만, 또한 배를 뒤집기도 한다.'라 합니다.
> 임금께서 이것을 위태로움으로 생각하셔서 대처하신다면, 위태로움은 장차 이르지 않을 것이옵니다."

> 且丘聞之,
> 夫君者舟也庶人者水也,
> 水所以載舟, 亦所以覆舟
> 君以此思危則危將焉而不至矣.

且 또 차 / 丘 언덕 구 / 夫 무릇 부 / 庶 여러 서 / 此 이 차 / 危 위태할 위 / 將 장차 장 / 焉 이에 언 / 至 이를 지 / 矣 ~이다 의(종결형어조사)

| 丘(구) | 공자의 이름. 공자는 니구산尼丘山의 정기를 받고 태어났다 해서 구丘를 이름자로 사용함.

## 공자(孔子)의 정치철학

공자는 애공의 질문을 듣고 임금이 성군다운 생각을 한다고 여겼다. 왜냐하면 백성의 고통스런 감정을 몸소 체감하고자 하는 뜻을 비쳤기 때문이다. 이에 공자는 애공이 성군으로 거듭나기를 바라는 마음에서 실감나는 비유를 들어 답변하였다.

물은 배를 띄울 수도, 배를 뒤집어 삼킬 수도 있다는 의미의 載舟覆舟, 이 성어에는 민심의 위력을 강조하며 민심을 돌아보게끔 한 공자의 민본정치 사상이 나타나 있다. 공자가 백성을 물에, 임금을 배에 비유한 옛 말을 인용한 뜻은 애공이 체감하고자 하는 위태로운 감정을 느끼게 하기 위해서이다. 백성이란 임금을 떠받들 수도 있지만 임금을 내칠 수도 있는 존재라고 의식하면 자연히 위기의식이 생길 수밖에 없다고 본 것이다. 더욱이 애공은 위태로움을 느껴본 적이 없다 하니 이것은 위기의식이 없다는 것일 뿐 아니라 위기에 대처능력이 없다는 고백일 수도 있어서 공자는 비유를 통해 위태로운 상황을 설정하였다. 애공은 공자의 의도대로 배 없는 물은 있지만 물 없는 배는 쓸모가 없듯이 임금 없는 백성은 존재하지만 백성 없는 임금은 존재하지 못함을 깨달았으리라. 물의 양면성만큼이나 엄정한 백성의 마음은 부적합한 임금을 내칠 수 있다는 공자의 경고성 답변은 애공이 위기의식을 갖기에 충분하였다. 또한 민심을 잃는 그 순간이 바로 위기라는 답변은 백성을 잘 챙기라는 당부이기도 하다. 공자는 정치지도자의 관심이 민심에 있기를 소망하였다.

---

[반대어] 君舟民水(군주민수) : 임금은 배이고 백성은 물이다. [출전] 『荀子』「哀公篇」

# 低首下心 저수하심

低 낮을 저 | 首 머리 수 | 下 내릴 하 | 心 마음 심

# 머리를 낮게 하고 마음을 아래로 내려놓다.

남에게 머리 숙여 복종함.

당唐나라시대 중기 헌종憲宗 때, 조주자사潮州刺史 한유韓愈(768년~824년)가 고을의 골칫거리인 악어를 제거하기 위해 제문祭文을 지었다. 이 글은 '이 땅을 지키고 이 곳 백성을 다스리라는 천자의 명을 받든 사람으로서 악어가 백성들의 가축을 잡아먹고 그의 몸을 살찌우며 그의 자손을 불리면서 나 자사와 우두머리 자리를 다투겠다고 하는 짓을 가만두지 않겠다.'고 위협하는 내용이다.

'저수하심'은 고을 사람들에게 피해를 입히고 있는 악어를 쫓아내려고 한유가 지은 「제악어문祭鰐魚文」에서 유래된 성어이다.

"조주자사인 내가 비록 어리석고 약하지만, 또한 어찌 악어를 위하여 머리를 낮게 하고 마음을 아래로 하며 두려워서 흘깃 바라보기만 하면서, 백성들의 관리가 되어 부끄럽게도 여기에 구차히 살아가려 하겠느냐? 또한 천자의 명을 받들어 관리가 되어 온 것이니, 참으로 그 형세가 악어에게 분별을 지어주지 않을 수가 없구나."

刺史雖駑弱,亦安肯爲鰐魚低首下心,伈伈睍睍,爲民吏羞,以偸活於此邪?且承天子命,以來爲吏,固其勢不得不與鰐魚辨.

刺 찌를 자 / 雖 비록 수 / 駑 둔할 노 / 弱 약할 약 / 安 어찌 안 / 肯 기꺼이 할 긍 / 爲 위할 위 / 鰐 악어 악 / 伈 두려워할 심 / 睍 훔쳐볼 현 / 爲 될 위 / 羞 부끄러울 수 / 偸 훔칠 투 / 此 이 차 / 邪(=耶) ~인가? 야 / 且 또 차 / 承 이을 승 / 命 명령 명 / 固 진실로 고 / 勢 형세 세 / 得 ~할 수 있을 득 / 與 줄 여 / 辨 분별할 변

## 한유(韓愈)의 「祭鰐魚文」

당헌종唐獻宗이 부처님 사리를 조정에 들여놓으려 하자, 불교를 배척하는 유학자 한유가 이를 비판했다가 형부시랑禮部侍郞에서 조주자사로 좌천되었다. 그가 조주에 부임하여 보니, 그곳 악계惡溪에 서식하면서 사람들에게 해를 끼치고 있는 악어의 횡포가 이만저만이 아니었다. 이에 한유는 제문을 지어 악어와의 결전을 선포하였다. 악어들에게 1주일간의 시간을 줘 남쪽 바다로 옮겨 가라고 하면서 만일 말을 듣지 않는다면, 포수를 시켜 모두 죽여 버리겠다고 위협하는 내용이다.

머리를 낮추고 복종하는 마음가짐을 갖는다는 의미의 低首下心, 이 성어에는 명색이 마을을 잘 다스려야 하는 자사로 부임했으니 백성들을 위해서 악어에게 머리를 낮추고 복종하는 일은 결코 없을 것이라고 단언한 한유의 위민爲民사상이 나타나 있다. 당시 악어가 가축뿐 아니라 사람까지도 잡아먹고 있는 실태임을 안 이상, 한유는 도저히 이를 묵과할 수 없어서 백성들의 안정된 삶을 위해 악어 축출에 앞장섰다. 그 방법은 제문을 지어 악어가 듣도록 읽어가는 것이다. 먼저 악어의 죄상을 낱낱이 열거하고 빨리 조주에서 떠나지 않으면 온갖 도구를 동원하여 죽일 것이라고 경고하였다. 제사의식 형태의 글이 효력을 발휘한 것인지 그 후 악어는 사라지게 되었다.

[출전] 韓愈, 「祭鰐魚文」

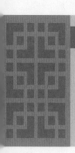
# 前倨後恭 전거후공

前 앞 전 | 倨 거만할 거 | 後 뒤 후 | 恭 공손할 공

## 전에는 거만했고 나중에는 공손함.

상대편의 입지에 따라 대하는 태도가 상반됨.

전국戰國시대, 합종가 소진蘇秦이 연燕, 조趙, 제齊, 초楚, 한韓, 위魏나라와 동맹으로 묶고, 이 나라들의 재상을 겸하면서 종약장從約長까지 맡았다. 북방의 조나라 왕에게 보고하려고 가는 도중에 낙양을 지나고 있는데 (소진을 따르는) 수레와 물품들, 그리고 제후들이 사신을 보내어 가져온 것이 아주 많아서 왕의 행차에 비길 만했다. 주周나라 현왕顯王은 이 소식을 듣고 두려워서 도로를 청소하고 사람을 교외에 보내 전송하게 했다. 소진의 형제와 아내와 형수는 곁눈으로 볼뿐 감히 쳐다보지도 못하고 엎드려서 식사 시중을 들었다

'전거후공'은 소진이 크게 출세한 후 자기 집을 방문하자 가족들의 태도가 이전과 너무 달라진 것을 보고 소진이 한탄조로 그 형수에게 말한 대목에서 유래된 성어이다.

소진이 웃으면서 그 형수에게 말하였다. "어찌 이전에는 거만하시더니, 지금은 이다지도 공손하십니까?" 형수가 구불구불 기어 엎드려서 얼굴을 땅에 대고 사과하며 말하기를 "시동생의 지위가 높고 돈이 많은 것을 보아서입니다."라고 했다. 소진은 길게 탄식하며 말하기를, "나는 한 사람의 동일한 몸인데, 부귀하면 친척들이 두려워하고 빈천하면 가볍고 쉽게 여기니, 하물며 일반인들에 있어서랴!"

蘇秦笑謂其嫂曰何前倨而後恭也?嫂委蛇蒲服, 以面掩地而謝曰見季子位高金多也.蘇秦喟然歎曰此一人之身,富貴則親戚畏懼之,貧賤則輕易之況衆人乎!

謂 일컬을 위 / 嫂 형수 수 / 委 따를 위 / 蛇(=迤) 구불구불 갈 이 / 蒲 부들 포 / 服 엎드릴 복 / 掩 가릴 엄 / 喟 한숨 쉴 위 / 戚 친척 척 / 畏 두려워할 외 / 懼 두려워할 구 / 賤 천할 천 / 易 쉬울 이 / 況 하물며 황

| 蘇秦(소진) | 주나라 낙양 출신 / 6국의 재상을 지내며 합종가로서 강국 진秦나라에 대항.
| 蒲服(포복) | '배를 대고 땅을 긴다'는 뜻의 포복匍匐과 같음.
| 季子(계자) | 소진의 자字
| 雒陽(낙양) | 주나라의 수도이고 소진의 고향임.

## 소진(蘇秦)의 세태비판

소진이 6국의 재상이 되기 전에는, 주나라를 비롯한 각 나라의 군주에게 냉대를 받았고 가족들에게도 농사지어 밥벌이를 하지 않고 혀만 놀리러 돌아다닌다며 무시를 받았었다.

상대방이 벼슬이 없을 때에는 거만하게 대하더니 벼슬이 생기자 공손해진다. 라는 뜻의 前倨後恭, 이 성어에는 벼슬이 높을 때와 그렇지 않을 때에 따라 주변인들이 태도를 바꾸는 세태를 몸소 겪은 소진의 쓸쓸한 감정이 나타나 있다. 야박한 세상인심과 무상한 세상살이를 체험하고서 느끼는 소진의 한스러움이다.

---

[유사어]　炎凉世態(염량세태) : 상대방의 입지에 따라 뜨거워졌다가 금방 냉담해지는 세태.
　　　　　　甘呑苦吐(감탄고토) : 기회에 따라 달면 삼키고 쓰면 내뱉음.

[출전] 『史記』 「蘇秦列傳」

# 前覆後誡 전복후계

前 앞 전 | 覆 넘어질 복 | 後 뒤 후 | 誡 경계할 계

# 앞 수레가 전복되면 뒤 수레가 경계한다.

앞 사람의 실패를 경계로 삼아야 함.

전한前漢시대 초기, 5대 황제인 한漢나라 문제文帝가 가의賈誼(BC200년~BC168년)의 능력을 믿고서 그에게 중책을 맡겼다. 가의는 한문제의 요청에 따라 국정을 바로잡기 위한 방안을 수시로 제안하였다.

'전복후계'는 황제를 잘 보좌하기로 작심한 가의가 한漢나라의 무궁한 발전을 위하여 의견을 제시할 때, 인용했던 속어에서 유래된 성어이다.

| | |
|---|---|
| "속담에 '관리로서 직무를 익히지 못했을 때에는 이미 지난 것을 잘 살펴서 일을 완성하라.'는 말이 있고 또 '앞 수레가 엎어지면 뒤 수레가 경계한다'는 말이 있습니다. 무릇 삼대가 오래 번영하였던 이유는 이미 지난 일을 알고 있어서이옵니다. 그런데도 이를 따르지 않는 것은 성인의 지혜를 본받지 않는 것이 옵니다. 진나라가 빨리 멸망하였던 까닭을 그 수레바퀴의 자국에서 알 수 있습니다. 그런데도 이 바퀴 자국을 피하지 않는다면, 뒤에서 오는 수레 역시 엎어질 것입니다. | 鄙諺曰不習爲吏,視已成事,又曰前車覆後車誡夫三代之所以長久者其已事可知也.然而不能從者是不法聖智也.秦世之所以函絶者其轍跡可見也.然而不避是後車又將覆也. |

鄙 천할 비 / 諺 속어 언 / 吏 아전 리 / 夫 무릇 부 / 法 본받을 법 / 函 휩쓸 함 / 轍 바퀴자국 철 / 跡 자취 적 / 避 피할 피 / 將 장차 장

| 三代(삼대) | 중국 고대의 하夏, 은殷, 주周 세 왕조.

## 가의(賈誼)의 역사의식

최고의 천재 학자 가의는 전한사회의 제도적 개선과 방향을 제시하기 위해서 황제께 경각심을 불러일으키는 간언을 자주 드렸다.

민심을 잃고 패망의 길에 들어선 진나라가 앞 수레로서 바퀴자국을 남겼으니 한나라는 이 자국을 밟아서는 안 된다는 뜻의 前覆後誡, 이 성어에는 과거의 역사를 돌이켜보아 좋은 것은 본받고 좋지 못한 폐단은 반복되지 않도록 명심하라는 가의의 '감고계금鑑古戒今(옛 것을 거울삼아 현재에 교훈을 얻음)' 역사의식이 나타나 있다. 가의는 과거의 왕조 및 흥망의 역사를 방금 앞서간 수레 및 바퀴자국에 비유함으로써 앞 수레의 방향과 흔적이 그대로 뒤 수레의 향방을 결정 짓게 하는 것임을 떠올리게 했다. 한나라의 앞 수레는 바로 그 직전의 왕조인 진나라이다. 가의에 의하면 진왕조라는 수레가 겨우 18년 만에 멸망하는 길에 잘못 들어섰다가 전복되고 말았으니 뒤 수레인 한나라는 그 길을 피해서 나아가야 나라를 오래 존속시키고 백성을 제대로 다스릴 수 있다.

진나라의 역사는 한나라의 현재와 미래의 거울임을 명심하라는 가의의 당부이다.

---

[동의어]   前車可鑑(전거가감) :   앞 수레를 살필 필요가 있다.
　　　　　 前車覆轍(전거복철) :   앞 수레의 바퀴가 뒤집어졌다.
　　　　　 覆車之戒(복거지계) :   넘어진 수레의 교훈.

[출전] 「漢書 卷48」「賈誼傳 第18」

# 戰戰兢兢 전전긍긍

戰 두려울 전 | 戰 두려울 전 | 兢 조심 긍 | 兢 조심 긍

## 두려워하고 두려워하며 조심하고 조심하다.

위기감에 매우 조심하는 심정.

서주西周말 동주東周초, 서주의 마지막 황제 유왕幽王의 학정이 잔재한 상태에서 동주의 1대 황제 평왕平王이 천도를 시도한 탓에 시국이 매우 불안정했다. 이 상황을 한탄하며 어느 신하가 시詩를 지었다. 국정이 어수선한 틈을 타서 못된 수작들을 부리고 당장의 이익에 현혹되어 친구를 배신하는 세태인 만큼 백성들은 정신 바짝 차리고서 신중하게 살기를 바란다는 내용의 시이다.

'전전긍긍'은 왕조교체기의 어수선한 시국을 개탄하며 어느 신하가 지은 시, 「소민小旻」에서 유래된 성어이다.

| | |
|---|---|
| 감히 맨손으로 범을 잡지 않고 | 不敢暴虎 |
| 감히 걸어서 강을 건너지 않는다. | 不敢憑河 |
| 사람들은 그 하나는 알고 있지만 | 人知其一 |
| 그 밖의 것은 전혀 알지 못하네. | 莫知其他 |
| 두려워서 벌벌 떨며 조심하기를 | 戰戰兢兢 |
| 마치 깊은 연못에 임하듯 하고 | 如臨深淵 |
| 살얼음을 밟고 가듯 해야 하네 | 如履薄氷 |

暴 해칠 포 / 憑 건널 빙 / 他 다를 타 / 臨 임할 임 / 淵 못 연 / 履 밟을 리 / 薄 엷을 박

## 소민(小旻)시, 그 교훈

사람에 따라 왕조 교체기는 눈앞의 손익을 따지며 출세의 기회로 삼기에 좋은 시기일 수 있다. 이때를 노리는 사람들은 자신의 몸만을 추스를 줄 알았지 뒤에 큰 재앙이 뒤따르리라는 염려는 하지 않고 혼란을 가중시키는 짓만을 할 뿐이다. 어떤 일을 올바르게 처리하기 위하여 두려워하고 조심하는 마음가짐으로 임하는 태도를 형용한 戰戰兢兢, 이 성어에는 일을 그르칠 까 염려해서 신중에 신중함을 거듭해야 한다는 교훈이 나타나 있다. 실정失政으로 인해 빚어진 혼란스러움을 깊은 연못이나 살얼음과 같은 위험천만의 상황에 빗대어 혹시나 그 위험에 빠져 죽을 수 있으니 조심하라는 것이다. 나라전체가 위기상황에 처했을수록 마치 깊은 연못가에 있는 것처럼, 살얼음을 밟는 것처럼 사전에 마음의 준비를 단단히 하고 불안에 떨면서 조심하고 또 조심해야 한다는 가르침을 주는 시이다.

원전의 '전전긍긍'은 '위험한 일을 앞두고 두려워서 조심한다.'라는 뜻의 좋은 의미이다. 그런데 요즈음에는 자기의 잘못을 들킬까봐 불안에 벌벌 떠는 경우에 사용하여 긍정적 의미가 퇴색되었다. 두려워 할 줄 아는 사람이 가장 준비된 사람임을 시사하는 성어이기도 하다.

[유사어]  小心翼翼(소심익익) :  마음을 작게 하고 공경한다는 말로, 대단히 조심함.　　　[출전] 『詩經』「小雅篇 小旻」

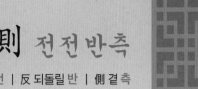

# 輾轉反側 전전반측

輾 돌 전 | 轉 돌 전 | 反 되돌릴 반 | 側 곁 측

## 돌고 돌고 또 되돌리며 옆으로 누움.

이리저리 뒤척거리며 잠을 못 이룸.

어느 군자가 강가 모래섬에서 노니는 암수 다정한 물수리와 물위에 떠다니는 마름풀을 관망하면서 자신의 좋은 배필을 찾는 일과 연관하여 시를 지었다.

'전전반측'은 암수 물수리가 서로 다정하게 구애하는 모습을 본 어느 군자가 좋은 배필과 짝을 이루고 싶어서 잠 못 이루는 밤을 지새우며 쓴 시에서 유래된 성어이다.

| | |
|---|---|
| 꾸룩꾸룩 물수리, 강가 모래섬에 있구나. | 關關雎鳩 在河之洲 |
| 아리따운 아가씨, 군자의 좋은 짝이로다. | 窈窕淑女 君子好逑 |
| 들쭉날쭉 마름풀, 이리저리 떠다니네. | 參差荇菜 左右流之 |
| 아리따운 아가씨, 자나 깨나 구해보지만 | 窈窕淑女 寤寐求之 |
| 구하여도 못 만나서 자나 깨나 생각하노라. | 求之不得 寤寐思服 |
| 생각하고 또 생각하니 이리 뒤척 저리 뒤척 | 悠哉悠哉 輾轉反側 |
| 들쭉날쭉 마름풀, 이리저리 캐노라. | 參差荇菜 左右采之 |
| 아리따운 아가씨, 금슬 타며 친하게 지내고파. | 窈窕淑女 琴瑟友之 |
| 들쭉날쭉 마름풀, 이리저리 다듬노라. | 參差荇菜 左右芼之 |
| 아리따운 아가씨, 종과 북을 두드리며 즐기려네. | 窈窕淑女 鐘鼓樂之 |

河 강 하 / 洲 모래섬 주 / 逑 짝 구 / 參 섞일 참 / 差 어긋날 치 / 荇 마름 행 / 菜 나물 채 / 寤 깰 오 / 寐 잠잘 매 / 服 생각할 복 /
悠 생각할 유 / 輾 구를 전 / 轉 돌 전 / 采 캘 채 / 琴 거문고 금 / 瑟 비파 슬 / 芼 가려낼 모 / 鐘 쇠북 종 / 鼓 북 고

## 공자(孔子)의 관저장(關雎章) 시평

공자는 300여 편의 시를 편집하면서 「주남편周南篇」의 「관저장關雎章」을 『시경詩經』의 첫 작품으로 선정하였다. 이리저리 떠다니는 마름풀을 얻으려면 찾아 헤매어 채취하고 다듬는 과정을 거쳐야 하듯이 군자가 훌륭한 배필을 만나려면 찾기 위해 잠 못 드는 나날을 수없이 보내야 한다는 것이 이 시의 내용이다. 시의 후반부는 이렇게 해서 만난 배필과 함께 평생을 즐겁게 살아가리라 꿈꾸는 내용으로 마무리되었다.

공자가 아들 백어伯魚에게 주남편을 반드시 읽으라고 권한 적이 있다. '주남과 소남을 읽지 않으면 마치 담벼락 앞에 서 있는 거나 마찬가지이니라.(논어 양화편)'라는 말로 주남편과 소남편을 읽고서 세상의 이치와 삶의 방향을 깨우치기를 바랐다. 공자가 주남편 중에서도 「관저장」을 『시경』의 대표시로 뽑은 것은 물수리 암수의 다정한 모습에서 음양의 조화를 알아챈 군자가 자신에게 알맞은 배필감으로 요조숙녀를 간절히 원하는 내용을 담고 있기 때문이다. 세상사가 남녀의 만남으로부터 비롯되는 것이 이치인 만큼 군자가 아가씨를 갈망한다는 내용은 단연 만물생성의 출발점으로 인정하기에 충분했던 것이다. 공자는 이 시에 대하여 '낙이불음 애이불상樂而不淫 哀而不傷(즐기되 음탕하지 않고 슬퍼하되 건강을 해치지 않는다.)'이라고 평가함으로써 연애감정에 중용을 내세운 품격 있는 시라고 칭송하였다.

[출전] 『詩經』「周南篇 關雎章」

# 前虎後狼 전호후랑

前 앞 전 | 虎 범 호 | 後 뒤 후 | 狼 이리 랑

## 앞에는 호랑이 뒤에는 이리.

앞에는 호랑이 뒤에는 이리.

명明나라시대, 재상 조설항趙雪航은 외척과 환관들의 대립과 전횡으로 인해 멸망에까지 이르게 된 후한시대의 역사가운데, 제4대 황제인 화제和帝때의 국정을 평가하였다.

'전호후랑'은 외척을 몰아내려고 환관과 모의하다가 결국 허수아비 황제가 된 화제의 처신을 두고 명나라 조설항이 속담을 인용하여 평가한 글에서 유래된 성어이다.

> 두씨들은 비록 제거되었지만 내시들의 권력이 이때부터 성하게 되었다. 속어에 이르기를 "앞문에서 호랑이를 막으며 뒷문으로 이리를 끌어 들인다."고 했는데 바로 이것을 두고 한 말이구나!

> 竇氏雖除而侍人之權,從
> 茲盛矣.諺曰前門拒虎後
> 門進狼,此之謂與!

竇 성씨 두 / 雖 비록 수 / 除 없앨 제 / 侍 모실 시 / 權 권세 권 / 從 ~로부터 종 / 茲 이 자 / 盛 성할 성 / 諺 속어 언 / 拒 막을 거 / 此 이 차 / 與 감탄형어조사 여

## 조설항(趙雪航)의 인물평

후한시대, 제4대 황제인 화제和帝가 겨우 열 살에 즉위하자 외척 두씨竇氏들이 요직을 다 차지하며 권력을 휘둘렀다. 특히 두태후竇太后가 수렴청정을 하였고 외삼촌 두헌竇憲이 병권兵權을 독차지하였다. 태후와 외척에 대해 반발을 느낀 화제는 환관인 정중鄭衆과 모의하여 두헌의 직책을 빼앗은 다음 자살을 유도하였다. 그러나 외척문제 해결은 잠시이고 그 후로 정중을 비롯한 환관들이 정치 일선에 뛰어들면서 후한은 멸망의 길로 들어서게 되었다.

눈앞의 호랑이를 잡았지만 몸 뒤에서 이리들이 으르렁대고 있는 정황을 그린 前虎後狼, 이 성어에는 맹수와도 같은 외척과 환관들의 횡포에 휘둘렸던 어린 황제의 처지를 속담으로 묘사한 조설항의 풍자적 인물평 방식이 나타나 있다. 외척을 호랑이로, 환관을 이리에 비유하여 그 무리들 틈에서 정사를 봐야 하는 황제가 얼마나 동물적 야욕의 희생양이 되었겠는가를 설득력 있게 표현하였다. 어린 황제의 주변에서 늘 으르렁대는 호랑이와 이리떼들을 도저히 벗어날 수 없었던 황제를 조설항은 매우 딱한 시선으로 바라보며 통속적인 속담을 가지고 현실을 묘사한 것이다. 불가항력적인 내부의 적들로 무척이나 힘들었을 후한의 외로운 황제는 이처럼 명나라 조설항에 의해서 더 이상 망국의 군주라는 불명예를 듣지 않아도 되었다. 힘들고 절박한 당시 상황을 어느 정도 정상참작하게 만든 조설항의 인물평 덕이다.

'전호후랑'은 우리나라의 속어인 '엎친 데 덮친 격'을 연상시킨다. 어렵고 힘든 일이 연거푸 닥쳐와 연이어 어려움에 빠지는 상황이 계속될 때, 후한시대 어린 황제의 난감함을 떠올리며 다시 힘을 내어봄이 어떨런지.

---

[유사어]  雪上加霜(설상가상) :  눈 위에 서리발이 내리다.
病床添病(병상첨병) :  병들어 누워있는데 또 다른 병이 찾아들다.
禍不單行(화불단행) :  재앙은 홀로 오지 않고 한꺼번에 들이 닥친다.
賭上加賭(도상가도) :  일이 거듭되면 될수록 어려움이나 부담이 보다 가중됨.

[출전] 趙雪航,『趙雪航評史』

# 轉禍爲福 전화위복

轉 구를 전 | 禍 재앙 화 | 爲 될 위 | 福 복 복

## 화가 바뀌어 복이 되다.

언짢은 일이 계기가 되어 오히려 좋은 일이 생김.

전한前漢시대 무제武帝 때, 북방 국경 근방에 점을 잘 치는 늙은이(塞翁)이 살고 있었는데 하루는 그가 기르던 말이 아무런 까닭도 없이 오랑캐 땅으로 넘어가버렸다. 마을 사람들이 그 일을 위로하자 새옹이 도리어 희망적인 말로 그들을 일깨웠다.

'전화위복'은 가족처럼 지내던 말을 잃었어도 실의에 빠지지 않고 도리어 희망을 갖는다는 새옹의 일화에서 유래된 성어이다.

| | |
|---|---|
| 그의 아버지가 말했다. "이 일이 어찌 갑자기 복이 되지 않겠소?" 몇 달이 지난 후, 그 말이 오랑캐의 준마를 거느리고서 돌아왔다. 사람들 모두 이를 축하하자 그 아버지가 말했다. "이 일이 어찌 갑자기 재앙이 되지 않겠소?" 집에 좋은 말이 가득하자 그의 아들이 말 타기를 좋아하다가 떨어져 다리가 부러졌다. 사람들 모두 이를 위로하자 그 아버지가 말했다. "이 일이 어찌 갑자기 복이 되지 않겠소?" 1년이 지난 후, 오랑캐가 대거 국경에 침입해 오자 장정들은 활시위를 당기며 싸우다가 그 마을 사람들 중 죽은 자가 10에 9명이었다. 이 아들 혼자만이 절름발이었기 때문에 부자 모두 (목숨을) 보존할 수 있었다. 그러므로 인간세상에서 복이 재앙이 되고 재앙이 복이 되는 것은 그 변화가 끝났다 할 수 없고 그 깊이를 예측할 수도 없다. | 其父曰此何遽不爲福乎?居數月,其馬將胡駿馬而歸.人皆賀之,其父曰此何遽不爲禍乎? 家富良馬,其子好騎,墮而折其髀.人皆弔之.其父曰此何遽不爲福乎?. 居一年,胡人大入塞.丁壯者引弦而戰.近塞之人死者十九.此獨以跛之故父子相保. 故福之爲禍,禍之爲福化不可極 深不可測也. |

此 이 차 / 遽 갑자기 거 / 居 있을 거 / 將 거느릴 장 / 胡 오랑캐 호 / 駿 빼어날 준 / 皆 모두 개 / 賀 하례할 하 / 富 넉넉할 부 / 騎 말 탈 기 / 墮 떨어질 타 / 折 꺾을 절 / 髀 넓적다리 비 / 弔 조문할 조 / 丁 장정 정 / 壯 씩씩할 장 / 引 당길 인 / 弦 활시위 현 / 跛 절뚝발이 파

## 새옹(塞翁)의 지혜

전한의 회남왕淮南王 유안劉安이 각계각층의 학자들과 함께 만든 철학서『회남자』에 나오는 이야기이다. 새옹은 세상 돌아가는 이치를 일화일복一禍一福으로 꿰뚫어 보았다. 살다보면 한번은 화를 당하기도 하고 한번은 복을 받기도 한다는 뜻이다. 복과 화의 양면성이 삶의 속성임을 밝힌 轉禍爲福, 이 성어에는 복과 화가 상대적이면서도 서로를 존재케 한다는 새옹의 화복 대대對待 정신이 나타나 있다. 즉 화복이란 상대적이면서도 서로를 필요로 한다는 것이다. 불가피한 인생의 화복, 긍정적으로 수용하라는 새옹의 가르침이 담겨있다.

[동의어] 北叟失馬(북수실마) : 북방에 사는 늙은이가 말을 잃었다.
　　　　塞翁之馬(새옹지마) : 변방에 사는 늙은이의 말로 인해 희비가 엇갈림.
[유사어] 苦盡甘來(고진감래) : 쓴 것이 다하면 단 것이 온다.
　　　　榮枯盛衰(영고성쇠) : 인생은 번성하기도 하고 쇠퇴하기도 한다.

[출전]『淮南子』「人間訓篇」

# 絶聖棄智 절성기지

絶 끊을 절 | 聖 성스러울 성 | 棄 버릴 기 | 智 슬기 지

## 성스러움을 끊고 지혜로움을 버리다.

인위를 버리고 자연스러움을 회복함.

춘추春秋시대, 노자老子는 위정자들이 인위적으로 성스럽고, 지혜롭고, 인자하고, 정의롭고, 재주부리고, 이롭고자 하는 데에서 백성들의 불행이 싹튼다고 보았다.

'절성기지'는 노자가 성지聖智, 인의仁義, 교리巧利 이 세 가지는 인간의 본성에 위배되는 것이므로 이를 버려야 한다고 말한 대목에서 유래된 성어이다.

> 성스러운체 함을 끊고 지혜로운 체함을 버리면 백성들의 이익이 백배로 늘어나고, 인仁을 끊고 의義를 버리면 백성들이 효도와 사랑으로 돌아갈 것이며, 기교를 끊고 이익을 버리면 도둑이 있지 않을 것이다. 이 세 가지는 무늬(장식)에 불과하니 부족한 것이다.
> 고로 (근본에) 붙이는 바가 있게 해야 한다. 본바탕을 드러내고 소박함을 지니며 사심을 적게 하고 욕심도 적게 해야 한다.
>
> 絶聖棄智, 民利百倍,
> 絶仁棄義, 民復孝慈,
> 絶巧棄利, 盜賊無有.
> 此三者以爲文不足.
> 故令有所屬, 見素抱樸,
> 少私寡欲

倍 곱 배 / 復 돌아올 복 / 慈 사랑할 자 / 巧 기교 교 / 盜 훔칠 도 / 賊 훔칠 적 / 無 아닐 무 / 故 까닭 고 / 令 하여금 령 / 屬 붙을 속 / 見 나타날 현 / 抱 안을 포 / 朴 순박할 박 / 私 개인 사 / 寡 적을 과

## 노자(老子)의 정치사상

노자는 백성들이 살기 힘들어 하는 이유로 위정자들의 성인인 체, 지혜인인 체하는 가식을 손꼽았다. 지도자가 성스러움과 지혜로움을 지향하는 풍토를 조성하면 자연스럽고 우직한 순박미를 구속하기 때문에 백성들의 행복지수는 낮아질 수밖에 없다는 것이다.

성스러움과 지혜로움을 없애버리라는 의미의 絶聖棄智, 이 성어에는 백성들의 유익한 삶을 위해서 위정자들이 자연성自然性대로 살기를 바라는 노자의 무위자연無爲自然사상이 나타나 있다. 위정자가 성스러움과 지혜로움을 추구하며 자연 본성을 잃거나, 인자함과 정의로움을 외치며 인간 도리를 강조하거나, 공교함과 유익함을 논하며 경쟁심을 유발한다면 백성들은 세상살이를 각박하게 느끼고 불효를 저지를 뿐 아니라 점차 인간미를 잃으며 남의 물건을 탐내게 된다는 것이다. 노자에 의하면 인간은 타고난 대로의 본바탕과 순박함을 자연스럽게 구가하며 살 수 있어야 다른 사람들과 경쟁할 이유도, 사리사욕을 챙길 필요도 느끼지 않는다. 일반적으로 속물스럽지 않고 성스러우며, 어리석지 않고 지혜로운 사람들을 두고 훌륭하다거나 이상형이라고 보기 마련인데, 노자는 이 고정관념을 '절성기지'라는 단 한마디 말로 깨부수었다. 형식과 포장을 용납하지 않는 노자이기에 가능한 역설이다.

'절성기지'를 표면적 글자풀이에 그친다면 성聖과 지智를 부정하는 의미이므로 일반적 상식선에서 볼 때, 언뜻 이해하기 힘든 면이 있다. 그래서 요즘 들어 원전의 뜻과는 거리가 먼 의미로 잘못 사용되기도 한다. 하지만 이 성어가 도덕경에 출전을 두고 있는 노자의 언급임을 기억해야 한다. 노자의 지론은 인위적 요소인 성聖과 지智를 배제하고 무위적 요소인 소素(본바탕)와 박樸(순박함)을 권장함이다

[출전] 『老子 道德經』「19章」

# 絶長補短 절장보단

絶 끊을 절 | 長 길 장 | 補 도울 보 | 短 짧을 단

## 긴 것을 잘라 짧은 것에 보탠다.

장점으로 단점을 보완하다.

전국戰國시대, 등藤나라의 세자(훗날 滕文公)가 초나라로 갔다가 돌아오는 길에 송宋나라에 머물고 있던 맹자孟子를 재차 찾아왔다. 맹자는 그에게 '모든 사람의 본성은 본래 선善하다'는 성선설性善說과 요堯·순舜임금의 인의仁義에 의한 정치 즉 왕도정치에 대하여 설명하였다. 춘추시대의 현자로 알려진 제나라의 성간成覸, 노魯나라의 안연顏淵, 노나라의 공명의公明儀처럼 훌륭한 스승을 본받아서 하나의 도道인 왕도王道를 행하고자 노력한다면 그 누구라도 성인의 경지에 이를 수 있다고 하였다.

'절장보단'은 맹자가 등나라의 세자에게 작은 나라일지라도 왕도를 행하려는 노력을 한다면 얼마든지 선정을 펴는 나라를 이룰 수 있다고 격려하는 대목에서 유래된 성어이다.

> "지금 등나라는 긴 곳을 잘라서 짧은 곳을 보충한다면 장차 사방 오십 리가 될 것입니다. 오히려 선을 행하는 나라가 될 수 있습니다. 서경에 쓰여있기를 '만일 약이 어지럽지 아니하면 그 병은 낫지 않는다.'고 하였습니다."

> 今滕絶長補短,將五十里也.猶可以爲善國
> 書曰若藥不瞑眩,厥疾不瘳

滕 나라이름 등 / 將 장차 장 / 猶 오히려 유 / 藥 약 약 / 瞑 눈감을 명 / 眩 어지러울 현 / 厥 그 궐 / 疾 병 질 / 瘳 병 나을 추 /

| 書(서) | 『서경書經』을 가리킴. 일명 『상서商書』라고도 하며, 「설명편說命篇」에 "너의 마음을 열어서 짐의 마음을 기름지게 하라. 만약 약이 어지럽지 않으면 그 병은 낫지 않을 것이며, 만약 맨발이 땅을 보지 아니하면 그 발이 상처를 입으리라."고 하였다.

| 瞑眩(명현) | 눈앞이 아찔하고 어지러움.

## 맹자(孟子)의 정치사상

맹자가 볼 때, 세자시절의 등문공은 등나라가 당시 강대국인 초나라에 비하여 매우 약소하였기 때문에 의기소침해 있는 모습이었다. 이에 맹자는 세자에게 장차 영토관리를 하고 선善을 행하면 오히려 강대국의 모범이 될 수 있다는 말로 희망을 주었다.

긴 곳을 잘라서 짧은 곳을 보충하라는 뜻의 絶長補短, 이 성어에는 등나라의 경계를 사방으로 고르게 조정한 후, 인의仁義로 백성을 다스리면 그것이 곧 강대국의 틈새에서 건재할 수 있는 비결이라고 한 맹자의 성선 및 왕도 사상이 나타나 있다. 좋은 약을 복용하면 잠시 어지러운 증상이 생겨 고통스럽지만 잘 참아내면 곧 쾌유하는 것처럼 비록 지금 등나라가 소국이라서 당장은 힘들겠지만 모든 사람의 선한 본성을 회복시키는 선정을 베푼다면 틀림없이 요순시대와 같은 태평성대를 이룰 수 있다는 맹자의 말이다.

[동의어] 斷長續短(단장속단) : 긴 것을 잘라서 짧은 것에 이어줌.
斷長續短(절장속단) : 긴 것을 잘라서 짧은 것에 이어줌.
[유사어] 抑強扶弱(억강부약) : 강한 것을 누르고 약한 것을 도와 줌.

[출전] 『孟子』 「滕文公上篇」

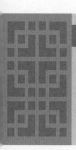
# 切磋琢磨 절차탁마

切 끊을 절 | 磋 갈 차 | 琢 쫄 탁 | 磨 문지를 마

## (뼈를) 끊고, (상아를) 갈고, (구슬을) 쪼고, (돌을) 문지름.

학문과 덕행을 갈고 닦음.

춘추春秋시대, 위衛나라의 11대 군주인 무공武公은 주周나라 수도를 동쪽으로 천도한 공이 있었고 오랜 세월동안 나라를 덕으로 다스렸기에 위나라 백성들이 그를 찬미하였다.
'절차탁마'는 위나라 백성들이 위무공의 덕을 찬미해 부른 민요에서 유래된 성어이다.

| | |
|---|---|
| 빛나시는 군자여! | 有匪君子 |
| (뼈와 상아를) 자르고 다듬는 듯이, | 如切如磋 |
| (구슬과 돌을) 쪼고 문지르는 듯이, | 如琢如磨 |
| 엄숙하고 너그럽도다! | 瑟兮僩兮 |
| 밝고 환하시도다! | 赫兮咺兮 |
| 빛나시는 군자여! | 有匪君子 |
| 끝내 잊을 수가 없나이다! | 終不可諼兮 |

匪 빛날 비 / 瑟 엄숙할 슬 / 兮 감탄형어조사 혜 / 僩 너그러울 한 / 赫 밝을 혁 / 咺 환할 훤 / 終 마침내 종 / 諼 잊을 훤

## 기오편(淇奧篇) 속의 주인공, 위무공(衛武公)

「기오편淇奧篇」은 위무공의 학문과 덕망이 얼마나 충실하고 훌륭한지를 비유적으로 묘사한 찬미시이다. 그의 충실함은 왕골과 마디풀의 우거진 형상으로 표현되었고 훌륭함은 뼈와 상아와 구슬과 돌을 다듬어 가는 공정에 비유되었다. 거친 뼈나 원석을 끊임없이 갈고 다듬다보면 마침내 귀한 보물로 탄생되는 것처럼, 위무공도 자신의 학문과 인격을 쉼없이 갈고 닦음으로써 빛나는 인물이 되었다고 생각한 백성들이 그의 노력을 찬미한 것이다.

절切은 뼈를 원하는 모양으로 자르는 것이고 차磋는 상아를 다듬는 것이며 탁琢은 구슬을 쪼아대는 것이고 마磨는 돌을 문지르는 작업임을 뜻하는 切磋琢磨, 이 성어에는 완전무결한 결과물을 얻기 위해 분야별로 정성을 다하는 과정이 나타나 있다. 위무공이 엄숙하고 너그럽고 밝은 인물, 즉 군자가 되기까지에는 이처럼 학문, 정신수양, 정사政事 등 하는 일마다 장인匠人과 같은 투철한 사명감을 가지고 정성을 쏟은 결과임을 백성이 알고 있는 것이다. 군주의 왕좌에 앉아 권력을 휘두르지 않고 오로지 백성을 위하는 마음으로 덕치에 힘쓰고자 각고의 노력을 아끼지 않았던 위무공이기에 백성은 그를 잊지 못하고 있다.

원전에 의하면 '절차탁마'는 가공할 재료에 따라 공정과정을 달리하며 정성껏 완전체를 만든다는 의미이다. 하지만 요즘에는 분야별로 정성을 다한다는 의미보다는 단계별로 정교함을 더한다는 의미로 사용하고 있다. 약간의 의미변화가 생겼지만 '끊임없이 노력하는 과정'을 의미함에는 큰 차이가 없다.

[출전]『詩經』「衛風 淇奧篇」

# 漸入佳境 점입가경

漸 점차 점 | 入 들 입 | 佳 아름다울 가 | 境 지경 경

## 점차 아름다운 경지에 들어감.

경치나 문장, 사건이 점점 재미있고 좋게 전개됨.

동진東晉시대, 유명한 화가 고개지顧愷之에게는 사탕수수를 먹을 때, 단맛이 적은 부위부터 먹는 습관이 있다. 그 이유를 주변 사람들이 질문하자 그가 대답하였다.
'점입가경'은 사탕수수를 남다르게 먹는 고개지의 습관에서 유래된 성어이다.

| | |
|---|---|
| 진릉현 무석 사람이다. (중략) | 晉陵無錫人也.(중략) |
| 고개지가 사탕수수를 먹을 때마다, | 愷之每食甘蔗, |
| 항상 사탕수수의 가느다란 위 부위부터 먹고 난 후, 본줄기인 몸 | 恒自尾至本. |
| 통부위를 먹기에 이른다. 사람들이 그것을 늘 이상하게 생각하자 | 人或怪之云 |
| 그가 말하기를, "점점 (단맛이) 좋은 지경에 들어가기 때문이지." | 漸入佳境. |

錫 주석 석 / 愷 즐거울 개 / 每 매양 매 / 蔗 사탕수수 자 / 恒 항상 항 / 自 ~로부터 자 / 尾 꼬리 미 / 或 늘 혹 / 怪 기이할 괴 / 云 이를 운

| 顧愷之(고개지) | 동진시기의 강남 명문세족 출신으로 다재다능하고 박학다식했으며, 그림과 서예솜씨가 출중하였다. 특히 인물화의 최고봉으로 알려져 있다. |
| 甘蔗(감자) | 사탕수수 |

## 고개지(顧愷之)의 기행

양자강 이남의 열대지역인 진릉현 무석은 설탕의 주원료인 사탕수수의 주 생산지이다. 자연스레 고개지를 포함한 그곳 사람들은 일상적으로 사탕수수를 즐겨먹곤 하였다. 그런데 고개지의 사탕수수 먹는 방식은 좀 유별나다. 대부분의 사람들은 단맛이 강한 몸통부위를 먹는데 고개지는 단맛이 덜한 위 줄기부터 먹기 시작하는 것이다. 사탕수수는 위 줄기 부위보다 뿌리 쪽으로 내려갈수록 단 맛이 강하다는 사실을 누구나 다 아는 바인데 일부러 단맛이 적은 부위를 쭉 먹는 고개지의 모습은 사람들의 눈에 기이하게 비칠 수밖에 없었다.

별로 맛있지 않은 부위부터 먹기 시작해서 차츰 맛있는 부위를 먹으며 끝 맛을 좋게 한다는 뜻의 漸入佳境, 이 성어에는 단맛의 차이를 음미하면서 끝 맛을 단맛의 최고조로 느끼고자 한 고개지의 기대감과 행복감이 나타나 있다. 그는 일률적인 당도를 맛보는 것에 그치지 않고 앞으로 맛보게 될 기대당도를 맛 이상의 즐거움거리로 삼은 것이다. 일반 사람들이 생각지도 않은 소소한 가치를 발견한 고개지, 그는 이처럼 특이하고 섬세하였다.

요즘 우리들이 사용하고 있는 '점입가경'은 고개지가 표현했던 의미와는 거리가 있다. '맛이 점점 더 좋아진다.'는 긍정적 의미가 아니라 '상황이 점점 나빠져서 악순환이 거듭된다.'는 부정적 의미로도 사용하는 실정이다. 손상된 원전의 의미를 회복해야 할 성어이다.

| [동의어] | 漸至佳境(점지가경) : | 점점 아름다운 지경에 이름. |
| [유사어] | 錦上添花(금상첨화) : | 비단 위에 꽃무늬를 수놓음으로써 더욱 좋아짐. |
| [반대어] | 雪上加霜(설상가상) : | 눈발 위에 더해지는 서릿발. |

[출전] 『晉書』「顧愷之傳 第62」

# 井中之蛙 정중지와

井 우물정 | 中 가운데 중 | 之 ~의 지 | 蛙 개구리 와

## 우물 안의 개구리.

견문이 좁아서 넓은 세상의 사정을 모름.

전국戰國시대, 장자莊子가 '추수秋水'라는 우화에 '가을 물이 한꺼번에 불어나 모든 냇물이 황하黃河로 흘러든다. 그 본줄기는 커서 양편 물가의 거리가 상대편에 있는 소나 말을 분별할 수 없을 정도이다. 그래서 황하의 신 하백河伯은 기뻐하며 천하의 훌륭함이 모두 자기에게 모였다고 생각하였다. 흐름을 따라 동쪽으로 가 북해에 이르러 동쪽을 바라보니 물의 끝이 보이지 않았다. 하백은 비로소 그의 얼굴을 돌려 북해의 신 약若을 우러러 보며 자신의 편협함을 탄식하였다.'라는 내용을 담았다.

'정중지와'는 장자가 강물의 신 하백과 바다의 신 약이 서로 대화하는 형식을 설정해 놓고 바다의 편에서 하백의 편협하고 오만함을 비유적으로 일깨우는 대목에서 유래된 성어이다.

> 북해약이 말하였다. "우물 안의 개구리가 바다에 대해 말할 수 없는 것은, 그들이 거처에 구속되어 있기 때문이며, 여름 벌레가 얼음을 말할 수 없는 것은, 그들이 더운 시기만을 굳게 믿기 때문이고, 비뚤어진 선비가 도를 말할 수 없는 것은 그들이 가르침에 구속되어 있기 때문이지. 지금 그대는 좁은 개울에서 나와 큰 바다를 바라보고, 마침내 그대의 추함을 알았으니 그대는 장차 더불어 큰 진리에 대하여 말할 수 있게 되었네."

> 北海若曰井蛙不可以語於海者,拘於虛也.夏蟲不可以語於氷者,篤於時也.曲士不可以語於道者,束於敎也.今爾出於崖涘,觀於大海,乃知爾醜,爾將可與語大理矣.

拘 잡을 구 / 虛(=墟) 터 허 / 篤 굳을 독 / 爾 너 이 / 崖 물가 애 / 涘 물가 사 / 醜 추할 추

## 장자(莊子)의 철학사상

장자는 강물의 신과 바닷물의 신이 나누는 문답을 통해서 대소大小의 차별이 얼마나 무의미한가를 우화에 담았다. 가을철 홍수로 인해 그 규모가 거대해진 황하가 과대망상에 빠져 만족스레 지내다가 어느 순간에 끝없이 펼쳐지는 북해를 만나고 나서, 자신의 초라함을 깨닫고 세상을 바라보는 안목을 바꾸게 된다. 라는 내용이다.

자신을 최고인양 여기며 사는 우물 안의 개구리를 묘사한 井中之蛙, 이 성어에는 바다 앞에서 작아진 황하처럼 우물 안에서 사는 개구리가 바깥세상으로 나오면 자신의 편협함을 비로소 알게 될 거라고 하는 장자의 가치상대주의가 나타나 있다. 대소시비大小是非의 차별이 상대에 따라 바뀌는 게 세상의 도이니, 차별의 논란에서 벗어나서 가치규범에 얽매이지 말고 작은 사견을 버릴 것이며 자신의 본질을 찾으라고 하였다.

---

[동의어] 井底之蛙(정저지와) : 우물 안의 개구리.
[유사어] 坐井觀天(좌정관천) : 우물 안에 앉아서 하늘 보기.
蜀犬吠日(촉견폐일) : 높은 산으로 둘러싸인 촉나라의 개가 해를 보고 짖음.
越犬吠雪(월견폐설) : 따뜻한 월나라의 개가 눈 내리는 것을 보고 짖음.
以管窺天(이관규천) : 대롱을 통해서 하늘 보기.
尺澤之鯢(척택지예) : 작은 연못 속의 암고래.

[출전] 「莊子」「秋水篇」

# 糟糠之妻 조강지처

糟 지게미 조 | 糠 쌀겨 강 | 之 ~의 지 | 妻 아내 처

## 술지게미나 쌀겨를 함께 먹고 산 아내

가난할 때 고생을 함께해온 아내.

후한後漢시대, 광무제光武帝는 미망인이 된 누나 호양공주湖陽公主를 불러 신하 중 누구를 마음에 두고 있는지 그 의중을 떠보았다. 호양 공주는 당당한 풍채와 덕성을 지닌 대사공大司空 송홍宋弘에게 호감을 갖고 있었다. 며칠 뒤, 광무제는 공주더러 병풍 뒤에 숨어, 송홍과의 대화내용을 듣게 한 후, 송홍을 불러 공주의 배필이 되어줄 수 있는지를 물었다. '조강지처'는 광무제로부터 황족의 사위가 될 의향이 있는지의 질문을 받은 송홍이 망설이지 않고 단호하게 거절하는 답변에서 유래된 성어이다.

> (광무제가) 이 일로 인해 송홍에게 말하였다. "속어에 이르기를 '귀하게 되면 친구를 바꾸고 부유해지면 아내를 바꾼다,'라 했으니 인지상정이지?" 송홍이 답변하였다. "신은 가난하고 천할 때 알고지낸 친구는 잊어서는 안 되고, 술지게미와 쌀겨를 먹으며 고생한 아내를 마루에서 내려가게 하면 안 된다고 들었습니다." 광무제가 공주를 돌아보며 말하였다. "일이 잘 풀리지 않은 것 같구나."

> 因謂弘曰諺言
> 貴易交富易妻,
> 人情乎?弘曰臣聞貧賤之
> 知不可忘,糟糠之妻不下
> 堂. 帝顧謂主曰
> 事不諧矣

因 인할 인 / 謂 이를 위 / 諺 속어 언 / 易 바꿀 역 / 妻 아내 처 / 忘 잊을 망 / 糟 술지게미 조 / 糠 쌀겨 강 / 堂 집 당 / 帝 임금 제 / 顧 돌아볼 고 / 諧 화할 해 / 矣 ~이다 의

## 송홍(宋弘)의 의리정신

후한의 초대 황제 광무제때의 대사공大司空 송홍宋弘은 매우 강직하고 후덕하며 청렴하기로 소문나있다. 황제의 누이인 호양공주가 송홍이 이미 결혼했음을 알면서도 자신의 재혼 상대자로 점찍어 둔 일화가 있을 정도이다.

곤궁한 처지에 서로 의지하며 버팀목이 되어준 아내를 뜻하는 糟糠之妻, 이 성어에는 빈천한 처지로 있다가 부귀한 입장으로 신분상승이 되었다 해도 절대로 바뀌어서는 안 되는 것이 바로 친구와 아내라고 한 송홍의 의리정신이 나타나 있다. 자신이 대사공이라는 높은 벼슬에 오르게 된 것은 그 배후에서 온갖 어려움을 함께 감수해준 친구와 아내가 있었기에 가능했음을 잊지 않겠다는 것이다. 입장이 나아지면 과거의 것을 모두 지워버리고 싶어 하는 일반인들의 이기심과 속물스러움을 송홍은 인간간의 의리와 인정을 내세우며 한 치의 망설임도 없이 씻어 내버렸다. 비록 지금보다 더 나은 부귀가 보장 된다 하더라도, 그 부귀는 아내 앞에서 아무런 의미가 없다는 점을 송홍이 보여 주었다. 물질보다는 사람을 택한 송홍, 그의 인간미가 믿음직하다.

요즘에 '의리'가 대세이다. '의리를 지킨다.' 함은 개인적으로 온정주의에 빠져 자칫 공정성을 해칠 우려를 받는 점도 없지 않으나 '조강지처'에 나타나 있는 의리는 인간에 대한 깊은 신뢰를 드러내는 것이다. 진정한 인간미를 담고 있는 성어이다.

[유사어]　貧賤之交(빈천지교) : 가난하고 천한 시기에 사귄 친구를 배신해서는 안 됨.

[출전] 『後漢書 卷26』「宋弘傳」

# 朝令暮改 조령모개

朝 아침 조 | 令 명령 령 | 暮 저녁 모 | 改 고칠 개

## 아침에 명령한 것을 저녁에 고친다.

일관성 없이 자주 바뀌는 정책.

전한前漢시대, 어사대부 조착晁錯이 백성의 고달픔과 아픔을 '논귀속소論貴粟疏'라는 글에 담아 한문제漢文帝에게 상소하였다. 백성들은 일 년 동안 하루도 쉬는 날 없이 농사일에 매달리건만 살림은 늘 쪼들린다며 그들의 처지를 대변하였다. 수확은 적은데 접대비, 조문비, 문안비, 양육비 등 지출할 일이 많아서 빠듯한 살림이 더욱 어려운데다가 관청으로부터 빗발치는 세금 독촉까지 받으니 농민들이 죽을 지경이라는 내용이다.

'조령모개'는 경제에 능통한 어사대부 조착이 농민들의 고충을 줄여주려고 한문제에게 올린 상소문 '논귀속소論貴粟疏'에서 유래된 성어이다.

| | |
|---|---|
| 이처럼 일하며 고생하는데도 오히려 거듭 수재나 가뭄의 재앙을 입고 혹독한 부역에 갑자기 동원되며 세금 착취는 시도 때도 없고 아침에 명령한 것을 저녁에 고치라 합니다. 세금을 준비해야 해서 (양식이) 있는 사람은 그 양식을 반값에 팔고 (양식이) 없는 사람은 곱절 비싼 이자로 다른 사람에게 빌립니다. 이에 논이나 집을 팔거나 자손을 팔아서 빚을 갚는 사람도 생기고 있습니다. | 勤苦如此,尚復被水旱之災, 急政暴賦賦斂不時, 朝令而暮改.當具 有者半賈而賣, 亡者取倍稱之息 於是有賣田宅,鬻子孫以 償債者矣 |

勤 일할 근 / 苦 쓸고 / 尚 오히려 상 / 復 다시 부 / 被 입을 피 / 旱 가물 한 / 災 재앙 재 / 急 갑자기 급 / 政 다스릴 정 / 暴 사나울 폭 / 賦 부역 부 / 賦 세금 부 / 斂 거둘 렴 / 當 마땅할 당 / 具 갖출 구 / 賈 값 가 / 賣 팔 매 / 倍 곱절 배 / 稱 부를 칭 / 息 이자 식 / 宅 집 택 / 鬻 팔 육 / 償 갚을 상 / 債 빚 채

## 조착(晁錯)의 위민사상

한나라 제5대 황제 문제는 진시황의 폭정에 시달렸던 백성들을 안정시키기 위한 정책으로 무위無爲의 정치를 펼쳤으나 백성들의 삶은 여전히 고달프기만 했다. 이를 직시한 조착은 나라의 경제와 농민을 살리기 위해 백성들의 삶의 현장을 황제에게 낱낱이 보고하였다.

법령이나 정책을 수시로 바꿔 일관성이 없음을 뜻하는 朝令暮改, 이 성어에는 주먹구구식의 행정으로 농민들의 삶을 피폐하게 하는 위정자들의 횡포를 조목조목 지탄한 조착의 중농귀속重農貴粟사상이 나타나 있다. 나라의 경제는 농산물의 생산량에 좌우되는 만큼 농사를 중히 여기고 곡식을 소중하게 생각해야 한다는 것이다. 상소문에서 거론한 농촌사회의 문제점을 개선한다면 그동안에 부역과 세금으로 빼앗긴 농민들의 시간과 자금을 농사에 집중 투자할 수 있게 되고 농업경제가 활성화될 것이며 자연히 나라발전에도 큰 도움이 될 거라고 조착은 확신하였다.

무계획적 행정의 전형인 '조령모개', 백성들의 불신과 고달픔만 불러일으킬 뿐이다.

---

[유사어]　高麗公事三日(고려공사삼일) : 　고려의 정책은 3일 동안만 시행된다.
　　　　　朝變夕改(조변석개) : 　아침에 바꾼 것을 저녁에 또 다시 고친다.

[출전] 『後漢書』 「食貨志」

# 朝名市利 조명시리

朝 조정 조 | 名 이름 명 | 市 저자 시 | 利 이로울 리

## 조정에서 명예를, 시장에서 이익을

무슨 일이든 적당한 장소에서 행해야 함.

전국戰國시대 말기, 진秦나라 혜왕惠王 앞에서 중신 사마조司馬錯와 재상 장의張儀가 왕업의 달성을 위한 쟁론을 펼쳤다. 사마조는 촉蜀나라를, 장의는 한韓나라를 정벌해야 한다고 했다. 혜왕이 장의에게 보충설명을 요구하자 장의가 위魏나라, 초楚나라와 친선해서 그 두 나라와 협공하면 한나라는 물론이고 주周나라 왕에게도 위협적일 것이라고 답변하였다.

'조명시리'는 연횡가 장의가 진혜왕秦惠王에게 한나라를 왜 정벌해야 하는지, 그 이유를 설명하는 대목에서 유래된 성어이다.

| | |
|---|---|
| "주나라는 구원되지 못할 것을 스스로 알고 '구정' 그 보배로운 기물을 반드시 내놓을 것입니다. 그리하여 구정을 차지하고 지도와 책을 조사하며 천자를 끼고서 천하에 호령하면 천하 사람들이 감히 따르지 않는 자가 없을 것입니다. 이것이 왕업입니다. 지금 저 촉나라는 서쪽의 외진 나라로서 오랑캐들의 수장입니다 병사를 피로하게 하고 백성을 수고롭게 할 터이니 명예도 되지 않으며 토지를 얻어도 이익이라 할 수 없습니다.<br>저는 '명예를 다투는 자는 조정에서 하고 이익을 다투는 자는 시장판에서 한다.'고 들었습니다. 지금 (한나라) 삼천과 주나라 왕실은 천하의 시장이요 조정인데 임금께서 여기서 다투지 않고 도리어 오랑캐 땅에서 다투려 하시니 왕업과는 거리가 멀어집니다." | 周自知不救,九鼎寶器必出.據九鼎,按圖籍,挾天子以令天下,天下莫敢不聽,此王業也. 今夫蜀西辟之國而戎狄之長也. 弊兵勞衆不足以成名,得其地不足以爲利. 臣聞爭名者於朝,爭利者於市. 今三川周室天下之市朝也,而王不爭焉,顧爭於戎狄,去王業遠矣 |

救 구할 구 / 寶 보배 보 / 器 그릇 기 / 據 의거할 거 / 鼎 솥 정 / 按 살필 안 / 圖 그림 도 / 籍 책적 적 / 挾 낄 협 / 聽 들을 청 / 夫 저 부 / 辟(=僻) 치우칠 벽 / 戎 오랑캐 융 / 狄 오랑캐 적 / 長 어른 장 / 弊 곤란할 폐 / 勞 수고할 로 / 焉 이에 언 / 顧 도리어 고

| 周(주) | 춘추전국시대는 제후국들의 강성으로 주나라가 천자국으로서의 권위를 상실함.

| 九鼎(구정) | 천자를 상징하는 보물, '구정'을 소유한다는 것은 바로 천하를 다스릴 만한 덕망과 정통성을 갖추었음을 상징함.

### 장의(張儀)의 진나라 발전책

진혜왕秦惠王의 신임을 받아 재상이 된 장의가 진나라의 발전을 위해서 중원지역을 차지하고 있는 한나라의 정벌을 제안하였다. 이 제안은 사마조가 오랑캐의 우두머리격인 촉나라를 공략해야 오랑캐를 물리쳤다는 공로를 인정받고 진나라의 영토를 넓히는 기회도 되며 백성의 삶을 풍요롭게 해주는 결과를 얻는 것이라는 견해와는 대립되는 것이었다. 때와 장소에 맞게 목적에 부합하는 행동을 취하는 것이 바람직하다. 라는 뜻의 朝名市利, 이 성어에는 천하의 패권을 차지하기 위해 중앙지역으로의 진출을 제안한 장의의 합리적 사고방식이 나타나 있다. 변두리 쪽 일은 큰일을 꿈꾼 사람에게 격이 맞지 않다는 것이다.

[유사어]    適時適地(적시적지) : 알맞은 시기와 알맞은 장소.                    [출전] 『戰國策』 「秦策」

# 朝三暮四 조삼모사

朝 아침 조 | 三 석 삼 | 暮 저물 모 | 四 넉 사

## 아침에 세 개, 저녁에는 네 개.

① 눈앞의 이익만 알고 결과가 같음을 모름.
② 간사한 꾀로 남을 속여 희롱함.
③ 인위적 시비를 초월하여 상대와 조화를 이룸.

전국戰國시대, 사람들이 편견에 근거하여 시비를 분별하느라 헛되이 애쓰자 장자莊子가 이들에게 얼마나 어리석은지를 깨닫게 하려고 원숭이 우화를 소개하였다.
'조삼모사'는 사람들의 시비분별이 얼마나 어리석은지를 장자가 원숭이의 어리석음에 빗대어 소개한 우화에서 유래된 성어이다.

| | |
|---|---|
| 조삼이란 무엇인가? 원숭이를 부리는 사람이 상수리를 나누어 주면서 말하기를 '아침에는 세 개, 저녁에는 네 개다.'고 하였더니 많은 원숭이들이 모두 성을 내며 말하기를 '그렇다면 아침에 네 개, 저녁에 세 개다.'고 하였더니 많은 원숭이들이 모두 기뻐했다. 명칭과 실질이 변함이 없는데도 기쁨과 노여움이 일게 되었다. 역시 이것(자연)에 따라야 한다. 이래서 성인은 시비를 조화시키고 자연의 균형에서 쉰다. 이러한 것을 일컬어 양행兩行(대립된 두 쪽이 순조롭게 같이 나가는 입장)이라고 한다. | 何謂朝三?曰狙公賦芧曰朝三而暮四. 衆狙皆怒曰然則朝四而暮三,衆狙皆悅. 名實未虧而喜怒爲用, 亦因是也.是以聖人和之以是非而休乎天鈞,是之謂兩行 |

狙 원숭이 저 / 賦 줄 부 / 芧 상수리 서 / 皆 모두 개 / 悅 기쁠 열 / 虧 이지러질 휴 / 因 인할 인 / 是 이 시 / 是 옳을 시 / 非 그릇될 비 / 休 쉴 휴 / 乎 ~에 호 / 鈞 고를 균 / 兩 둘 양

## 장자(莊子)의 철학사상

장자는 사람들이 사물의 명칭을 짓거나 가치를 매기면서 사물의 시비를 따지려 드는 경향이 있음을 보고 우화를 통하여 쓴 소리를 하였다. 이것저것으로 구별하는 행위는 인위적이고 주관적인 판단에서 비롯하는 것이기 때문에 자신의 마음에 들지 않으면 희비를 겪기 마련이라고 하였다.
사육사가 하루 먹이의 총 분량 7개를 가지고 아침에 3개, 저녁에 4개를 주겠다고 제안하면서 넌지시 원숭이들의 감정을 탐색한다는 뜻의 朝三暮四, 이 성어에는 3과 4의 비교를 떠나서 총합 7을 생각하라고 한 장자의 만물제동萬物齊同사상과 양행兩行의 도道가 나타나 있다. 사육사의 꾀에 놀아나는 원숭이 곧, 朝三暮四에는 불쾌해 하더니 朝四暮三의 바뀐 제안에는 기뻐 날뛰는 그들의 모습에서 장자는 전체의 시각을 갖지 않고 부분적 편견만으로 시비분별하며 감정적 소모를 하는 인간의 모습을 떠올렸다. 그래서 그는 만물이나 인간사에 대해, 성인처럼 시비를 초월하여 상대와 조화하라고 했다. 3과 4는 비교의 대상이 아니라 7로 한정된 식량이라는 관점에서 보면 모두 필요한 배분량이니 조화롭게 수용하라는 것이다. 상대를 대립 아닌 조화의 눈으로 바라보라고 한 장자, 서로 다른 것들의 조화 그자체인 자연을 본받으라 했다.

[동의어] 朝四暮三(조사모삼) : 아침에 네 개, 저녁에는 세 개

[출전] 『莊子』「齊物篇」

# 終南捷徑 종남첩경

終 끝 종 | 南 남녘 남 | 捷 빠를 첩 | 徑 지름길 경

## 종남산이 (출세의) 지름길.

출세를 위해 편법적인 수단을 사용함.

당唐나라 현종玄宗 때, 과거에 급제한 노장용盧藏用은 바로 벼슬길에 나가지 않고 종남산終南山에서 은거생활을 하다가 좌습유左拾遺라는 높은 벼슬을 지내게 된 인물이다. 도인道人 사마승정司馬承禎(647년~735년)이 그의 불순함을 꾸짖었다.

'종남첩경'은 은거생활을 한다는 것으로 칭송을 듣던 노장용이 산속생활을 접고 벼슬길에 들어서자 진정한 도인인 사마승정이 그의 처신을 나무라는 말에서 유래된 성어이다.

| |
|---|
| (노장용이) 처음 산중에 은거할 때, 뜻을 당대 세간에 두고 있자 사람들이 그를 지목하여 '벼슬의 수레를 따르고자 하는 은사'라고 하였다. 만년에 권세를 자랑하고 교만과 방종을 일삼았으며 본래의 절조를 다 잃었다. 사마승정이 일찍이 왕의 부름을 받고 대궐에 왔다가 장차 산으로 돌아가려 하자 노장용이 종남산을 가리키며 "이 산속은 좋은 것이 참 많은 곳입니다"라고 말하였다. 사마승정이 천천히 말하기를 "내가 보기에 (종남산은) 관리가 되는 지름길일 뿐이오"라고 하자 노장용이 부끄러워하였다 |

始隱山中時,有意當世,
人目為隨駕隱士.
晚乃徇權利,務為驕縱,
素節盡矣.司馬承禎嘗召
至闕下將還山藏用指終
南曰此中大有嘉處,
承禎徐曰以僕視之,仕宦
之捷徑耳.藏用慙,

隱 숨을 은 / 目 눈여겨볼 목 / 隨 따를 수 / 駕 수레 가 / 晚 늦을 만 / 徇 자랑할 순 / 權 권리 권 / 務 힘쓸 무 / 驕 교만할 교 / 縱 늘어질 종 / 素 본디 소 / 節 절개 절 / 盡 다할 진 / 禎 상서 정 / 嘗 일찍이 상 / 召 부를 소 / 闕 대궐 궐 / 將 장차 장 / 藏 감출 장 / 指 가리킬 지 / 嘉 아름다울 가 / 處 곳 처 / 僕 나 복 / 仕 벼슬할 사 / 宦 벼슬 환 / 耳 뿐 이 / 慙 부끄러워할 참

▮闕下(궐하)▮ 대궐 아래라는 뜻으로, 임금의 앞을 이르는 말.

## 사마승정(司馬承禎)의 사상

사마승정은 수십 년을 산중 생활하면서 온갖 학문을 섭렵하고 도를 닦은 진정한 은자이므로 사람들이 그의 탈속적인 초연함을 존경해마지 않았다. 조정에서도 그의 명성을 익히 듣고 있던 터라 관직에 나오도록 수차례 권했지만 사마승정은 그때마다 이를 거절하였다. 그가 장안에 들러 임금을 찾아뵙고 벼슬을 사양한 후, 다시 산으로 돌아가던 중, 때마침 종남산에서 은거하다말고 벼슬길에 나선 노장용을 만났다.

염불보다 잿밥이라고 임금이 계신 도성과 가까운 곳에 있는 종남산에서 은거생활을 자처하며 관직에 오를 생각만을 한다는 뜻의 終南捷徑, 이 성어에는 당시 은자의 삶을 흠모하는 분위기가 팽배함을 알고 이를 역이용하는 노장용의 편법을 크게 비웃은 사마승정의 청담사상이 나타나 있다. 세속의 명예와 출세에 얽매이지 않고 자연을 벗 삼아 자유로운 생활을 하던 사마승정에게 노장용의 가식과 수작은 그저 추한 욕망덩어리로 보일 뿐이었다. 되도록 도성과 멀리 떨어진 천대산이란 곳에서 맑은 담소와 시와 악기연주로 자연세계를 만끽하며 지내는 사마승정의 생활은 도성근처의 종남산에 지내면서 수시로 관직을 엿보았던 노장용의 산속생활과 큰 대비를 이루었다.

[출전]『新唐書 卷123』「盧藏用傳」

# 酒池肉林 주지육림

酒 술 주 | 池 연못 지 | 肉 고기 육 | 林 수풀 림

## 술로 연못을 채우고, 고기로 숲을 이룬다.

극히 호사스럽고 방탕한 생활.

은殷나라 시대 말기, 주왕紂王은 원래 민첩하고 힘도 세어 맨손으로 짐승들을 해치우는가 하면 해박하고 말솜씨가 뛰어나서 자기의 잘못을 그럴듯하게 둘러대기 일쑤였고 신하들에게 자신의 재능을 과시하길 즐기는데다가 술과 음악과 여색까지 밝혔다. 특히 애첩 달기妲己와의 사랑 놀음에 빠져들던 주왕은 그녀의 요청을 모두 들어주기 위하여 세금을 증세하고 재물과 곡식을 쌓아 두었으며 온갖 기이한 물건과 동물들을 정원에 가득 풀어 놓는 등 사치와 횡포를 자행하였다. '주지육림'은 은나라의 마지막 임금 주왕이 달기의 미모에 현혹되어 그녀와 함께 즐겼던 사치생활 중의 한 유형에서 유래된 성어이다.

술로 연못을 채우고 고기를 매달아 숲을 이루며
남녀로 하여금 발가벗고 그 사이에서 서로 쫓아다니게 하며 밤새도
록 술을 마셨다. 백성들이 원망하고 제후 중에
배반하는 자가 있자 이에 주왕이 중형으로 벌을 주었으며
(자신의 뜻에 거슬리는 자를) 불에 지지는 형법을 만들었다.

以酒爲池,懸肉爲林,
使男女裸,相逐其間,爲
長夜之飮.百姓怨望而諸
侯有畔者於是紂乃重刑
辟有炮烙之法

使 하여금 사 / 裸 벗을 나 / 逐 쫓을 축 / 飮 마실 음 / 姓 성 성 / 怨 원망할 원 / 諸 여러 제 / 侯 제후 후 / 畔 배반할 반 /
乃 이에 내 / 刑 형벌 형 / 辟 죄줄 벽 / 炮 구울 포 / 烙 지질 락
| 炮烙之法(포락지법) | 구리로 만든 뜨거운 형틀 위를 걸어가게 하는 형벌 제도.

## 주왕(紂王)의 폭정

은주왕殷紂王은 나름 능력도 많고 지식도 해박했으나 달기의 미인계에 빠진 후로는 충신들의 간언에 귀 기울이지 않다가 그만 나라까지 망치고 말았다. 직전의 왕조인 하夏나라의 마지막 임금 걸왕桀王이 애첩 말희妹喜와 함께 퇴폐생활을 하다가 망국에 이르렀던 행태를 그대로 답습하더니 급기야 폭군이라는 불명예를 얻게 되었다.
술로 연못을 채우고 고기로 숲을 이룬다는 뜻의 酒池肉林, 이 성어에는 망국의 임금답게 백성의 고혈을 빨아들여 한 여인의 기분을 맞춘 주왕의 광기가 나타나 있다. 그 많은 술과 안주를 준비하느라 육신이 피곤했을 신하며 백성들은 주왕과 달기의 광적인 웃음 뒤에서 피눈물을 흘리고 반항심을 키웠을 텐데도 이 두 사람은 백성을 외면하였다. 임금 자신과 애첩 달기의 슬픔 외에 남의 고통에 대해서는 아랑곳하지 않은 채, 광란의 축제를 즐긴 것은 이미 백성의 국부 자리를 포기한 몸짓이다. 비상식적인 향락거리를 쫓으며 일개 광인의 삶을 선택한 주왕, 훗날 주周나라 무왕武王에게 천자의 자리를 빼앗기는 액운에 처해질 줄을 까마득히 모르고 '주지육림'에 파묻혀 살았다. 민심民心이 천심天心이라는 말, 곧 하늘이 민심을 읽으리라는 것을 헤아리지 못하고 백성을 함부로 대한 망국의 군주이다.

[동의어]　肉山酒池(육산주지)： 고기로 산을 쌓고 술로 연못을 채우다.
[유사어]　肉山脯林(육산포림)： 고기로 산을 쌓고 포로 숲을 채우다.

[출전] 『史記 卷3』 「殷本紀」

# 竹馬故友 죽마고우

竹 대나무 죽 | 馬 말 마 | 故 옛 고 | 友 벗 우

## 어릴 때 같이 죽마를 타고 놀던 벗.

어렸을 때의 친구.

동진東晉시대, 후조後趙의 왕인 석계룡石季龍이 죽은 후, 내분이 일어나자 진晉나라 간문제簡文帝는 이 틈에 중원을 회복할 생각으로 은호殷浩에게 후조를 치도록 중책을 맡겼다. 그러나 은호는 출병하자마자 말에서 떨어지는 바람에 제대로 싸워보지도 못하고 패전하니 환온桓溫(312년~373년)이 그의 죄를 묻는 상소를 올렸다. 이에 간문제가 은호를 폐하여 서인으로 낮추었고 나중에는 유배까지 보내었다. 사실 환온과 은호는 어렸을 때 친구사이인데 성인이 되어서는 정적관계였다.

'죽마고우'는 진나라의 두 정치가인 은호와 환온이 어렸을 때 함께 어울려 놀았던 놀이의 명칭에서 유래된 성어이다.

| 은호는 어려서 환온과 나란히 이름을 날렸으나 매번 마음으로는 경쟁하였다. 환온이 일찍이 은호에게 물었다. "자네는 나를 어떻게 생각하는가?" 은호가 답변하였다. "나와 자네가 두루 챙겨준 지가 오래 되어서인지 나를 편안케 해주네." 환온은 이미 영웅호걸이라 자부하며 매번 은호를 멸시했지만 은호는 그를 꺼려하지 않았다. 이에 환온이 사람들에게 말하였다. "어려서 나는 은호와 함께 대나무 말을 함께 타고 놀다가 내가 버리고 가면 은호가 번번이 그것을 주워갔지요. 고로 마땅히 내 밑으로 와야 합니다." | 浩少與溫齊名而每心競<br>溫嘗問浩君何如我?<br>浩曰我與君周旋久<br>寧作我也.溫既以雄豪自<br>許,每輕浩,浩不之憚也.至<br>是溫語人曰少時吾與浩<br>共騎竹馬,我棄去,浩輒取<br>之.故當出我下也. |
|---|---|

齊 같을 제 / 競 겨룰 경 / 嘗 일찍이 상 / 君 자네 군 / 如 어찌 여 / 周 두루 주 / 旋 돌 선 / 寧 편안할 녕 / 既 이미 기 / 雄 우수할 웅 / 豪 호걸 호 / 許 인정할 허 / 輕 가벼울 경 / 憚 꺼릴 탄 / 騎 말 탈 기 / 棄 버릴 기 / 輒 번번이 첩

| 何如(하여) | '어떠한가?'의 관용적 의미.
| 周旋(주선) | 일이 잘 되도록 이리저리 힘을 써서 변통變通해 주는 일

### 은호(殷浩)와 환온(桓溫)의 우정

흔히 '죽마고우'를 '어렸을 때부터 사귄 매우 오래된 친구'의 의미로 쓰고 있지만 이 성어의 주인공인 환온의 속마음을 들여다보면 '단지 어렸을 때의 친구'의 의미일 뿐이다. 심지어 말이 친구이지 실제로는 상대방을 업신여기며 상하관계를 이루면서 함께 놀았을 뿐, 우정의 요소는 전혀 없다. 따라서 본래 부정적 의미였던 '죽마고우'가 후세에 와서 긍정적으로 변용된 경우에 해당된다. 참된 우정이 아니라 서글픈 우정을 담고 있는 성어이다.

[동의어] 騎竹之交(기죽지교) : 죽마를 타고 놀았던 친구.
[유사어] 蔥竹之交(총죽지교) : 파피리를 불면서 죽마를 타고 놀던 사이.

[출전] 『晉書』「殷浩傳」

# 樽俎折衝 준조절충

樽 술통 준 | 俎 도마 조 | 折 꺾을 절 | 衝 찌를 충

## 술통과 도마 사이 (술자리)에서 (상대가) 찌르는 것을 꺾다.

평화로운 교섭으로 일을 유리하게 담판 짓거나 흥정함.

춘추春秋시대, 진晉나라 평공平公이 제齊나라를 정벌하려고 재상 범소范昭를 파견하여 제나라의 실상을 살펴보게 하였다. 제齊나라 경공景公이 범소를 융숭히 접대하는데도 그는 경공에게 친히 술을 따라달라고 요구하였다. 이에 제나라 재상 안영晏嬰이 그의 무례함을 지적하는 의미로 경공의 술잔을 치우고 다른 술잔을 갖다 놓았다. 또 범소가 술 취한척하면서 태사에게 옛날 주공의 음악을 연주해달라고 요청하자 태사 역시 눈이 흐릿하여 악보가 안 보인다는 이유로 거절하였다. 경공은 강대국 사신인 범소의 심기를 거스른 듯해서 걱정이 이만저만이 아니었다. 그러나 공자孔子는 이를 듣고 안영과 태사를 극찬하였다.

'준조절충'은 강국 진나라의 공략작전을 알아차린 제나라의 재상 안영이 상대국의 침략계획을 포기하게 하는 외교수완을 보이자 훗날 공자가 이를 전해 듣고 그를 칭송하는 대목에서 유래된 성어이다.

안영이 말하였다. "무릇 범소의 사람됨이 비루하거나 예의를 모르는 사람이 아니옵니다. 다만 우리 군신을 시험해보고자 한 것이라서 그 행동을 못하도록 한 것이옵니다."
경공이 태사에게 일컬어 말했다. "그대는 어찌하여 손님을 위해 주공의 음악을 연주하지 않은 게요?"
태사가 대답하였다. "무릇 주공의 음악은 천자의 음악이라서, 그것을 연주하면 반드시 임금만이 춤을 추는 법이옵니다. 지금 범소는 신하인데 천자의 음악으로 춤추고자 해서 제가 그 음악을 연주하지 않은 것입니다."
범소는 귀국하여 평공에게 아뢰었다. "제나라를 아직 공격할 수 없겠습니다. 신이 경공에게 시험 삼아 무례하려고 하였더니, 안자가 알아차렸고, 제가 제나라의 음악을 혼란시키려 하였더니 태사가 알아차렸습니다." 이에 제나라를 정벌하려는 계략을 철회하였다. 공자가 그 일화를 전해 듣고 말씀하였다. "훌륭하도다! 술좌석을 벗어나지 않고서도 천리 밖에서 상대국의 침략을 물리쳤으니 바로 안자를 일컫는구나! 그리고 태사도 이에 함께 했도다.!"

晏子曰夫范昭之爲人也 非陋而不知禮也.且欲試 吾君臣.故絶之也. 景公謂太師曰子何以不 爲客調成周之樂乎? 太師對曰夫成周之樂, 天子之樂也.調之必人主 舞之,今范昭人臣,欲舞天 子之樂.臣故不爲也. 范昭歸以報平公曰齊未 可伐也.臣欲試其君而晏 子識之.臣欲犯其樂而太 師知之.于是輟伐齊謀,仲 尼聞之曰善哉!不出尊俎 之間而折衝于千里之外, 晏子之謂也而太師其與

夫 무릇 부 / 陋 좁을 루 / 試 시험할 시 / 調 고를 조 / 舞 춤출 무 / 報 알릴 보 / 伐 칠 벌 / 犯 범할 범 / 于 ~에 우 / 輟 그칠 철 / 謀 계략 모 / 善 좋을 선 / 謂 일컬을 위 / 與 더불어 여

| 晏子(안자) | 안영晏嬰을 존중하는 뜻에서 안자로 호칭할 정도의 제나라 명재상임. 고매한 인품의 소유자로 유명함.
| 范昭(범소) | 진나라의 재상.
| 景公(경공) | 제나라의 군주로 재상 안영 덕에 58년간이나 재위함.
| 平公(평공) | 진나라의 군주.
| 仲尼(중니) | 공자의 자字.

# 안영(晏嬰)의 외교술

진나라의 재상 범소는 진평공晉平公의 명에 따라 제나라의 약점을 염탐하기 위하여 제경공齊景公을 찾아갔다. 일부러 무례한 행동을 하면서 제나라 군신들의 대처능력을 살펴려 한 것이다. 하지만 제나라의 재상 안영과 음악가 태사는 범소의 불경스런 행동을 용납하지 않고 오히려 그의 그릇됨을 바로잡으며 빈틈을 보이지 않았다.

연회석에서 평화적인 방법으로 상대국의 침략계획을 무산시킴으로써 자국의 안전을 지켜냈다. 라는 의미의 樽俎折衝, 이 성어에는 상대방의 전략을 당당하게 차단한 안영의 자주적 외교술이 나타나 있다. 진나라가 설령 강대국이라 할지라도 상식선을 벗어난 무례를 범하는 나라라면 크게 무서워할 게 없다고 생각한 안영은 당당하게 법도로 맞선 것이다. 공자가 '준조절충'이라고 극찬할 정도로 안영은 평화적이고 자주적인 방법으로 전쟁을 봉쇄하여 제나라를 전쟁으로부터 구해내었다.

국가 간의 협상을 이끌어내야 하는 자리에서 외교적 역량은 매우 중요한 능력이다. 국가적으로 외교능력이 중차대함은 물론이거니와 개인적으로도 중재능력은 크게 요청된다. 사람들은 수없이 많은 경쟁과 논쟁과 정쟁을 겪으며 살아가야 하기 때문이다. 자칫 잘못하면 국가든 개인이든 실제로 무기를 들고 승부를 다퉈야 하는 전쟁을 치를 수도 있기에 외교능력은 그만큼 중요하다. 안영이 발휘한 '준조절충'과 같은 외교술처럼 비굴하지 않고 정당하게 상대를 압도할 수 있는 능력은 이 시대에 더욱 절실하다.

[출전]『晏子春秋』「內篇雜 上卷」

167

# 衆寡不敵 중과부적

衆 무리 중 | 寡 적을 과 | 不 아닐 부 | 敵 대적할 적

## 많은 무리와 적은 무리는 대적이 되지 않는다.

적은 수효로 많은 수효를 대적하지 못함.

전국戰國시대, 맹자孟子는 제선왕齊宣王에게 왕도정치를 기대하며 찾아 갔으나 허사였다. 제선왕이 천하의 패권을 차지하고자 무력다툼에 열을 올리고 있었기 때문이다. 맹자가 제선왕의 행동을 연목구어緣木求魚에 빗대며 그의 이룰 수 없는 욕망을 비판했다. 또한 맹자는 제선왕으로 하여금 그의 그릇된 욕망이 훗날 재앙을 초래할 것임을 깨닫게 하려고 소국 추鄒나라가 대국 초楚나라를 대적하는 상황에 비유하였다.

'중과부적'은 제선왕이 꿈꾸는 무력정치는 결코 이뤄질 수 없는 어리석은 짓임을 맹자가 빗대어 말한 대목에서 유래된 성어이다.

맹자가 말하였다. "그러니 작은 것은 결코 큰 것을 대적할 수 없고, 적은 무리가 결코 많은 무리를 대적할 수 없으며, 약한 것은 결코 강한 것을 대적할 수 없습니다. 지금 중국 땅에 사방 천리인 나라가 아홉 개인데 제나라가 속령까지 모으면 그 가운데 하나를 차지합니다. 하나가 여덟을 굴복시키려는 것이 추나라가 초나라를 대적하는 것과 어찌 다르겠습니까? 왜 또한 그 근본으로 돌아가지 않으십니까? 지금 왕께서 정치를 펴시며 인仁을 베푸신다면 천하의 벼슬하는 사람들이 모두 왕의 조정에 서고자 할 것이옵니다."

曰然則小固不可以敵大,
寡固不可以敵衆,弱固不
可以敵強.海內之地方千
里者九,齊集有其-.
以-服八,何以異於鄒敵
楚哉?蓋亦反其本矣?
今王發政施仁,使天下仕
者皆欲立於王之朝

固 참으로 고 / 弱 약할 약 / 強 강할 강 / 集 모을 집 / 服 복종할 복 / 異 다를 이 / 鄒 나라이름 추 / 楚 나라이름 초 / 哉 ~인가? 재(반어형어조사) / 蓋(=盍) 어찌 ~하지 아니할 합 / 反 되돌릴 반 / 仕 벼슬할 사 / 皆 다 개 / 朝 조정 조

## 맹자(孟子)의 정치사상

제후국들이 무력과 책략으로 전쟁을 일삼으며 부국강병에 힘쓰던 전국시대에 제선왕 역시 시대의 주역이 되고자 천하통일을 도모하는 방안을 맹자에게 물었다. 맹자는 제선왕의 심중을 꿰뚫어 보고 그의 그릇된 국정운영을 지적하며 정치의 방향을 바로잡고자 하였다.

숫자적으로 열세인 적은 인원으로는 많은 수의 사람을 도저히 이길 수 없음을 뜻하는 衆寡不敵, 이 성어에는 강대국을 대적할 수 있는 방법은 물리적 힘이 아니라 인정仁政이라고 한 맹자의 애민사상이 나타나 있다. 맹자는 제선왕에게 작고(소小) 적고(과寡) 약한(약弱) 나라의 군주로서 크고(대大), 많고(중衆), 강한(강强) 나라를 이길 수 있는 길은 무력을 동원한 침략정치가 아니라 백성을 따듯이 보듬어 주는 어진정치임을 말하고 있다. 숫자 대 숫자의 싸움으로는 전혀 승산이 없음을 깨닫도록 한 것이다. 무력정치가 판을 치는 세상에서 오직 제선왕만이 애민정치를 시행하고 있다는 소문이 나돌면 천하 사람들은 먼 거리를 마다하지 않고 자진해서 그를 흠모하며 찾아올 거라는 예측을 들려주면서 맹자는 왕도정치 실현에 대한 희망을 끝까지 잃지 않았다.

[출전] 『孟子』 「梁惠王章句 上篇」

# 衆口鑠金 중구삭금

衆 무리 중 | 口 입 구 | 鑠 녹일 삭 | 金 쇠 금

## 여러 사람의 입은 쇠를 녹인다.

여론의 힘이 매우 큼.

춘추春秋시대, 주周나라의 24대 임금 경왕景王이 화폐개혁을 단행하여 소액의 돈을 없애버리고 고액의 돈을 주조하더니 2년 후에는 백성들에게서 수집한 동전들을 가지고 큰 악기인 종鐘을 제작하려고 하였다. 이에 대부 단목공單穆公이 백성의 고통을 생각해서 반대했건만 결국 종은 만들어졌다. 완성된 종을 보고 만족해하는 경왕에게 악관樂官인 영주구伶州鳩가 자신의 생각을 솔직하게 토로하였다.

'중구삭금'은 주나라 경왕이 백성들의 고혈을 짜내어 큰 종을 만들고 나서 흐뭇해하자 악관 영주구가 임금께 간언할 때, 인용한 속담에서 유래된 성어이다.

악관이 대답하였다. "임금께서 기물을 만들고 백성이 모두 즐거워하면 곧 조화로워지는 것입니다. 지금 재물은 쇠진하고 백성은 피폐하여 원한이 없는 사람이 없으니 저는 그것이 조화로운 줄을 모르겠습니다. 또 백성이 모두 좋아하는 것은 이루어지지 않는 일이 적고, 그들이 모두 싫어하는 것은 폐지되지 않는 일이 적습니다. 옛 속에에 '뭇사람의 마음은 성을 이루고 뭇사람의 입은 쇠를 녹인다.' 라는 말이 있습니다. 3년 동안에 백성들의 돈을 해친 것이 두 번이나 되니 혹시 그중 하나라도 폐지될까 염려되옵니다." 왕이 말하기를 "자네는 너무 늙었으니 무엇을 알겠느냐?" 하였다. 25년에 왕이 죽었고, 종은 (백성들과) 조화롭지 않았다.

對曰上作器,民備樂之則爲和.今財亡民罷莫不怨恨,臣不知其和也.且民所曹好,鮮其不濟也其所曹惡,鮮其不廢也.故諺曰衆心成城,衆口鑠金.三年之中而害金,再興焉.懼一之廢也.王曰爾老耄矣!何知?二十五年,王崩,鍾不和.

器 그릇 기 / 備 갖출 비 / 財 재물 재 / 罷 고달플 피 / 怨 원망할 원 / 恨 한 한 / 曹 때 조 / 鮮 적을 선 / 濟 일 이룰 제 / 惡 싫어할 오 / 廢 폐할 폐 / 諺 속어 언 / 城 성 성 / 害 해칠 해 / 再 둘 재 / 興 일어날 흥 / 懼 두려울 구 / 爾 너 이 / 耄 늙을 모 / 崩 산 무너질 붕 / 鍾 종 종

## 악관, 영주구(伶州鳩)의 미학

매우 큰 악기인 종의 제작을 앞두고 그에 필요한 쇠를 수집하느라 주경왕周景王은 백성들을 다그쳤다. 집에 모아둔 쇠붙이를 남김없이 수거해 가는 바람에 백성들의 생계가 막막해졌고 그에 따른 볼멘소리는 최고조에 이르렀다.

뭇사람들이 한꺼번에 쏟아 내는 말은 견고한 쇠도 녹여낼 정도로 위력이 있다. 라는 뜻의 衆口鑠金, 이 성어에는 백성들이 하소연 하는 소리는 이치에 다 맞는 말이니 반드시 귀를 기울여야 한다고 간언한 영주구의 민주사상이 나타나 있다. 악기라 함은 백성들의 안정과 즐거움과 조화를 꾀하는 데 쓰이는 기물이거늘 주경왕이 제작한 종은 백성의 울분과 불만의 소리를 외면하고 만든 억압의 산물이라서 머지않아 그 종을 못 쓰게 될 것이라고 악관 영주구가 내다보았다. 백성이 함께 즐거워하지 못할 악기라면 이미 악기로서의 본래 기능을 상실한 것으로 본 그는 음악의 아름다움을 백성과의 어울림(화和)임을 누차 강조하였다.

---

[유사어]  積喙銷骨(적훼쇄골) :  사람의 비난도 많이 쌓이면 뼈를 녹인다.

[출전]『國語』「周語 下」

# 中石沒矢 중석몰시

中 가운데 중 ┃ 石 돌 석 ┃ 沒 잠길 몰 ┃ 矢 화살 시

## 돌 속으로 화살이 들어감.

정신을 집중하여 노력하면 어떤 일도 이룰 수 있음.

전한前漢시대, 한漢나라의 맹장 이광李廣이 어느 날 사냥하러 갔다가 풀숲에 호랑이가 있는 것을 보고 급히 화살을 쏘았다.

'중석몰시'는 이광장군이 돌을 호랑이로 잘못 알고서, 활시위를 힘껏 당겨 적중시켰던 일화에서 유래된 성어이다.

| | |
|---|---|
| 이광이 사냥을 나갔다가 풀 속의 돌을 보고 호랑이로 생각하여 활을 쏘았더니 돌 속으로 화살이 들어갔다. 살펴보니 (호랑이 모양의) 돌이었다. 다음날 다시 쏘았더니 끝내 들어가지 않았다 | 廣出獵見草中石以爲虎而射之,中石沒矢.視之石也.他日射終不能入 |

獵 사냥 렵 / 沒 빠질 몰 / 他 다를 타 / 終 끝내 종

## 장군, 이광(李廣)의 궁술

이광은 유명한 궁술사이다. 그가 활쏘기에서 높은 적중률을 보인 데에는 그 나름의 유리한 요인이 있다. 궁술가 집안의 유전자를 타고났고 큰 체구에 긴팔을 지녀 활쏘기에 적합한 신체조건을 갖춘 데에다가 사정거리 안에 있는 적에게 활시위를 당겼으며, 성품이 용맹스럽고 배려심이 크다는 점 등이 그것이다. 이광이 산에 사냥 나갔다가 호랑이를 맞닥뜨리는 순간, 부하들을 보호해야 한다는 생각에 미치었다. 기필코 호랑이를 잡아야만 한다는 절박감으로 온 신경을 곤두세워 화살을 쏜 결과, 마침내 호랑이를 관통하였다. 사실은 진짜 호랑이가 아니라 호랑이 형상을 한 돌이었다. 다급한 상황에서 얼마나 정신 집중을 했으면 돌을 뚫는 괴력을 낼 수 있었을까?

'돌 속으로 화살이 들어갔다.'의 의미로 정신일도하사불성精神一到何事不成을 연상시키는 中石沒矢, 이 성어에는 호랑이 형상의 돌을 호랑이인줄로 잘못 알고, 실제 호랑이를 겨냥하듯이 쏜 결과, 돌에 화살을 꽂음으로써 믿기지 않은 성과를 낸 이광의 배려심과 집중력이 나타나 있다. 호랑이로부터 부하를 구하고자 하는 배려심이 일구어낸 기적이다. 절절한 염원이 있지 않고서는 도저히 일어날 수 없는 기현상이 벌어진 것이다. 이미 돌이라는 사실을 알고 난 후, 재차 시도한 활쏘기는 견고한 돌에 대한 선입견이 집중력을 희석시킨 탓인지 더 이상 화살이 꽂히지 않았다. 기적은 100%의 순수한 집중력의 결과물이다.

'중석몰시'는 인간의 능력이 무한대임을 방증한다. 자신의 능력을 스스로 한계 지으며 쉽게 포기하는 사람들에게 이 성어는 불가능한 일일지언정 전력투구 하라고 한다.

---

| [동의어] | 射石爲虎(사석위호) : | (호랑인 줄 알고 쏘았더니) 돌 속으로 화살이 들어가다. |
|---|---|---|
| | 中石沒鏃(중석몰촉) : | (호랑인 줄 알고 쏘았더니) 돌 속으로 화살촉이 들어가다. |
| | 射石沒羽(사석몰우) : | (호랑인 줄 알고 쏘았더니) 돌 속으로 화살깃이 들어가다. |
| [유사어] | 金石爲開(금석위개) : | (집중해서 쏘았더니) 쇠와 돌이 열리게 되었다. |
| | 一念通巖(일념통암) : | 정신을 집중하면 화살이 바위를 뚫는다. |

[출전]『史記』「李將軍列傳」

# 中原逐鹿 중원축록

中 가운데 중 | 原 들판 원 | 逐 좇을 축 | 鹿 사슴 록

## 중원의 사슴을 쫓는다.

제위나 정권을 차지하려고 서로 다툼.

전한前漢시대, 한고조 유방劉邦이 조趙나라의 반란을 친히 진압하러 간 사이 한신韓信이 장안長安에서 반란을 일으키려다가 사전에 발각되어 여후呂后와 소하蕭何에게 죽임을 당하였다. 한신이 죽기 직전에, 책사 괴통蒯通의 충언을 듣지 않은 것을 통탄했다는 보고를 들은 유방은 한신의 반역을 도와줬다는 죄목으로 괴통도 죽이려 하였다. 이에 괴통이 죽음을 두려워하지 않으며 당당하게 항변하였다.
'중원축록'은 한신의 책사 괴통이 죽음의 위기를 모면하기 위해서 유방에게 부르짖듯 항변한 대목에서 유래된 성어이다.

대답하여 말하였다. "진나라의 기강이 끊어지고 해이해져 산동땅이 크게 혼란해지자 제후들이 일시에 일어나고 영웅, 준걸들이 까마귀 떼처럼 모여 들었습니다. 진나라가 그 사슴(정권)을 잃어버리자 천하 사람들이 다 함께 이를 쫓았습니다. 이에 재주가 뛰어나고 발이 빠른 사람이 먼저 차지하게 되었지요. 도척(도둑)의 개가 요임금을 보고 짖는 것은 요임금이 어질지 않아서가 아니라 개는 군이 주인이 아닌 사람을 보면 짖어대기 마련입니다. 이 당시 저는 오직 한신만을 알았지 폐하는 알지 못했습니다.

對曰秦之綱絶而維弛,山東大擾,異姓並起,英俊烏集.秦失其鹿,
天下共逐之.于是高材疾足者,先得焉.跖之狗吠堯,堯非不仁,狗固吠非其主.當是時,臣唯獨知韓信,非知陛下也.

綱 벼리 강 / 維 벼리 유 / 弛 늦출 이 / 擾 어지러울 요 / 俊 뛰어날 준 / 疾 빠를 질 / 吠 짖을 폐 / 固 굳이 고 / 唯 오직 유 /
陛 섬돌 폐

## 책사, 괴통(蒯通)의 언변술

진나라 말기, 한고조 유방과 초패왕 항우가 천하를 두고 다투자, 한신의 책사인 괴통은 한신에게 유방의 편에 서지 말고 삼분정족三分鼎足(3개의 발을 가진 솥의 안정감)의 형태로 독립을 취하라고 제안한 적이 있었다. 그러나 한신은 이 제안을 수용하지 않고 유방의 휘하에 있다가 죽을 처지가 되어서야 괴통의 충언을 묵살한 점을 후회하였다. 괴통이 한신에게 인정받아 왔고 독립을 충동질했다는 사실을 알게 된 유방은 그를 팽형烹刑에 처하고자 하였다. 죽음을 코앞에 둔 상황에서 괴통은 책사다운 임기응변으로 목숨을 구하는 언변술을 발휘하였다.
천하의 중심지에서 사슴을 쫓는다. 라는 뜻의 中原逐鹿, 이 성어에는 진나라 말기의 혼란을 틈타 각 제후국들이 천자의 자리를 차지하려고 각축전을 벌이던 당시 상황을 적절히 묘사한 괴통의 비유적 표현능력이 나타나 있다. 시대를 정확히 진단하는 안목이 있었기에 가능한 표현력이다. 괴통이 바라본 시대상황은 중원을 누비는 사슴을 서로 먼저 잡겠다고 뒤쫓는 형국이었다.

---

[동의어]　逐鹿場裡(축록장리)　：　사슴을 쫓아 경쟁하는 한 가운데.
[출전] 『史記』「淮陰侯列傳」

# 衆醉獨醒 중취독성

衆 무리 중 | 醉 술 취할 취 | 獨 홀로 독 | 醒 술 깰 성

## 모두 취했는데 나 홀로 깨어 있다.

혼탁한 세상에 타협하지 않는 고결한 삶.

전국戰國시대 말기, 초楚나라 시인이자 정치가인 굴원屈原(BC343년~278년)이 모함을 받아 죄 없이 벼슬에서 쫓겨나고 말았다. 어느 날 강가를 거닐며 초췌한 모습으로 시를 읊고 있는데, 어부가 굴원을 알아보고 안타까워하며 어쩌다 이 지경에 이르렀냐고 까닭을 물었다. 이에 굴원이 대답하였다.

'중취독성'은 조정에서 쫓겨난 굴원이 유배지의 어느 어부에게 자신의 답답한 심경을 토로한 대목에서 유래된 성어이다.

굴원이 대답했다. "온 세상이 다 혼탁한데 나만 홀로 깨끗하고 모두 술에 취해 있는데 나만 홀로 깨어있어서 이 때문에 추방을 당했습니다." 어부가 말했다. "성인은 만물에 얽매이거나 막히지 않고 세상을 따라 변하여 갈 수 있어야 합니다. 세상 사람들이 다 혼탁하면 어찌 그 진흙을 휘저어 물결을 일으키지 않으셨습니까? 모두 술에 취해 있으면 어찌 그 술지게미를 먹고 거른 술을 마시지 않으셨습니까? 무슨 연고로 깊이 생각하고 고결하게 처신하여 스스로 추방을 당하셨습니까?"

屈原曰擧世皆濁我獨淸, 衆人皆醉我獨醒, 是以見放. 漁夫曰聖人不凝滯於物而能與世推移. 世人皆濁, 何不淈其泥而揚其波? 衆人皆醉, 何不餔其糟而歠其醨? 何故深思高擧, 自令放爲?

擧 모두 거 / 濁 흐릴 탁 / 見 당할 견 / 放 쫓아낼 방 / 漁 고기 잡을 어 / 聖 성스러울 성 / 凝 엉길 응 / 滯 막힐 체 / 推 옮을 추 / 移 옮길 이 / 淈 흐리게할 굴 / 泥 진흙 니 / 揚 오를 양 / 波 물결 파 / 醉 취할 취 / 餔 먹을 포 / 糟 술지게미 조 / 歠 마실 철 / 醨 술 거를 시 / 深 깊을 심 / 擧 움직일 거 / 令 하여금 영

### 정치인, 굴원(屈原)의 생활철학

굴원은 자신이 추방당한 이유로 두 가지를 들었다. 그 하나는 세상 사람이 다 부정한 짓을 일삼는데 자기만 청렴결백했기 때문이고 둘째는 세상 사람들이 다 비정상적으로 혼미하게 사는데 자기만 이성적으로 깨어있었기 때문이라고 하였다. 한마디로 굴원은 세상 사람들이 취하는 대세를 따르지 않고 소신껏 고결하게 살다가 추방을 자초한 셈이다.

부조리와 불합리의 현실 속에서 자신만이 홀로 타협하지 않고 정의롭게 살았노라, 는 의미의 衆醉獨醒, 이 성어에는 현실과 이상사이에서 이상을 추구한 굴원의 올곧은 선비정신이 나타나 있다. 세상의 생리를 알아서 그 상황에 맞추어 융통성 있게 살라고 하는 어부에 비하여 굴원은 만연해 있는 불의를 조금도 용납하지 않겠다는 강직한 의지를 내비쳤다. 그는 관료들 모두가 술에 취한 듯 제정신을 잃고 부정한 짓을 자행하는 추태를 보면서 자기만이라도 깨어있어야 나라가 발전할 수 있으리라 믿으며 올곧은 성품을 지켜갔다. 추방당하는 일을 겪어가면서까지 간언과 직언을 반복하며 깨어 있는 자로서의 역할을 다한 굴원, 비록 불의에 굽히지 않아서 꺾이고 말았으나 그의 정신만큼은 영원도록 곧기만 하다.

[출전]屈原,「漁父詞」

# 指鹿爲馬 지록위마

### 指 가리킬 지 | 鹿 사슴 록 | 爲 할 위 | 馬 말 마

## 사슴을 가리켜 말이라고 한다.

윗사람을 농락하여 권력을 마음대로 휘두름.

진秦나라시대, 2세 황제 호해胡亥 때의 승상인 조고趙高가 난을 일으키고자 하였으나 여러 신하들이 자신을 동조하지 않을 수도 있어서 이들을 먼저 시험해보기로 하였다.

'지록위마'는 진나라 환관 조고가 실권을 장악한 후, 자기를 반대하는 사람을 척결하기 위해 2세 황제 호해를 농락하는 일화에서 유래된 성어이다.

---

(조고가) 사슴을 가지고 와서 2세 황제에게 바치며 말하였다. "말이옵니다." 2세 황제가 웃으며, "승상이 잘못 아신 거지요? 사슴을 일러 말이라 하시네요."라 하고 좌우 사람들에게 물었더니 좌우 사람들 중에 어떤 이들은 말이 없고 어떤 이들은 말이라고 말하여 조고에게 아부하고 순종했으며 어떤 이는 사슴이라고 말하였다. 조고는 사슴이라고 말한 사람 모두를 암암리에 법으로 다스렸다. 그 후로 여러 신하들은 모두 조고를 두려워하였다.

乃先設驗,持鹿獻於二世曰
馬也.二世笑曰丞相誤邪?
謂鹿爲馬.問左右,
左右或默或言馬
以阿順趙高.或言鹿.
高因陰中諸言鹿者以法.
後群臣皆畏高.

---

恐 두려워할 공 / 聽 들을 청 / 乃 이에 내 / 設 베풀 설 / 驗 증험할 험 / 持 가질 지 / 獻 드릴 헌 / 丞 이을 승 / 相 재상 상 / 誤 그릇할 오 / 邪 ~인가? 야 / 或 어떤 혹 / 默 말없을 묵 / 阿 아첨할 아 / 陰 그늘 음 / 諸 모두 제 / 群 무리 군 / 皆 모두 개

## 승상, 조고(趙高)의 잔학상

진시황秦始皇이 죽자 환관인 조고는 권력에 눈이 어두워진 이사와 함께 유서를 거짓으로 작성하며 태자 부소扶蘇를 죽이고 막내 호해를 2세 황제로 삼았다. 그는 우매한 호해를 조종하며 유서 조작의 비밀을 알고 있는 개국공신이자 승상인 이사李斯를 죽음으로 내몰고 자신의 편에 서지 않는 수많은 신하들을 처단한 후, 스스로 승상이 되어 권력을 휘둘렀다. 사슴을 가리켜 말이라고 억지주장을 한다는 뜻의 指鹿爲馬, 이 성어에는 황제 앞에서까지 말도 안 되는 소리를 하면서 자신을 따르도록 종용했던 조고의 잔학무도함이 나타나 있다. 황제마저 어쩔 수 없이 조고의 말을 인정할 수밖에 없는 상황을 만드는 그의 계략에 그대로 말려든 일반 대신들은 알고도 속아줄 수밖에 없었다. 그의 말에 순종하지 않고 정적으로 지내게 되면 머지않아 죽음이 닥치리라는 점을 알고 있었기 때문이다. 이처럼 환관으로서 승상이 된 조고는 대신들은 물론이고 황제를 농락하며 그 황제자리까지 넘겨다 볼 만큼 방자하고 위협적인 존재였다.

원전에 의한 '지록위마'의 의미는 윗사람을 농락하며 월권행위를 한다는 뜻이었으나 지금은 '사실이 아닌 것을 끝까지 우겨가며 남을 속이려 드는 행위'의 의미로 확장되었다.

---

[동의어]　以鹿爲馬(이록위마)： 사슴을 말이라고 한다.
　　　　　謂鹿爲馬(위록위마)： 사슴을 일러 말이라고 한다.
[유사어]　苑鹿化馬(원록화마)： 정원의 사슴을 말이라고 한다.

[출전]『史記 卷6』「秦始皇本紀」

# 紙上談兵 지상담병

紙 종이 지 | 上 위 상 | 談 말할 담 | 兵 병사 병

## 종이 위에서 병법을 말한다.

이론에만 밝을 뿐 실제로 체험한 것은 없음.

전국戰國시대, 진秦나라가 조趙나라를 침공하면서 유언비어 작전을 사용했다. 조나라 명장 조사趙奢의 아들 괄括이 이론에는 밝지만 실전에 약한 인물임을 알게 된 진나라는 병서에 밝은 조괄이 대장될까봐 염려한다고 소문을 퍼트리며 조나라의 인사체계를 흔들었다. 조나라의 인상여藺相如가 이 작전을 눈치 채고 대장 임명을 신중히 할 것을 효성왕孝成王께 진언하였다.

'지상담병'은 조나라 효성왕이 진나라와의 전쟁을 앞두고서 명장 조사의 아들이라는 이유로 실전경험이 전혀 없는 조괄을 대장으로 임명하자 인상여가 이에 반대하며 조괄이 장군의 역량이 아님을 간언한 대목에서 유래된 성어이다.

| | |
|---|---|
| 인상여가 말씀드렸다. "임금께서 그 이름만으로 조괄을 대장으로 임명하시는데 그는 기둥(기러기발)을 아교로 붙여놓고 거문고를 타는 것과 같은 인물일 뿐이옵니다. 조괄은 한갓 그의 아버지가 준 병법을 읽었을 뿐, 변화에 맞추어 대처할 줄을 모릅니다." 조나라 왕은 그의 말을 듣지 않고 마침내 그를 대장으로 삼았다. 조괄은 어릴 때부터 병법을 배웠고, 이에 전쟁에 관한 일은 천하에 어느 것으로도 능히 대적해 낼 수 없다고 여겼다. | 藺相如曰王以名使括 若膠柱而鼓瑟耳. 括徒能讀其父書傳不知 合變也. 趙王不聽,遂將之 趙括自少時學兵法,言兵 事,以天下莫能當. |

藺 성씨 인 / 括 이름 괄 / 耳 ~뿐 이 / 徒 한갓 도 / 遂 마침내 수 / 將 장수 삼을 장

## 인상여(藺相如)의 장군상

조나라가 진나라와 천하를 두고 다툴 때의 일이다. 조나라에 조사와 염파장군이 있어 주변국이 감히 침략할 엄두를 내지 못하였는데 조사가 죽자 서쪽의 강국 진나라가 침공하고자 했다. 공격작전은 조나라 명장 조사의 아들 조괄이 장수로 임명되지 않기만을 바란다는 거짓 정보를 퍼트려서 오히려 조괄이 임명되도록 유도하는 것이었다. 조나라 효성왕은 진나라에서 퍼트린 유언비어에 속아 염파 장군 대신 조사의 아들 조괄을 대장으로 임명하고 말았다. 명장 아버지의 아들이니 그도 명장일거라고 잘못 예측한 것이다. 이에 인상여가 효성왕으로 하여금 임명을 철회하도록 하려고 비유를 들어서 설득하였다.

글로써만 병법을 잘 안다. 라는 의미의 紙上談兵, 이 성어에는 실전경험이 전혀 없는 조괄의 지행불일치知行不一致를 지적한 인상여의 지행합일 사상이 나타나있다. 인상여는 갖가지 변수가 발생하는 전쟁터에서 장군으로서 갖춰야할 능력은 변화에 합당한(합변合變) 상황조정 능력이라고 보았다. 그런데 조괄은 이론만 알았지 실전의 경험이 없어서 목숨이 오고가는 전쟁터의 지휘자로서는 부적합하다는 것이다. 전쟁 시, 융통성을 갖추어야 예측불허의 변화에 맞닥뜨려도 유연하게 대처할 수 있다는 게 인상여의 주장이다. 인상여가 생각하는 전장의 장군은 지행이 일치되어야 하고 변화에 잘 대처하는 능력자이어야 한다.

[출전] 『史記』 「藺相如列傳」

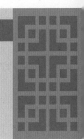

# 池魚之殃 지어지앙

池 못 지 | 魚 물고기 어 | 之 ~의 지 | 殃 재앙 앙

# 연못 속 물고기의 재앙.

재앙이 엉뚱한 곳에 미침.

춘추春秋시대, 송宋나라의 사마司馬 관직에 있던 환퇴桓魋가 진귀한 보석을 관리하고 있었는데 처벌받을 일이 생기자 보석을 가지고 달아나 버렸다. 왕은 측근 환관에게 속히 환퇴에게서 보석을 찾아오라고 명했다. 환관이 어렵사리 찾아가 추궁하자 환퇴는 연못에 버렸다고 거짓 진술했다.

'지어지앙'는 보석을 가지고 도망간 환퇴가 환관에게 붙들리자 연못에 버렸다고 거짓말하는 바람에 연못에 사는 물고기들이 말라 죽게 된 일화에서 유래된 성어이다.

> "그것을 연못 가운데에 버렸소."라 하니 이에 연못을 다 훑으며 찾아보았으나 얻지 못하고 물고기만 죽었다. 많은 사람을 동원하여 모두 연못물을 퍼 올렸지만 보석은 없었다.
> 곧 재앙이 연못의 물고기에게 미치고 만 것이다.

> 投之池中.於是竭之而求
> 之,無得魚死焉.動員多人,
> 盡出以淵水無寶珠.
> 曾殃及池魚

投 던질 투 / 竭 다할 갈 / 員 사람 원 / 盡 다할 진 / 淵 연못 연 / 寶 보배 보 / 曾 곧 증

## 환퇴(桓魋)의 위기모면책

환퇴와 관련되어 전해지는 내용 중에는 좋지 않은 이야기가 많다. 공자를 죽이려했던 인물이라는 점과 송나라에서 모반죄를 저질러 도망 다녀야 하는 신세라는 점, 그리고 거짓말을 하는 통에 연못속의 물고기들을 다 말라 죽게 만든 점 등이다.

'맑은 하늘에 날벼락'을 연상시키는 '재앙이 연못 속의 물고기에 미친다.' 라는 뜻의 池魚,之,殃, 이 성어에는 자신의 거짓말로 엉뚱한 상대에게 피해를 준 환퇴의 무책임한 위기모면책이 나타나 있다. 환퇴가 훔친 보석과 연못의 물고기는 애초에 전혀 관련성이 없는 관계였다. 하지만 환퇴의 거짓말은 보석과 물고기가 연못에 함께 있는 상황으로 바꾸어 놓았고 물고기에게 자신의 위기를 고스란히 떠안도록 만들었다. 환퇴가 보석을 연못에 던졌다고 하자 왕은 보석을 찾기 위해 사람들을 시켜서 연못의 바닥을 샅샅이 훑게 하고 물을 다 퍼 올리게 했으니 물고기에게는 그야말로 뜻밖의 재앙인 셈이다. 환퇴가 자신의 위기를 벗어나고자 보석을 연못에 던졌다는 거짓말 때문에 애먼 물고기들이 떼죽음을 당한 것이다. 그의 행동은 작게 보면 보석을 빼돌린 도둑질이지만 크게 보면 자연 생태계를 파괴하며 뭇 생명을 앗아간 살생 행위이다.

자기와 무관했던 일이건만 뜻하지 않게 엮이면서 손해를 입는 경우가 종종 있다. 애먼 상대에게 불똥이 튀는 일이 있을 수 있는 만큼 가해 측이나 피해 측이나 더욱 조심하고 살피며 살아야 한다는 경종으로 들리는 성어이다.

---

[동의어]　殃及池魚(앙급지어)：　재앙이 연못 속 물고기에게 닥치다.
[유사어]　鯨戰蝦死(경전하사)：　고래 싸움에 새우등 터진다.

[출전]「呂氏春秋」「必己篇」

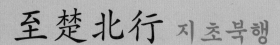
# 至楚北行 지초북행

至 이를 지 | 楚 나라이름 초 | 北 북녘 북 | 行 다닐 행

## 초나라에 가려고 하면서 북쪽으로 간다.

생각과 행동이 상반되거나 방향이 틀림.

전국戰國시대, 위魏나라 왕이 조趙나라의 수도 한단邯鄲을 공격하고자 했다. 이 소식을 듣고 외지에 나가 있던 위나라 신하 계량季良이 급히 귀국하여 자신의 목격담을 가지고 위왕의 정벌계획을 취소하게 하였다. 그는 남쪽의 초나라로 가겠다는 어떤 사람이 북쪽으로 말을 몰면서도 그 잘못을 모르더라는 이야기를 꺼냈다. 마치 선정을 베풀겠다던 위왕이 목표와는 정반대인 전쟁으로 치달으면서도 잘못을 깨닫지 못하는 형국과 닮아 있었다.

'지초북행'은 계량이 위왕의 잘못된 치국 방향을 지적하며 전쟁을 만류하기 위해 비유로 들었던 일화에서 유래된 성어이다.

"이 여러 가지 조건들이 더 좋을수록 초나라와의 거리는 더욱 멀어질 뿐입니다. (이와 마찬가지로) 지금 왕께서는 늘 패왕이 되고자 하셨고 천하 사람들에게 믿음을 주고자 하셨건만 나라가 큰 것과 병사들이 정예로운 것을 믿고 한단을 공격해서 영토를 넓히고 명성을 얻으려 하시니 왕의 움직임이 많아질수록 왕도와의 거리는 더욱 멀어질 뿐입니다. 초나라로 간다고 하면서 마차를 북쪽으로 몰고 가는 것과 같습니다."

此數者愈善,而離楚愈遠耳.今王動欲成霸王,擧欲信于天下.恃王國之大,兵之精銳而攻邯鄲,以廣地尊名,王之動愈數而離王愈遠耳.猶至楚而北行也.

愈 더욱 유 | 善 좋을 선 | 耳 ~뿐 이 | 霸 으뜸 패 | 擧 움직일 거 | 于 ~에 우 | 恃 믿을 시 | 精 자세할 정 | 銳 날카로울 예 | 邯 땅이름 한 | 鄲 땅이름 단 | 猶 같을 유

### 계량(季良)의 정치철학

위나라의 대신 계량은 위왕이 조나라와의 전쟁에 승리를 장담하며 영토를 확장하려고 하자, 그의 야욕이 얼마나 잘못되었는지를 일깨우기 위해 마차 운행에 빗대어 지적하였다. 아무리 훌륭한 말과 마차와 경비를 다 갖추었더라도 마차가 가는 방향과 목적지가 일치하지 않으면, 목적지에 당도할 수 없는 것처럼 위왕이 전쟁을 시도하면서 국정을 운영하는 것은 본래의 목적과는 전혀 딴판의 방향을 향하는 것이라고 계량은 목소리를 높였다.

방향키는 초나라에 맞추고 수레바퀴는 북쪽으로 굴리듯이 목적과 행동이 부합하지 않음을 뜻하는 至楚北行, 이 성어에는 백성들이 신뢰할 수 있는 정치를 목적으로 하면서 실제로는 백성을 불안하게 하는 정치를 시도하는 잘못을 일깨우는 계량의 왕도정치 사상이 나타나 있다. 만약 진행 방향이 잘못되었다면 훌륭한 말과 마차와 경비는 모두 믿을만한 게 되지 못하는 것처럼 민생을 살피지 않고 전쟁을 일삼는다면 더 이상 큰 나라, 뛰어난 병력 등의 여건은 백성의 생활에 아무런 도움이 되지 못한다고 하였다. 국민이 잘 살 수 있는 비결은 민생안정에 두는 끌채와 민생을 위한 수레바퀴가 일치되어야 한다는 것이다.

[동의어] 南轅北轍(남원북철) : 끌채를 남쪽으로 향하고서 수레바퀴는 북쪽으로 굴리다.
[유사어] 背道而馳(배도이치) : 길을 등지고서 달리다.

[출전] 『戰國策』「魏策」

# 舐痔得車 지치득거

舐 핥을 지 | 痔 똥구멍 치 | 得 얻을 득 | 車 수레 거

## 치질을 핥아 수레를 얻는다.

비열한 수단으로 권력이나 부귀를 얻음.

전국戰國시대, 송宋나라 사람 조상曹商이 송왕宋王을 위해 진秦나라에 사신으로 갔다. 그가 출국할 때에는 몇 대의 수레가 주어졌으나 진나라에서는 진왕의 환영과 함께 마차 백 대가 주어졌다. 그는 귀국하여 장자莊子에게 자신이 그동안 초라한 일을 하며 사는 통에 야위었지만 이번에 만승의 천자를 깨우쳐 준 대가로 백대의 수레를 받아보니 이런 일에 능한 것 같다고 말했다. 이에 장자가 그의 비열함을 비난하였다.
'지치득거'는 장자가 송나라의 조상曹商이 진나라 왕에게 추잡할 정도의 아부를 한 대가로 마차 백대를 하사받은 사실을 알고 그를 비난하는 대목에서 유래된 성어이다.

장자가 대답했다. "진나라 왕은 병이 나서 의사를 부르면 종기를 터뜨려 고름을 뺀 자에게 수레 한 대를 주고 치질을 핥아서 고치는 자에게는 수레 다섯 대를 준다더군. 치료하는 데가 더러운 곳으로 내려가면 갈수록 주어지는 수레가 많다는 거야. 그대는 어찌 하여 그 치질을 고쳤는가? 어찌 이리 많은 수레를 얻었는가? 자네는 떠나가게!"

莊子曰秦王有病,召醫,破癰潰痤者得車一乘,舐痔者得車五乘.所治愈下,得車愈多.子豈治其痔邪?何得車之多也?子行矣!

김 부를 소 / 醫 치료할 의 / 破 깰 파 / 癰 악창 옹 / 潰 무너질 궤 / 痤 뾰루지 좌 / 乘 네 마리의 말 승 / 愈 더욱 유

### 장자(莊子)와 조상(曹商)의 인생관

조상曹商은 진나라 왕의 치질을 핥는 짓을 하면서까지 부귀를 얻었음에도 이를 자랑스레 여기며 장자의 무능을 비웃었고 장자는 부와 권력을 차지하려고 못하는 짓 없이 덤벼드는 조상의 추잡한 행위를 보고 환멸을 느끼며 그의 치부를 들춰내었다.
부귀를 얻고자 권력자의 치질부위를 핥으면서까지 아부하며 크게 한 몫을 챙겼다는 뜻의 舐痔得車, 이 성어에는 자신의 이득을 위해서는 수단과 방법을 가리지 않은 조상의 물질만능주의와 부귀와 영예를 추한 욕망의 결과물로 보고 이에 집착하는 행위를 통렬히 비판한 장자의 탈속주의가 나타나 있다. 조상의 시각으로 본 장자의 인생은 초라하고 무능하며 비현실적이고 장자의 시각으로 본 조상의 인생은 교만하고 추악하고 속물스럽다.
현 시대에도 정도의 차이가 있을 뿐, 이 두 부류의 인간들은 여전히 존재한다. 더욱이 장자시대보다 지금이 훨씬 더 부귀영화를 추구하는 편이므로 추악한 이기심이 판을 치는 일은 부지기수이다. 성공을 위한다는 명목으로 업무의 질을 따지지 않고서 고수익을 노린다거나 수단, 방법을 가리지 않고 권력에 빌붙는 행위를 하는 사람들은 조상이 '지치득거'한 것과 같이 자신에게서 악취가 나지 않는지를 살펴볼 일이다. 자본주의 시대를 사는 현대인은 자칫 조상과 같은 인생을 살 수도 있으니 장자의 비난을 경종으로 들어야 할 것이다.

[유사어]  吮癰舐痔(연옹지치) : 종기를 빨고 치질을 핥아 그 대가로 부귀를 얻음          [출전]「莊子」「列禦寇」

# 嗟來之食 차래지식

嗟 탄식할 **차** | 來 올 **래** | 之 어조사 **지** | 食 먹을 **식**

## 어이! 라고 부르며, 와서 먹으라고 하는 음식.

남을 업신여겨 푸대접하는 음식.

춘추春秋시대, 제齊나라에 큰 기근이 들자 검오黔敖가 음식을 준비해서 굶주린 사람들에게 먹거리를 제공하였다. 어떤 남자가 다 헤어진 옷소매로 얼굴을 가리고 짚신을 질질 끌면서 걸어오고 있었다. 그 초라하고 기진맥진한 모습을 바라보고 있던 검오는 왼손에 음식을, 오른손엔 마실 것을 들고 성의 없이 와서 먹으라고 말했다. '차래지식'은 제나라 금오가 어느 굶주린 자에게 무례한 태도로 음식을 주는 대목에서 유래된 성어이다.

| | |
|---|---|
| (검오)가 말하기를 "어이! 이리 와서 먹어." 그는 눈을 치켜뜨고 검오를 쳐다보더니 말하였다. "나는 오로지 '어이! 이리 와서 먹어'라고 하는 음식을 먹지 않았기 때문에 이 꼴이 되었소." (검오가) 따라가서 (그에게) 사과했지만 끝내 먹지 않고 죽었다. 증자가 그것을 듣고 말하기를 "속이 좁구나! 그가 '어이! 와서 먹어'라고 한 말에는 떠날 수 있지만 그가 사과 했으면 먹어야했다." | 日嗟!來食.揚其目而視之曰予唯不食嗟來之食以至於斯也. 從而謝焉,終不食而死. 曾子聞之曰微與!其嗟也可去,其謝也可食 |

揚 드날릴 **양** / 予 나 **여** / 唯 오직 **유** / 斯 이 **사** / 從 따를 **종** / 微 작을 **미** / 與 감탄형어조사 **여** / 謝 사과할 **사**

## 검오(黔敖)의 무례와 아사자(餓死者)의 자존심

제나라의 귀족이자 큰 부자인 검오는 배고픔에 허덕이는 자를 돕기 위해서 음식을 베풀기만 했지 도움을 받는 사람의 입장이 어떠할지에 대해서는 미처 고려하지 못했다. 그의 집안에 넘쳐나는 식량을 배고픈 자에게 아낌없이 나눠주고 있다는 것만으로 가진 자의 도리를 다했다고 생각하는 검오에게 강력한 경고를 준 사람은 그의 도움을 거부하고 죽음의 길을 택한 어느 아사자이다.

배고픈 사람을 도와준다는 자만심에서 던져주듯 주는 음식이라는 뜻의 嗟來之食, 이 성어에는 춥고 배고픈 사람들도 인격체라는 사실을 미처 알지 못한 검오의 무례함과 이를 일깨워준 어느 가난한 자의 자존심이 나타나 있다. 가난한 사람이라 해서 그 사람의 정신마저 빈약하리라 생각한 것은 검오의 큰 잘못이고 오만이다. 물질적으로 궁핍할 뿐, 그도 분명 존엄한 인간이거늘 검오는 가난한 자의 허기만을 생각했던 것이다. 상대방의 인격을 무시한 채, 돕는 행위는 진정 돕는 것이 아니라는 점을 죽음으로 보여준 그 가난한 사람, 이름도 성도 알려지지 않은 사람이 자신의 마지막 자존심을 지키기 위해서 무례한 도움을 거부한 것이기에 검오가 느끼는 죄의식은 매우 컸으리라.

죽어가는 처지에서 목숨보다 자존심을 챙긴 이 고사의 주인공은 권력과 명예 앞에서 의리와 지조를 쉽게 저버리는 사람들에게 특히 부끄러움을 자아내게 한다. 하지만 증자가 아쉬워했듯이 검오가 자신의 잘못을 인정하고 사과까지 했음에도 잠깐의 비굴함을 참지 못하고 죽음을 선택한 아사자는 너무 극단적 행위자라는 평을 면하기 어렵다.

[출전]「禮記」「檀弓篇」

# 滄浪之水 창랑지수

滄 찰 창 | 浪 물결 랑 | 之 ~의 지 | 水 물 수

## 창랑의 물(이 맑고 더러움에 따르다).

세상을 이해하고 세파에 맞춰가며 처신함.

전국戰國시대 말기, 초楚나라 시인이자 정치가인 굴원屈原(BC343년~278년)이 모함을 받아 죄 없이 벼슬에서 쫓겨나고 말았다. 어느 날 강가를 거닐며 초췌한 모습으로 시를 읊고 있는데, 어부가 굴원을 알아보고 안타까워하며 어쩌다 이 지경에 이르렀냐고 까닭을 물었다. 이에 굴원은 세상 사람이 다 부정한 짓을 일삼는데 자기만 청렴결백했고 세상 사람들이 다 비정상적으로 혼미하게 사는데 자기만 이성적으로 깨어있었기 때문이라고 답변하였다. 굴원의 사연을 듣고 난 후, 어부가 화답하였다.

'창랑지수'는 조정에서 쫓겨난 굴원이 유배지의 어느 어부에게 자신의 답답한 심경을 토로하자 어부가 창랑수를 비유로 들며 처세술을 말해주는 대목에서 유래된 성어이다.

| | |
|---|---|
| 창랑의 물이 맑으면 | 滄浪之水清兮 |
| 나의 갓끈을 씻을 것이고, | 可以濯吾纓 |
| 창랑의 물이 흐리면 | 滄浪之水濁兮 |
| 나의 발을 씻을 것이다 | 可以濯吾足 |

兮 감탄형어조사 혜 / 濯 씻을 탁 / 纓 갓끈 영 / 濁 흐릴 탁

| 滄浪水(창랑수) | 역도원酈道元이 『수경주水經注』에서 '한수漢水 가운데에 모래섬이 있으니 창랑주滄浪洲라고 하며 그 물을 창랑수滄浪水라 한다.'고 주석했다.

## 어부(漁父)의 처세훈

굴원은 부조리와 불합리가 만연해 있는 현실 속에서 자신만이 홀로 타협하지 않고 정의롭게 살아왔노라고 당당히 고백하면서도 울분에 찬 비애감을 감추지 못했다. 현실과 이상사이에서 이상을 추구하느라 현실의 벽에 부딪히곤 했는데 그 때마다 얻게 된 상처투성이의 삶을 감내해온 굴원에 대해서 어부가 그의 삶의 방식에 청량제 같은 훈계를 하였다. 창랑수는 맑을 때도 혼탁할 때도 있는 법, 물의 청탁도에 맞춰서 생활하라는 뜻의 滄浪之水, 이 성어에는 세상의 청탁에 맞추어 융통성 있게 살라는 어부의 현실주의가 나타나 있다. 세상의 불의를 조금도 용납하지 않겠다며 강직성을 보이는 굴원에게 어부는 혼탁한 세상에 살면서 혼탁함에 더럽혀지지 않는 지혜를 발휘하라고 일갈하였다. 세상이란 창랑수가 맑았다 흐렸다 하는 것처럼 변하기 마련이니 변화의 흐름을 알고 자기의 고결한 뜻을 유지하면서 외형상으로는 세상 사람들의 수준과 맞추라는 것이다.

마치 번잡한 시장 한 가운데에 있으면서도 책읽기에 집중하는 선비처럼, 진흙 속에 뿌리를 내리고 있으면서도 아름다운 꽃을 피워내는 연꽃처럼, 현실 속에 몸을 맡기면서도 고결한 정신을 지켜가라는 당부가 '창랑지수'에 실려 있다.

---

[유사어]　與世推移(여세추이)　：　세상과 함께 옮겨 감. 즉 세상의 형편대로 적절히 처신함
　　　　　與世浮沈(여세부침)　：　세상의 부침과 함께 함. 즉 세상의 변화에 맞추어 함께 함.
　　　　　與世俯仰(여세부앙)　：　세상의 부앙과 함께 함. 즉 세상의 변화에 맞추어 함께 함.

[출전] 『楚辭』「漁父詞」

# 滄海一粟 창해일속

滄 푸를 창 | 海 바다 해 | 一 한 일 | 粟 좁쌀 속

## 푸른 바다 속에 있는 한 톨의 좁쌀.

아주 작고 보잘것없는 것.

북송北宋시대, 소동파蘇東坡(1036년~1102년)가 객과 더불어 배를 띄우고 적벽赤壁 아래에서 자연풍광을 즐겼다. 객이 멋있게 퉁소를 연주하자 소동파가 그 솜씨에 탄복하며 어찌 그리 퉁소소리가 구슬픈지를 물었다. 객은 옛날 적벽에서 주유周瑜와 싸웠던 영웅 조조曹操를 추억하며 잠시 감상에 젖은 것이라고 답변하였다.

'창해일속'은 소동파와 함께 적벽에서 자연을 만끽하던 어느 객이 적벽대전에서 위용을 떨쳤던 조조가 이제는 추억의 한 자락만 차지할 뿐 그 존재가 희미해졌다고 하며 인생무상감을 피력한 대목에서 유래된 성어이다.

하나의 나뭇잎 같은 조각배를 타고 술잔을 들어서 서로 권하노니, 하루살이 삶을 천지에 맡긴 듯 하고, 넓고 푸른 바다의 좁쌀 한 톨과 같아, 내 삶이 짧음을 슬퍼하며, 양자강의 한없이 흘러감을 부러워하오. 날아 나니는듯한 신선을 끼고 노닐며 저 밝은 달을 안고서 오랫동안 마치고 싶은데 쉽사리 얻지 못함을 알기에 퉁소의 여운을 쓸쓸한 바람에 맡겨본 것이라오.

駕一葉之片舟,舉匏樽以相屬,寄蜉蝣於天地,渺蒼海之一粟,哀吾生之須臾,羨長江之無窮.挾飛仙遨遊,抱明月而長終.知不可乎驟得,託遺響於悲風.

況 하물며 황 / 與 ~와 여 / 子 자네 자 / 漁 물고기 잡을 어 / 樵 땔나무 초 / 渚 물가 저 / 侶 벗할 려 / 蝦 새우 하 / 麋 큰 사슴 미 / 鹿 사슴 록 / 葉 잎 엽 / 片 조각 편 / 舉 들 거 / 匏 바가지 포 / 樽 술통 준 / 屬 권할 촉 / 蜉 맡길 기 / 蜉 하루살이 부 / 蝣 하루살이 유 / 渺 넓을 묘 / 須 잠깐 수 / 臾 잠깐 유 / 羨 부러워할 선 / 窮 다할 궁 / 挾 낄 협 / 仙 신선 선 / 遨 놀 오 / 遊 놀 유 / 抱 안을 포 / 驟 빠를 취 / 託 맡길 탁 / 遺 남길 유 / 響 음향 향 / 悲 슬플 비

### 소동파(蘇東坡)와 객(客)의 인생관

소동파가 유배지인 황주黃州의 동쪽 언덕 곧 동파東坡를 자신의 호로 삼으며 삶의 낙원지로 승화시킨 데에는 탈속적이며 긍정적인 성품이 한 몫을 하였다. 하지만 그곳에서 함께 뱃놀이하던 객은 비관적인 시각으로 자연을 관조함으로써 소동파의 인생관과 대비를 이루었다.

드넓은 바다 속에 있는 한 톨의 좁쌀이라는 뜻의 滄海一粟, 이 성어에는 우리네 인생을 무한한 우주 속의 미미한 존재로 본 객의 허무주의적 인생관이 나타나 있다. 소동파가 자신을 웅장한 자연과 일체되는 존재로 생각하여 자연의 영원한 생명력을 지닌 신선됨을 느끼는 것과는 대조적으로 객은 인간을 영원토록 무궁한 자연에 비하여 한없이 보잘것없을 뿐만이 아니라 언젠가는 곧 사라지고 말 허망한 존재라고 생각하였다. 그가 볼 때 인생은 하루살이의 삶과 한 톨의 좁쌀에 불과한 것이다. 무척 작아지는 느낌을 주는 인생관이다.

[유사어]　九牛一毛(구우일모)　：　아홉 마리의 소 가운데에서 한 오라기의 털
　　　　　氷山一角(빙산일각)　：　얼음산 가운데에서의 한 조각 얼음.
　　　　　鳥足之血(조족지혈)　：　새 발의 피

[출전] 蘇東坡,『前赤壁賦』

# 跖犬吠堯 척견폐요

跖 도척 척 | 犬 개 견 | 吠 짖을 폐 | 堯 요임금 요

## 도척의 개가 요임금을 보고 짖다.

① 악한 자의 편이 되어 어진 사람을 미워함.
② 못된 것에 물든 자가 착한 자에게 덤빔.

한漢나라시대, 한고조 유방劉邦이 조趙나라의 반란을 친히 진압하러 간 사이 한신이 장안長安에서 반란을 일으키려다가 사전에 발각되어 여후呂后와 소하蕭何에게 죽임을 당하였다. 한신이 죽기 직전에, 책사 괴통蒯通의 충언을 듣지 않은 것을 통탄했다는 보고를 들은 유방이 한신의 반역을 도와줬다는 죄목으로 괴통도 죽이려 했다. 이에 괴통이 항변하였다. '척견폐요'는 한신의 책사 괴통이 죽음의 위기를 모면하기 위해서 유방에게 부르짖듯 항변한 대목에서 유래된 성어이다.

| 진나라가 그 사슴(정권)을 잃어버리자 천하 사람들이 다 함께 이를 쫓습니다. 이에 재주가 뛰어나고 발이 빠른 사람이 먼저 차지하게 되지요. 도척의 개가 요임금을 보고 짖는 것은 요임금이 어질지 않아서가 아니라 개는 굳이 주인이 아닌 사람을 보면 짖어대기 마련입니다. 이 당시 저는 오직 한신만을 알았지 폐하는 알지 못했습니다. 또 천하에는 '예리하게 칼날을 세우며 폐하가 하신 일을 하고 싶어 하는 사람이 매우 많았었는데, 다만 힘이 모자랐을 뿐입니다. 그들을 (폐하를 몰라봤다 하여) 다 삶아 죽이시겠습니까?" | 秦失其鹿, 天下共逐之. 于是高材疾足者,先得焉 跖之狗吠堯, 堯非不仁, 狗固吠非其主當是時臣唯獨 知韓信非知陛下也.且天下銳 精持鋒欲爲陛下所爲者甚衆, 顧力不能耳. 又可盡烹之邪? |
|---|---|

鹿 사슴 록(권좌의 비유) / 逐 쫓을 축 / 疾 빠를 질 / 跖 밟을 척 / 固 굳이 고 / 陛 섬돌 폐 / 銳 날카로울 예 / 精 자세할 정 / 持 가질 지 / 鋒 칼끝 봉 / 甚 매우 심 / 顧 다만 고 耳 ~뿐 이 / 盡 다할 진 / 邪 ~인가? 야(반어형어조사)

| 盜跖(도척)：  『사기정의史記正義』에 의하면 도척은 황제 때의 대도大盜의 이름이었는데 춘추시대의 유하혜柳下惠의 동생이 대도였기에 그 역시 도척으로 불리게 됨

| 韓信(한신)：  진나라 말기에서 한나라 초기 사이의 인물로 유방을 도와 한나라를 건국한 후에 한왕韓王으로 봉해졌으나 흉노와 연합해 반란을 일으킴.

## 책사, 괴통(蒯通)의 언변술

한나라가 천하를 통일하기 전, 진나라 말기에, 한고조 유방과 초패왕 항우가 천하를 두고 다투자, 한신의 책사인 괴통은 한신에게 유방의 편에 서지 말고 삼분정족三分鼎足(3개의 발을 가진 솥의 안정감)의 형태로 독립을 취하라고 제안한 적이 있었다. 그러나 한신은 이를 수용하지 않고 유방의 신하로 있다가 그만 죽게 되어서야 괴통의 충언을 무살한 점을 후회하였다. 괴통이 한신에게 인정받아 왔고 독립을 충동질했다는 사실을 알게 된 유방은 그를 팽형烹刑에 처하려고 하였다. 죽음을 코앞에 둔 위급한 상황에서 괴통은 책사다운 임기응변으로 죽음을 모면하는 처세술을 발휘하였다. 개란 본래 자기 주인에게만 충성하고 낯선 이에게는 으르렁대기 마련이라는 뜻의 跖犬吠堯, 이 성어에는 유방에 반기를 들었던 것은 자신이 주인인 한신만 아는 개였기 때문이라고 한 괴통의 순발력 있는 대응능력이 나타나 있다. 도척盜跖과 같은 악인의 개가 요임금과 같은 성인을 몰라보고 짖어대는 것은 지극히 자연스러운 일이라고 한 괴통은 자신을 한신만 알고 지냈던 개로, 유방을 성스러운 요임금에 비유하면서 자신의 잘못이 부득이 했음을 하소연했다. 성인처럼 어진 유방을 주인으로 모실 수 없는 처지였을 뿐만 아니라 도리어 짖어대는 개 노릇을 하였다는 괴통의 고백은 유방에게 충분히 설득적이었다. 능숙한 언변으로 죽음의 위기에서 벗어난 괴통, 시의적절하고 순발력 있는 임기응변가이다.

[동의어]   桀犬吠堯(걸견폐요)：  걸왕의 개가 요임금을 보고 짖다.                                    [출전] 『史記』 「淮陰侯傳」

# 天道是非 천도시비

天 하늘 천 | 道 도도 | 是 옳을 시 | 非 그릇될 비

## 천도는 옳은가, 그른가?

세상의 불공정을 한탄하고 하늘의 정당성을 의심함.

전한前漢시대, 무제武帝 때의 역사관 사마천司馬遷은 자신이 저술한 『사기史記』에 하늘의 도에 대하여 회의한다는 내용을 기록했다.

'천도시비'는 사마천이 하늘은 결코 착한 사람의 편에 서지 않는 무심한 존재임을 밝힌 대목에서 유래된 성어이다.

백이와 숙제와 같은 사람은 착한 사람이라고 할 수 있지 않은가? 그러나 그들은 이처럼 어진 덕을 쌓고 행실이 조촐함이 이와 같았는데도 굶어 죽었다. 또한 공자는 제자 일흔 명 중에서 안연만이 학문을 좋아한다고 추천했지만 그러나 안연은 자주 쌀뒤주가 비어서 술지게미와 쌀겨를 싫어하지 않았는데도 끝내 요절하였다. 하늘의 보답이 선인에게 베풀어진다면 이것은 어찌된 것인가? 도척은 날마다 죄 없는 사람을 죽여 사람의 고기를 날로 먹으며 포악하고 제멋대로 행동하여, 수천의 무리를 모아 천하를 횡행하고도 마침내 수명을 다하여 죽었으니 이것은 그의 무슨 덕을 따른 것인가? 이것은 그의 허물이 크게 밝혀져 드러난 것이다. 마치 근세에 이르러 하는 일이 규정에 벗어났고 오로지 꺼리고 싫어하는 것만 저지르고도 죽을 때 까지 편안하게 즐기며, 부귀함이 대대로 끊어지지 않는 것과 같다. 어떤 사람은 땅을 가려서 밟고 때가 된 연후에 말을 내뱉으며 길을 가도 지름길은 가지 않으며, 공정하지 못하면 화를 내지도 않는 데 재앙을 만나는 것이 셀 수 없을 정도로 많으니 나는 매우 의혹스럽습니다. 혹시 이른 바 하늘의 도가 옳은 것인가? 그른 것인가?

若伯夷叔齊可謂善人者非邪? 積仁潔行如此而餓死. 且七十子之徒, 仲尼獨薦顏淵為好學. 然回也屢空, 糟糠不厭而卒蚤天. 天之報施善人, 其何如哉? 盜蹠日殺不辜, 肝人之肉, 暴戾恣睢, 聚黨數千人橫行天下, 竟以壽終. 是遵何德哉? 此其尤大彰明較著者也. 若至近世, 操行不軌, 專犯忌諱, 而終身逸樂, 富厚累世不絕. 或擇地而蹈之, 時然後出言, 行不由徑, 非公正, 不發憤而遇禍災者, 不可勝數也. 余甚惑焉, 儻所謂天道是邪非邪?

若 같을 약 / 積 쌓을 적 / 絜 조촐할 결 / 暴 사나울 폭 / 戾 사나울 려 / 恣 제멋대로 자 / 睢 부릅뜰 휴 / 聚 모일 취 / 黨 무리 당 / 橫 거스를 횡 / 竟 마침내 경 / 遵 따를 준 / 尤 허물 우 / 彰 드러낼 창 / 較 견줄 교 / 著 드러날 저 / 操 잡을 조 / 軌 법도 궤 / 專 오로지 전 / 犯 범할 범 / 忌 꺼릴 기 / 諱 꺼릴 휘 / 逸 편안할 일 / 厚 두터울 후 / 累 쌓을 누 / 蹈 걸을 도 / 徑 지름길 경 / 憤 분할 분 / 遇 만날 우 / 禍 재앙 화 / 災 재앙 재 / 勝 모두 승 / 余 나 여 / 甚 매우 심 / 惑 의혹할 혹 / 儻 혹시 당 / 邪 ~인가? 야(의문형어조사)

| 伯夷叔齊(백이숙제) | 주周나라 무왕武王이 은殷나라 주왕紂王을 징벌하자 신하가 천자에게 하극상을 범한 행위라 하여 주나라 곡식을 먹기를 거부하고 수양산에서 고사리로 연명하다가 굶어 죽은 형제. 충절의 상징적인 인물임.

# 사마천(司馬遷)의 천도관

한무제漢武帝 때, 사마천은 흉노와의 전쟁에서 포로가 된 장수 이릉李陵을 변호하다가 그만 궁형宮刑을 받게 되었다. 혈투를 벌인 이릉을 변호했다는 것이 뭐 그리 큰 잘못이기에 극형을 받아야 하는가? 하늘은 과연 선한 사람을 편들어 주고 있는가? 라고 자문하였다. 그리하여 사마천은 죽음보다도 더 견디기 힘든 형벌을 감내하면서 과거 선한 일을 한 사람들의 부당한 말로를 기록으로 남기기 시작했다.

하늘의 도는 옳은가? 그른가? 라는 반문을 통해서 자신의 답변을 넌지시 밝힌 天道是非, 이 성어에는 천도는 인간에게 더 이상 도덕적 삶의 근거가 되지 못한다고 판단한 사마천의 천인불상관적天人不相關的 사상이 나타나 있다. 사마천이 볼 때, 선한 사람의 대명사인 백이, 숙제, 안연이 안타까우리만치 불우하게 살다가 요절한 것과 이에 대비되는 인생으로 악한 사람의 대명사인 큰 도둑 도척이 기막히도록 호화스럽게 살다가 천수天壽까지 누린 것은 납득하기 어려운 점이었다. 사마천은 이들의 뒤바뀐 말로에서 하늘이 사람의 일에 상관한다는 당시의 사상적 큰 조류인 천인상관설天人相關說을 의심하게 되었다. 평생을 진선진미盡善盡美하게 살아온 자신이 궁형이라는 치욕을 받게 되자 과거 선한 사람들의 납득하기 힘든 인생말로에 눈길을 돌리면서 충절을 지키느라 수양산에 들어간 백이와 숙제의 삶을 떠올렸다. 그들은 얼마나 분통을 터트리며 죽어갔을까를 헤아린 사마천은 하늘의 가르침 곧 천도는 결코 선하게 사는 사람을 도와서 인도人道를 밝혀주는 게 아니라는 생각을 한 것이다. 하늘은 하늘이고 인간은 인간일 뿐이라는 생각이다. 하늘이 인간 세상에 무심할 뿐 아니라 아무런 작용을 하지 않는다는 사실을 깨달은 순간 사마천은 오히려 천天에 대해 가졌던 분통을 삭힐 수 있었고 비로소 천天으로부터 인간을 자유롭게 해주는 답을 내릴 수 있었다. 천도天道가 인도人道와는 무관한 것이라면 자기 자신이라도 선인과 악인들의 삶을 역사기록으로 남겨 길이길이 후세의 엄중한 심판을 받게 해서 선인은 추앙받는 인물로, 악인은 경계해야할 인물로 각인시켜 사람이 걸어가야 할 길을 찾도록 하겠다는 사명감을 굳건히 하였다. 지금 세상에도 '하늘도 무심하지!' 또는 '하늘이 무섭지 않느냐?'라 하며 하늘을 인간세상의 지킴으로 여기는 풍조가 있다. 사마천처럼 '천도시비'를 반문할 일은 예나 지금이나 마찬가지로 발생하고 있다는 뜻이다. 인간들의 삶을 기독교는 사후에 심판받을 것이라 하고 불교는 전생의 업보라고 해석하였으며 사마천은 사실대로 기록하여 후대의 평가에 맡기겠다고 하였다. 사후와 전생은 확인할 길이 없지만 사마천이 기록한 역사는 확인가능하다. 그래서 사마천의 필력은 가장 위력적이다. 그의 역사기록을 통해 드러난 인생은 영원토록 심판대에 올라가 있는 셈이다. '천도시비'라는 성어는 바로 올바르게 살라는 사마천의 한 맺힌 외침이다.

[출전]『史記』「伯夷列傳」

# 千慮一失 천려일실

千 일천 천 | 慮 생각할 려 | 一 한 일 | 失 잃을 실

## 천 번 생각에 한 번의 실수.

아무리 지혜로운 사람이라도 한 번쯤은 실수함.

춘추春秋시대, 제齊나라 경공景公이 재상인 안영晏嬰의 집안 형편이 너무 가난하다는 사실을 전해 듣고 천금과 시장 조세권을 하사하였다. 하지만 안영은 결코 가난하지 않다는 말을 하며 극구 사양하였다. 이에 경공이 왜 하사품을 거절하는지를 물었다.

'천려일실'은 경공의 하사품을 매번 받지 않는 안영에게 경공이 그 이유를 묻자 관중管仲처럼 되고 싶지 않아서라고 답변하는 대목에서 유래된 성어이다.

| | |
|---|---|
| 경공이 안자에게 말씀하셨다. "옛날 나의 선왕 환공께서 서사땅 오백리를 관중에게 봉해주었을 때, 사양하지 않고 받았는데 그대가 거절하는 것은 무엇 때문이오?" 안자가 대답하였다. "제가 듣건대 성인도 천 번 생각하면 반드시 한 가지 실수는 있고 어리석은 사람도 천 번 생각하면 반드시 한 가지 얻을 만한 게 있다고 합니다. 생각건대 관중은 한 번 실수한 것이고 저는 한 가지 얻은 것이지요! 그래서 두 번 절하며 감히 명을 받지 않았사옵니다." | 景公謂晏子曰昔吾先君桓公,以書社五百封管仲,不辭而受.子辭之何也? 晏子曰嬰聞之,聖人千慮必有一失,愚人千慮必有一得. 意者管仲之失而嬰之得者耶,故再拜而不敢受命 |

封 봉할 봉 / 辭 거절할 사 / 受 받을 수 / 愚 어리석을 우 / 意 생각할 의 / 耶 감탄형어조사 야 / 故 까닭 고 / 再 두 번 재 / 拜 절할 배 / 敢 감히 감

| 景公(경공) | 제나라 26대 군주로 안영의 보필을 받아 제2의 전성기를 이룸.
| 晏子(안자) | 제나라 영공, 장공, 경공을 모신 명재상 안영晏嬰을 높여 부름.
| 桓公(환공) | 제나라 15대 군주로 춘추오패 중 한 사람.
| 管仲(관중) | 제환공을 도와 최대의 전성기를 이룬 명재상으로 안영보다 100년 전 인물.

### 안영(晏嬰)의 관중(管仲)평

제경공齊景公은 선왕 때부터 재상을 지내온 안영을 존경하며 대우하였다. 그는 영공, 장공, 경공 3대에 걸쳐 한결같이 청렴하고 공명정대하며 훌륭한 인품에 정무능력까지 탁월했기 때문이다. 경공이 안영을 진정으로 잘 살게끔 해주고 싶어서 하사품을 보내곤 했으나 매번 거절당하자 100여 년 전, 환공을 도와 제나라를 강국으로 이끈 관중의 경우를 사례로 들며 하사품을 받아달라고 청하였다. 관중은 공로의 대가로 식읍을 받았다.

지혜로운 사람이 신중에 신중함을 더하여도 실수란 있기 마련이라는 뜻의 千慮一失, 이 성어에는 관중이 지혜롭고 신중하기는 하나 물질욕심은 저버리지 못했다고 평한 안영의 엄숙주의가 나타나 있다. 관중이 임금의 하사품을 받은 단 한 번의 실수로 인해 그의 명예를 스스로 훼손시켰다고 본 안영은 자신을 부족한 사람이라고 칭하면서 부족하기에 더 더욱 자존심을 잃는 일은 하지 않겠다며 하사품을 사양한 것이다. 겸손함과 청렴함이 돋보인다.

[동의어] 智者一失(지자일실) : 아무리 지혜로운 사람이라도 한 번쯤은 실수함.
[반대어] 千慮一得(천려일득) : 아무리 우둔한 사람이라도 한 번쯤은 얻을 게 있음.

[출전] 『晏子春秋』「內篇 雜下」

# 泉石膏肓 천석고황

泉 샘 천 | 石 돌 석 | 膏 기름 고 | 肓 명치끝 황

## 샘물과 암석으로 인해 명치에 기름이 낌.

자연에 대한 깊은 사랑.

당唐나라시대 초기, 제3대 황제인 고종이 숭산嵩山에 행차하시자 이 산에 은거하던 전유암이 산사람의 옷차림으로 마중 나와 절을 올렸다.

'천석고황'은 당고종이 은사 전유암에게 산중생활이 어떠하냐고 묻자 그가 답변한 대목에서 유래된 성어이다

전유암이 산사람의 의관차림새로 나와 절하니 황제께서 말씀하였다. "선생께서 산속에서 도를 닦고 계시는데 (벼슬생활에) 비하여 괜찮으십니까?"하니 전유암이 말하였다. "저는 이른바 샘물과 암석에 깊은 병이 들고 안개와 노을을 병적으로 사랑하는 사람이옵니다."라고 대답하였다.

遊巖山衣田冠出拜,帝曰先生養道山中,比得佳否?遊巖曰臣所謂泉石膏肓,煙霞痼疾者也

冠 갓 관 / 拜 절할 배 / 帝 임금 제 / 養 기를 양 / 比 견줄 비 / 佳 좋을 가 / 否 아닐 부 / 謂 일컬을 위 / 煙 연기 연 / 霞 노을 하 / 痼 고질 고 / 疾 병 질

| 遊巖(유암)|　당나라 고종 때의 은사. 그는 기산에 은거하여 허유許由(요임금 때의 은사)가 지내던 곳의 동쪽에 사는 이웃이라 해서 스스로 유동린由東隣이라고 부름.

## 전유암(田遊巖)의 자연사랑

당나라시대는 불교와 도교가 성행해지면서 벼슬생활에 염증을 느끼고 자연을 찾아 은거생활을 자처하는 사람들이 많았다. 『신당서新唐書』「은일전隱逸傳」에 '고종과 황후측천무후則天武后는 도장과 산림을 찾아다니며 바위와 동굴로 편지를 날리는가 하면 여러 차례 은자의 집을 방문하여 기어코 은사의 수레를 돌려서 조정에 모시고 온다.'라고 적혀 있다. 전유암도 고종이 조정에 불러들이고자 했던 은사 중의 한 사람이다.

산 속의 샘물이며 암석을 너무도 좋아한 나머지 중병에 걸린 듯이 이 버릇을 고칠 수 없다. 라는 뜻의 泉石膏肓, 이 성어에는 벼슬생활에 비할 수 없을 정도로 자연생활이 만족스럽다고 한 전유암의 도가적 취향이 나타나 있다. 이미 전유암은 가족과 함께 산중생활을 하면서 자연의 묘미에 흠뻑 빠져 지내고 있었기 때문에 황제의 방문에도 전혀 흔들림이 없었다. 심지어 그는 자연에 대한 사랑의 정도가 매우 중증이라는 뜻으로 자신은 현재 심장과 횡격막 사이인 고황에 병이 들어 난치병에 걸려 있는 듯한 처지라고 말하면서 벼슬 때문에 은거생활을 접을 생각이 추호도 없음을 분명히 밝혔다. 요즘에는 어떤 특정 분야나 대상에 깊이 빠져 전문가적 수준에 이른 사람을 가리켜서 마니아mania, 덕후德厚, 오타쿠お宅라 하는데, '천석고황'도 이 맥락으로 이해해도 좋을 성 싶은 성어이다. 자연에 대한 사랑이 지독하여 오로지 자연을 즐기고 자연을 예찬하며 자연을 연구하는 전유암이 현대판 덕후이다.

[동의어]　煙霞痼疾(연하고질) : 안개와 노을 곧 자연을 사랑하는 고질병.　　　　[출전]『新唐書 卷196』「田遊巖傳」

# 天衣無縫 천의무봉

天 하늘 천 | 衣 옷 의 | 無 없을 무 | 縫 재봉질 할 봉

## 하늘의 옷은 바느질한 흔적이 없다.

작품이 자연스럽고 훌륭하여 완전무결함.

당唐나라 선비 곽한郭翰이 어느 무더운 달밤에, 정원에 누워서 하늘을 쳐다보는데 어떤 사람이 가만가만히 지상으로 내려오더니 말을 건넸다.

'천의무봉'은 하늘로부터 내려온 직녀가 선비 곽한에게 자신의 옷에 대해 설명하는 대목에서 유래된 성어이다.

말하기를 "저는 직녀이옵니다."라 하였다. 곽한이 찬찬히 그녀의 옷을 살펴보니, 바느질한 곳이 전혀 없었다. 곽한이 그 이유를 물으니, 말하기를 "하늘의 옷은 본래 바늘과 실로 꿰매지 않습니다." 라고 했다. 매번 그녀가 돌아갈 때면 번번이 옷이 그녀의 몸에 저절로 따라가 입혀졌다. 일 년이 지난 어느 날 저녁 그녀는 갑자기 얼굴빛이 슬퍼지더니 눈물을 마구 흘리며 곽한의 손을 잡고 말했다. 천제의 명령에 정해진 기한이 있으니 곧 영원히 이별을 해야 합니다." 그녀는 마침내 오열하며 스스로 (슬픔을) 이기지 못했다.

日吾織女也.徐視其衣
竝無縫.翰問之,謂曰
天衣本無針線爲也.
每去輒以衣服自隨.
經一年,忽於一夕,
顔色悽惻,涕流交下,執
翰手曰帝命有程,便可永
訣遂嗚咽不自勝

織 짤 직 / 徐 천천히 서 / 視 볼 시 / 竝 아우를 병 / 翰 날개 한 / 謂 일컬을 위 / 針 바늘 침 / 線 실 선 / 每 매양 매 / 輒 번번이 첩 / 服 옷 복 / 隨 따라갈 수 / 經 지날 경 / 忽 갑자기 홀 / 顔 얼굴 안 / 悽 슬퍼할 처 / 惻 슬퍼할 측 / 涕 눈물 체 / 執 잡을 집 / 程 법 정 / 便 곧 변 / 訣 이별할 결 / 遂 마침내 수 / 嗚 슬피 울 오 / 咽 목멜 열 / 勝 이길 승

## 직녀(織女)의 옷, 天衣

당나라시대와 송宋나라시대 중간인 오대십국五代十國시대(907년~960년경), 전촉前蜀에 우교牛嶠라는 문장가가 있었다. 그가 저술한『영괴록靈怪錄』가운데에 곽한郭翰의 설화가 있다. 천상의 여인 직녀가 천제의 허락을 받아 지상의 남자 곽한과 사랑을 나눈다는 이야기이다.

천상의 옷은 인간의 옷과 달라서, 바느질한 흔적이 전혀 없을 정도로 완벽하다. 라는 뜻의 天衣無縫, 직녀는 자신의 옷이 지상의 옷과는 비교할 수 없을 정도로 매우 자연스럽고 아름답다고 말하면서 천상의 세계가 완전하고 이상적인 곳임을 드러내었다. 그런데도 그녀는 지상에 사는 곽한의 모습에 반해서 그의 맑고 고상한 풍모를 흠모해오다가 하강했노라고 고백하였다. 천天과 인人 사이에 교감이 이뤄졌다는 설정이다. 직녀와 곽한의 교감은 순수함, 맑음, 고결함이 서로 통한 것이므로 정서적으로 천天과 인人이 합일했음을 뜻한다. 하지만 꿰맨 흔적도 없이 옷감 자체가 옷이 된다고 하는 직녀의 옷은 인위적 솜씨가 배제된 천의天衣라서 인간의 바느질 솜씨로는 도저히 따라갈 수 없으니 기술적으로 천天과 인人이 완전 별개의 것이다. 곧 기술적 측면에서 볼 때, 천상의 옷은 인간의 옷과 차원이 달라서 천天과 인人 사이는 멀기만 하다. 따라서 이 성어는 정서적 차원의 천인합일天人合一사상과 기술적 차원의 천인지분天人相分사상을 동시에 담고 있다.

[출전] 牛嶠,『靈怪錄』

# 千載一遇 천재일우

千 일천 천 | 載 실을 재 | 一 한 일 | 遇 만날 우

## 천 년에 한 번 만난다.
좀처럼 만나기 어려운 좋은 기회.

동진東晉시대, 원굉袁宏(328년 ~376년)이 삼국시대의 건국공신을 예찬한 글인 '삼국명신서찬삼三國名臣序贊'을 지었다. 말의 감정사인 백락伯樂을 만나지 못하면 천년이 지나도 천리마는 없는 거나 마찬가지인 것처럼 훌륭한 임금을 만나지 못하면 현명한 신하도 생을 마치도록 세상에 드러나지 못한다는 내용이다.
'천재일우'는 동진시대의 원굉이 현군과 명신이 때맞게 만난다는 것이 얼마나 어려운가를 말하는 대목에서 유래된 성어이다.

이 때문에 옛날의 군자는 도를 넓히는 것의 어려움을 근심하지 않고 좋은 때를 만나는 것의 어려움을 더 근심했다. 좋은 때를 만나는 게 어려운 것이 아니라 좋은 임금을 만나는 게 더 어렵다.
고로 도는 지켜지는데 때를 만나지 못하는 것에 맹자가 탄식했던 까닭이고 좋은 때를 만났으나 훌륭한 임금이 없는 것에 가생賈生이 눈물 흘렸던 까닭이다. 대저 만 년에 한 번 기회를 만나는 것은 사람이 살고 있는 세상의 공통된 길이며 천 년에 한 번 좋은 기회를 만나는 것은 현명한 사람과 지혜 있는 사람의 아름다운 만남이다. 이와 같은 기회를 누구나 기뻐하지 않을 수 없으니, 기회를 잃으면 어찌 슬퍼하지 않을 수 있겠는가?

是以古之君子不患弘道難,患遭時難,遭時匪難遇君難.
故有道無時,孟子所以咨嗟,有時無君,賈生所以垂泣.夫萬歲一期,有生之通塗,千載一遇,賢智之嘉會.
遇之不能無欣,喪之何能無慨?

患 근심할 환 / 弘 넓을 홍 / 遭 만날 조 / 匪 아닐 비 / 咨 탄식할 자 / 嗟 탄식할 차 / 賈 값 가 / 垂 드리울 수 / 泣 울 읍 /
夫 대저 부 / 歲 해 세 / 期 기회 기 / 通 통할 통 / 塗 길 도 / 嘉 아름다울 가 / 欣 기뻐할 흔 / 喪 잃을 상 / 慨 슬퍼할 개
┃賈生(가생)┃ 한문제漢文帝 때의 최연소 박사로 왕의 측근인 태중대부太中大夫직을 맡은 후, 법과 제도를 개혁하려다 반발을 얻어 좌천된 가의賈誼를 말함.

## 문장가 원굉(袁宏)의 군주상

문장가 원굉이 과거 위나라 군주 조조와 순문약荀文若의 관계를 안타까워하며 군주가 명신을 알아보지 못한 사례로 소개하였다. 원굉이 보기에 순문약은 성품이 강직하고 지략이 뛰어나 조조의 책사가 되어 많은 일을 하면서 그의 과오를 조금도 용납하지 않고 간언했던 신하이다. 그는 조조에게 황제가 되겠다는 야욕이 있음을 알고 만류하다가 쫓겨났다. 군주인 조조와 충신인 순문약의 만남은 천년에 한 번쯤 있을 정도의 귀한 군신관계이건만 그들의 관계는 지속되지 못하였다. 조조가 순문약의 충정을 알아보지 못하여 '천재일우'의 기회를 놓친 순간 순문약은 허망하게도 역사의 뒤편으로 사라지고 만 것이다.

[동의어]　千載一時(천재일시) :　천 년에 한 번 좋은 시기.
　　　　　千載一會(천재일회) :　천 년에 한 번 좋은 만남.
[유사어]　盲龜遇木(맹귀우목) :　눈 먼 거북이가 떠내려가던 통나무를 잡게 되어 살아남.

[출전]『晉書 卷92』「文苑傳 袁宏」

# 聽而不聞 청이불문

聽 들을 청 | 而 말 이을 이 | 不 아니 불 | 聞 들을 문

## 들어도 듣지 못함.

하는 일에 마음을 집중하지 않으면 참 의미를 알지 못함.

『대학大學』제7장은 이 책의 제1강령인 '명명덕明明德(천부적인 밝은 덕을 밝힘)'을 실행할 수 있는 방안 8조목 중의 하나로써 정심正心을 제시한 후, 心과 身을 관련지어서 해설한 부분이다. 수신을 하고자 한다면 우선 그 마음을 바르게 해야 하는데 분노하거나, 두려워하거나, 쾌락을 즐기거나 우환이 있게 되면 마음이 안정되지 않아서 몸가짐 역시 올바를 수 없다는 내용이다.

'청이불문'은 마음을 집중하지 않으면 신체적 기능이 작동하더라도 선한 마음이 제대로 발휘하지 못하여 그릇된 행동을 하게 된다고 지적한 대목에서 유래된 성어이다.

> 마음이 있지 않으면 보아도 보이지 않고,
> 들어도 들리지 않으며, 먹어도 그 참맛을 알지 못한다.
> 이것을 일러 수신은 그 마음을 바르게 함에 있다고 한다.
>
> 心不在焉,視而不見,
> 聽而不聞,食而不知其味.
> 此謂脩身在正其心.

焉 어조사 언 / 而 말 이을 이 / 其 그 기 / 味 맛 미 / 此 이 차 / 謂 일컬을 위 / 修 닦을 수

## 曾子가 제시한 『大學』의 道

춘추시대, 증자의 저서『대학』은 '대인의 학문'이라 하여 천하를 잘 경영하고자 하는 자를 위한 지침서이다. 마음이 한 곳에 집중하지 못하면 대상물을 보고서도 그 형체나 특성을 정확히 볼 수 없고, 어떠한 소리를 들어도 그 음색이나 의미를 알아들을 수 없으며 맛있는 음식을 먹어도 그 참맛이나 냄새를 알 수 없다는 사실을 명심하여 지도자가 되고자 한다면 반드시 먼저 자신의 마음을 바로잡고, 본심에 충실하여 하는 일에 집중하라고 한다.

상대에게 관심이 없으면 그의 이야기를 듣고서도 제대로 알아듣지 못한다는 뜻의 聽而不聞, 이 성어에는 바른 행동을 이끌 수 있으려면 우선 바른 심성을 갖추어야 한다고 말한 증자의 존심양성存心養性사상이 나타나 있다. 곧 증자는 정심正心이 수신修身의 바탕이 되어야 한다고 했다. 증자는 특히 천하를 다스리는 지도자의 위치는 모든 사람들의 말에 귀를 기울이며 여론을 수렴하는 자리라는 점을 일깨우면서 자신의 마음을 보존하고 본성을 발현시키는 수양을 끊임없이 하여 세상만사를 제대로 듣고, 보고, 느끼라고 하였다. 그리하면 자기 한 사람의 온전한 심성수양이 올바른 행위로 드러나서 주변인들에게 좋은 영향력을 끼치게 되고 더 나아가서는 온 천하 사람들이 평화와 행복이 충만한 풍토 속에서 살아갈 수 있게 된다는 것이다.

무관심이 지나쳐 옆 사람을 투명인간 대하듯 하는 현대의 일부 사람들에게 '청이불문'은 그들의 자화상을 지적하는 양, 정곡을 찌른다. 들려서 듣고 있을 뿐, 알려고 듣는 자세가 부족한 세태라서 사람들로 하여금 방심放心을 반성하게 하고 조심操心을 각오하게끔 한다.

[유사어] 充耳不聞(충이불문) : 귀를 막고 듣지 않음.
[반대어] 洗耳恭聽(세이공청) : 귀를 기울여서 존경하는 태도로 들음.

[출전] 『大學』「大學章句大全 제7장 正心修身」

# 靑出於藍 청출어람

靑 푸를 청 | 出 날 출 | 於 어조사 어 | 藍 쪽 람

## 푸른색이 쪽풀에서 나왔으나 더 짙다.

제자가 스승보다 훌륭함.

전국戰國시대, 순자荀子(BC98년~BC238년)는 꾸준히 학문에 힘써 노력하면 제자가 스승보다 더 훌륭해질 수 있음을 강조하였다.
'청출어람'은 순자가 젊은이들에게 학문을 권장할 목적으로 지은 글에서 유래된 성어이다.

학문은 그만둘 수 없다.
푸른색은 쪽풀에서 취했지만 쪽빛보다 더 푸르고
얼음은 물로 그것을 이루었지만 물보다 더 차다.
나무가 곧아 먹줄에 딱 맞더라도, 구부려서 수레를 만들면 그 곡선이 그림쇠와 맞다. 비록 뙤약볕에 마른 나무라도 다시 곧아질 수 없는 것은 구부린 것이 그것으로 하여금 굽게 했기 때문이다. 그러므로 나무가 먹줄을 받으면 곧아지고 쇠가 숫돌에 나아가면 날카로워진다. 군자가 널리 배우고 날마다 세 가지로 자기 자신을 살피면 곧 지혜가 밝아져 행동함에 허물이 없게 된다.

學不可以己.
靑取之於藍而靑於藍
氷水爲之而寒於水
木直中繩,輮以爲輪,
其曲中規,雖有槁暴,不
復挺者,輮使之然也
故木受繩則直,金就礪則
利君子博學而日三省乎
己,則智明而行無過矣.

己 그칠 이 / 寒 찰 한 / 於 ~에서 어 / 於 ~보다 어 / 中 맞을 중 / 繩 먹줄 승 / 輮 굽힐 유 / 輪 바퀴 륜 / 規 그림쇠 규 / 雖 비록 수 / 槁 마를 고 / 暴 햇볕 쬐일 폭 / 復 다시 부 / 挺 곧을 정 / 受 받을 수 / 就 나아갈 취 / 礪 숫돌 려 / 利 날카로울 리

## 순자(荀子)의 권학사상

순자는 전국시대 말기의 정치적 난맥상을 해결하고 사람들의 이기적 본능을 잠재우는 방편으로 학문을 권장하였다. 그는 사람들의 본성이 본능적이고 이기적이기 때문에 쟁취 욕심이 지나쳐서 전쟁을 일삼는 것이라고 진단하였다. 학문을 지속한다면 개개인의 악행이 선행으로 바뀌고 타고난 능력이 그 이상의 능력으로 발휘된다는 게 그의 지론이다. 푸른 염료가 쪽 풀에서 나왔지만 쪽풀의 빛보다 더 진한 색을 띤다는 의미의 靑出於藍, 이 성어에는 학문을 꾸준히 한다면 제자가 스승보다 더 훌륭해질 수 있다고 한 순자의 학문중시 사상이 나타나 있다. 쪽풀에서 추출한 남색의 염료가 쪽풀의 풀빛보다 더 진하고, 물이 얼어서 된 얼음이 기존의 물보다 더 차가운 것처럼 학문을 지속한 제자는 그를 가르친 스승보다 훨씬 더 훌륭하고, 더 선해질 수 있다고 하였다. '남색과 얼음'의 비유로 후생의 존재가 선생의 존재를 앞서거나 능가할 수 있다는 여지를 보여주면서 순자는 젊은이들의 향학열을 촉구하였다.
원전에서는 스승보다 더 깊고 높은 학문을 성취한 사람에게 '청출어람'이라 하였지만 요즘에는 모든 분야를 막론하고 스승보다 탁월한 능력을 보이면 이 성어를 적용하고 있다.

[동의어]　出藍之譽(출람지예)　:　제자가 스승보다 더 뛰어나다는 명성.
　　　　　出藍之才(출람지재)　:　제자가 스승보다 더 뛰어나다는 재주.
[유사어]　後生角高(후생각고)　:　뒤에 난 뿔이 우뚝하다는 뜻으로 제자가 스승보다 나음.

[출전]『荀子』「勸學篇」

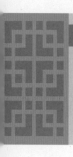
# 寸鐵殺人 촌철살인

寸 마디 촌 | 鐵 쇠 철 | 殺 죽일 살 | 人 사람 인

## 한 치의 쇠로 사람을 죽임.

짧은 경구로 어떤 일의 핵심을 찔러 사람을 감동시킴.

宋송나라시대, 선승禪僧 종고선사宗杲禪師(1088년~1163년)의 어록을 남송시대의 유학자 나대경羅大徑이 기록으로 남겼다.
'촌철살인'은 종고선사가 참선의 위력을 말한 대목에서 유래된 성어이다.

> 종고선사가 참선을 논하며 말했다. "비유하자면 어떤 사람이 한 수레의 병기를 싣고 와서, 그 중 한 개로 희롱하고 난 후, 다시 또 다른 한 개를 꺼내 가지고 와서 희롱하는 것과 같지만 이것은 곧 사람을 죽이는 수단은 아니다. 나는 단지 한 치의 쇠가 있을 뿐이어도 곧 사람을 죽일 수 있다."

> 宗杲論禪曰譬如人載一車兵器,弄了一件,又取出一件來弄,便不是殺人手段.我則只有寸鐵,便可殺人.

杲 밝을 고 / 論 논할 논 / 禪 참선할 선 / 譬 비유할 비 / 載 실을 재 / 器 그릇 기 / 弄 희롱할 농 / 件 사건 건 / 又 또 우 / 便 곧 변 / 段 조각 단 / 只 단지 지 /

## 종고선사(宗杲禪師)의 참선사상

깨달음의 경지에 들어서기 위하여 자기 자신에게 끊임없이 의문을 던지며 마침내 스스로 답을 찾는 선禪의 한 종류인 간화선看話禪의 주창자가 종고선사이다. 이른바 대혜종고선사大慧宗杲禪師라고도 불린다. 이 스님이 참선으로 인한 깨달음의 위력을 밝힌 적이 있다.

손가락 한 마디의 길이에 불과한 쇠붙이로 사람을 죽인다. 라는 의미의 寸鐵殺人, 이 성어에는 깨달음의 말 한마디가 사람의 폐부를 찔러 감동시킬 수 있음을 비유적으로 밝힌 종고선사의 돈오頓悟사상이 나타나 있다. 살생무기를 가지고도 사람을 죽이기란 어려운 법이지만 종고선사 자신은 놀라운 집중력으로 참선해서 깨달은 결과를 가지고 사람을 감복하게 할 수 있다고 하였다. 물론 사람을 실제로 죽인다는 의미가 아니라 의문에 의문을 던져 그 꼬리를 이어가다보면 어느 순간 물리를 깨치게 되고 그 깨우침은 사물의 핵심을 찔러 변화시키고, 사람의 급소를 찔러 감동시킬 수 있다는 것이다. '촌철'은 '깨달음의 말 한마디'를, '살인'은 '사물이나 사람의 변화'를 비유한 용어이다. 청정한 집중력으로 마음속의 잡다한 생각이나 번뇌를 없애서 '촌철'과 같은 날카로운 경구 한 마디로 '살인'과 같은 완승의 해결을 거둘 수 있다는 자신감을 종고선사가 보여주었다.

원전에 의하면 '촌철살인'은 참선을 중시하는 불교적 색채가 드러나 있는 성어이다. 하지만 요즘에는 종교적 의미를 떠나서 시기와 상황에 맞는 재치 있는 말로 상대방의 허를 찔러 꼼짝 못하게 하는 경우에 더 많이 사용하고 있다.

---

[유사어] 頂門一鍼(정문일침) : 정수리에 침을 꽂듯이 상대의 급소를 찌르는 따끔한 충고.    [출전] 『學林玉露』「地部 殺人手段」

# 秋高馬肥 추고마비

秋 가을 추 | 高 높을 고 | 馬 말 마 | 肥 살찔 비

## 가을하늘이 높고 말이 살찐다.

하늘이 높고 오곡백과가 풍성한 가을철.

당唐나라시대 초기, 두보杜甫의 조부 두심언杜審言이 북녘 땅 변경지역에서 휘몰아치는 북풍과 눈비를 맞으며 흉노족과 싸우느라 아직 돌아오지 못하고 있는 친구 소미도蘇味道의 무사귀환을 간절히 바라며 오언고시五言古詩를 지었다. '추고마비'는 두심언杜審言이 흉노족을 토벌하기 위해서 변방에 나가 있는 친구 소미도에게 보낸 시에서 유래된 성어이다.

| | |
|---|---|
| 구름은 깨끗하고 불길한 별이 떨어졌네. | 雲淨妖星落 (운정요성락) |
| 가을 하늘은 드높고 변방의 말이 살찌는 계절 | 秋高塞馬肥 (추고새마비) |
| 그대는 안장에 앉아서 명검을 휘두르겠지. | 據鞍雄劍動 (거안웅검동) |
| 붓 빨리 움직여 쓴 보고서가 날아들기를 | 搖筆羽書飛 (요필우서비) |
| 황제의 수레도 도읍에 환궁하셨고 | 輿駕還京邑 (여가환경읍) |
| 수행하는 벗들도 황제가 계신 곳에 가득하며 | 朋遊滿帝畿 (붕유만제기) |
| 바야흐로 그대가 승리의 소식을 바치길 기다리네. | 方期來獻凱 (방기내헌개) |

淨 깨끗할 정 / 妖 요사할 요 / 塞 변방 새 / 肥 살찔 비 / 據 의지할 거 / 鞍 안장 안 / 雄 수컷 웅 / 搖 흔들 요 / 筆 붓 필 /
輿 수레 여 / 駕 천자 수레 가 / 畿 경기 기 / 方 바야흐로 방 / 期 기약 기 / 獻 바칠 기 / 凱 승리 개

| 妖星(요성)| 난리 때, 재해의 징조로 나타난다고 하는 별.
| 雄劍(웅검)| 자웅 한 쌍인 두 개의 명검 중 하나.
| 羽書(우서)| 급한 소식을 전할 때에 깃털을 꽂아서 보냈던 보고서.

## 오언고시 「증소미도(贈蘇味道)」의 작시 배경

당나라 고종高宗 때, 가을철만 되면 겨울철 양식을 미리 구하려고 남침하는 북쪽지방의 흉노족들 때문에 백성들은 두려움에 떨어야 했다. 이부시랑吏部侍郞 배행검裴行儉이 흉노족을 토벌하러 북쪽 변방지역에 가 있을 때, 두심언의 친구 소미도가 전장의 기록을 위해 서기書記로 종군했다가 귀향하지 못하고 있었다.

가을 하늘 맑고 드높은데 남침 목적으로 살찌운 말들로 인해 전운이 감돈다는 뜻의 秋高馬肥, 이 성어에는 오곡백과가 풍성한 가을철을 오히려 전쟁의 전조로 받아들여야 하는 백성들의 애환이 나타나 있다. 두심언이 보건대, 전장에 쓰이는 말은 잘 먹어서 살이 쪘는데 기마병들을 방어해야 하는 백성들의 속내는 타들어가고 있었다. 특히 가을철의 맑은 기운과 풍요로움을 뒤로 한 채 전쟁터에 나가 있는 소미도의 처지가 너무도 안타까웠다.

요즘에는 '천고마비'라 하여 '날씨 좋고 풍요로운 살기 좋은 가을철'의 의미로 사용하지만 원래는 '하늘은 높고 말이 살찌니 힘들고 두려운 가을철'의 의미였다. 의미변화가 심하다.

---

[동의어] 天高馬肥(천고마비) : 하늘이 높고 말이 살찌는 가을철.
[유사어] 天高氣淸(천고기청) : 하늘이 높고 공기가 맑은 가을철.

[출전] 杜審言, 「贈蘇味道」

# 出爾反爾 출이반이

出 날 출 | 爾 너 이 | 反 되돌릴 반 | 爾 너 이

## 너에게서 나간 것은 너에게로 돌아옴.

자기가 행한 일은 자기가 결과를 받게 됨.

전국戰國시대, 추鄒나라 목공穆公이 노魯나라와의 전쟁에서 패한 후, 맹자孟子를 찾았다. 추나라 병사 중에 그 어느 누구하나 33명이나 되는 상사의 죽음을 보고서도 그를 위해 헌신하는 자가 없으니 이들의 괘씸함을 어쩔 것인지 맹자에게 질문하였다.

'출이반이'는 패전한 추목공이 많은 지휘관을 잃은 책임을 병사들에게 돌리며 그들을 책망할 방법을 맹자에게 묻자 맹자가 증자의 말을 인용하여 답변한 데에서 유래된 성어이다.

맹자가 대답하였다. "흉년이 들어 먹을 것이 부족한 해에 임금의 백성들 중에서 노약자는 시궁창에 굴러 떨어져 죽고 젊은이들은 사방으로 흩어졌는데 그 수가 수천 명이나 되었지요. 그러면서도 임금의 창고에는 곡식과 보물이 가득했습니다. 유사들은 이것을 고하지도 않았으니 이것이야말로 윗사람이 게을러서 아랫사람을 죽인 것입니다. 증자가 말씀하시길 '경계하고 경계할지어다. 너에게서 나온 것은 너에게로 돌아온다.' 고 했습니다. 무릇 백성들이 지금에서야 그것을 되돌려 준 것이니 임금께서는 그들을 탓하지 마셔야 합니다. 군주가 어진정치를 행하면 이 백성들은 윗사람을 친애하고, 상사를 위해 죽기도 할 것이옵니다."

孟子對曰凶年饑歲,君之民老弱轉乎溝壑,壯者散而之四方者幾千人矣.而君之倉廩實府庫充.有司莫以告,是上慢而殘下也.曾子曰戒之戒之.

出乎爾者反乎爾者也.

夫民今而後得反之也,君無尤焉.君行仁政,斯民親其上,死其長矣

凶 흉할 흉 / 饑 주릴 기 / 轉 구를 전 / 溝 도랑 구 / 壑 골 학 / 壯 씩씩할 장 / 散 흩을 산 / 之 갈 지 / 幾 거의 기 / 倉 곳집 창 / 廩 곳집 름 / 實 찰 실 / 府 곳집 부 / 庫 곳집 고 / 慢 게으를 만 / 殘 해칠 잔 / 戒 경계할 계 / 夫 무릇 부 / 尤 허물 우 / 斯 이 사 / 長 어른 장

| 有司(유사)| 단체에서 중요임무를 맡은 사람.

| 曾子(증자)| 공자의 수제자인 증삼曾參(BC506년~BC436년)

## 맹자(孟子)의 상하관계론

목숨 바쳐 윗사람을 섬기지 않는 병사들로 인해 분개하고 있는 추목공에게 맹자는 상사들이 자초한 결과이니 병사들을 원망해서는 안 된다고 답변하였다. 병사들을 나무라기 전에 먼저 윗사람으로서 도리를 다했는지 돌아보라는 것이다.

어떤 일의 결과는 그 일의 원인을 제공한 측에게 책임이 있다는 뜻으로 '부메랑'을 연상시키는 出爾反爾, 이 성어에는 상사가 아랫사람들을 대우해준 만큼 아랫사람들도 상사를 대우하기 마련이니 대우를 받기 전에 상대를 먼저 배려하라고 한 맹자의 상호주의가 나타나 있다. 상사의 일방적인 요구는 아랫사람에게 불만을 가중시킬 뿐, 결코 충성이나 심복을 얻을 수 없음을 맹자는 일찍이 증자가 지도자들에게 경고했던 말을 빌려 충고하였다.

[유사어]   自業自得(자업자득) : 자기가 저지른 일의 결과를 자기가 받음.
          因果應報(인과응보) : 행위의 선악에 대한 결과를 후에 받게 됨.

[출전] 『孟子』 「梁惠王 下篇」

# 出將入相 출장입상

出 나갈 출 | 將 장수 장 | 入 들 입 | 相 재상 상

## 나가서는 장수, 들어와서는 재상.

문무의 능력을 갖추어 장상 벼슬을 모두 지냄.

당唐나라시대, 이덕유李德裕(787년~850년)는 도량과 학문이 출중했고 책읽기를 좋아했으며 선을 권하고 악을 싫어하는 성품을 지닌 다재다능한 인물이다. 절서관찰사浙西觀察使를 지냈고 무종武宗 때에는 재상을 역임하기도 하였다. 한편으로는 평천平泉별장을 지어놓고 맑은 물과 기암괴석들을 즐기는가 하면 그곳에서 학문을 연마하며 자연의 정취를 만끽하였다.

'출장입상'은 이덕유의 문무를 겸비한 능력을 묘사한 대목에서 유래된 성어이다.

| | |
|---|---|
| 처음 벼슬하기 전에는 그 가운데에서 학문을 익혔다.<br>문관복과 무관복을 입고 전쟁터에 장수로 나갔다가 조정에 들어와서 재상으로 지낸지 30년 동안, 다시는 거듭 유람하지 못하게 되자 노래와 시를 지어 그 모두를 암석에 새겼다. 지금까지<br>『화목기』『가시편록』은<br>두 개의 바위에 보존되어 있고 문집 20권은<br>옛 일을 기술한 것으로 『차유씨구서』『어신요략』『대반지』『헌체록』이 세상에 전해지고 있다. | 初未仕時,講學其中.<br>及從官籓服,出將入相,<br>三十年,不復重遊而題寄<br>歌詩,皆銘之於石.今有<br>『花木記』『歌詩篇錄』<br>二石存焉.有文集二十卷.<br>記述舊事則有『次柳氏舊書』『禦臣要略』『代叛誌』『獻替錄』行於世 |

初 처음 초 / 仕 벼슬 사 / 講 익힐 강 / 及 미칠 급 / 從 좇을 종 / 籓 지킬 번 / 復 다시 부 / 重 거듭 중 / 遊 놀 유 / 題 지을 제 / 寄 부칠 기 / 歌 노래 가 / 皆 모두 개 / 銘 새길 명 / 篇 책 편 / 錄 기록할 록 / 焉 ~이다 언 / 集 모일 집 / 卷 책 권 / 述 지을 술 / 舊 옛 구 / 禦 막을 어 / 略 다스릴 약 / 叛 배반할 반 / 誌 기록할 지 / 獻 바칠 헌 / 替 바꿀 체

## 이덕유(李德裕)의 정치력

당나라 12대 황제 목종穆宗 때부터 15대 황제 무종 때까지의 약 30년 동안 문관직으로 한림학사翰林學士, 재상, 관찰사觀察使를 지냈고, 무관직으로 절도사節度使, 병부상서兵部尚書, 좌복야左僕射 등을 역임하였다. 특히 문종시기에는 고향인 찬황贊皇에서 행정가로서의 능력을 발휘하였고 무종시기에는 재상으로서 조정의 내분을 잠재우는 통솔력을 보였다.

변방지역으로 출정하여 장수로서 활약하고 조정에 들어와서는 재상으로서 지도력을 발휘한다는 뜻의 出將入相, 이 성어에는 장수와 재상의 직무수행을 훌륭하게 완수한 이덕유의 정치적 업무 수행능력이 나타나 있다. 그 뿐만 아니라 그는 문필가로서 저술활동이 왕성하였고 자연인으로서 화석花石을 수집하며 미학적 감상에 젖는 여유로움도 누렸던 인물이다. 오늘날에 이르러서도 이덕유가 이상적인 정치가로 손꼽히고 있는 이유이다.

---

[유사어]　文武雙全(문무쌍전)　：　문무의 능력을 두루 다 갖춤.
　　　　　文武兼全(문무겸전)　：　문무의 능력을 두루 다 갖춤.

[출전] 『舊唐書』『李德裕傳』

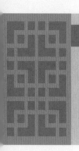

# 吹毛求疵 취모구자

吹 불 취 | 毛 털 모 | 求 구할 구 | 疵 흠 자

## 터럭을 불어서 흠집을 찾다.
남의 잘못을 샅샅이 찾아냄.

전국戰國시대, 한韓나라 사람 한비자韓非子가 제왕학의 고전인 『한비자韓非子』에 군주의 경세에 대한 기록을 담았다. 그는 경세의 큰 요체를 체득한 군주는 하늘과 땅을 바라보았고 강과 바다를 살폈으며, 산과 계곡을 찾았고, 해와 달이 비치는 이치와 사시가 운행하는 이치와 구름이 넓게 드리우고 바람이 움직이는 이치를 경세에 반영했다고 주장하였다. '취모구자'는 현명한 군주는 자연의 법칙을 통해서 통치의 법칙을 찾는 것이지 세세한 일까지 들춰가며 백성을 괴롭히지 않는다고 한 한비자의 말에서 유래된 성어이다.

(옛 현명한 군주는) 지혜로써 마음을 더럽히지 않으며, 사적인 것으로써 몸을 더럽히지 않았다. 국가의 다스림과 어지러움을 법과 술에 맡기고 옳고 그름을 상과 벌에 맡기며, 물건의 경중을 저울추와 저울대에 맡겨서 하늘의 이치를 거스르지 않고 사람의 본성을 상하게 하지 않아야 한다. 터럭을 불어서 흠집을 찾으려 하지 않아야 하고, 때를 씻어서 알기 어려운 것까지 찾아서는 안 된다.

不以智累心, 不以私累己. 寄治亂於法術, 託是非於賞罰, 屬輕重於權衡, 不逆天理, 不傷情性; 不吹毛而求小疵, 不洗垢而察難知.

累 묶을 누 / 私 개인 사 / 寄 부칠 기 / 術 꾀 술 / 託 맡길 탁 / 是 옳을 시 / 非 그릇될 비 / 賞 상줄 상 / 罰 벌줄 벌 / 屬 맡길 촉 / 輕 가벼울 경 / 權 저울 추 / 衡 저울대 형 / 逆 거스를 역 / 傷 다칠 상 / 洗 씻을 세 / 垢 때 구 / 察 살필 찰 / 難 어려울 난

## 한비자(韓非子)의 경세철학

제후국들 간의 정치적 분쟁과 학파들 간의 사상적 논쟁이 끊이지 않았던 전국시대의 혼란기에 한비자는 이를 수습하기 위한 대안으로 강력한 법치를 제시하였다. 이때의 법치는 무력의 강제성이라기보다는 자연의 법칙성이다.
의도적으로 터럭을 불어서 흠집을 찾아내더니 흠집이 있다고 탓한다는 의미의 吹毛求疵, 이 성어에는 억지성 트집은 백성으로 하여금 불만을 갖도록 할 뿐이니 엄격한 법과 제도의 시행으로 감정을 배제하면서 경세해야 한다고 한 한비자의 객관적 법칙주의가 나타나 있다. 대자연의 엄연한 질서는 객관적 법칙대로 운행한 결과에서 비롯되었듯이 군주는 법술과 상벌제도와 저울의 객관적 척도대로 세상을 경륜해야 올바른 사회질서를 확립할 수 있다는 것이 한비자의 주장이다. 그는 옛 현군들의 특성으로 자연의 법칙을 본받아서 이를 통치에 반영한 점을 꼽았다.
자연의 법칙에서 사회의 법치를 찾아낸 한비자, 전국시대를 통일로 이끈 단초역할을 하였다.

---

[동의어]  吹毛求瑕(취모구하)  :  터럭을 불어서 티를 찾는다.
吹毛覓疵(취모멱자)  :  터럭을 불어서 흠을 찾는다.
洗垢索瘢(세구색반)  :  때를 씻어가며 흉터를 찾는다.

[출전] 『韓非子』 「大體篇」

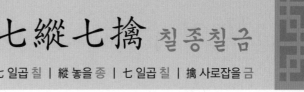

# 七縱七擒 칠종칠금

七 일곱 칠 | 縱 놓을 종 | 七 일곱 칠 | 擒 사로잡을 금

# 일곱 번 놓아주고 일곱 번 사로잡음.

마음대로 잡고 놓아 주는 비상한 재주.

삼국三國시대, 촉한蜀漢의 제갈량諸葛亮(181년~ 234년)이 남중南中지역을 평정하러 나갔다가 맹획孟獲이라는 사람이 이족夷族과 한족漢族에게 복종을 받고 있다는 소문을 듣고 그를 사로잡아오도록 명령했다. 마침내 포로로 잡혀온 맹획이 몹시 억울해하자 제갈량은 그가 마음으로 복종해오기를 기다리기 위해 잡혀올 때마다 되돌려 보냈다.
'칠종칠금'은 제갈량이 오랑캐의 장수인 맹획을 사로잡았다 풀어주기를 일곱 번 반복한 대목에서 유래된 성어이다.

| | |
|---|---|
| (맹획이) 물었다. "우리 군이 어떠하오?" 맹획이 대답하기를 "전에는 허실을 몰라서 패했습니다. 만약 단지 이 정도라면 반드시 쉽게 이길 수 있겠소." 하였다. 제갈량이 웃으며 (맹획을) 풀어주고 다시 싸우게 했다. 일곱 번 풀어주고 일곱 번 사로잡았는데도 제갈량은 오히려 맹획을 놓아주었다.<br>맹획은 멈추고 가지 않고 말하였다. "공께서는 하늘과 같은 위엄을 갖고 있습니다. 남인들이 다시는 배반하지 않을 것입니다." | 問曰此軍何如?獲對曰<br>嚮者不知虛實故敗.若祇<br>如此即定易勝耳.亮笑縱<br>使復戰.七縱七擒<br>而亮猶遣獲.<br>獲止不去曰 '公天威也.<br>南人不復反矣 |

此 이 차 / 如 어찌 여 / 對 대답할 대 / 嚮 접때 향 / 虛 빌 허 / 敗 패할 패 / 若 만약 약 / 祇 다만 지 / 定 반드시 정 / 易 쉬울 이 / 勝 이길 승 / 耳 ~뿐 이 / 縱 놓을 종 / 復 다시 부 / 戰 싸울 전 / 猶 오히려 유 / 遣 보낼 견 / 威 위엄 위 / 矣 ~이다 의(종결형어조사)

| 何如(하여) | 어떠한가? 의 의미를 나타내는 의문사
| 獲(획) | 삼국시대 남마南蠻의 지도자로 맹획을 가리킴.
| 嚮者(향자) | 지난번에
| 亮(량) | 촉한의 전략가로서 유비劉備를 도와 위魏나라의 조조曹操와 대적한 제갈공명.

## 제갈량(諸葛亮)의 전략

송宋나라 문제文帝의 명을 받들어 배송지裴松之가 『삼국지』에 주석을 달았는데 그 글을 「한진춘추漢晉春秋」라고 한다. 삼국지 제갈량전의 원문인 '삼년춘 량솔중남정 기추실평三年春, 亮率衆南征, 其秋悉平.(삼년 봄에 제갈량이 군사를 거느리고 남정을 해서 그 가을에 모두 평정했다.)'에 대해서 배송지가 제갈량의 성공적인 남쪽 오랑캐의 평정 전략을 소개하였다.
적장을 일곱 번이나 사로잡았음에도 매번 석방시켜 주었다는 의미의 七縱七擒, 이 성어에는 진정한 전승은 군사전이 아니라 심리전이라고 본 제갈량의 공심위상功心爲上 전략이 나타나 있다. 제갈량은 비록 적군일지라도 함부로 살생한 결과로 얻은 피 흘림의 승리보다는 장기적인 평정을 내다보고 선심善心을 베풀어서 적의 투지를 잃게 만드는 심복心腹을 유도했다는 것이다.
지략과 전술에 능했던 제갈량의 여유 있는 면모를 돋보이게 하는 성어이다.

[동의어]   七虜七赦(칠로칠사) : 일곱 번을 사로잡아 일곱 번을 사면하다.   [출전] 『三國志』「蜀書 諸葛亮傳 漢晉春秋」

# 快刀亂麻 쾌도난마

快 시원할 쾌 | 刀 칼 도 | 亂 어지러울 난 | 麻 삼 마

## 헝클어진 삼실을 시원스레 칼로 베다.

얽히고설킨 문제들을 명쾌하게 처리함.

남북조시대南北朝時代, 북제北齊의 초대 황제 문선제文宣帝 고양高洋의 아버지 고환高歡(훗날 고조)이 모든 아들들을 모아놓고 관직에 대해 질문하였다. 답변할 차례가 된 선제는 아무 말도 하지 않은 채 두세 번 손을 들어 하늘을 가리키는 것으로 대답을 대신하자, 이를 지켜보던 사람들이 기이하게 생각하였다. 또 한 번은 고조가 시험 삼아 모든 아들들의 의식수준을 살펴보려고 각자에게 뒤엉킨 실을 주면서 풀도록 하였다. 이 때 역시 선제는 매우 독보적인 방법으로 헝클어진 실타래 문제를 해결하였다.

'쾌도난마'는 북제의 초대황제 문선제가 어렸을 때부터 형제들과 사뭇 다른 행동들을 보인 데에서 유래된 성어이다.

---

(고조가) 각기 여러 아들들로 하여금 헝클어진 실을 풀도록 하였는데 선제만이 홀로 칼을 뽑아 그것을 베며 말하기를 "헝클어진 것은 모름지기 베어야 합니다." 고조가 그 말을 옳다고 여겼다.
(고조가) 또 각 병사를 사방에서 나오도록 배치하여 갑옷차림의 기병으로 하여금 거짓 공격하게 하였다. 세종 등은 두려워하고 혼란스러워 했으나 선제는 이에 군사를 다스려 팽락과 대적하였다.

各使治亂絲,
帝獨抽刀斬之曰亂者
須斬.高祖是之
又各配兵四出而使甲
騎偽攻之.世宗等怖撓,
帝乃勒衆與彭樂敵.

---

嘗 일찍이 상 / 試 시험할 시 / 諸 모든 제 / 識 알 식 / 使 하여금 사 / 抽 뺄 추 / 斬 벨 참 / 須 반드시수 / 是 옳을 시 /
怖 두려워할 포 / 撓 어지러울 요 / 勒 다스릴 늑 /

| 高祖(고조) | 문선제文宣帝의 아버지 고환高歡을 가리킴.
| 帝(제) | 고환高歡의 둘째아들로 북제北齊의 초대 황제인 문선제文宣帝이며 이름은 양洋.
| 世宗(세종) | 고환의 첫째 아들로 문선제의 형인 고징高澄.
| 彭樂(팽락) | 고징의 부하장수로 북제의 훌륭한 무사.

### 고양(高洋)의 난제 해결 방식

어린 시절의 고양高洋은 아버지 고환이 과제로 준 '헝클어진 삼실 풀기'에서 가닥가닥 풀어가느라 애쓰는 형제들과 달리 뒤엉킨 실타래를 단칼에 잘라버림으로써 아버지에게 장차 난국을 잘 헤쳐 나갈 인물이 될 거라는 기대를 받았다. 헝클어진 실을 칼로 잘라내어 속 시원하게 해결한다. 라는 의미의 快刀亂麻, 이 성어에는 뒤엉킴을 일일이 풀어가는 노고와 시간을 소비하는 대신 뒤엉킨 실을 더 이상 소용가치가 없다고 보고 과감히 없애버린 고양의 밀어붙이기식 해결방식이 나타나 있다. 긍정적으로는 신속한 추진력을, 부정적으로는 냉정한 제거력을 발휘한 고양은 어린 나이에 이미 과단성과 위험성을 드러내었다. 훗날 황제에 오른 그는 아버지의 긍정적인 평가와는 달리 백성을 함부로 대하는 폭군이 되고 말았다. 과감한 해결능력은 잔혹함의 싹이었던 것이다.

---

[동의어]　快刀斬麻(쾌도참마)：헝클어진 삼실을 시원스럽게 칼로 자르다.　　　　[출전]「北齊書 卷4」「文宣帝 本紀」

# 唾面自乾 타면자건

唾 침 타 ┃ 面 얼굴 면 ┃ 自 저절로 자 ┃ 乾 마를 건

## 얼굴에 뱉은 침은 저절로 마름.

참기 힘든 수모를 인내하면 저절로 일이 해결됨.

당唐나라 측천무후則天武后시대, 재상 누사덕婁師德(630년~699년)에게 대주代州지방의 장관으로 부임하게 된 아우가 있었다. 가문의 영광을 누리다 보면 자연히 주위 사람들의 시샘어린 시선을 받을 거라고 생각한 누사덕은 장차 아우가 겪을지도 모를 화를 피하는 방법에 대해서 조언하였다.
'타면자건'은 당나라의 명재상 누사덕이 지방관에 임명되어 부임하러 가는 아우에게 겸손과 인내를 가지고 처신하라며 훈계한 대목에서 유래된 성어이다.

누사덕에게는 덕망과 도량이 있어서 사람들을 잘 포용하였다.
그의 아우가 대주지방을 지키기 위해 작별인사를 하고 임지로 갈 때, 사덕이 그에게 일마다 잘 참으라고 훈계하였다.
아우가 말하기를 "어떤 사람이 얼굴에 침을 뱉는다면 그것을 닦아낼 뿐입니다."라 하니 사덕이 말했다. "아니야. 침을 닦는 것은 상대의 노여움을 더 거스르니 바로 침이 저절로 마르도록 그냥 둬야 할 뿐이라네."

婁師德有德量,能容人.
其弟守代州,辭之官,
師德教之耐事.
弟曰人有唾面,潔之乃已.
師德曰未也.潔之是違其
怒,正使其自乾耳.

量 헤아릴 량 / 容 받아들일 용 / 辭 물러날 사 / 之 갈 지 / 耐 견딜 내 / 潔 깨끗할 결 / 已 ~뿐 이 / 違 어길 위 / 是 ~이다 시 / 怒 성낼 노 / 正 바로 정 / 耳 ~뿐 이

┃婁師德(누사덕)┃ 당나라 7세기 말, 대주大周를 세운 여황제 측천무후 시대의 재상으로 인품이 고매하고 도량이 넓음.

## 누사덕(婁師德)의 인생처세술

형제 모두가 고위 관직을 지내고 있어서 자칫 주변인들로부터 시샘과 질투를 받을 수 있다고 생각한 누사덕은 지방장관에 임명된 아우에게 인내와 포용과 겸손으로 처신할 것을 당부하였다. 성품이 온후하고 포용력이 넓기로 유명한 누사덕은 모욕적인 일을 겪어도 묵묵히 참아내곤 하여 30년 넘게 관직생활을 유지하였다. 심지어 그의 동료인 이소덕李昭德이 누사덕을 앞에 대놓고 촌뜨기라 비웃는데도 그는 오히려 웃음으로 대응하며 자기가 촌뜨기가 아니면 그 누가 촌뜨기이겠느냐고 순순히 상대의 비방을 수용하기도 했다.
어떤 사람이 얼굴에 침을 뱉는다면 당장 그 침을 닦지 않고 그대로 말리면서 울분을 참는다. 라는 의미의 唾面自乾, 이 성어에는 무난한 사회생활을 하고자 한다면 가장 치욕스런 일을 당한다 하더라도 이를 참아야 한다고 한 누사덕의 궁극적 인내심이 나타나 있다. 얼굴에 침을 뱉는 무례한 사람에게 분풀이를 하지 않고 그 침을 말없이 닦아내겠다는 동생의 인내력도 가히 놀랄만한데 이에 한 술 더 떠서 침을 닦지 말고 그대로 마르게 두라고 훈계한 재상 누사덕의 인내심은 그야말로 초인적 경지이다. 모욕감에 치를 떨게 되는 속마음을 드러내지 않으면서 상대방이 이성을 되찾을 때까지 극도의 자기절제력을 가지고 기다리고 또 기다려야 한다는 게 누사덕의 처세술이다. 그리하면 머지않아 자신의 요동치는 감정도 따라서 서서히 누그러지게 된다는 것이다.

[출전] 「唐書」 「婁師德傳」

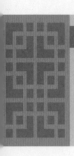
# 他山之石 타산지석

他 다를 타 | 山 뫼 산 | 之 ~의 지 | 石 돌 석

## 남의 산에 있는 돌.

다른 사람의 언행이 자신의 인격을 닦는 데에 도움이 됨.

춘추春秋시대, 주周나라의 왕정이 쇠퇴하면서 주평왕周平王이 낙양으로 수도를 옮긴 후, 나라에 인재가 사라지고 시국이 어수선해지자 이 정황이 수습되기를 바라는 어느 사대부가 시詩를 지었다.

'타산지석'은 야인으로 지내는 어진 사람들을 수소문하여 임금의 측근에 두고 그들과 함께 정사를 바로잡기를 바란다는 내용의 『시경』에서 유래된 성어이다.

| | |
|---|---|
| 멀고 먼 못가에서 학이 우나니, 그 소리 온 들판에 들리고, | 鶴鳴于九皐,聲聞于野 |
| 연못 깊이 숨어 있던 물고기가 가끔은 물가로 나와 노니는구나. | 魚潛在淵,或在于渚 |
| 즐겁게도 저 동산에는, 박달나무가 있고, | 樂彼之園,爰有樹檀 |
| 그 아래에는 낙엽이 쌓이네. | 其下維蘀 |
| 남의 산의 돌도, 가히 써 숫돌로 삼을 수 있도다. | 他山之石,可以爲錯 |
| 멀고 먼 못가에서 학이 우나니, 그 소리 온 하늘에 들리고, | 鶴鳴于九皐,聲聞于天 |
| 물가에 노닐던 물고기가 가끔은 연못 깊이 숨기도 하는구나. | 魚在于渚,或潛在淵 |
| 즐겁게도 저 동산에는 박달나무가 있고, | 樂彼之園,爰有樹檀 |
| 그 아래에는 닥나무가 자라고 있네. | 其下維穀 |
| 남의 산의 돌로, 가히 써 구슬을 갈 수 있도다. | 他山之石,可以攻玉 |

潛 잠길 잠 / 淵 연못 연 / 或 혹 혹 / 渚 물가 저 / 彼 저 피 / 園 동산 원 / 維 허사 유 / 爰 이에 원 / 樹 나무 수 / 檀 박달나무 단 / 穀 닥나무 곡 / 錯 숫돌 착 / 蘀 낙엽 탁 / 攻 다스릴 공

|九皐(구고)| 구九는 정전鄭箋에서 못물이 넘쳐 생긴 웅덩이가 아홉 군데이니 심원深遠함을 뜻한 것이라 했고
고皐는 모전毛傳에서 연못이라 풀이함.

## 학명(鶴鳴) 시 감상

『학명』에서 '학의 울음소리'는 현인賢人의 명성을 뜻한다. 멀고도 먼 깊숙한 연못가에서 학이 슬피 우노라면 그 소리가 온 들판이며 하늘까지 울려 퍼지는 것처럼, 현인이 자신의 능력을 감추려 해도 그 존재가 세상 사람들에게 알려진다는 비유이다. 또 이 시에서 '물고기의 유영遊泳'은 현인의 정계 진퇴를 뜻한다. 물고기가 연못 깊숙이 숨어 지내다가도 때로는 물가 수면위로 떠오르는 것처럼 현인이 은자생활을 하다가도 때가 되면 정계에 진출한다는 비유이다. 박달나무에게 자양분이 되는 낙엽과 닥나무가 필요하듯이 나라의 거목인 임금의 측근에 쓸모 있는 현신들이 함께해야 한다는 점 역시 비유적이다. 이 비유의 결론이 바로 他山之石이다. 남의 산에 있는 돌을 가져다가 옥을 가는 숫돌로 사용하면 옥이 보석이 되는 것처럼 다른 나라의 은사를 초빙하여 자신을 연마하는 조언자로 삼는다면 임금이 현군이 될 거라는 내용이다. 나라의 기틀을 바로잡는 길은 바로 멀리 있는 돌멩이의 쓸모를 알아차리는 데에 있음을 일깨우는 시이다.

[동의어]  攻玉以石(공옥이석) :  돌로 옥을 간다. 곧 하찮은 물건이라도 요긴하게 쓰임.           [출전]『詩經』「小雅 鶴鳴篇」

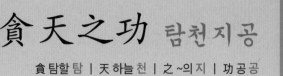

# 貪天之功 탐천지공

貪 탐할 탐 | 天 하늘 천 | 之 ~의 지 | 功 공 공

## 하늘의 공을 탐내다.

남의 공로를 자기 것으로 돌림.

춘추春秋시대, 진晉나라 문공文公은 오랜 망명생활을 청산하고 귀국해서 왕위에 오른 후, 자신을 따라 함께 고생한 사람들에게 상을 내렸다. 하지만 개자추介子推는 망명 당시 굶주린 문공에게 자신의 허벅지 살을 베어 바칠 만큼 공로가 있음에도 자신의 공이라고 내세우지 않고 녹봉조차 사양하며 가난하게 살면서 자신이 왜 상을 거부하는지 그 이유를 밝혔다.

'탐천지공'은 진문공晉文公이 왕위에 즉위한 것을 두고 몇몇 사람이 자기 공이라고 생색을 내자 이를 부끄러운 짓이라고 개탄한 개자추의 말에서 유래된 성어이다.

| | |
|---|---|
| "하늘이 아직 진나라를 버리지 않았으니 반드시 장차 임금을 세울 것이다. 진나라의 제사를 주관할 인물로 임금(문공)이 아니고 누구겠는가? 하늘이 실로 그분을 세우셨건만, 두세 명의 사람들이 자기의 힘이라고 생각하니, 또한 속이는 짓이 아니겠는가? 남의 재물을 훔치는 것을 오히려 도둑이라 일컫거늘, 하물며 하늘의 공을 탐하여 자기의 힘이라고 여기는 사람에 있어서랴! 신하는 자기의 죄를 의롭다 하고 왕은 그들의 간사함에 상을 주니 왕과 신하가 서로 속이고 있으니 함께 처하기가 어렵구나." | 天未絕晉, 必將有主.<br>主晉祀者, 非君而誰?<br>天實置之而二三子以為<br>己力, 不亦誣乎?<br>竊人之財猶謂之盜, 況貪<br>天之功, 以為己力乎!<br>下義其罪, 上賞其姦,<br>上下相蒙, 難與處矣 |

絶 끊을 절 / 晉 진나라 진 / 祀 제사 사 / 將 장차 장 / 主 임금 · 맡을 주 / 誰 누구 수 / 置 세울 치 / 誣 속일 무 / 竊 훔칠 절 / 人 남 인 / 財 재물 재 / 猶 오히려 유 / 盜 도둑 도 / 況 하물며 황 / 罪 죄 죄 / 賞 상줄 상 / 姦 간사할 간 / 蒙 속일 몽 / 與 더불어 여 / 矣 ~이다 의

| 以爲(이위) |       '~라고 생각하다.'의 의미로 쓰이는 관용어.
| 不亦~乎(불역~호) |       '또한 ~하지 않겠는가?'의 의미로 쓰이는 반어형의 관용적인 어구

### 개자추(介子推)의 天의식

진문공은 춘추오패 중 한 사람으로 그 명성을 떨치기 이전에 중이重耳라는 이름의 공자公子 신분으로 19년을 유랑생활하며 파란만장하게 살았다. 그 측근에서 정성껏 보필하며 고생을 함께 한 신하가 바로 개자추이다.

하늘의 공을 자기 공으로 가로챈다는 의미의 貪天之功, 이 성어에는 왕을 세우는 일은 하늘이 하는 것이지 사람이 힘쓴다고 되는 게 아니라고 한 개자추의 천명天命사상이 나타나 있다. 개자추는 하늘이 진헌공晉獻公의 아홉 공자 가운데에서 중이에게 왕이 되는 기회를 열어준 것이므로 그 공은 하늘에 있다고 생각하였다. 곧 천명으로 해석한 것이다. 그래서 하늘의 공임을 모르고 자신의 공이라 자처하며 수상자로 버젓이 나서는 몇몇 신하들이 개자추의 눈에는 도둑보다 더 나쁜 사기꾼의 모습으로 비쳤다. 때문에 그들과는 도저히 함께 벼슬살이를 할 수 없다고 판단한 개자추는 공을 논하는 자리에서 빠져나와 모친과 함께 거처를 산 속으로 옮겨 버렸다. '왕은 하늘이 낸다.' 라는 말을 철석같이 믿은 개자추, 충절과 의리와 청빈의 상징적 인물이 되었다.

[출전] 『春秋左氏傳』 「僖公 24年」

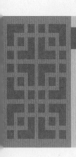

# 兎死狗烹 토사구팽

兎 토끼 토 | 死 죽을 사 | 狗 개 구 | 烹 삶을 팽

## 토끼가 죽으면 사냥개는 삶아지다.

쓸모 있게 쓰이다가 결국에는 버림받음.

춘추春秋시대 말기, 월왕越王 구천句踐이 충신 범려范蠡와 대부 문종文種의 계책을 수용한 덕으로 오나라에 가 있을 때에 당했던 치욕을 설욕할 수 있었다. 구천이 오나라를 평정할 당시 월나라의 군대는 양자강과 회하淮河 동쪽을 휩쓸었고, 제후들은 모두 축하를 보냈으며 구천을 패왕覇王이라고 불렀다. 하지만 범려는 오히려 월나라를 떠나 제齊나라로 가서 문종에게도 구천 곁을 떠나라고 하였다.

'토사구팽'은 월나라 범려가 구천의 사람됨을 좋지 않게 보고 제나라로 가서, 동료인 문종에게도 월나라를 떠나게 하려고 보낸 편지글에서 유래된 성어이다.

(범려가) 편지에 쓰기를 "나는 새가 다 잡히면, 좋은 활은 거두어지는 것이고, 교활한 토끼가 죽으면, 사냥개는 삶아지는 법이오. 월왕 (구천)의 사람됨이 목이 길고 입은 새처럼 뾰쪽하니, 어려움은 함께 할 수 있어도, 즐거움은 같이할 수 없는 사람이오. 그대는 어찌 (월나라를) 떠나지 않소?"라 했다. 문종이 편지를 읽고서 병을 핑계 대고 조회에 나가지 않으니, 어떤 사람이 그가 장차 반란을 일으키려 한다고 참소했다. 월왕은 이에 문종에게 칼을 내리며 말하기를 "그대는 나에게 오나라를 칠 수 있는 일곱 가지 술수를 가르쳐 줬소. 나는 그 중 세 가지만을 사용해 오나라를 물리쳤소. 그 네 가지는 그대에게 있으니, 그대는 나를 위해 선왕을 뒤좇아 가서 그것을 시험해 보시오."라 했다. 문종은 마침내 자결하였다.

書曰蜚鳥盡良弓藏,
狡兎死,走狗烹.
越王為人長頸鳥喙,可與
共患難,不可與共樂.子
何不去? 種見書,稱病不
朝.人或讒種且作亂,
越王乃賜種劍曰
子教寡人伐吳七術.
寡人用其三而敗吳.
其四在子,子為我從先王
試之.種遂自殺

蜚(=飛) 날 비 / 盡 다할 진 / 藏 감출 장 / 狡 교활할 교 / 狗 개 구 / 烹 삶을 팽 / 患 근심 환 / 子 자네 자 / 稱 일컬을 칭 / 朝 알현할 조 / 或 혹 혹 / 且 장차 차 / 亂 어지러울 란 / 乃 이에 내 / 賜 줄 사 / 劍 칼 검 / 寡 적을 과 / 伐 칠 벌 / 術 계략 술 / 從 따를 종 / 試 시험할 시

### 범려(范蠡)의 처세능력

월나라 범려는 월왕 구천을 패왕으로 만든 일등공신이어서 권력과 명예와 부를 두루 차지할 수 있었음에도 미련 없이 그 나라를 떠났다. 도량이 좁고 의심이 많은 구천이기에 언젠가는 자신을 정적政敵으로 몰아갈 것임을 알았기 때문이다. 교활한 토끼를 날렵한 사냥개가 잡아서 주인에게 바쳤건만 뜻밖에도 버림받는다. 라는 의미의 兎死狗烹, 이 성어에는 토끼몰이를 성공적으로 끝낸 사냥개는 머지않아 비참한 종말을 겪으리라는 점을 미리 내다본 범려의 통찰력이 나타나 있다. 범려는 '권력과 명예와 부'가 보장될수록 오히려 위기감을 느꼈다. 날렵한 사냥개 범려가 교활한 토끼 오왕 부차를 제거하자, 복수를 이룬 월왕 구천이 다음에는 자신을 죽일 거라고 생각한 것이다. 자신의 능력이 월왕의 복수에 더 이상 쓸 일이 없어지자 이내 버려질 거라고 예상한 범려는 비정한 권력사회를 떠난 덕에 살았지만 구천 곁에 머물렀던 동료 문종은 결국 죽고 말았다.

[출전]『史記 卷41』「越王句踐世家」

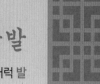

# 吐哺握髮 토포악발

吐 토할 토 | 哺 먹을 포 | 握 쥘 악 | 髮 터럭 발

## 먹던 것을 토하고 머리를 움켜쥐다.

어진 인재를 예의를 갖추어 맞이함.

주周나라시대, 노魯나라는 초대 황제 주무왕周武王이 동생인 주공周公의 아들 백금伯禽에게 봉한 곳이다. 무왕이 죽은 후, 주공이 섭정하면서 어린조카인 성왕成王을 가르칠 때 성왕에게 잘못이 있으면 백금伯禽을 대신 매질하였고 백금이 노나라로 부임하려갈 때, 제후국의 영주로서 지켜야할 겸손한 자세에 대하여 훈계하였다.

'토포악발'은 주공이 노나라의 영주로 떠나는 아들 백금에게 어진 사람들을 잘 대우하라고 당부한 말에서 유래된 성어이다.

| | |
|---|---|
| 주공이 백금에게 훈계하기를 "나는 문왕의 아들이고, 무왕의 동생이며, 성왕의 숙부이다. 나는 천하에서 천하지 않은 사람이라는 이야기지. 그런데도 머리 한번 감으면서 세 번씩이나 머리카락을 움켜쥐고, 한 끼 식사에 세 번이나 입에 든 밥을 뱉고서 일어선 채로 어진 선비를 기다렸으니, 혹시나 천하의 현인을 잃을까 염려해서야. 네가 노나라에 가거든 조심하여 나라의 벼슬을 가지고 사람에게 교만히 하지 말거라."고 하였다 | 周公戒伯禽曰我文王之子,武王之弟,成王之叔父.我於天下亦不賤矣. 然一沐三握髮, 一飯三吐哺,起以待士 猶恐失天下之賢人. 汝之魯,愼無以國驕人 |

戒 경계할 계 / 我 나 아 / 武 굳셀 무 / 今 이제 금 / 叔 아저씨 숙 / 沐 머리감을 목 / 飯 밥 반 / 起 일어날 기 / 待 대접할 대 / 猶 오히려 유 / 恐 두려워할 공 / 失 잃을 실 / 賢 어질 현 / 汝 너 여 / 愼 삼갈 신 / 之 갈 지 / 無 말라 무 / 驕 교만할 교

ㅣ周公(주공)ㅣ 주나라 성왕을 대신하여 선정을 베풀고 주왕조의 기반을 안정시킴.

## 주공(周公)의 자식교육

은殷나라의 폭군 주왕紂王을 물리치고 주나라의 건국왕이 된 무왕은 왕족과 공신들에게 봉읍을 주어 그곳을 다스리게 했다. 무왕의 동생인 주공周公에게도 노魯나라 땅이 봉해졌다. 하지만 무왕이 갑자기 죽자 어린 태자(훗날 成王)가 왕위에 올랐기 때문에 주공이 수도 낙양에서 섭정해야 했다. 별수 없이 노나라에는 아들 백금을 보낼 수밖에 없었다. 밥 먹을 때나 머리 감을 때마저 잠시라도 쉴 틈 없이 인재를 맞이해야 한다. 라는 의미의 吐哺握髮, 이 성어에는 훌륭한 인물을 얻기 위해서 온갖 정성을 쏟고 있는 자기와 같이 아들에게도 그 자세를 지키라고 말한 주공의 본보기식 자식교육이 나타나 있다. 실제로 주공은 밥 먹다가도, 머리를 감다가도, 집안에 손님이 오면 버선발로 뛰어나가 망설임 없이 겸손하게 환영하였다. 어진 이를 우대해야 나라가 바로 선다. 라는 주공의 믿음이 돋보인다.

[동의어]　吐哺捉髮(토포착발)： 먹던 밥은 뱉고 감던 머리는 쥔 채로 나가 귀빈을 맞이함.
　　　　　周公握髮(주공악발)： 주공이 가던 머리를 움켜쥔 채로 나가 귀빈을 맞이함.
　　　　　一沐三捉(일목삼착)： 한 번 머리 감으면서 세 번이나 머리카락을 움켜쥐고 나옴.
[유사어]　三顧草廬(삼고초려)： (유비가) 세 번이나 (제갈량의) 초가집을 방문하여 초빙함.

[출전] 『史記』 「魯周公世家」

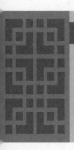

# 推敲 퇴고

推 밀 퇴 | 敲 두드릴 고

## 밀까? 두드릴까?

시문을 지을 때 글자를 여러 번 생각하여 고침.

당唐나라시대, 시인 가도賈島(777년~841년)가 과거시험을 치르러가기 위해 서울로 향하였다. 어느 날, 말을 타고 가면서 시상이 떠올라 시 한 편을 짓기 시작하였는데 한 글자 때문에 골머리를 앓았다.

'퇴고'는 시인 가도가 네 번째 시구를 짓다가 '퇴推'자를 쓰고서 마음에 들지 않아 결정하지 못하고 고민하던 차에 우연히 한유를 만나 그의 조언으로 '고敲'자를 쓰게 되었다는 일화에서 유래된 성어이다.

| | |
|---|---|
| (가도가) 이르기를 "새는 연못 가운데 나무에서 자고 스님은 달 아래 문을 두드린다."라 했다.<br>처음에는 推자를 쓰고자 했는데 그 글자를 뽑아놓고 결정짓지 못하고 있다가 그만 경조윤의 행차와 부딪치는 것도 깨닫지 못했다.<br>당시 이부시랑인 한유는 경조윤의 권한도 있었기에 좌우 사람들이 가도를 잡아 앞으로 데려갔다. 가도가 그 이유를 갖추어 말하자<br>한유는 그 자리에서 한참 있다가 말하기를 "敲자를 쓰는 것이 좋겠소" 하며 돌아갔다. 마침내 두 사람은 친구관계를 맺게 되었다. | 云鳥宿池中樹,<br>僧敲月下門.<br>初欲作推字,練之未定,<br>不覺衝尹.<br>時韓吏部權京尹,左右擁<br>至前,島具告所以.<br>韓立馬良久日作敲字佳<br>矣歸,遂與爲布衣交 |

宿 묵을 숙 / 池 연못 지 / 樹 나무 수 / 初 처음 초 / 練 뽑을 연 / 覺 깨달을 각 / 衝 부딪칠 충 / 尹 벼슬아치 윤 / 權 임시로 직무를 대행할 권 / 擁 잡을 옹 / 具 갖출 구 / 佳 좋을 가

| 韓吏部(한리부) | 이부시랑吏部侍郎의 직책을 맡은 한유.
| 權京尹(권경윤) | 한성판윤을 직무대리한 한유.
| 立馬(입마) | 그 즉시.
| 布衣(포의) | 삼베옷을 입고 생활하는 사람이라는 뜻으로 '벼슬이 없는 선비'를 일컬음.

## 가도(賈島)의 작시태도

'새도 잠든 야심한 시간에 잠잘 곳을 찾아 어느 집 대문에 이른 스님'을 형상화해놓고 그 스님이 문을 민다고 할지, 두드린다고 할지를 두고서 작가 가도가 고심했다는 일화이다. 그의 작품 5언율시 「제이응유거제李凝幽居」의 네 번째 시구에 해당되는 작시의 배경이다.

문을 민다(퇴推)고 할까? 두드린다(고敲)고 할까?를 의미하는 推敲, 이 성어에는 스님의 행동을 어떻게 표현해야 친구의 한적한 처소를 찾아가는 분위기가 살아날까를 고민한 가도의 섬세한 습작태도가 나타나 있다. 推자와 敲자 사이를 갈등하다가 당대의 대문장가 한유의 조언을 받아들여 두드린다(敲)로 결정하기까지 가도가 얼마나 많이 고심하는지를 잘 보여주는 대목이다. 지나가던 길손의 입장인 스님이 남의 집을 그냥 밀고 들어선다. 라고 표현하는 것은 아무래도 무례하고 두려운 분위기를 조성한다고 생각했을 것이다. 敲자를 사용함으로써 한적하면서도 평화로운 동네 분위기는 스님의 조심스레 두드리는 문소리로 인해서 한층 돋보이게 되었다. 시 전반의 분위기를 고려하는 가도의 신중한 작시태도이다.

[출전] 劉餗,『隋唐嘉話』

# 投鼠忌器 투서기기

投 던질 투 | 鼠 쥐 서 | 忌 꺼릴 기 | 器 그릇 기

## 물건을 던져 쥐를 잡으려 하나 그릇을 깰까 꺼린다.

나쁜 사람을 벌하고 싶어도 다른 손해를 볼까 봐 그렇게 하지 못함.

전한前漢시대, 가의賈誼(BC200년~168년)가 문제文帝께 상소하였다. 옛날의 성왕聖王제도는 등급이 정해져 있어 안으로는 공경대부사公卿大夫士가 있고 밖으로는 공후백자남公侯伯子男이 있으며 그 밖의 크고 작은 벼슬아치, 서인들에게까지 등급이 분명해서 천자는 가장 위에 정해져 있었는데 지금은 황제의 권력에 의지하여 서열을 무시하는 한 무리들 때문에 나라정세가 어지럽다고 하였다.

'투서기기'는 한문제漢文帝의 측근임을 믿고서 당시 서열을 무시하는 일부 권신들을 보고서 가의가 그 실태를 옛 속담에 비유하여 황제께 지어 바친 상소문에서 유래된 성어이다.

때문에 임금의 존엄함은 아무도 미칠 수 없습니다. 속담에 이르기를 '(물건을) 던져 쥐를 잡으려 하나 그릇을 깰까 꺼린다.' 하였으니, 이는 좋은 비유입니다. 쥐가 그릇 가까이 있어 오히려 꺼려서 물건을 던져 잡지 못하니 그 그릇을 상하게 할까 두려워서입니다. 하물며 귀한 신하가 임금의 측근에 있어서랴! (말할 나위 없지요.) 염치와 예절로 군자를 다스리므로 (군자에게) 자결하게 하는 일은 있어도 죽이고 욕보이는 형벌은 없습니다. 이 때문에 묵형이나 코를 베는 (모욕적인) 죄를 대부大夫에게는 적용하지 않으니 이는 주상과의 거리가 멀지 않기 때문입니다.

故其尊不可及也.俚諺曰 欲投鼠而忌器 此善諭也.鼠近於器,尚 憚不投,恐傷其器 況於貴臣之近主乎! 廉恥節禮以治君子故有 賜死而亡戮辱,是以黥劓 之罪不及大夫,以其離主 上不遠也

故 까닭 고 / 尊 높을 존 / 及 미칠 급 / 俚 속될 리 / 諺 속어 언 / 欲 하고자할 욕 / 此 이 차 / 善 좋을 선 / 諭 비유할 유 / 尚 오히려 상 / 憚 꺼릴 탄 / 恐 두려울 공 / 傷 다칠 상 / 況 하물며 황 / 近 가까울 근 / 廉 청렴할 렴 / 恥 부끄러울 치 / 節 제도 절 / 賜 줄 사 / 戮 죽일 륙 / 辱 욕될 욕 / 黥 묵형 경 / 劓 코 벨 의 / 罪 죄 죄 / 離 떨어질 리

## 가의(賈誼)의 고발정신

한나라 제5대 황제인 문제 때, 황제의 측근에서 위세를 부리는 고관대작들이 있었지만 그 누구도 이를 제어하지 못했다. 그들을 지적하는 행위는 곧 황제에게 죄를 묻는 것으로 비칠 수 있기 때문이다. 이에 천재소년이라는 평을 듣다가 정계에 입성한 가의만큼은 그 실태에 대해서 적절한 비유를 들며 비판하였다. 황제는 비로소 자기 측근자들의 무엄함과 부정함에 눈을 뜨기 시작하였다.

처단해야만 하는 대상인데 다른 피해를 가져올까봐 어떻게 하지 못한다는 의미의 投鼠忌器, 이 성어에는 위계질서를 깨트리는 이들을 그냥 두고 봐서는 안 된다고 한 가의의 기득권자를 향한 비판정신이 나타나 있다. 가의는 배후의 큰 힘을 믿고서 분수를 지키지 못하는 자들의 횡포를 그냥 두고 보는 것은 악을 키우는 일에 일조하는 꼴이니 그릇을 깰 각오로 쥐를 잡아야 하듯, 황제를 꺼리지 말고 부정부패의 주동자를 엄벌해야 한다고 했다.

[출전]「漢書 卷48」「賈誼傳」

# 破瓜之年 파과지년

破 깨질 파 | 瓜 오이 과 | 之 어조사 지 | 年 나이 년

## 오이 瓜자를 깨면 생기는 나이.

여자의 나이 16세나 남자의 나이 64세를 이름.

청淸나라시대, 문장가 적호翟灝(1736년~1788년)가 자신의 저술『통속편通俗編』에 '파과破瓜'의 의미와 유래를 소개하였다.
'파과지년'은 적호가 '파과'라는 속어를 소개하기 위하여 시를 인용하였는데 그 시에서 유래된 성어이다.

| | |
|---|---|
| 세속에서 여자가 몸을 망치는 것을 '파과'라 하는데 잘못된 속설이다. 瓜자를 깨보면 두 개의 八자가 되는데, 이는 나이가 이팔청춘인 16세를 말할 뿐이다. 「여암이 장기에게 주는 시」에 '자네의 성공은 마땅히 瓜자를 깨면 생기는 나이에 있을 것이네.' 라는 시구가 있는데 이 경우의 '파과'는 八八이 되니 곧 64세이다. | 俗以女子破身爲破瓜 非也.瓜字破之爲二八 字言其二八十六歲耳. 呂巖贈張洎詩 '功成當在破瓜年' 則八八六十四歲. |

俗 세속 속 / 非 그릇될 비 / 歲 나이 세 / 耳 ~뿐 이 / 贈 줄 증 / 呂 성씨 여 / 巖 바위 암 / 張 성씨 장 / 洎 적실 기 / 當 마땅할 당
| 呂巖(여암)| 당나라 때의 신선과 같은 존재로 자字인 동빈洞賓으로 더 알려져 있음.
| 張洎(장기)| 여암이 장기의 집을 한 때 방문한 적이 있는데 잠시 그와 함께 지냄. (洞賓)索紙筆 , 八分書七言四韻詞一章 , 留與洎)

### 翟灝(적호)의 어휘풀이

적호가 저술한 백과사전 형식의『통속편』에는 많은 속어들의 의미와 유래가 소개되어 있다. '파과'라는 속어가 통상적으로 '여자가 처녀성을 잃는 나이'로 잘못 쓰이고 있자 이를 바로 잡기 위해 적호는 그 속어의 출처를 밝히면서 의미를 새롭게 규정하였다.
瓜자를 세로로 쪼개면 八자 형태가 두 개 나온다. 해서 16이나 64를 뜻하는 나이라는 의미의 破瓜之年, 이 성어에는 瓜자의 의미요소가 아닌 형태요소를 비중 있게 본 적호의 파자식破字式 의미 분석이 나타나 있다. 본래 瓜의 의미가 '오이'이지만 이 뜻과는 전혀 별개로 '파과'라고 할 때의 瓜는 八八의 형태로 나뉘어 2개의 八이 되니 2×8=16 또는 8×8=64를 뜻한다는 것이다. 그는 이 주장을 뒷받침하기 위해 당나라의 전설적 인물인 여암呂巖의 작품 칠언사운시七言四韻詩의 마지막 시구를 인용하였다. 「여암이 장기에게 주는 시呂巖贈張洎詩」에서 '장기張洎 자네의 공적은 64세에 반드시 이뤄질 것이네.'라는 부분이다. 여암이 도사답게 장기의 앞날을 예언하는 내용으로 마무리를 지은 이 시에서 적호는 '파과'를 八八로 보고 64를 뜻한다 하였다. 적호가 이를 확신하는 배경에는 장기가 실제로 64세에 생을 마쳤기 때문이다. 청나라 시대의 문장가 적호가 볼 때, 당나라 시대에 64세 까지 살았던 장기 인생의 종착시기인 '파과지년'은 '64세'를 뜻하는 것이다. 이처럼 적호의 어휘풀이는 근거를 토대삼아서 문맥상의 의미를 간파한 특징을 보인다.

[출전]『通俗編』「婦女」

# 破釜沈船 파부침선

破 깨트릴 파 | 釜 가마솥 부 | 沈 잠길 침 | 船 배 선

# 솥을 부수고 돌아갈 배를 가라앉히다.

죽을 각오로 어떤 일에 임하는 굳은 결의.

진秦나라시대 말기, 진나라와의 전쟁에서 불리해진 조왕趙王이 초왕楚王에게 원조를 요청하자 초왕이 송의宋義를 상장군, 항우項羽(BC 232년~BC 202년)를 차장군으로 임명하여 조나라를 돕도록 했다. 하지만 송의는 군대를 안양安陽까지 진격시키고는 40여일이나 움직이지 않았다. 이에 항우가 전시상황 중에 안일해서는 되겠느냐고 하며 그를 죽이고 자신이 선봉장으로 나섰다.

'파부침선'은 초나라 항우가 진나라와의 전쟁에서 이기기 위해 초나라 군사로 하여금 사력을 다하게 한 작전에서 유래된 성어이다.

| | |
|---|---|
| (BC207년) 11월에 항우가 곧 그의 장막 가운데에서 송의를 베고, 이에 군대를 모두 이끌고 하수를 건너고 나서 배를 모두 가라앉혔고, 솥과 시루를 깨뜨렸으며, 막사를 불태운 후, 사흘 치 양식만을 가지고서 사졸에게 반드시 죽을 각오로 싸워 단 한 명도 돌아갈 마음이 없어야함을 보였다. 이에 진나라 군대를 만나 아홉 번 싸워서 크게 쳐부수었다. | 十一月, 項羽卽其帳中, 斬宋義, 乃悉引兵渡河, 皆沈船破釜甑, 燒廬舍, 持三日糧, 以示士卒必死, 無一還心. 於是與秦軍遇, 九戰大破 |

卽 곧 즉 / 帳 군막 장 / 斬 벨 참 / 鋸 톱 거 / 乃 이에 내 / 悉 모두 실 / 引 끌 인 / 渡 건널 도 / 河 황하 하 / 皆 모두 개 / 甑 시루 증 / 燒 불태울 소 / 廬 오두막집 려 / 舍 집 사 / 持 가질 지 / 糧 양식 량 / 示 보일 시 / 與 더불어 여 / 遇 만날 우 / 虜 사로잡을 로
| 項羽(항우) | 진나라 말기, 유방과 함께 진나라에 반기를 들고 승전하여 초패왕이 됨.

## 항우(項羽)의 승부수

민심도 돌아선 천자국 진나라를 공격할 목적으로 조나라와 초나라가 연합하였다. 중국 남쪽지역 초나라에서 멀고 먼 북쪽의 황하를 배타고 건너가 조나라를 원조해야 했던 불리한 판세를 승전으로 이끈 항우에 관한 이야기이다.

밥해먹는 가마솥을 못 쓰게 만들고, 타고 온 배를 가라앉혀 버렸다는 의미의 破釜沈船, 이 성어에는 돌아갈 생각을 아예 하지 말고 지금 이 자리에서 사력을 다해 싸우라는 항우의 임전무퇴臨戰無退 정신이 나타나 있다. 전쟁 중에 잠시라도 긴장을 늦추면 바로 위기에 처해진다는 사실을 너무도 잘 알고 있는 항우, 그는 죽을 각오로 싸워야 비로소 살 수 있다는 비장한 의지를 가지고 군사들의 정신력을 이끌어 내었다. 그가 아군에게 생명처럼 소중한 솥과 배를 과감히 없애면서 기대했던 것은 적군과의 싸움에서 승리만이 살 길이라는 전투욕에 불을 지피는 것이었다. 강대국 진나라를 상대로 불리한 여건에서 치러야 했던 전쟁의 대미를 기적 같은 승리로 장식한 승부수이다.

[동의어] 棄糧沈船(기량침선) : 식량을 버리고 배를 가라앉히다. 곧 죽을 각오로 싸움.
[유사어] 背水之陣(배수지진) : 물을 등지고 진을 친다. 곧 결사적인 각오로 일에 임함.
背城借一(배성차일) : 자기의 성을 등지고 적과 한바탕 싸움. 최후의 결전을 함.

[출전] 『史記』「項羽本紀」

# 破竹之勢 파죽지세

破 깨뜨릴 파 | 竹 대나무 죽 | 之 ~의 지 | 勢 형세 세

## 대나무를 쪼개는 기세.

맹렬하고 당당한 기세.

삼국三國시대 말기, 위魏나라를 계승하여 진晉나라를 세운 무제武帝 사마염司馬炎이 대장군 두예杜預로 하여금 오吳나라를 정벌하도록 명하였다. 오나라 대부분을 점령하고 수도 건업建業만을 남긴 상황에서 작전회의를 하는데, 어떤 사람이 잦은 비와 전염병을 우려하며 철수할 것을 제안하였다. 이에 두예는 공격할 좋은 기회를 놓칠 수 없다며 좌중을 설득하였다.

'파죽지세'는 진나라 장군 두예가 오나라 수도 건업을 정벌할 때, 그 간의 승세를 이어 총공격하자고 한 말에서 유래된 성어이다.

두예가 말하였다. "옛날에 악의는 제서와의 한 번 싸움에서 승리하여, 강한 제나라를 병합하였소. 지금 아군은 위세를 이미 떨치고 있어서 비유하면 대나무를 쪼개는 것과 같소. 몇 마디가 쪼개진 뒤에는 다 칼날을 맞아 해체될 것이니, 다시 손을 댈 곳이 없는 거지요." 마침내 여러 장수들에게 명령하여 말릉(건업의 옛 이름)으로 진격하게 했다. 지나가는 성읍마다 속수무책인 반응이었다. 논의했던 사람들이 이에 편지를 보내 그에게 사죄하였다.

預曰昔樂毅藉濟西一戰以並強齊.今兵威已振, 譬如破竹.數節之後, 皆迎刃而解,無復著手處也.遂指授群帥,逕造秣陵.所過城邑,莫不束手議者乃以書謝之.

預 미리 예 / 毅 굳셀 의 / 藉 깔 자 / 濟 건널 제 / 威 위엄 위 / 振 떨칠 진 / 譬 비유할 비 / 節 마디 절 / 皆 모두 개 / 迎 맞이할 영 / 刃 칼날 인 / 解 풀 해 / 復 다시 부 / 著 둘 착 / 處 곳 처 / 遂 드디어 수 / 授 줄 수 / 群 무리 군 / 帥 장수 수 / 逕 곧 경 / 造 나아갈 조 / 秣 꼴 말 / 陵 언덕 릉 / 過 지날 과 / 束 묶을 속 / 議 의논할 의 / 謝 사죄할 사

| 杜預(두예) | 서진西晉시기의 정치가로 진晉나라의 삼국통일에 공로가 큼.
| 樂毅(낙의) | 전국시대 연나라 장수로 연합군을 이끌고 제나라를 토벌함.

## 두예(杜預)의 경세전략

위,촉,오 삼국 가운데에 촉이 위에 의해 가장 먼저 멸망했고 위나라는 사마염에게 망하여 진나라가 되었으며 진나라가 오나라를 함락하여 삼국을 통일했다. 진나라가 오나라를 함락하는 과정에서 가장 크게 공로를 세운 두예의 이야기이다. 외부의 힘에 의해서 대나무가 거침없이 쪼개어지는 형세를 뜻하는 破竹之勢, 이 성어에는 승세의 흐름을 따라가면 쉽게 승리할 수 있다고 한 두예의 순리적順理的 전략이 나타나 있다. 얼핏 보면 단단해 보이는 대나무이지만 결을 따라 쪼개면 순식간에 갈라지는 것처럼 전쟁에서도 형성된 승세를 이어가면 적국을 손쉽게 물리칠 수 있다는 것이다.

[유사어]　士氣衝天(사기충천) : 하늘을 찌를 듯이 높은 사기.
　　　　　乘勝長驅(승승장구) : 싸움을 이긴 김에 계속 휘몰아 가다.
　　　　　席卷之勢(석권지세) : 자리를 마는듯한 형세. 무서운 힘으로 세력을 펼칠 기세.
　　　　　奮起撑天(분기탱천) : 분발하는 기세가 하늘을 떠받칠듯함.

[출전] 「晉書」「杜預傳」

# 破天荒 파천황

破 깨뜨릴 파 | 天 하늘 천 | 荒 거칠 황

## 천황을 깨트리다.
이전에 아무도 하지 못한 일을 처음으로 해냄.

당唐나라시대, 형주荊州는 학자들이 많이 모여 사는 곳이기는 하나 과거시험에 합격한 자가 없어서 '천황天荒'이라는 별칭을 얻었다. 그러던 어느 해에 형주사람 유세劉蛻가 과거에 당당히 합격하여 그 지역의 불명예를 씻어 내었다.
'파천황'은 당나라 시대 형주 출신인 유세가 그 지역 사람으로는 처음으로 과거에 급제한 일에서 유래된 성어이다.

형주 지역에서는 매 년 '해解'를 중앙의 과거시험장에 보내었으나 많은 자들이 명성을 이루지 못해서 천황이라 불렸다.
사인직의 유세가 형주 출신의 해解로서 급제하자, 그를 '천황이라는 불명예를 깨트린 인물(破天荒)'이라고 불렀다. 그 이래로 내가 알기에는 관도關圖, 상수常修가 모두 형주에 사는 사람인데 대개 높은 품격의 문재가 있어 연이어 상과에 올랐다.

荊州每歲解送擧人,
多不成名,號爲天荒.
劉蛻舍人以荊解及第,號
爲破天荒.爾來余知古,
關圖,常修皆荊州之居人
也,率有高文,連登上科

勢 해 세 / 送 보낼 송 / 擧 과거 거 / 號 부를 호 / 劉 성씨 유 / 蛻 허물 세 / 第 과거 제 / 爾(=以) 어조사 이 / 余 나 여 /
關 빗장 관 / 圖 그림 도 / 常 항상 상 / 修 닦을 수 / 率 모두 솔

| 解(해) | 지방시험에 합격한 자로 모든 일에 통달했다 해서 붙인 명칭.
| 擧人(거인) | 중앙의 과거시험에 급제 하여 관리 등용에 임명되는 사람.
| 天荒(천황) | 개발되지 않은 땅으로 혼돈 상태의 지역.
| 劉蛻(유세) | 한미한 집안사람이나 관리가 나지 않는 형주 땅에서 최초로 과거에 급제.
| 舍人(사인) | 왕족의 측근에서 시종 드는 벼슬 이름.

## 유세(劉蛻)의 신기록
형주는 중국 역사상 중원으로 뻗어가는 발판이 되는 요충지라서 정치, 문화, 경제 등이 발전한 도시이다. 그러함에도 그 지역사람 중에는 중앙의 관리가 되는 과거시험에 급제하는 이가 없어 '하늘이 버린 황폐한 땅' 즉 '천황天荒'이라고 불려 왔다.
'하늘이 버린 황폐한 땅'이라는 불명예를 깨뜨린 사건이라는 의미의 破天荒, 이 성어에는 타지에서 부임하는 관리만 있던 형주 땅에 최초의 형주출신 관리가 된 유세의 입지전적立志傳的인 과거급제 경사가 나타나 있다. 관리가 되려면 먼저 지방의 시험에 합격하여 '해解'로 인정받고 그 다음에 중앙정부의 시험에 합격하여 '거인擧人'으로 인정받는 절차를 통과해야 했다. 그동안 아무도 얻지 못한 거인擧人의 자격을 유세가 취득함으로써 형주 사람 최초로 사인舍人이라는 관리가 된 것이다.

[유사어]  前代未聞(전대미문) :  이전 시대까지 들어보지 못함.
　　　　　前無後無(전무후무) :  그 전에도 없었고, 앞으로도 없을 것임.
　　　　　空前絕後(공전절후) :  앞 시대에도 없고 뒷시대에도 없을 것임.
　　　　　前人未踏(전인미답) :  앞 사람이 밟지 않은 길을 최초로 걸음.

[출전] 孫光憲,『北夢瑣言 4卷』「唐摭言」

# 炮烙之刑 포락지형

炮 통째로 구울 포 | 烙 지질 락 | 之 ~의 지 | 刑 형벌 형

## 굽고 지지는 형벌.

가혹한 통치자가 무고한 백성을 괴롭히는 것.

은殷나라시대 말기, 주왕紂王이 유소씨有蘇氏를 정벌하자 유소씨가 달기妲己를 주왕에게 시집보냈다. 달기와의 사랑에 놀아난 주왕은 그녀의 말이라면 모든 것을 들어주려고 세금을 증세하고 재물과 곡식을 쌓아 두었으며 온갖 기이한 물건과 동물들을 정원에 가득 풀어 놓는 등 귀신도 업신여기면서 사치와 횡포를 자행하였다.

'포락지형'은 은나라 주왕이 달기의 미모에 현혹되어 그녀와 함께 즐긴 잔인한 형벌 중의 한 유형에서 유래된 성어이다.

백성들이 원망하고 제후 중에 배반하는 자가 있으면
주왕이 이에 중형을 주어 구리 기둥을 만들어서
기름을 칠하고 숯불 위에 놓아
죄 지은 자로 하여금 거기에 올라가게 하여 발이 미끄러워 불 속에 떨어지면 달기와 함께 그 모습을 보고 크게 즐거워하였다.
이름 하여 포락지형이라고 하였다. 음란하고 포악이 심해지자 배다른 형인 미자微子가 자주 간언하였으나 따르지 않자, 미자는 떠나버렸다. 비간比干이 간언을 하되 사흘 동안 계속하며 떠나지 않자, 주왕은 노하여 말했다. "내 듣건대 성인의 심장에는 일곱 개의 구명이 있다하니 해부하여 그 심장을 보리라." 기자箕子가 거짓으로 미친 체하며 노예 행세를 하자 주왕은 기자를 가두어버렸다.

百姓怨望, 諸侯有畔者,
紂乃重刑辟, 爲銅柱以膏
塗之, 加於炭火之上, 使
有罪者緣之, 足滑跌墜火
中, 與妲己觀之大樂,
名曰炮烙之刑. 淫虐甚,
庶兄微子, 數諫不從, 去
之. 比干諫, 三日不去,
紂怒曰吾聞聖人之心, 有
七竅. 剖而觀其心. 箕子
佯狂爲奴 紂囚之.

諸 여러 제 / 侯 제후 후 / 畔 배반할 반 / 乃 이에 내 / 刑 형벌 형 / 辟 죄줄 벽 / 銅 구리 동 / 柱 기둥 주 / 膏 기름 고 /
塗 칠할 도 / 加 더할 가 / 炭 숯 탄 / 使 하여금 사 / 罪 허물 죄 / 緣 맺을 연 / 滑 미끄러울 활 / 跌 넘어질 질 / 墜 떨어질 추 /
觀 볼 관 / 淫 음란할 음 / 虐 사나울 학 / 庶 여러 서 / 數 자주 삭 / 諫 간할 간 / 從 따를 종 / 竅 구멍 규 / 剖 쪼갤 부 /
佯 거짓 양 / 狂 미칠 광 / 奴 종 노 / 囚 가둘 수 / 殷 은나라 은 / 持 가질 지 / 奔 달아날 분

| 妲己(달기) | 은나라 마지막 왕인 주왕의 애첩. 독부로 알려짐.
| 微子(미자) | 은나라 29대 제을帝乙의 장자로서 주왕紂王의 이복형.
| 比干(비간) | 은나라 세 명의 충신 중 한 명으로 주왕의 숙부.
| 箕子(기자) | 은나라 세 명의 충신 중 한 명으로 주왕의 백부.

### 주왕(紂王)의 사형제도

'炮烙之刑'은 폭군중의 폭군으로 알려진 은나라 마지막 왕인 주왕의 잔혹성을 그대로 드러내는 형벌제도이다. 자신에게 거역하는 자들을 불구덩이에 넣어 처참히 죽어가는 모습을 보고 애첩 달기와 함께 즐거워한 주왕, 남의 고통을 자신의 즐거움으로 누린 자의 종말 역시 좋을 리 없건만 그는 잔혹한 횡포를 저질렀다. 결국 주왕은 주무왕周武王에게 쫓기는 신세가 되어 분신자살해야만 했다.

[출전]『十八史略』

# 庖丁解牛 포정해우

庖 요리 포 | 丁 장정 정 | 解 풀 해 | 牛 소 우

## 포정이 소를 잡는다.

놀라울 정도로 기술이 훌륭함.

전국戰國시대, 장자莊子는 포정庖丁이 문혜군文惠君을 위해 소를 잡는다는 내용의 우화를 소개하였다. 소를 잡을 때의 포정은 소에 손을 대고 어깨를 기울이고, 발로 짓누르고, 무릎을 구부려 칼을 움직이는 동작이 모두 음률에 맞았다. 문혜군은 그의 훌륭한 칼솜씨를 보고 감탄하며 그 기술을 어떻게 터득했는지 물었다. 이에 포정이 자신은 기술을 발휘한 것이 아니라 도道를 따라서 소를 잡는 것이라고 답변하였다.

'포정해우'는 장자가 가상인물로 포정을 내세워 그를 통해서 자신의 양생관養生觀을 밝힌 우화에서 유래된 성어이다.

포정이 칼을 놓고 대답하였다. "제가 좋아하는 것은 도道입니다. 손기술 보다 나은 것이지요. 처음 제가 소를 잡을 때는 보이는 게 모두 소 모습이라서 손을 댈 수 없었으나, 3년이 지난 후부터는 소의 전체 모습을 본적이 없습니다. 최근에 저는 정신으로 소를 대하지 눈으로 쳐다보지 않습니다. 눈의 감각기관이 작용을 멈추자 정신이 작용한 겁니다. 천리를 따라 (살과 뼈 사이의) 큰 틈새를 열고 크게 빈 곳에 칼을 놀리며 소 몸이 생긴 그대로를 따라갑니다. 잔 뼈, 척추 뼈, 뼈에 붙은 살, 근육이 붙은 부분을 일찍이 다친 적이 없으니 하물며 큰 뼈에 있어서이겠습니까! 솜씨 좋은 소 잡이가 해마다 칼을 바꾸는 것은 살을 갈라서이고 평범한 소 잡이가 매달 칼을 바꾸는 것은 뼈를 갈라서입니다. 지금 제 칼은 19년이 되었고 잡은 소가 수천 마리에 이르지만, 칼날은 마치 새로 숫돌에 간 것 같습니다. 저 뼈마디에는 틈새가 있고 칼날에는 두께가 없습니다. 두께 없는 것으로 틈새에 넣으니, 널찍하여 칼날을 움직이는 데에 반드시 여유가 있습니다. 이 때문에 19년이 되었어도 칼날이 마치 방금 숫돌에 간 것과 같습니다.

丁釋刀對曰臣之所好者道也,進乎技矣,始臣之解牛之時,所見無非牛者,三年之後未嘗見全牛也.方今之時臣以神遇而不以目視,官知止而神欲行,依乎天理,批大郤導大窾,因其固然.
技經肯綮之未嘗而況大軱乎!
良庖歲更刀割也.
族庖月更刀折也.
今臣之刀十九年矣.所解數千牛矣而刀刃若新發於硎.彼節者有閒而刀刃者無厚.以無厚入有閒,恢恢乎其於遊刃必有餘地矣.是以十九年而刀刃若新發於硎.

釋 놓을 석 / 技 기술 기 / 嘗 일찍이 상 / 遇 만날 우 / 知 맡을 지 / 依 의지할 의 / 批 열 비 / 郤 틈새 각 / 導 통할 도 / 窾 구멍 관 / 固 본디 고 / 肯 뼈에 붙은 살 긍 / 綮 힘줄 얽힌 곳 경 / 況 하물며 황 / 軱 큰 뼈 고 / 歲 해 세 / 更 고칠 경 / 割 가를 할 / 族 여러 족 / 發 일으킬 발 / 硎 숫돌 형 / 節 마디 절 / 厚 두터울 후 / 恢 넓을 회 / 餘 남을 여

| 折(절) | 칼로 뼈를 무리하게 자름
| 恢恢乎(회회호) | 널찍한 모양
| 遊刃(유인) | 칼날을 마음대로 움직임

## 장자(莊子)의 양생사상

소 잡는 일을 서로 대조적인 시선으로 바라보는 두 사람, 문혜군과 포정은 장자가 우화 속에 설정해 놓은 가상인물이다. 이 우화에서 문혜군은 기술적인 면에 비중을 두고 포정은 기술보다는 도의 실현에 자부심을 갖는 인물로 그려졌다. 결과적으로 문혜군은 포정의 소 잡는 비결을 들은 후 심신의 양생법을 얻게 되었다고 감탄하였다.

'포정의 소 한 마리를 해체하는 비결'을 뜻하는 庖丁解牛, 이 성어에는 포정의 답변을 통해서 심신의 건강법과 삶의 이치를 밝힌 장자의 자연주의적 양생사상이 나타나 있다. 소 잡는 솜씨가 단순한 기技에서 비롯된 것이 아니라 의호천리依乎天理와 인기고연因其固然이라는 포정의 답변에 나타나 있듯이 장자는 천리와 자연의 이치 곧 도道를 따르면 칼이 전혀 손상되지 않으면서 소를 부위별로 잘 해체할 수 있다고 하였다. 소의 뼈와 근육과 살의 결을 잘 따라서 해체하기 때문에 무리가 없고 자연성을 손상시키지 않는다는 것이다. 자연의 이치를 따르는 소 해체 작업이 곧 사람이 생명을 지키는 비결임을 장자는 말하고 있다.

[출전] 「莊子 內篇」「養生主 第3」

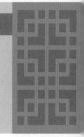

# 暴虎馮河 포호빙하

**暴** 해칠 **포** | **虎** 범 **호** | **馮** 탈 **빙** | **河** 황하 **하**

## 범을 맨손으로 치고, 황하를 걸어서 건넘

죽음을 두려워하지 않는 무모한 용기.

춘추春秋시대, 공자孔子가 안연의 처신에 대해서 칭찬하셨다. 제자 가운데 안연顏淵만이 벼슬할 때와 물러날 때를 아는 사람이라고 하였다. 이때 자로子路 역시 자신의 용·맹성을 인정받고 싶어서 공자에게 우회적으로 질문하였다. '포호빙하'는 공자가 자로의 용·맹성을 비유적으로 표현하며 칭찬하기는커녕 질책하는 대목에서 유래된 성어이다.

| | |
|---|---|
| 공자께서 안연에게 말씀하시기를, "(세상에서) 써주면 행하고 (세상에서) 버리면 몸을 숨기는 사람은 오직 나와 자네뿐이네!"라 하셨다. 자로가 말하기를, "선생님께서 삼군을 통솔하신다면 누구와 함께 하시겠습니까?"하니, 공자께서 "맨손으로 범을 잡으려 하고, 맨발로 황하를 건너려 하다가 죽어도 후회하지 않을 사람과는 함께 하지 않을 것이야. 반드시 일에 임해서는 두려워하고 사전에 계획해서 완성하기를 좋아하는 사람과 함께 할 것이다."라 하셨다. | 子謂顏淵曰用之則行,<br>舍之則藏,惟我與爾有是<br>夫!子路曰子行三軍則誰<br>與?子曰暴虎馮河,<br>死而無悔者吾不與也,<br>必也臨事而懼,<br>好謀而成者也. |

子 공자 **자** / 顏 성씨 **안** / 淵 못 **연** / 舍(=捨) 버릴 **사** / 藏 감출 **장** / 惟 오직 **유** / 與 ~와 **여** / 爾 너 **이** / 夫 감탄형어조사 **부** / 誰 누구 **수** / 與 ~인가? **여**(의문형어조사) / 悔 뉘우칠 **회** / 臨 임할 **임** / 懼 두려워할 **구** / 謀 꾀할 **모**

| **顏淵(안연)** | 공자의 수제자로 덕망과 학식에 있어 최고로 인정받은 안회顏回를 가리킴.
| **子路(자로)** | 용맹하나 거칠고 급해서 공자의 걱정을 산 애제자 중유仲由를 가리킴.
| **三軍(삼군)** | 대군大軍.

## 공자(孔子)의 직무관

공자가 13년 동안이나 천하를 무사히 주유할 수 있었던 것은 적극적이고 용맹스런 자로가 끝까지 동행해준 덕분이기도 하다. 하지만 이 같은 성품의 자로가 삼군을 통솔하는 지휘관의 자리에 앉기에는 적합하지 않다고 본 데에는 공자 나름대로의 이유가 있다.

호랑이를 맨손으로 때려잡고, 황하를 맨발로 건너가는 정황에 비유하여 '무모한 행동'을 표현한 暴虎馮河, 아 성어에는 삼군을 통솔하는 사람이라면 큰일을 끝까지 완수하겠다는 책임감을 갖고 사전에 치밀하게 계획을 세운 후에 매사를 추진해야 한다는 공자의 신중하고 계획적인 직무관이 나타나 있다. 공자는 자로의 성격상 죽음을 두려워하지 않고 무대포식으로 군대의 일을 밀어붙일 거라는 것을 예상하였다. 그렇게 되면 자로 자신은 물론이고 나라 전체가 호랑이나 황하와 같은 적군의 세력에 압도당할 게 분명하였다. 호랑이를 잡고 황하를 건너는 일은 모험을 시도한다는 측면에서 보면 용기 있는 행동이라 할 수 있지만 맹수를 잡는 방법과 거센 물길을 건너가는 방법을 사전에 살피지 않은 채, 행동하는 것은 용기 아닌 무모한 짓이므로 이렇게 무모해서는 삼군을 통솔할 수 없다고 본 것이다. 공자가 경고했던 자로의 무모한 직무태도가 바로 '포호빙하'이다.

[출전] 『論語』 述而篇

# 風聲鶴唳 풍성학려

風 바람 풍 | 聲 소리 성 | 鶴 학 학 | 唳 울 려

## 바람 소리와 학의 울음소리.

겁을 먹은 사람이 하찮은 일에도 놀람.

오호십육국五胡十六國시대, 동진東晉(317년~420년)과 전진前秦(351년~394년)이 비수淝水에서 전쟁하였다. 동진에서는 장군 사현謝玄이 8만 군사를 거느렸고 상대국 전진前秦은 임금 부견符堅이 친히 백만 대군을 통솔하였다. 때문에 군사의 사기나 병력면에서 진晉나라가 너무도 열세인 상황이었다. 이에 사현은 적의 총지휘관인 부융符融에게 사신을 보내어 자신들이 비수를 건너가서 승패를 겨룰 수 있도록 조금만 후퇴해달라고 요청하였다. 동진을 얕잡아 보던 부견은 사현의 요청을 들어주었다. 사실 허락할 때의 속마음은 동진 군대가 강을 다 건너기 전에 공격할 셈이었다. 하지만 후퇴 명령을 받은 전진의 군사는 사현의 군대가 강을 건너 뒤따라오자 싸움에 져서 자기들이 후퇴하는 줄로 알고 앞 다투어 정신없이 달아났다.

'풍성학려'는 동진의 명장인 사현의 계책에 속은 전진前秦의 군사들이 놀라고 허둥대며 후퇴하는 모습을 청각적으로 형용한 대목에서 유래된 성어이다.

> 부견의 군사는 달아나느라 대오가 무너지고 서로 짓밟으며 달아나다가 물에 몸을 던진 자가 이루 다 헤아릴 수 없었다. 비수가 그들 때문에 흐르지 않았고 남은 군사들은 갑옷을 벗어 던지고서 밤 새워 달아났으며 바람소리와 학의 울음소리를 듣고서 모두 진晉의 군사가 이미 온 걸로 여겼다. 풀길을 걸으며 이슬을 맞은 채로 잠잤는데 굶주림과 추위까지 겹쳐 사망자가 열에 7,8명이었다.
>
> 堅衆奔潰, 自相蹋藉, 投水死者不可勝計.淝水爲之不流,餘衆棄甲宵遁聞風聲鶴唳,皆以爲王師已至.草行露宿,重以飢凍,死者十七八.

奔 달아날 분 / 潰:무너질 궤 / 蹋 맞을 답 / 藉 깔 자 / 投 던질 투 / 勝 이루 다 승 / 計 셈할 계 / 淝 강 이름 비 / 餘 남을 여 / 棄 버릴 기 / 甲 갑옷 갑 / 宵 밤 소 / 遁 달아날 둔 / 皆 모두 개 / 露 이슬 로 / 宿 잘 숙 / 重 거듭 중 / 飢 굶주릴 기 / 凍 얼을 동

## 비수(淝水)의 전투

동진東晉의 명장 사현은 겨우 팔만의 군사만으로 전진前秦의 백만의 군사와 맞싸워 비수에서 궤멸시켰다. 한편 동진에 비해 무려 10배 정도나 되는 병력을 가진 전진前秦이 전세에서 우위를 차지했음에도 패배한 것은 부견이 오만하고 오판했기 때문이다. 부견이 친정親征을 하는 전쟁이므로 군 통수권자로서 후퇴명령을 하달할 때에는 어디까지나 작전임을 강조했어야 했는데 여러 명령체계를 거치면서 와전될 수 있음을 고려하지 못했다. 임금이 직접 정벌에 나선 일이 뜻밖에도 패인敗因이 돼버렸다. 전달과정에서 이미 와전된 후퇴소식을 듣는 군사들로서는 겁먹으며 정말 후퇴해야 했다. 그 많은 인원의 선두가 갑자기 후퇴하니 영문을 모른 채 뒤따르던 군사들에게는 겁먹을 수밖에 없는 상황이었던 것이다. 오죽하면 바람소리, 학의 울음소리마저도 동진의 공격소리로 들렸겠는가?

---

[동의어]　草木皆兵(초목개병) : 적을 두려워한 나머지 초목을 모두 적병으로 봄.
[유사어]　吳牛喘月(오우천월) : 오나라 소가 더위를 두려워한 나머지 달을 보고도 헐떡임
　　　　　傷弓之鳥(상궁지조) : 한 번 활에 다친 새처럼 아무것도 아닌 일에 겁부터 먹음.

[출전] 『晉書』 「謝玄傳」

# 風樹之嘆 풍수지탄

風 바람 풍 | 樹 나무 수 | 之 ~의 지 | 嘆 탄식할 탄

## 바람을 맞고 있는 나무의 탄식.

부모를 다 잃어 효도를 할 수 없는 것을 한탄함.

춘추春秋시대, 공자가 길을 가고 있는데 어디선가 몹시 슬피 우는 소리가 들려왔다. 소리 나는 쪽으로 달려가 보니 갈옷을 입고 낫을 안고 있는 고어皐魚가 길가에서 울고 있었다. 공자가 수레에서 내려와 상중이 아닌데도 왜 그리 슬피 우느냐고 묻자 고어가 답변하였다.

'풍수지탄'은 고어라는 사람이 생전의 부모에게 효도하지 못한 한을 공자에게 말하며 탄식하더라는 대목에서 유래된 성어이다.

고어가 말하였다. "나는 3가지를 잃어 버렸습니다. 젊어서는 제후에게 유학을 한답시고 나의 어버이 모시기를 뒤로 미뤘으니 잃음의 첫 번째이고, 나의 뜻을 고상히 한답시고 내가 섬겨야 할 임금과 사이가 벌어졌으니 잃음의 두 번째이며, 벗과의 사귐이 두터워야 하는데 그들과 끊고 지냈으니 잃음의 세 번째입니다. 나무는 조용히 있고자 하나 바람이 그치지 않고, 자식이 봉양하고자 하나 어버이가 기다리지 않습니다. 가버리면 뵐 수 없는 것이 어버이입니다. 저는 이만 물러나겠습니다."라고 하더니
그 자리에서 말라 죽었다. 공자가 말씀하길, "제자들아! 이 말을 경계하라. 적어 둘 만하다." 이에 문인들 중에
돌아간다고 말하고서 어버이를 봉양한 자가 13인이었다.

皐魚曰吾失之三矣.少而
遊學諸侯,以後吾親,失之
一也.高尙吾志,間吾
事君,失之二也,與友厚
而小絶之,失之三矣.樹
欲靜而風不止,子欲養而
親不待也.往而不可得見
者親也.吾請從此辭矣
立槁而死.孔子曰弟子誠
之,足以識矣.於是門人
辭歸而養親者十有三人

遊 다닐 유 / 諸 모든 제 / 侯 제후 후 / 親 어버이 친 / 尙 높을 상 / 事 섬길 사 / 厚 두터울 후 / 絶 끊을 절 / 靜 고요할 정 / 待 기다릴 대 / 往 갈 왕 / 請 청할 청 / 從 ~부터 종 / 辭 물러날 사 / 立 곧 립 / 枯 마를 고 / 誠 경계할 계 / 足 할 만할 족 / 識 기록할 지 / 辭 말할 사

## 고어(皐魚)의 효도관

고어가 언급한 용어 가운데, '제후와의 학문', '임금과의 문제', '친구와의 결별' 등은 자신의 신념을 실현하기 위해 소신을 지켜간 인물임을 시사한다. 뜻을 이루기 위해서 잠시 부모도, 임금도, 친구도 멀리했노라고 고백하는 고어의 탄식 섞인 어조에는 얻은 것보다 잃은 것이 크다는 뒤늦은 후회감이 담겨있다. 그래서 자신의 삶 앞에 오열하고 있다.

움직이지 않으려는 나무가 별 수 없이 바람에 흔들리게 되자 자신의 뜻대로 하지 못함을 탄식한다는 뜻의 風樹之嘆, 이 성어에는 미뤄두었던 효도를 하려고 부모를 찾았으나 부모가 돌아가셔서 뜻대로 봉양할 수 없게 되었음을 탄식한 고어의 시중적時中的 효도관이 나타나 있다. 도道란 항시 때에 맞게 실행되어져야 함을 통감한 고어는 자신의 불효가 뼈에 사무치도록 아파왔다. 부모는 자식의 봉양을 기다려 줄만큼 건강을 지킬 수도, 늙지 않을 수도 없다는 사실을 뒤늦게 깨달은 것이다. 부모는 효도할 때를 기다려주지 않는다며 만고의 경종을 울린 고어의 탄식! 지금 바로 이 자리에서 효를 실천해야 한다는 외침이다.

[동의어] 風木之悲(풍목지비) : 바람을 맞고 있는 나무의 슬픔. 곧 때늦은 불효를 탄식함.    [출전] 韓嬰,『韓詩外傳 卷9』

# 匹夫無罪 필부무죄

匹 보통 필 | 夫 사내 부 | 無 없을 무 | 罪 죄 죄

## 보통 사람은 죄가 없다.

신분에 맞으면 죄가 없지만 분수에 넘치면 재앙을 겪음.

춘추春秋시대, 우虞나라의 우숙虞叔에게 보옥이 있었는데 그의 형 우공虞公이 갖고 싶어 했다. 우숙이 이를 모른 체 하고 있다가 문득 바치지 않은 일이 후회스러워져서 주周나라 속담을 인용하며 우공에게 옥을 바치게 된 이유를 밝혔다. '필부무죄'는 우나라의 우숙이 형에게 자신의 옥을 건네주면서 왜 옥을 바치게 되었는가를 설명할 때, 인용한 주나라 속담에서 유래된 성어이다.

"주나라 속담에 '필부는 죄가 없더라도 옥을 가지게 되면 그것이 곧 죄가 된다'라는 말이 있습니다. 내 어찌 이 옥을 쓸 일이 있겠소이까? 그것 때문에 피해를 사게 될 텐데요."라 하며 곧 그것을 바쳤다. 또 (형이) 그의 보검을 요구하니 우숙이 말하기를 "이 분은 만족이 없으시구먼. 만족이 없으면 장차 나를 해치기까지 할 것이야."하고 드디어 우공을 공격했다. 그러자 우공이 출국하여 공지로 달아났다.

周諺有之,匹夫無罪,懷璧其罪.吾焉用此? 其以賈害也.乃獻之. 又求其寶劍,叔曰是無厭 也.無厭,將及我,遂伐虞 公.故虞公出奔共池.

諺 속어 언 / 懷 품을 회 / 璧 옥 벽 / 罪 죄 죄 / 焉 어찌 언 / 此 이 차 / 賈 살 가 / 害 해칠 해 / 乃 이에 내 / 獻 바칠 헌 / 又 또 우 / 寶 보배 보 / 劍 칼 검 / 厭 만족 염 / 將 장차 장 / 及 미칠 급 / 遂 드디어 수 / 伐 칠 벌 / 奔 달아날 분 / 池 못 지

## 우숙(虞叔)의 재물관

보옥과 보검을 소유하고 있던 우숙은 주나라 속담대로 언제인가는 그 재물 때문에 재앙을 겪게 될지도 모르겠다는 불안감에 사로잡혔다. 그래서 그는 욕심 많은 우공에게 재앙의 씨앗이라고 생각되는 보옥을 아낌없이 건네주었다.

소박하게 살아가는 사람들에게는 죄가 없다. 라는 의미의 匹夫無罪, 이 성어에는 분수에 넘치는 재물을 소유하는 것은 오히려 자신에게 독이 된다고 여긴 우숙의 안분지족安分知足의 정신이 담긴 재물관이 나타나 있다. 어차피 생활에서 크게 쓸 일도 없는 옥 때문에 주위로부터 시샘 받는 신세가 될 필요는 없겠다고 생각한 우숙이다. 하지만 그의 형 우공은 재물에 대한 욕망을 억제하지 못하고 줄곧 우숙의 옥과 검을 탐내다가 결국은 추방당하는 화를 입고 말았다. '옥을 가져 죄인이 되다.(회벽기죄懷璧其罪)'라는 속어의 전형적인 인물이다. 한편, 재물보다 생명을, 풍요보다 만족을 선택한 우숙에게는 의도치 않았던 명예와 권위가 한꺼번에 찾아들었다.

자본주의 시대라서 물질만능주의가 팽배하다. 자본을 차지하느라 정신없이 살아가는 세태, 잠시나마 '탐욕이 죄가 됨'을 외친 우숙의 일을 상기할 필요가 있다. 재물을 많이 가질수록 그 만큼의 번민과 갈등을 겪고 있는 인사들이 우숙의 현대판 증인이다.

[유사어]　抱璧有罪(포벽유죄)　：　옥을 가지면 죄가 있게 된다.
　　　　　懷璧其罪(회벽기죄)　：　옥을 품으면 그것이 곧 죄이다.

[출전] 『春秋左氏傳』「桓公篇」

# 匹夫之勇 필부지용

匹 보통 필 | 夫 사내 부 | 之 ~의 지 | 勇 날쌜 용

## 보통 사내의 용기.

깊은 생각 없이 혈기만 믿고 섣불리 행동하는 소인의 용기.

전국戰國시대, 제선왕齊宣王이 이웃나라와의 교류 방법을 맹자에게 물었다. 이에 맹자가 역사적 사례를 들어가며 자신의 견해를 밝혔다.
'필부지용'은 맹자가 제선왕에게 교린정책을 설명하는 과정에서 유래된 성어이다.

"오직 어진 자라야 큰 나라로 작은 나라를 섬길 수 있습니다. 이 때문에 은殷탕왕이 갈나라를 섬겼고, 주周문왕이 곤이를 섬겼지요. 오직 지혜로운 자라야 작은 나라로 큰 나라를 섬길 수 있습니다. 고로 태왕이 훈육을 섬겼고, 월越구천이 오吳나라를 섬겼습니다. 큰 나라로 작은 나라를 섬기는 것은 천도를 즐기는 자이고, 작은 나라로 큰 나라를 섬기는 것은 천도를 두려워하는 자이니, 천도를 즐기는 사람은 천하 사람들을 지켜주고, 천도를 두려워하는 사람은 자기 나라 사람들을 지켜줍니다. 시경에 '하늘의 위엄을 두려워하여 이에 나라를 지키도다.'라 했습니다." 왕이 말하였다. "위대하도다. 말씀이여! 과인에게는 병폐가 있는데 내가 용기를 좋아합니다."라 하니 맹자가 대답하였다.
"왕께서는 작은 용기를 좋아하지 마시옵소서. 무릇 칼자루를 어루만지고 노려보면서, 저 사람이 어찌 감히 나를 당해낼 것이냐? 하신다면, 이는 필부의 용기로, 한 사람을 대적하는 것에 불과하니, 왕께 청하옵건대 용기를 담대히 가지옵소서."

惟仁者爲能以大事小.是
故湯事葛,文王事昆夷.惟
智者爲能以小事大.
故大王事獯鬻,句踐事吳
以大事小者樂天者也.以
小事大者畏天者也.樂天
者保天下,
畏天者保其國.
詩云畏天之威,于時保之
王曰大哉言矣.寡人有疾
寡人好勇.對曰
王請無好小勇.夫撫劍疾
視曰彼惡敢當我哉?此匹
夫之勇.敵一人者也王請
大之

惟 오직 유 / 故 까닭 고 / 事 섬길 사 / 昆 후손 곤 / 夷 오랑캐 이 / 獯 북쪽 오랑캐 훈 / 鬻 팔 육 / 畏 두려워할 외 / 保 지킬 보 / 威 위엄 위 / 哉 감탄형어조사 재 / 寡 적을 과 / 疾 병 질 / 對 대답할 대 / 夫 무릇 부 / 撫 어루만질 무 / 劍 칼 검 / 惡 어찌 오 / 敢 감히 감 / 當 맡을 당 / 此 이 차 / 敵 맞설 적 / 請 청할 청

| 湯(탕) | 하夏나라의 마지막 왕인 걸왕桀王을 멸하고 은殷나라를 건국한 1대 황제.
| 葛(갈) | 작은 나라 이름.
| 文王(문왕) | 주나라 건국자 무왕武王의 아버지.
| 昆夷(곤이) | 서쪽 오랑캐 나라
| 詩(시) | 『시경』의 「주송周頌 아장我將」
| 寡人(과인) | '과덕지인寡德之人'의 축약형으로 임금이 자기 자신을 겸손하게 호칭.

## 맹자(孟子)의 교린정책

제선왕이 맹자로부터 듣고자 했던 답변은 용맹성을 무기 삼아서 이웃나라와 친교를 맺으려 하는 자신의 계획에 대해 동의를 얻고자 함이었는데 그의 바람과는 달리 맹자가 제시한 답변은 용기(용勇)가 아닌 인자함(인仁)과 지혜로움(지智)이었다. 맹자가 이웃나라와의 친교 방법으로 도덕적 덕목을 제시하자 제선왕은 자신과 견해 차이를 보이는 그의 의견에 귀를 기울였다.

일개 평범한 사람의 용기라는 뜻의 匹夫之勇, 이 성어에는 이웃나라와 정상적인 국교를 맺기 위해서는 한 사람을 대적하며 혈기를 부리는 식의 소시민적 용기는 필요 없고 인仁과 지智를 발휘해야 한다고 한 맹자의 예치적禮治的 교린정책이 나타나 있다. 자기 나라가 대국이라면 소국을 보살펴주는 인자仁者의 자세로, 소국이라면 대국을 섬기는 지자智者의 자세로 상대국과 국교를 맺으라고 한 인물이 맹자이다. 맹자가 생각한 인자仁者는 하늘의 이치를 즐겨 따르며 소국의 국력을 따지지 않고 너그럽게 측은히 감싸 안는 자이고 지자智者는 하늘의 이치를 두려워하며 세상의 이치와 시세를 잘 살피므로 대국의 흥망성쇠를 상관하지 않고 섬기는 자이다. 때문에 인仁으로 소국을 돌봐주고 지智로 대국을 섬긴다. 라는 의미의 '사소사대事小事大' 형태의 교린정책은 양국을 상생적 관계로 유지시켜준다고 맹자는 본 것이다. 대국으로서 인仁을 베풀어 사소事小를 실행하고 소국으로서 지智를 발휘하여 사대事大를 펼치며 쌍방 간에 예의를 지키는 것이 맹자가 강조하는 진정한 예치禮治이다.

---

[동의어]　小人之勇(소인지용) :　혈기만 믿고 함부로 나서는 용기.　　　　　　　　　　　　　[출전]「孟子」「梁惠王篇 下」

# 夏爐冬扇 하로동선

夏 여름 하 | 爐 화로 로 | 冬 겨울 동 | 扇 부채 선

## 여름의 화로와 겨울의 부채.

① 격이나 철에 맞지 않거나 쓸데없는 사물.
② 당장은 쓸모가 없는 듯하나, 사실은 쓸모 있음.

후한後漢시대, 사상가 왕충王充(27년~96년)은 그의 저서 『논형論衡』에서 관리등용 문제를 언급하였다. 전통적으로 어질고 총명한 사람이 관리로 등용되는 세상이었으므로 관리가 되지 못한 사람을 무능력자로 인식하는 것은 당연한 추세였다. 하지만 이를 바라보는 왕충의 시각은 매우 달랐다.
'하로동선'은 관리가 되지 못한 사람을 무능력한 자로 낙인찍는 풍토를 바꾸기 위해 왕충이 그들의 능력을 비유적인 방법으로 묘사하며 이를 변호한 말에서 유래된 성어이다.

이롭지 않은 능력을 발휘하고 도움이 안 되는 의견을 내는 것이 마치 여름에 (군주에게) 화로를 바치고, 겨울에 부채를 드리는 것과 같아서, 군주가 얻고자 하지 않는 일을 하고, 듣고자 하지 않는 말을 하니, 화를 입지 않으면 다행이지, 어찌 복된 일이 있겠는가? 유익한 재능을 바치고, 도움이 되는 의견을 내는 것은 모든 사람이 아는 상식이다. 간혹 도움이 안 되는데도 복을 받고, 간혹 유익한데도 죄를 얻는 경우가 있다. 또한 여름철에 화로로 축축한 것을 말릴 수도 있고, 겨울철에 부채로 불에 부채질을 할 수도 있다. 세상은 영합할 수 있으나, 군주의 의도는 예측할 수 없고, 의견은 바꿀 수 있으나, 재능은 바꿀 수가 없다.

作無益之能, 納無補之說, 以夏進爐, 以冬奏扇, 爲所不欲得之事, 獻所不欲聞之語, 其不遇禍幸矣, 何福祐之有乎? 進能有益, 納說有補, 人之所知也, 或以不補而得祐, 或以有益而獲罪, 且夏時爐以炙濕, 冬時扇以䰞火, 世可希, 主不可准也, 說可轉, 能不可易也.

納 들일 납 / 補 도울 보 / 進 추천할 진 / 奏 아뢸 주 / 獻 바칠 헌 / 遇 만날 우 / 禍 재앙 화 / 祐 다행 행 / 祐 복 우 / 獲 얻을 획 / 炙 구울 자 / 濕 축축할 습 / 䰞 부채 삽 / 轉 옮직일 전

## 왕충(王充)의 철학사상

왕충은 한漢나라의 정통 유학자들과는 견해가 많이 달랐던 사상가이다. 그는 학문과 능력이 우수한데도 관리가 되지 못한 사람들을 싸잡아서 철지난 생활용품 정도로 여기는 사회 풍조를 비판하였다. 그가 비판의 근거로 제시한 것은 능력이 없는데도 관리된 자가 많은 사회현실이다. 관리의 등용은 능력의 유무가 아니라 때를 만나지 못해서라고 하였다. 여름철의 화로와 겨울철의 부채. 라는 의미의 火爐冬扇, 이 성어에는 계절을 기준으로 삼으면 당장 쓸모가 없는 물건이 되지만 기능을 기준으로 삼으면 계절과 무관하게 유용한 물건이 된다고 한 왕충의 합리주의적 생활철학이 나타나 있다. 물건을 말리고 불씨를 살리는 데에는 화로와 부채만 한 것이 없음에 착안한 왕충은 관리로 등용되지 못했다 해서 그들이 능력이 없는 게 아니라 단지 군주의 의도와 맞지 않았을 뿐이라고 하였다. 장차 군주의 기준에 맞아 떨어지게 되면 그들은 관리로서 얼마든지 재량을 펼칠 수 있다는 것이다.

[반대어]　夏扇冬曆(하선동력) : 여름의 부채와 겨울의 새해 달력. 즉, 철에 맞는 물건.

[출전] 王充, 『論衡』 「逢遇篇」

# 涸轍鮒魚 학철부어

涸 마를 학 | 轍 바퀴자국 철 | 鮒 붕어 부 | 魚 고기 어

## 물이 말라버린 수레바퀴 자국 속의 붕어.

매우 위급한 경우에 처함.

전국戰國시대, 가정 형편이 몹시 어려웠던 장자莊子는 당장 끼니가 급해서 감하후監河侯라는 자에게 식량을 꾸러 갔으나 감하후는 조세를 거둬들인 후에 빌려주겠다고 말했다.

'학철부어'는 당장 끼니를 잇지 못해 죽을 지경에 있던 장자가 자신의 다급한 처지를 수레바퀴 자국에 괸 물속의 붕어에 비유한 대목에서 유래된 성어이다.

장주는 성이 나서 낯빛을 바꾸며 말했다. "제가 어제 이곳에 올 때, 길 가운데에서 부르는 자가 있었습니다. 제가 돌아보니 수레바퀴 자국 속에 붕어가 있었지요. 제가 붕어에게 물었습니다. '붕어야! 너는 무엇 때문에 그러느냐?' 대답하기를 '나는 동해의 물을 관장하는 신하이오. 당신은 한 말이나 한 되의 물이 있을 터이니 나를 살릴 수 있을 것이오.'라고 해서 제가 '그러지. 내가 장차 남쪽의 오나라와 월나라의 왕에게 갈 것이니 서강의 물을 밀어 보내서 너를 맞게 해주도록 할게. 괜찮지?'라고 말했더니 붕어가 성이 나서 낯빛을 바꾸며 말했습니다. '나는 나와 항상 함께했던 물을 잃었기에 내가 거처할 곳이 없는 것이오. 나는 한 말이나 한 되의 물만 얻으면 살 수 있을 뿐인데 당신이 이렇게 말하다니, 일찍, 말라버린 물고기를 파는 건어물 전에서 나를 찾는 것이 나을게요.'

莊周忿然作色曰周昨來,有中道而呼者.周顧視,車轍中有鮒魚焉.周問之曰鮒魚來,子何為者邪? 對曰我東海之波臣.君豈有斗升之水而活我哉!周曰諾.我且南遊吳越之王.激西江之水而迎子,可乎?鮒魚忿然作色曰吾失我常與,我無所處.吾得斗升之水然活耳,君乃言,曾不如早索我於枯魚之肆

忿 성낼 분 / 顧 돌아볼 고 / 邪 ~인가? 야(의문형어조사) / 豈 그 기 / 激 물 부딪혀 흐를 격 / 迎 맞이할 영 / 耳 ~뿐 이 / 曾 일찍 증 / 索 찾을 색 / 枯 마를 고 / 肆 저자 사

|西江(서강)| 오나라와 월나라 근처에 있는 서북의 강

## 장자(莊子)의 위기의식

부패와 혼란이 극심했던 전국시대, 장자는 이러한 세상에서 권력과 부귀영화를 누리고 있는 자에 대해, 극심한 반감을 표했다. 백성들의 삶을 돌아볼 줄 모르고 허황된 말로 청사진이나 늘어놓는 관리들의 행태를 신랄하게 비판하는 뜻에서 장자가 우화를 소개하였다. 말라가고 있는 수레바퀴 자국의 괸 물에서 허우적대는 붕어의 위기를 뜻하는 涸轍鮒魚, 이 성어에는 생사의 기로에 놓인 물고기처럼 자신 역시 굶주림으로 죽음의 문턱을 넘나들고 있다고 호소하는 장자의 위기의식이 나타나 있다. 물 부족으로 죽을 지경인 붕어에게는 신속한 물 공급만이 해결책이고 굶주려서 죽기 직전에 처한 자신에게는 당장의 양식만이 해결책이듯이 고달픈 백성들이 가장 필요로 하는 것이 무엇인지를 헤아려서 시기적절하게 베풀라는 장자의 외침이다. 백성의 위기를 고려하지 않는 정책은 그들을 죽음으로 몰고 가기 때문이다.

[동의어]  枯魚之肆(고어지사) : 말라버린 물고기를 파는 건어물 전.
      轍鮒之急(철부지급) : 수레바퀴 자국에 고여 있는 물 속에서 죽어가는 붕어의 다급함.
[유사어]  牛蹄之魚(우제지어) : 소 발자국 속의 물고기.

[출전] 『莊子』 「雜篇 外物 26章」

# 邯鄲之夢 한단지몽

邯 땅이름 한 | 鄲 땅이름 단 | 之 ~의 지 | 夢 꿈 몽

## 한단에서의 꿈.

인생의 부귀영화가 덧없음.

당唐나라시대, 심기제沈旣濟가 지은 소설『침중기枕中記』에 노생盧生의 꿈 이야기가 있다. 한단邯鄲의 한 주막에서 노생이 곤궁한 삶을 탄식하자 도사 여옹呂翁이 보따리 속에서 베개를 꺼내 주며 그것을 베고 자면 자기 뜻대로 영화를 누릴 수 있을 거라고 말했다. 노생이 누우면서 보니 주막집 아낙이 누런 기장쌀을 끓이고 있었다. 그는 꿈속에서 최씨 명문가에 장가들고 과거에 급제한 뒤 절도사로서 오랑캐를 물리쳤으며 슬하에 5명의 자식과 10여명의 손자를 두었다. 80세에 노환으로 죽었는데 그 때 꿈에서 깨어났다.

'한단지몽'은 심기제의 소설『침중기』의 내용 가운데 노생이라는 젊은이가 꿈속에서 온갖 부귀영화를 누리다가 깨어난 후, 허망함을 느꼈다는 대목에서 유래된 성어이다.

노생이 하품하며 기지개를 켜면서 꿈에서 깨어 보니 자기가 주막집에 누워 있고 여옹은 그 옆에 앉아 있으며, 집주인은 기장밥을 끓이는 중으로 아직 익지 않았고 눈길이 닿는 것들 모두 예전과 똑같았다. 노생은 기운차게 일어나면서 말했다. "어찌 그것이 다 꿈이란 말이오?" 여옹이 노생에게 일러 말했다. "인생의 만족 또한 이와 같이 무상한 거라네." 노생이 멍하니 한참 있다가 감사해 하며 말씀드렸다. "영화와 치욕의 길, 빈궁과 영달의 운수, 얻음과 잃음의 이치, 죽음과 삶의 감정을 다 알게 되었습니다. 이는 선생께서 제 욕망을 막아주셨기 때문입니다.

盧生欠伸而悟, 見其身方偃於邸舍, 呂翁坐其傍, 主人蒸黍未熟, 觸類如故. 生蹶然而興曰
豈其夢寐也? 翁謂生曰人生之適亦如是矣. 生憮然良久謝曰夫寵辱之道, 窮達之運, 得喪之理, 死生之情盡知之矣. 此先生所以窒吾欲也.

盧 성씨 노 / 欠 하품할 흠 / 伸 기지개 펼 신 / 悟 깰 오 / 方 바야흐로 방 / 偃 쓰러질 언 / 邸 집 저 / 舍 집 사 / 呂 성씨 여 / 翁 늙은이 옹 / 傍 곁 방 / 蒸 찔 증 / 黍 기장 서 / 熟 익을 숙 / 觸 닿을 촉 / 類 모든 것 류 / 生 선비 생 / 蹶 넘어질 궐 / 興 일어날 흥 / 豈 어찌 기 / 寐 잠잘 매 / 適 알맞을 적 / 憮 멍한 모양 무 / 謝 사례할 사 / 夫 무릇 부 / 寵 사랑 총 / 辱 욕될 욕 / 窮 궁할 궁 / 達 이를 달 / 運 돌 운 / 喪 잃을 상 / 盡 다할 진 / 此 이 차 / 窒 막을 질

|邸舍(저사)| 여관, 주막집

|蹶然(궐연)| 기운차게 일어나는 모양을 형용함.

|良久(양구)| 아주 오랜 시간.

[동의어] 盧生之夢(노생지몽): 노생의 꿈.
一炊之夢(일취지몽): 밥 짓는 동안의 꿈
榮枯一炊(영고일취): 밥 짓는 사이의 영화와 쇠락.
黃粱之夢(황량지몽): 기장쌀로 밥 짓는 동안에 꾼 꿈.
邯鄲夢枕(한단몽침): 한단에서 베개 베고 자면서 꾼 꿈.
[유사어] 南柯一夢(남가일몽): 남쪽 가지 아래에서 꾼 허망한 꿈.

[출전] 沈旣濟,『枕中記』

# 邯鄲之步 한단지보

邯 땅이름 한 | 鄲 땅이름 단 | 之 ~의 지 | 步 걸음 보

## 한단에서의 걸음.

남의 것을 흉내 내다 자신의 것도 잃어버려 낭패를 겪음.

전국戰國시대, 장자莊子는 저서인 『장자』에서 자신을 대변하는 위모魏牟와 논리학파를 대표하는 공손룡公孫龍을 설정하여 이들이 대화하는 내용을 우화형식으로 소개하였다. 공손룡이 위모에게 장자의 도에 대해서 질문하자 위모가 우물 안의 개구리가 동해바다에 사는 자라의 광대한 삶에 놀라워하는 비유를 들며 공손룡의 논리분석이 우물 안에 사는 개구리의 소견에 불과하다고 하였다. 또 그는 장자를 배우려는 공손룡의 모습이 가느다란 대롱으로 하늘을 보는 격이고, 송곳을 땅에 꽂아 깊이를 재는 격이며, 한단에서 걸음걸이를 배운 어느 젊은이의 부질없는 배움을 닮았다고 했다. '한단지보'는 도가사상가 위모가 한낱 남을 모방하려드는 공손룡을 일깨워 주기 위해 비유삼아 인용한 옛 우화에서 유래된 성어이다.

"또 자네만 유독 저 수릉지역의 한 젊은이가 한단에 가서 걸음걸이를 배웠다는 이야기를 듣지 못한 것인가? 아직 그 나라의 걸음걸이를 익히지 못한데다가 또 자기의 옛 걸음걸이마저 잊게 되어 다만 바닥을 기어서 집에 돌아가야만 했다네. 지금 자네도 이곳을 떠나지 않는다면 장차 자네의 옛 지혜를 잊게 되고 그대의 본업마저 잃어버릴 것일세." 공손룡은 입을 벌리더니 다물지 못하고, 혀가 올라가서 내려오지 않은 채로 곧 도망쳐 달아나 버렸다.

且子獨不聞夫壽陵餘子
之學行于邯鄲與?未得
國能, 又失其故行矣,
直匍匐而歸耳. 今子不
去, 將忘子之故, 失子之
業. 公孫龍口呿而不合,
舌擧而不下, 乃逸而走

子 자네 자 / 且 또 차 / 獨 유독 독 / 夫 저 부 / 直 다만 직 / 匍 길 포 / 匐 길 복 / 耳 ~뿐 이 / 將 장차 장 / 呿 입 벌릴 거 / 擧 들 거 / 下 내릴 하 / 乃 곧 내 / 逸 달아날 일 / 走 달아날 주

| 壽陵(수릉) | 연燕나라의 수도로 작은 도시.
| 餘子(여자) | 아직 병역 임무를 완수하지 않는 사람.
| 邯鄲(한단) | 조趙나라의 수도로 대도시.
| 國能(국능) | 조나라 사람들이 매우 능하게 하는 일. 곧 조나라 사람들의 걸음걸이.

## 위모(魏牟)의 도가사상

자신의 편협한 지식을 믿고 마치 진리를 다 터득한 양, 자신만만해 하던 공손룡이 이제는 장자의 도를 배우고 싶다고 하자 위모가 우화를 인용하여 그의 우매함을 일깨웠다.

수릉지역의 한 젊은이가 자신의 고유한 걸음걸이를 무시한 채, 한단지역의 세련된 걸음걸이를 배우려 했다가 이도 저도 아닌 어정쩡한 걸음새가 되었다는 뜻의 邯鄲之步, 이 성어에는 모든 존재자에게는 고유의 존재가치가 있음을 인식

하여 상대와의 시비是非를 분별하거나, 어느 한 쪽을 절대 기준으로 삼아서, 이를 추구하는 일이 있어서는 안 된다고 한 위모의 만물제동萬物齊同사상이 나타나 있다. 만물에는 저마다의 특성과 고유가치가 있어서 본질적 차원인 도道의 관점에서 보면 모두 똑같다는 게 장자의 사상이자 위모의 주장이다. 한단의 걸음걸이는 한단지역의 특성에 맞게 형성 된 걸음걸이이고 수릉의 걸음걸이는 수릉지역의 특성에 맞게 형성된 걸음걸이일 뿐, 한단의 걸음걸이가 수릉의 걸음 걸이보다 더 좋다고는 할 수 없다는 것이다. 그런데 평소 시비를 논하던 공손량이 장자의 도를 배우겠다고 나서니 위모 의 눈에 공손량의 모습은 마치 한단 사람의 걸음걸이를 본받으려다가 자신의 고유 걸음걸이마저 잊어버린 수릉 사람마 냥 어리석어 보였다. 그래서 그가 공손량에게 해준 충고는 상대를 모방하려들지 말고 자신의 존재가치를 알아서 근본 에 충실하라고 한 것이었다.

정작 위모의 충고를 심도 있게 받아들여야할 사람들은 현대인 중에 매우 많다. 자신의 외모를 불만스럽게 여기고 모 연예인처럼 성형하는 사람, 자식의 개성을 무시한 채 공부에만 매달리게 하는 학부형들, 국가의 전통성을 배제하고 서 구 문화만을 지향하는 문화사대주의자 등등, 이들은 수릉지역의 젊은이와 너무도 닮아 있다. 내 것도 잃고 상대의 것 도 제대로 습득하지 못하여 위기를 자초하는 걸음걸이를 지금 이 자리에서 멈추라고 외치는 위모의 당부에 귀 기울일 필요가 있다.

---

[동의어]    邯鄲學步(한단학보) :   한단의 걸음걸이를 배우다가 자기 나라의 걸음걸이를 잊음.
[반대어]    隨處作主(수처작주) :   어느 곳에서든지 주인이라는 의식과 주체적인 행동을 함.
[출전]「莊子 外篇」「秋水 第17」

# 汗牛充棟 한우충동

汗 땀 한 ㅣ 牛 소 우 ㅣ 充 채울 충 ㅣ 棟 대들보 동

## (많은 책으로) 소가 땀 흘리고 대들보까지 채움.

소장하고 있는 책이 매우 많음.

당唐나라시대, 문장가 유종원柳宗元(773년~819년)은 당시의 역사학자 육문통陸文通의 능력과 학식을 추모하면서 「육문통선생묘표陸文通先生墓表」를 지었다. 그는 이 글의 첫머리에 공자孔子께서 『춘추春秋』를 지은 지 1500년이 흘렀음에도 이 책을 연구하고 주석한 사람들이 1000여 명이나 되어 이들에 의해서 편찬된 춘추 관련 도서는 이루 헤아릴 수 없이 많다고 하였다. 하지만 유종원은 주석서의 대부분이 왜곡된 것이 많아 한탄하였다.

'한우충동'은 유종원이 육문통의 학자적 능력을 추모하여 지은 글의 첫머리에 공자가 지은 『춘추』에 대한 그릇된 주석서가 학계에 넘치고 있음을 비유적으로 표현한 말에서 유래된 성어이다.

그들이 지은 책들은 집에 두면 대들보를 채우고, 밖으로 옮기려면 소와 말이 땀 흘릴 정도였다. 간혹 (공자의 뜻에) 맞는 책은 숨겨지고, 혹은 어긋나는 책이 활개를 쳤다. 후세의 학자들은 늙음을 다하고 기운을 다하면서까지 왼쪽 보고 오른쪽을 돌아보겠지만 그 책의 근본을 찾지 못하리라. 자기 멋대로 배운 것만으로 (자기가 공부한 것과) 다름을 싫어하고, 말라버린 죽간과 함께하고, 썩은 뼈와 같은 지식만으로 아버지와 자식이 다치며 죽게 하고, 임금과 신하가 비난하며 어그러지는 지경에 이른 자가 이전 세상에 많이 있었네. 심하구나! 성인의 뜻을 알기가 어렵겠도다.

其爲書, 處則充棟宇, 出則汗牛馬. 或合而隱, 或乖而顯. 後之學者窮老盡氣, 左視右顧, 莫得其本. 則專其所學以訾其所異, 黨枯竹, 護朽骨以至於父子傷夷, 君臣詆悖者, 前世多有之. 甚矣! 聖人之難知也

處 둘 처 / 宇 집 우 / 或 혹 혹 / 隱 숨길 은 / 乖 어그러질 괴 / 顯 나타날 현 / 窮 다할 궁 / 盡 다할 진 / 顧 돌아볼 고 / 專 오로지 전 / 訾 헐뜯을 자 / 異 다를 이 / 黨 무리 당 / 枯 마를 고 / 護 지킬 호 / 朽 썩을 후 / 傷 다칠 상 / 夷 벨 이 / 詆 비난할 저 / 悖 어그러질 패

ㅣ枯竹(고죽)ㅣ 말라비틀어진 죽간 곧 오래된 서적.

## 유종원(柳宗元)의 추모사

유종원은 『춘추』를 지은 공자의 취지를 제대로 이해하지 못한 사람들이 자기식의 해석만을 옳다고 믿고서 주석서를 남발하는 실태를 개탄하였다. 춘추필법의 엄정함을 외면한 채 역사관을 왜곡하는 풍토인지라 그는 『춘추』에 정통했던 육문통을 추모할 수밖에 없었다.

소가 땀을 뻘뻘 흘리며 끌어야 할 정도, 집안의 대들보 높이 까지 쌓일 정도의 많은 책을 뜻하는 汗牛充棟, 이 성어는 책의 방대한 수량을 나타내기도 하지만 공자의 저서 『춘추』의 내용이 그만큼 많이 왜곡되어 전해지고 있음을 시사하기도 한다.

원문에 의한 '한우충동'의 의미는 '무익한 책들이 시중에 많이 나돈다.'이다. 하지만 현대에 이르러서는 '책을 많이 소장함'이라는 긍정적 의미로 바뀌어 쓰이고 있다.

[유사어]　五車之書(오거지서)：　다섯 수레 분량의 책
　　　　　擁書萬卷(옹서만권)：　책 만권을 소유함.

[출전] 柳宗元, 『陸文通先生墓表』

# 含哺鼓腹 함포고복

含 머금을 함 | 哺 먹을 포 | 鼓 두드릴 고 | 腹 배 복

# 음식을 먹으며 배를 두드린다.

천하가 태평하여 즐거운 모양.

요堯임금이 50년 동안 치세해 오던 중, 어느 날 민정民情을 살펴보려고 번화한 길을 가다가, 아이들이 임금의 덕을 찬양하는 노래를 부르면서 노는 것을 보았다. 자신의 선정善政을 확인하고서는 만족한 기분으로 계속 걷다가 이번에는 어느 노인의 흥겨운 노래와 동작을 보게 되었다.

'함포고복'은 요임금이 살기 좋은 세상을 맞아 흥겹게 생활하는 노인의 모습을 묘사한 말에서 유래된 성어이다.

| | |
|---|---|
| 요 임금이 이에 미복차림을 하고서 활기찬 거리를 거닐고 있는데 | 堯乃微服, 遊於康衢 |
| 어떤 노인이 음식을 배불리 먹고 배를 두드리며 땅을 치면서 | 有老人含哺鼓腹擊壤而 |
| 노래하기를 | 歌曰 |
| 해가 뜨면 일하고 해가 지면 집에 와 쉬네. | 日出而作, 日入而息 |
| 밭을 갈아서 먹고 우물을 파서 마시니 | 耕田而食, 鑿井而飲 |
| 임금님의 힘이 나에게 무슨 소용이 있으리요. | 帝力何有于我哉? |

微 미천할 미 / 服 옷 복 / 遊 놀 유 / 康 편안할 강 / 衢 사거리 구 / 含 머금을 함 / 哺 먹을 포 / 歌 노래할 가 / 息 쉴 식 /
耕 밭갈 경 / 鑿 뚫을 착 / 井 우물 정 / 飲 마실 음 / 帝 임금 제 / 于 ~에게 우 / 哉 ~인가? 재(반어형어조사)

| 堯(요) | 중국 고대 신화속의 성왕聖王 이름이 방훈放勳이고 제요도당帝堯陶唐이라고 불림.

## 요(堯)임금의 정치철학

요임금은 자연재해를 극복하며 도덕정치를 펼쳐 왔지만 백성들의 삶의 현장을 확인하지 않고서는 마음을 놓을 수 없다 하여 직접 민가에 순행을 나섰다.

거리에서 목격한 백성의 풍족하며 평화로운 생활의 한 단면인 '배를 두드리고 땅을 치다.' 라는 뜻의 鼓腹擊壤, 이 성어에는 백성의 삶을 챙기고자 하는 요임금의 민본주의가 나타나 있다. 자연의 순리에 따라 살면서 민생고가 없는 삶에 행복해 하는 백성의 모습을 본 요임금은 그간의 정치가 백성을 위한 정치였음을 확신하였다. 요임금의 정치이념은 백성들이 경제적으로 넉넉히 생활해야 한다는 것이다. 외부의 간섭이나 압박을 받지 않으며 자신들의 경제활동이나 가정생활에 전념할 수 있는 생활여건을 노래로 표현하는 백성들의 모습에서 요임금은 자신의 도덕정치에 만족하였다. 백성의 최대 행복이 요임금의 정치철학이다.

| [동의어] | 鼓腹擊壤(고복격양) : | 배부른 배를 두드리고 땅을 치며 즐거워함. |
|---|---|---|
| [유사어] | 堯舜之節(요순지절) : | 요임금과 순임금이 다스리던 시대. |
| | 唐虞盛世(당우성세) : | 도당씨陶唐氏와 유우씨有虞氏. 곧 요堯와 순舜의 태평시대. |
| | 太平聖代(태평성대) : | 어진 임금이 다스리는 살기 좋은 시대. |
| | 康衢煙月(강구연월) : | 번화한 길거리에서 달빛이 연기에 은은하게 비치는 풍경. |
| | 比屋可封(비옥가봉) : | 모든 집안에 작위를 내려줄만 함. |

[출전] 「十八史略」「帝堯篇」

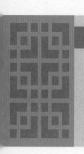

# 亢龍有悔 항룡유회

亢 오를 항 | 龍 용 룡 | 有 있을 유 | 悔 뉘우칠 회

## 높이 오른 용에게는 후회가 있다.

영달을 다한 자는 더 이상 오를 수 없이 쇠함.

춘추春秋시대, 공자孔子는 『주역周易』에 심취하여 그 책을 엮은 가죽 끈이 세 번이나 끊어질 정도로 정독하더니 그 후에, 64괘와 각 효에 주석을 붙여서 10익翼을 완성하였다.

'항룡유회'는 『주역』의 건괘乾卦 6효와 공자의 주석인 문언전文言傳에서 유래된 성어이다.

初九는 잠긴 용이니 쓰지 말아야 하느니라. | 初九潛龍勿用.
九二는 나타난 용이 밭에 있으니, 대인을 만나면 이로울 것이니라. | 九二見龍在田,利見大人
九三은 군자가 날이 마치도록 굳세고 굳세어서 저녁에 두려워하면, 위태로우나 허물은 없으리라. | 九三君子終日乾乾,夕惕若,厲無咎.
九四는 혹 뛰어올랐다가 다시 못에 있으니 허물은 없으리라 | 九四或躍在淵,無咎.
九五는 나는 용이 하늘에 있으니, 대인을 만나면 이로울 것이니라. | 九五飛龍在天,利見大人
上九는 높이 오른 용이니, 뉘우침이 있으리라. | 上九亢龍有悔.
用九는 여러 용을 보되 우두머리가 되지 않으면 길하리라. (중략) | 用九見群龍無首吉.(중략)
'上九는 높이 오른 용이니, 뉘우침이 있으리라.'는 무슨 말인가? 공자가 말씀하기를 "존귀하나 지위가 없고, 높은데도 민심이 없으며, 어진 사람이 아래에 있지만 도움이 되어주지 못한다. 이 때문에 움직이면 뉘우치는 일이 있게 된다."라 했다. | 上九曰亢龍有悔,何謂也子曰貴而无位,高而无民,賢人在下而无輔,是以動而而有悔也

潛 잠길 잠 / 見 나타날 현. 볼 견 / 終 마칠 종 / 乾 굳셀 건 / 惕 두려워할 척 / 厲 위태할 려 / 咎 허물 구 / 躍 뛸 약 / 淵 연못 연 / 群 무리 군 / 謂 일컬을 위 / 无 없을 무 / 輔 도울 보

## 공자(孔子)의 文言傳

『주역』의 건괘乾掛는 물속에 있던 용이 하늘로 올라가는 과정을 단계별로 표현한 괘이다. 初九는 연못 깊이 잠복해 있는 잠용潛龍을, 九二는 땅위로 올라와 자신을 드러내고 있는 현룡見龍을, 九三은 굳세게 노력하는 용을, 九四는 하늘을 향해 도약하는 용을, 九五는 하늘을 힘차게 날고 있는 비룡飛龍을, 上九는 최고조로 높이 올라가 있긴 하나 힘을 잃고 만 항룡亢龍을 표현하였다. 여기서 九는 양효(-)를 뜻한다. 참고로 음효(--)는 六으로 가리킨다. 공자는 건괘를 특히 중시하여 각 효에 대해서 주석을 달았으니 이것이 곧 문언전이다.

하늘을 나는 용은 더 이상 오를 데가 없어 힘을 잃고 추락할 수 있으므로 후회할 일이 생긴다는 뜻의 亢龍有悔, 이 성어에는 존재상으로는 존귀한 위상이지만 실질상으로는 실세가 아닌 자리에 있으므로 반드시 겸손하라고 한 공자의 수시처변隨時處變사상이 나타나 있다. 모든 일에는 때가 있으니 때의 변화에 잘 적응하라는 것이다. 적응하지도 겸손하지도 않는 순간, 추락하는 경우에 대처하지 못해 후회하게 된다고 주석한 대목이다. 건괘 중의 6번째 효인 上九는 지위에 연연하지 말고 물러날 때를 알라고 했던 공자의 경고이다.

[유사어]  物極則反(물극즉반) : 만물이 극에 다다르면 다시 원점으로 돌아오는 법임.  [출전]『周易』「乾掛 文言傳」

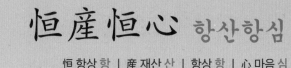

# 恒産恒心 항산항심

恒 항상항 | 産 재산산 | 항상항 | 心 마음심

## 일정한 재산, 일정한 마음.

재산이 있어야 도덕심도 생김.

전국戰國시대, 제齊나라 선왕宣王이 맹자에게 인정仁政을 펼치고자 한다는 뜻을 밝히며 그 실천방안에 대하여 궁금해하자, 맹자는 백성들의 생업을 지원해줘야 한다고 답변하였다.

'항산항심'은 왕도정치의 시행방안을 묻는 제선왕의 질문에 대해 맹자가 민생을 지원하는 것이라고 답변하는 대목에서 유래된 성어이다.

> "일정한 재산이 없이 일정한 마음을 가질 수 있는 것은 오직 선비만이 할 수 있습니다. 일반 백성과 같은 경우는 일정한 재산이 없으면 일정한 마음을 가질 수 없습니다. 진실로 일정한 마음을 가지지 못하면 방탕하고 편벽하며 사악하고 사치하여 저지르지 않는 일이 없게 됩니다. 죄에 빠진 뒤에 그들을 처벌하는 것은 백성들을 그물질하는 것입니다. 어찌 어진 임금이 왕위에 있으면서 백성들을 그물질할 수 있겠습니까?"

> 無恒産而有恒心者,惟士
> 為能.若民則無恒産,因無
> 恒心.苟無恒心,
> 放辟邪侈,無不為已.
> 及陷於罪,然後從而刑之,
> 是罔民也.焉有仁人在位,
> 罔民而可為也?

惟 오직 유 / 若 같을 약 / 苟 진실로 구 / 放 놓을 방 / 辟 허물 벽 / 邪 간사할 사 / 侈 사치할 치 / 已 그칠 이 / 陷 빠질 함 / 罪 죄 죄 / 從 따를 종 / 刑 형벌할 형 / 之 그 지 / 是 이것 시 / 罔 그물 망 / 焉 어찌 언 / 位 자리 위

## 맹자(孟子)의 경세철학

맹자는 왕도정치의 요체를 묻는 제선왕齊宣王에게 정치는 곧 경제라는 대답으로 백성들이 안정된 경제생활을 누릴 수 있게 해야 한다고 했다. 그는 백성들이란 일정한 재산 곧 항산이 있어야 비로소 일정한 마음 곧 항심을 유지하는 계층이라며 그들의 실정을 헤아렸다.

일정한 재산이 있어야 일정한 도덕심이 있다는 의미의 恒産恒心, 이 성어에는 인의仁義를 실현하기 위해서는 서민생활의 경제적 안정을 우선해야 한다고 한 맹자의 민본적 경세사상이 나타나 있다. 맹자는 왕도정치, 도덕정치를 실현하기 위해서는 무엇보다도 백성 개개인의 생활안정이 급선무라는 주장을 하고 있다. 인격수양으로 고매한 뜻을 추구하며 사는 선비들이야 가정경제의 형편과 무관하게 도덕적 가치를 준수하며 생활할 수 있지만 일반 백성들에게는 도덕교육 이전에 민생이 우선되어야 한다는 게 맹자의 지론이다. 물론 맹자는 물질적 가치인 이利보다는 도덕적 가치인 인의仁義를 추구하는 인물이다. 그러함에도 그가 도덕 이전에 백성들의 생업 보장을 역설하는 것은 민생고를 겪고 있는 백성들이므로 민생의 해결 없이는 도덕적 삶을 살 수 없음을 알기 때문이다. 백성의 입장에서 현실을 바라본 맹자, 재산 가치를 도덕 가치와 견주어 비하하기는커녕 오히려 백성의 삶에 우선순위를 둔 현실주의자이자 민본주의자이다.

자본주의 사회에서 살고 있는 사람들에게 맹자의 항산항심론은 시대를 초월하여 설득력 있게 전해진다. 개인의 안정된 경제는 천부적 도덕성을 지켜가게 하는 원동력이 된다는 것이다. '곳간에서 인심난다.'는 우리말 속담이 바로 '항산항심'이다.

[출전] 『孟子』「梁惠王篇」

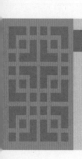

# 偕老同穴 해로동혈

偕 함께 해 | 老 늙을 로 | 同 같을 동 | 穴 구멍 혈

## 함께 늙고 죽어서 같은 무덤에 묻힘.

생사를 같이 하는 부부의 사랑의 맹세.

『시경詩經』 가운데의 「여왈계명女曰雞鳴」과 「대거大車」는 부인이 남편에게 부부애를 표현한 시이다. 「여왈계명」은 어느 부인이 남편에게 늙도록 둘이서 행복하게 살고 싶다는 속내를 밝힌 시이고 「대거」는 패전국의 왕비가 상대국의 노비가 된 남편을 찾아가서 죽은 후 같은 무덤에 묻히고 싶다는 소원을 밝힌 시이다.

'해로동혈'은 『시경』의 두 편의 시에서 각각 유래된 해로와 동혈을 합성하여 사용하는 데에서 유래된 성어이다.

| | |
|---|---|
| 주살로 맞추어 잡아 주시면 | 弋言加之 (익언가지) |
| 그대에게 그것을 마땅한 안주로 만들어 드리지요. | 與子宜之 (여자의지) |
| 서로 이야기 나누고 술 마시며 | 宜言飮酒 (의언음주) |
| 당신과 함께 늙어가리다. | 與子偕老 (여자해로) |
| 거문고와 비파가 곁에 있어 | 琴瑟在御 (금슬재어) |
| 안정되고 좋지 않은 날이 없을 거예요. 「鄭風 女曰雞鳴」 | 莫不靜好 (막불정호) |
| | |
| 살아서는 집이 달랐으나, | 穀則異室 (곡즉이실) |
| 죽어서는 무덤을 같이 하리다. | 死則同穴 (사즉동혈) |
| 나를 믿지 못하겠다고 말씀하신다면, | 謂予不信 (위여불신) |
| (내 말은) 밝은 해와 같다고 약속할 수 있답니다. 「王風 大車」 | 有如皦日 (유여교일) |

弋 주살 익 / 加 맞출 가 / 子 그대 자 / 宜 마땅할 의 / 飮 마실 음 / 琴 거문고 금 / 瑟 비파 슬 / 御 거느릴 어 / 靜 고요할 정 / 穀 살 곡 / 異 다를 이 / 室 집 실 / 謂 일컬을 위 / 予 나 여 / 皦 밝을 교 / 日 해 일

### 해로동혈(偕老同穴)의 어원

'해로'와 '동혈'의 용어가 각각 그 출전을 달리하고 있을 뿐, 그 합성어인 '해로동혈'의 유래문은 없다. 중국의 어원풀이 사전인 『사해辭海』에 따르면 '해로동혈'은 바다에 사는 동물의 이름으로 부부애를 상징하는 해면체라고 소개하고 있다.

"항상 깊은 바다의 진흙과 모래 속에서 살며 형태는 긴 원통형이고 그 둘레는 규소 형질의 침골이 모여 있어 마치 수세미와 같고 그 속에는 항상 작은 새우나 작은 게가 붙어살고 있다. 그것들이 어렸을 때에 우연히 그 안으로 잘못 들어갔다가 나중에 몸집 커져 나올 수 없기 때문이다."

"常樹立於深海底泥沙中 體長圓筒形 其周壁有矽質針骨集合而成 宛如絲瓜常有小蝦或小蟹寄居其中 因其 幼時偶然誤入 後則體大不能出故也"

---

[동의어]　百年偕老(백년해로) : 평생토록 함께 살며 늙어감.　　　　　　　[출전] 『詩經』 「鄭風 女曰雞鳴」·「王風 大車」

# 行不由徑 행불유경

行 갈 행 | 不 아니 불 | 由 말미암을 유 | 徑 지름길 경

# 길을 감에 지름길로 가지 않는다.

정정당당한 방법으로 일을 처리함.

춘추春秋시대, 공자孔子의 제자 자유子游가 무성武城이라는 곳에 지방관으로 임명되었다. 공자가 고을 원님이 된 자유에게 사람다운 사람을 측근에 부하로 두었는지를 물었다.
'행불유경'은 공자의 질문을 받은 자유子游가 자신의 훌륭한 부하를 칭찬하느라 표현한 대목에서 유래된 성어이다.

> "네! 담대멸명이라는 자가 있습니다. 길을 걸어도 지름길로 가지 않고 공적인 일이 아니면 일찍이 내 집에 들른 적이 없는 사람입니다."
>
> 曰有澹臺滅明者,行不由徑,
> 非公事未嘗至於偃之室也.

---

澹 물 맑을 담 / 臺 돈대 대 / 滅 멸할 멸 / 嘗 일찍이 상 / 偃 쓰러질 언 / 室 집 실

| 澹臺滅明(담대멸명) | 담대澹臺는 성씨이고 멸명滅明은 이름인 무성사람으로 심한 곰보였음.
공자가 외모를 가지고 사람됨을 잘못 판단한 인물이 담대멸명이라며 후회한 적이 있음.

| 偃(언) | 자유의 본명이 언언름偃임.

## 자유(子游)의 인사철학

공자의 손꼽히는 10명의 제자, 공문십철孔門十哲의 한 사람인 자유子游는 일찍부터 관직의 길에 나선 정치가로 공자의 가르침을 따라 덕치德治를 펼쳤다. 덕치를 실현하기 위해서는 인재등용이 우선되어야 한다고 생각했기 때문에 자유는 다른 사람의 눈에 부족하다고 보이는 담대멸명이라는 사람을 과감히 발탁하였다.
길을 걷되, 얄팍하게 지름길을 이용하지 않는다는 의미인 行不由徑, 이 성어에는 편법을 쓰지 않고 정도를 추구하는 담대멸명을 인재로서 발탁한 자유의 공평무사한 인사 철학이 나타나 있다. 자유가 판단하기에 담대멸명은 편법보다는 정석대로 일 처리하는 사람이므로 공무를 집행하는 자리에 적합했다. 지름길을 찾는 사람들의 성향은 아무래도 일처리를 대충 대충 쉽고 가볍게 하려해서 자칫 일을 그르칠 수가 있다고 본 것이다. 그래서 자유는 담대멸명의 어려운 집안형편이나 추한 외모를 개의치 않고 오로지 그의 공명정대한 업무능력과 도덕성을 높이 평가하여 자신의 정치 반려자로 삼았다. 요령피우지 않고 소신껏 일하는 담대멸명을 자신의 측근에 두어야 사악하고 아부하는 부류들이 발붙일 수 없다는 생각에서였다. 정치에 있어서의 지름길이란 곧 부정부패로 통하는 길이라는 사실을 일찍이 간파한 자유와 담대멸명은 정당하고 바른 길에서 서로의 사람됨을 알아보았다.
정치인, 건축가, 법조인, 교수들, 방송인 등이 큰 길을 놓아두고 지름길을 이용해서 남보다 빠른 성과를 얻으려 하다가 그만 패가망신하고 말았다는 소식을 자주 듣게 되는 현실이다. 사회의 지도자급일수록 인재를 채용하는 일에 공명정대하고 사심 없었던 자유의 정신을, 출세에 혈안이 된 기회주의자들의 술수를 미리 알아차리는 자유의 혜안을 자주 떠올리며 본받아야 한다.

---

[유사어]  君子大路(군자대로) : 군자는 정도를 걸음.

[출전]『論語』「雍也篇」

# 螢雪之功 형설지공

螢 반딧불 형 | 雪 눈 설 | 之 ~의 지 | 功 공 공

## 반딧불과 눈빛으로 공부함.

어려움을 극복하여 학업을 이룸.

당唐나라시대, 이한李瀚은 요순堯舜시대부터 남북조南北朝시대에 이르기까지의 유명한 인물들에 관한 일화를 엮어 도덕교과서 『몽구蒙求』를 편찬하였다. 그는 이 책에서 『진서晉書』에 수록된 차윤과 『손씨세록孫氏世錄』에 수록된 손강의 고난극복기를 소개하였다.

'형설지공'은 남북조시대, 동진東晉의 인물 가운데 어려운 환경을 극복하고 공부하여 마침내 크게 성공한 차윤車胤과 손강孫康의 일화에서 유래된 성어이다.

진나라 차윤(자字가 무자武子)은 남평 사람으로 공손하고 부지런하며 게으르지 않아서 책을 많이 읽어 다방면에 통달했는데 집이 가난하여 기름을 항상 얻지는 못했다. 여름철이면 명주 주머니에 수십 마리의 반딧불을 담아 그것으로써 책을 비추어 밤낮으로 읽었다.
(중략) 마침내 이부상서랑이 되었다.
손강이 집이 가난하여 기름이 없어서 항상 눈빛에 비추어 책을 읽었다. 젊었을 때 마음이 맑고 꿋꿋하여 친구와의 사귐이 난잡하지 않았으나 뒤에 벼슬이 어사대부에 이르렀다.

晉車胤字武子南平人,恭勤不倦博覽多通.
家貧不常得油.夏月則練囊盛數十螢火以照書,以夜繼日焉.
(中略)終吏部尙書.
康家貧無油,常映雪讀書.少小淸介,交遊不雜.後至御史大夫.

胤 맏아들 윤 / 恭 공손할 공 / 倦 게으를 권 / 勤 부지런할 근 / 博 넓을 박 / 覽 볼 람 / 常 항상 상 / 油 기름 유 / 練 명주 련 / 囊 주머니 낭 / 盛 담을 성 / 照 비출 조 / 繼 이을 계 / 康 편안할 강 / 介 곧을 개 / 遊 사귈 유 / 雜 섞일 잡 / 映 비출 영
| 不常(불상) | 항상 ~하지만은 않다.(부분부정)

### 차윤(車胤)과 손강(孫康)의 성공담

차윤과 손강이 경제적 어려움을 겪으면서도 밝은 미래를 꿈꿀 수 있었던 것은 삶의 주체인 자기 자신의 노력여하에 따라 성공이 결정된다고 믿었기 때문이다. 그들은 물리적, 정신적인 어둠을 물리쳐 줄 삶의 동반자로서 반딧불과 눈빛을 선택하여 노력에 사용하였다.

반딧불과 눈빛에 힘입어 어려운 상황을 극복하고 마침내 성공적인 삶을 살게 되었다는 의미의 螢雪之功, 이 성어에는 성공이 쉽사리 이뤄지는 게 아님을 알았기에 가난을 피하지 않았던 차윤과 손강의 주체적, 의지적 삶의 자세가 나타나 있다. 가난은 불편할 뿐, 꿈을 포기하지 않고 노력하는 한, 오히려 성공의 원동력이 될 수 있음을 보여준 그들이다. 가난했기에 도리어 성공을 향한 도전의식이 넘쳤던 인물들이다.

---

[동의어]　螢窓雪案(형창설안)　：　반딧불이 있는 창과 눈빛이 비치는 창.
　　　　　車螢孫雪(차형손설)　：　차윤의 반딧불 이야기와 손강의 눈빛 이야기
　　　　　映雪讀書(영설독서)　：　눈빛에 비추어 책을 읽다.
　　　　　囊螢照書(낭형조서)　：　주머니 속의 반딧불로 책을 읽다.
[유사어]　引錐刺股(인추자고)　：　송곳을 가지고 허벅지를 찔러 잠을 쫓으며 공부하다.
　　　　　鑿壁偸光(착벽투광)　：　벽을 뚫고 새어나오는 이웃집의 등불로 책을 읽

[출전] 『蒙求』

# 蹊田奪牛 혜전탈우

蹊 질러갈 혜 | 田 밭 전 | 奪 빼앗을 탈 | 牛 소 우

## (남의 소가) 밭을 질러가자 그 소를 빼앗다.

가벼운 죄에 비하여 처벌이 과중함.

춘추春秋시대, 진陳나라의 대부 하징서夏徵舒가 진영공陳靈公을 시해했다는 소식을 들은 초楚나라 장왕莊王은 군사를 일으켜 하징서를 죽인 후, 진나라를 초나라에 귀속시켜 버렸다. 때마침 제齊나라에 사신 갔던 신숙시申叔時가 돌아와서는 장왕께 귀국 보고만 할 뿐, 더 이상의 말도 하지 않은 채 물러났다. 이에 언짢아진 장왕이 그에게 진나라를 영토화한 일에 대하여 축하하지 않는 까닭을 물었다.

'혜전탈우'는 초장왕楚莊王의 질문을 받은 신숙시가 세간의 말을 인용하여 답변한 말에서 유래된 성어이다.

(신숙시가) 말했다. "하징서가 임금을 죽였으니 그 죄는 막대합니다. 토벌하여 죽인 것은 임금님의 의로움이십니다.
그러나 사람들의 말에 '소를 끌고 가다가 남의 밭을 가로질러 가자 그 소를 빼앗아 버렸다.'가 있습니다. 소를 끌고 가로질러 간 것은 참으로 잘못이지만, 그렇다 하여 그에게서 소를 빼앗는 것은 벌이 너무 무겁다는 거지요. 제후들이 복종하는 것은
죄가 있는 이를 토벌했기 때문입니다. 그런데 지금 진나라를 우리 현으로 만들었으니 남의 부를 탐한 것입니다. 제후를 치면서 남의 땅까지 탐낸다면 어찌 옳지 못한 일이 아니겠습니까?"
왕이 말하였다. "훌륭하오! 과인이 여태껏 그런 말을 듣지 못했구려. 돌려주면 되지요?" 마침내 다시 진나라를 봉했다.

曰夏徵舒弑其君,其罪大矣.討而戮之,君之義也.抑人亦有言曰牽牛以蹊人之田而奪之牛.牽牛以蹊者信有罪矣.而奪之牛罰已重矣.諸侯之從也,曰討有罪也.今縣陳,貪其富也.以討召諸侯,而以貪歸之,無乃不可乎?王曰善哉!吾未之聞也.反之可乎?乃復封陳

徵 부를 징 / 舒 펼 서 / 弑 죽일 시 / 戮 죽일 륙 / 抑 누를 억 / 信 참으로 신 / 罰 형벌 벌 / 已 너무 이 / 諸 모든 제 / 侯 임금 후 / 討 칠 토 / 縣 고을 현 / 貪 탐낼 탐 / 乃 어찌 내 / 可 옳을 가 / 善 좋을 선 / 哉 감탄형어조사 재 / 復 다시 부 / 封 봉할 봉

## 신숙시(申叔時)의 법적 시각

초장왕은 정의를 수호한다는 명분을 내세우며 하극상을 일으킨 진나라의 하징서를 처벌한 다음, 진나라를 토벌하였다. 대부분의 제후들은 악을 징벌하기 위해서라는 초장왕의 명분에 지지를 보내며 축하하였지만 신숙시 만큼은 이들과 전혀 다른 시각을 가졌다.

남의 소가 자기 밭을 가로질러갔다 해서 그 소를 빼앗다. 라는 뜻의 蹊田奪牛, 이 성어에는 신숙시가 지적하고 있는 양형量刑의 부적절함이 나타나 있다. 신숙시가 보기에 토벌의 명분을 정당화하고 있는 초장왕의 조치는 사실 크게 잘못되었다. 하극상을 일으킨 하징서 한 사람만을 처벌하는 정도로 끝냈어야 할 일인데 나라 전체를 자국령으로 만들어 버린 일은 명분의 정당성을 훼손시켰다는 것이다. 형량에 비해 과도한 형벌을 부과한 부당함을 비유적으로 지적한 신숙시, 정의라는 명분보다는 사사로운 욕심에서 남의 재산을 가로채는 졸장부의 모습을 보이는 초장왕을 일깨웠다.

[출전] 『春秋左傳』「宣公 11年」

# 狐假虎威 호가호위

狐 여우 호 | 假 빌릴 가 | 虎 범 호 | 威 위엄 위

## 여우가 호랑이의 위엄을 빌리다.

남의 권세를 빌려 위세를 부림.

전국戰國시대, 초楚나라 선왕宣王은 위魏나라에서 사신으로 왔다가 귀화한 강을江乙에게 위나라 사람들이 초나라의 재상 소해휼昭奚恤를 두려워한다는 소문이 사실인지를 물었다. 강을은 자신의 비리를 알고 있는 소해휼을 내치기에 좋은 기회라고 생각하여 그를 모함하였다.

'호가호위'는 위나라 출신 강을이 초나라에 귀화해 있을 때, 초선왕이 재상 소해휼을 제3국인들이 두려워한다는 소문여부를 그에게 확인하자 사실무근이라는 뜻으로 하나의 우화를 예로 들어 답변한 대목에서 유래된 성어이다.

> "호랑이는 모든 짐승을 잡아먹는 동물인데 여우를 얻게 되었습니다. 여우가 말하기를 '자네는 나를 잡아먹지 못하네. 하느님이 나로 하여금 모든 짐승의 우두머리가 되도록 하였는데 지금 자네가 나를 잡아먹는다면 이는 하느님의 명을 거역하는 거지. 자네가 내 말을 못 믿겠다면 내가 자네를 위하여 먼저 갈 것이니 자네는 내 뒤를 따르며 모든 짐승이 나를 보고 감히 달아나지 않는 지를 똑똑히 보게나.' 호랑이가 그렇겠노라 생각하여 마침내 여우와 함께 길을 가는데 짐승마다 그들을 보고 모두 달아나는 것이었습니다.
> 호랑이는 짐승들이 자기를 두려워해서 달아난 줄을 모르고 여우를 두려워한 거라고 생각했습니다. 지금 왕의 땅 사방 오천 리와 병사 백만 명을 소해휼에게 전담시키셨기 때문에 북방 사람들이 해휼을 두려워하는 것입니다.
> 실제로는 왕의 강병을 두려워하는 것이니 모든 짐승이 호랑이를 두려워하는 거와 같습니다."

> 虎求百獸而食之,得狐
> 狐曰子無敢食我也.天帝
> 使我長百獸,今子食我是
> 逆天帝命也.子以我爲不
> 信,吾爲子先行,子隨我
> 後,觀百獸之見我而敢不
> 走乎.虎以爲然,故遂與
> 之行,獸見之皆走.
> 虎不知獸畏己而走也以
> 爲畏狐也.今王之地方五
> 千里帶甲百萬而專屬之
> 昭奚恤故北方之畏奚恤
> 也.其實畏王之甲兵也猶
> 百獸之畏虎也.

百 모든 백 / 獸 짐승 수 / 子 너 자 / 帝 임금 제 / 使 하여금 사 / 長 어른 노릇할 장 / 逆 거스를 역 / 遂 마침내 수 / 皆 다 개 / 帶 띠 두를 대 / 專 오로지 전 / 屬 속할 속 / 猶 같을 유

| 帶甲(대갑) | 갑옷을 두른 병졸들.

## 강을(江乙)의 정적배척

위나라 출신 강을이 초나라의 대부가 되었으나 재상 소해휼의 명망이 워낙 높은지라 자신의 벼슬길에 장애가 될 정적임을 알고 그의 존재를 호랑이의 권위를 믿고 큰소리치는 여우에 빗대었다. 자연스레 초선왕은 여우의 잔꾀에 속는 우매한 호랑이에 비유되고 말았다

크게 내세울 것이 없는 자가 남의 권세를 믿고 허세를 부린다는 뜻의 狐假虎威, 이 성어에는 자신보다 나은 소해휼을 여우와 같은 허세적 행위자로 깎아내린 강을의 간교함이 나타나 있다. 소해휼의 당당함은 초선왕의 군대를 믿고서 뽐내는 허세에 불과하다는 것이다. 소해휼을 모함하고 초선왕을 속일 수 있었던 것은 그의 절묘한 비유능력이기는 하다.

[동의어]  借虎威狐(차호위호) : 호랑이의 위엄을 빌린 여우

[출전]「戰國策」「楚策」

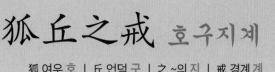

# 狐丘之戒 호구지계

狐 여우 호 | 丘 언덕 구 | 之 ~의 지 | 戒 경계 계

## 호구에서의 가르침.

다른 사람으로부터 원망 사는 일이 없도록 하라는 가르침.

춘추春秋시대, 초楚나라 호구狐丘에 사는 어느 노인이 재상 손숙오에게 사람들이 주로 말하는 원망거리가 무엇인지 아느냐고 물었다. 손숙오가 궁금히 여기자 노인이 답변하였다,
'호구지계'는 사람들의 원망을 듣지 않는 방법을 초나라의 재상 손숙오에게 가르침으로 준, 호구지역 어느 노인의 말에서 유래된 성어이다.

| | |
|---|---|
| 대답하였다. "작위가 높은 자는 사람들이 그를 질투하고, 벼슬이 큰 자는 임금이 그를 미워하고, 봉록이 두터운 자는 원망이 그에게 미치게 됩니다." 손숙오가 말했다. "제 작위가 더욱 높아질수록 저의 뜻은 더욱 낮추고 제 벼슬이 더욱 커질수록 저의 마음은 더욱 작게 하며 저의 봉록이 두터워질수록 제가 베푸는 것을 더욱 넓히겠습니다. 이로써 세 가지 원망을 모면할 수 있겠습니까?" | 對曰爵高者人妬之,官大者主惡之,祿厚者怨逮之孫叔敖曰吾爵益高,<br><br>吾志益下,吾官益大,吾心益小,吾祿益厚,吾施益博以是免於三怨,可乎 |

爵 위계 작 / 妬 시샘할 투 / 惡 미워할 오 / 祿 녹봉 록 / 厚 두터울 후 / 怨 원망할 원 / 逮 미칠 체 / 敖 놀 오 / 益 더욱 익 / 施 베풀 시 / 博 넓을 박 / 免 면할 면 / 乎 ~인가? 호.

| 爵(작) | 제후들의 작위로 공公,후侯,백伯,자子,남男의 지위. 세습되어진 벼슬임.
| 孫叔敖(손숙오) | 춘추시대 초나라 장왕을 패자로 만든 일등공신. 호구지역 노인의 훈계를 평생토록 지키며 살았던 명재상.

## 호구노인의 위정자 지침

작위가 높으면 귀한 몸이 되었다 해서 오만하기 쉽고 벼슬이 높으면 방자해져서 점점 더 세력을 넓히려 들며 봉록이 많으면 부유해져서 더 채우고자 어질지 못한 짓을 하게 되므로 이들은 자연히 주위사람들로부터 원망과 질투를 받기 마련이라고 호구지역 어느 노인이 손숙오에게 귀띔을 해주었다.

호구지역 어느 노인의 가르침이라는 뜻의 狐丘之戒, 이 성어에는 세속인들의 원망을 받기 십상인 세력가의 위치에 있는 손숙오에게 그 원망을 피할 수 있는 가르침을 준 호구 노인의 도가적 수양방법이 나타나 있다. 부드러움이 강함을 제어할 수 있고 낮음이 높음을 이길 수 있으며 적음이 많음을 능가할 수 있다는 도가다운 역설적 훈화를 호구노인이 한 것이다. 노인의 말뜻을 이해한 손숙오는 높은 작위에 처할수록 겸손으로 자신을 낮추고 벼슬이 높아질수록 자기 자신을 엄숙히 삼가며 재산이 늘어날수록 가진 것을 없는 자에게 내어주는 정치인이 되리라 마음을 먹었다. 실제로 손숙오는 재상을 세 번이나 연임한다.

이제는 위계의 수직적 사회를 탈피하기 위해서라도 각계각층의 사람들이 마음에 새겨야 할 호구 노인의 가르침이다. 강하强弱, 고하高下, 승패勝敗의 이분법적 사고로 강强과 고高와 승勝을 쟁취하려는 삶을 살기 보다는 약弱을 품어주는 강强, 하下를 품어주는 고高, 패敗를 품어주는 승리야말로 진정한 현대판 승자라는 가르침으로 재해석할 수 있는 성어이다.

[유사어]  人有三怨(인유삼원) : 세상 사람들이 갖는 세 가지 원망.

[출전]「列子」「說符篇 第8」

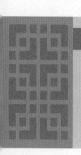
# 胡服騎射 호복기사

胡 오랑캐 호 | 服 옷 복 | 騎 말 탈 기 | 射 쏠 사

## 오랑캐의 옷차림으로 말을 타고 활을 쏨.

어떤 일에 착수할 만전의 태세를 갖춤.

전국戰國시대, 조趙나라 제6대 황제 무령왕武靈王이 북방 유목민의 복식제도를 받아들이기로 하자 대신관료들이 오랑캐의 것을 따를 수 없다며 반대하였다. 이에 무령왕은 선왕들도 법령과 제도를 각각 실제의 필요에 부합되도록 제정하였고, 의복과 기계도 각각 그 쓰임에 편리한 것을 채택하였으니 예법 또한 꼭 한 가지 방식일 필요가 없고 국가의 편의를 추구하는 일에 옛 것만을 본받을 필요는 없다. 라고 설득하였다.

'호복기사'는 조나라 무령왕이 오랑캐의 복식제도를 채택하기 위하여 반대파들을 설득하는 장면에서 유래된 성어이다.

| | |
|---|---|
| "성인은 신체활동에 편리한 것을 의복이라고 했으며, 일을 추진함에 편리한 것을 예절이라고 했소. 무릇 나아가고 물러나는 예절과 의복을 제정하는 것은 일반 백성을 잘 다스리기 위함이지, (특수한) 현자를 논하기 위해서가 아니오.<br>그러므로 백성은 풍속의 흐름을 따라가고 현자는 변화와 함께하는 것이오. 옛 속어에 말하기를 '책에 쓰인 대로 말을 모는 자는 말의 본성을 다 알 수 없고, 옛것으로 지금을 다스리려고 하는 자는 일의 변화에 통달할 수 없다.'고 하오. 옛 법의 공적을 따르는 자는 현세보다 높아지기에 부족하고, 옛 학설만을 본받는 자는 지금을 다스리기에 부족하오. 그대들은 이점에 미치지 못하는구려."라 하며 마침내 오랑캐 복장을 하고 기병과 사수를 불러들였다. | 聖人利身謂之服,便事謂之禮.夫進退之節,<br>衣服之制者所以齊常民也.非所以論賢者也.<br>故齊民與俗流,賢者與變俱.故諺曰以書御者不盡馬之情,以古制今者不達事之變.循法之功,不足以高世.法古之学,不足以制今.子不及也.<br>遂胡服招騎射 |

便 편할 편 / 夫 무릇 부 / 節 제도 절 / 制 만들 제 / 齊 나란할 제 / 與 더불어 여 / 俱 함께 구 / 諺 속어 언 / 御 말 몰 어 /
盡 다할 진 / 達 이를 달 / 變 변할 변 / 循 따를 순 / 遂 마침내 수

## 무령왕(武靈王)의 개혁정책

무령왕이 통치할 당시의 조나라는 잦은 흉노의 침략, 연燕나라와 진秦나라의 위협, 게다가 약소국인 중산국中山國의 강세까지 더해져 국운이 쇠퇴하고 있었다. 무령왕은 이 암울한 상황을 타파하기 위한 계책으로 군사기술의 개혁을 시도하였다.

오랑캐의 옷을 입고 말을 타면서 화살을 쏘는 기마병의 형상인 胡服騎射, 이 성어에는 기마민족의 장점을 수용하고 국내의 낡은 제도를 개혁해서 조나라를 부흥시키고자 했던 무령왕의 실용주의가 나타나 있다. 전술상 전차병보다는 기마병이 기동 면에서 월등하므로 오랑캐의 전술일지라도 도입해야 한다고 주장한 것이다. 자연히 복장도 말 타기에 좋은 바지차림의 오랑캐 옷을 입자고 하였다. 중국인의 자존심을 손상시키는 이 제안은 극심한 반대에 부딪히지만 주변의 정세에 밝은 무령왕은 세상의 추이에 따라 적응해 가야한다는 소신을 굽히지 않았다. 전략적으로 편리하고 유리한 선택을 감행했던 무령왕, 최초로 호복을 입은 중국인이고 기마병의 도입자이며 반대파 신하들을 성공적으로 설득한 임금이다.

[출전] 『史記 卷43』 「趙世家」

# 虎視耽耽 호시탐탐

虎 범 호 | 視 볼 시 | 耽 엿볼 탐 | 耽 엿볼 탐

## 호랑이가 부릅뜨고 엿보다.

날카로운 눈빛으로 형세를 바라보며 기회를 노림.

『주역周易』의 64괘 가운데에 27번째에 산뢰이괘山雷頤卦(☶, ☳)가 있다.
'호시탐탐'은 이괘頤卦의 4효에 관한 효사爻辭에서 유래된 성어이다.

> 육사六四는 거꾸로 된 봉양을 뜻하여 좋으니, 호랑이가 눈을 부릅뜨고 수시로 기회를 엿보며 그 하고자 함을 쫓고 쫓으면 허물이 없다. 상전에서 이르기를 '거꾸로 된 봉양이 좋다는 것은 위에서 베푸는 것이 빛난다는 것이다.' 라고 하였다.

> 六四顚頤吉,虎視耽耽
> 其欲逐逐,无咎.
> 象曰顚頤之吉上施光也.

顚 거꾸로 전 / 頤 턱 이 / 逐 쫓을 축 / 无 없을 무 / 咎 허물 구 / 象 모양 상 / 施 베풀 시
| 六四(육사)| 효는 총 6개로 1효부터 6효까지 있다. 효의 명칭은 양효의 경우 '구九', 음효의 경우 '육六'을 붙인 후, 위치에 따라 결정된다. 따라서 육사六四는 네 번째에 위치한 음효를 가리킨다.
| 象(상)| 상전을 뜻함. 괘의 형상을 설명한 대상전과 효의 형상을 설명한 소상전이 있다

## 이괘(頤卦)의 六四 효사

이괘는 산을 형상한 간艮괘(☶)와 벼락을 형상한 진震괘(☳)로 이루어져 있어 산 아래에서 벼락이 치고 있는 형상이다. 1,6효가 양효(-)이고 2,3,4,5효는 모두 음효(--)이다. 괘상으로 보면 상괘는 '멈춤'을 상징하는 산이고 하괘는 '움직임'을 상징하는 벼락이다. 효별로 보면 맨 위와 맨 아래는 양효이므로 강직한 위아래 턱, 그 사이는 음효이므로 비어 있는 입안을 상징한다. 이를 종합해 보면 음식 섭취 시, 첫 번째 효는 움직이는 아래턱이고, 여섯 번째 효는 움직이지 않는 위턱이며 그 사이에 있는 2,3,4,5효는 보통 비어 있다가 들어오는 음식물을 받아들이는 입안이다. 따라서 육사六四는 입안을 상징하는 효이다.

호랑이가 먹잇감을 쟁취하기 위해 눈을 부릅뜨고 수시로 기회를 살핀다는 뜻의 虎視耽耽, 이 성어는 맹수인 호랑이가 신중에 신중을 거듭하여 먹이를 낚아챌 수 있는 기회를 살피듯이 나이든 어른도 자신의 몸과 마음을 기르기 위해 젊은 층을 잘 살펴 호응관계를 이뤄야 한다고 한다. 네 번째 효인 육사가 상괘에 위치해 있어 어른의 위상이기는 하지만 음이라서 유약하기 때문에 하괘의 첫 번째 양효가 상징하는 젊음 곧 양기를 받아서 자신이 길러지기를 구해야 한다는 것이 육사六四의 효사이다. 단, 아랫사람에게 봉양을 받는다 하면 자칫 경멸당할 수 있으므로 호랑이의 위엄을 지녀야 한다는 조건을 덧붙였다. 그리해야 존경과 두려운 대상이 되면서 몸과 마음도 길러질 수 있으므로 길하다고 한 것이다. 육사六四가 비록 약하기는 하지만 첫 번째 효인 초구初九의 봉양을 받아들임으로 해서 강한 위상을 지니게 되어 만인의 지도자가 베풀어야 하는 직무를 훌륭히 완수할 수 있게 됨을 상징하는 효이다.

[출전] 『周易』 「頤卦」

# 浩然之氣 호연지기

浩 넓을 호 | 然 그럴 연 | 之 ~의 지 | 氣 기운 기

## 넓은 기운.

① 도의에 근거를 두면서 굽히지 않고 흔들리지 않은 바르고 큰마음.
② 하늘과 땅 사이에 넘치게 가득 찬 넓고 큰 정기.
③ 공명정대하여 조금도 부끄러운 바 없는 용기.

전국戰國시대, 맹자孟子는 자기의 부동심不動心과 고자告子의 부동심의 차이점을 궁금히 여기던 제자 공손추公孫丑가 스승의 장점이 무엇인지 알고 싶어 하자 이에 답변하였다.
'호연지기'는 맹자가 자신의 장점을 지언知言과 양기養氣라고 말하면서 그 방법을 제자 공손추에게 설명하는 대목에서 유래된 성어이다.

(맹자가) 말하기를 "나는 남의 말을 잘 알며, 나는 나의 넓고 큰 기운을 잘 기른다네." (공손추가) "감히 묻사온데 무엇을 호연지기라 합니까?" 라고 묻자 맹자가 "말하기 어렵네만 그 기운은 지극히 크고 지극히 강한 것으로, 그것을 곧게 길러서 해치지 않으면, 하늘과 땅 사이를 가득 채우게 되지. 그 기운은 의義와 도道에 합치되며 이것이 없으면 기가 시들하게 돼. 이것은 의義가 모여서 생겨나는 것이지, 의義가 밖에서 들어와 취해지는 것이 아니라네. 행하고 나서 마음에 불만족스럽다면, (기가) 시들해지지. 내가 옛날에 '고자告子는 일찍이 의義를 안 적이 없다.'고 한 것은 그가 의義를 외부의 것이라 했기 때문이었다네."

曰我知言,我善養吾浩然之氣.敢問何謂浩然之氣 曰難言也.其爲氣至大至剛,以直養而無害則塞天地之間.其爲氣也,配義與道,無是餒也.是集義之所生者,非義襲而取之也.行有不慊於心則餒矣.我故曰告子未嘗知義,以其外之也.

善 잘할 선 / 敢 감히 감 / 剛 굳셀 강 / 塞 채울 색 / 配 짝 배 / 與 ~와 여 / 餒 굶주릴 뇌 / 襲 엄습할 습 / 慊 흡족할 겸 / 嘗 일찍이 상
| 告子(고자) | 맹자와 달리 의義를 선천적이 아닌 후천적으로 습득되는 것으로 봄.

## 맹자(孟子)의 기(氣)철학

공손추는 스승인 맹자에게 제나라의 재상자리에 대한 권유를 만약 받게 되면 어떻게 하실 것인지를 물은 뒤, 이어서 전혀 마음의 동요가 없는 맹자의 모습을 보고 부동심할 수 있는 비결을 물었다. 이에 맹자는 상대방의 말을 잘 알아듣고 호연한 기운을 잘 기를 수 있는 것이 자신의 장점이라고 답변하였다.
천지를 가득 채울 정도로 넓고 큰 기운이라는 뜻의 浩然之氣, 이 성어에는 내 안의 기를 도의에 맞게 기르면 우주의 기운과 일치된다고 한 맹자의 천인합일사상이 나타나 있다. 인간을 도덕적 존재로 보는 맹자는 그 지론을 바탕삼아 선천적 도덕심인 도의道義와 생명의 원소인 기氣를 관계 지었으며 자신의 기를 곧게 기르는 것(직양直養)이 호연지기를 획득하는 방법이라고 하였다. 단, 도의적 기의 양생을 일회성으로 그쳐서는 안 되고 오랫동안 쌓아가야 비로소 지극히 강대한 기로 전화轉化할 수 있다고 하였다. 맹자는 일상에서의 꾸준한 도덕실천(집의集義)이 우주의 기운과 일치되는 기운을 얻는 비결이라고 제시한 것이다.

[유사어] 正大之氣(정대지기) : 바르고 큰 기운

[출전] 『孟子』 「公孫丑 上篇」

# 胡蝶之夢 호접지몽

胡 나비호 | 蝶 나비접 | 之 ~의지 | 夢 꿈몽

## 나비가 된 꿈.

사물과 자신이 한 몸이 된 경지.

전국戰國시대, 장주莊周가 꿈에 나비가 되어 꽃과 꽃 사이를 훨훨 날아다녔다.

'호접지몽'은 장주가 꿈에 나비가 되어서 즐거움과 자유로움을 느끼며 상대세계를 초탈하는 경험을 했는데 이 대목에서 유래된 성어이다.

| | |
|---|---|
| 스스로 유쾌하고 뜻에 꼭 맞았는지라 장주인 줄을 몰랐다. | 自喩適志與, 不知周也. |
| 갑자기 꿈에서 깨어 보니 분명하게도 장주이더라. | 俄然覺則蘧蘧然周也. |
| 알 수 없구나! 장주의 꿈에서 자기가 나비가 된 것이었을까? | 不知!周之夢爲胡蝶與? |
| 나비의 꿈속에서 나비가 장주가 된 것이었을까? | 胡蝶之夢爲周與? |
| 장주와 나비는 반드시 (현실상에서는) 구분이 있을 터이다. | 周與胡蝶則必有分矣. |
| 이것을 상대방과 하나 되었다. 라고 한다. | 此之謂物化. |

喩(=愉) 즐길 유 / 適 알맞을 적 / 周 두루 주 / 俄 갑자기 아 / 覺 꿈 깰 교 / 蘧 마음에 든든할 거 / 與 ~인가? 여(의문형어조사) / 與 ~와 여 / 此 이 차 / 謂 일컬을 위

| 周(주) | 도가사상가의 대표적 인물인 장자(莊子 BC365년~290년)의 본명. |
| 俄然(아연) | 갑작스런 모양 |
| 蘧蘧然(거거연) | 잠이 깨어 기분 좋게 현실에 있는 상태 |

## 장자(莊子)의 세계관

장자가 나비가 된 꿈을 꾸고 나서 현실의 자신과 꿈속의 나비를 대비시키며 사색에 빠지더니 결과적으로 나비와 자신은 분별할 필요 없이 하나라는 사실을 깨닫는다.

나비가 되어 현실적 자신을 잊고 흡족하게 날아다니는 꿈을 꾸었다는 뜻의 胡蝶之夢, 이 성어에는 한 치의 오차도 없이 온전히 나비가 되는 꿈을 꾸었던 장자의 물아일체物我一體사상이 나타나 있다. 참 자아는 꿈속의 나비인지, 현실의 나인지를 모르겠다며 혼란스러워하던 장자가 사색 끝에 내린 결론은 '물화物化'이다. 장자 자신이 나비로 동화된 경험을 한 후에 깨달은 점은 세계만물 간에는 우열의 가치개념이나, 주객의 상대개념이 통하지 않는다는 사실이다. 곧 만물마다 고유성이 있어서 대등하므로 이것과 저것의 분별이 무의미하다는 초탈의 경지를 보여주었다. 장자 자신이 나비가 되어 맘껏 흐뭇할 수 있었다는 것은 인간의 우월성이나 주체성을 내세우지 않고도 꺼릴 것 없는 자유로움을 만끽할 수 있다는 점을 방증한다.

인간의 굴레를 벗어나서 사유하는 장자, 그가 바라보는 만물에 대한 시각이 분별과 차별을 뛰어넘어 초월적이다.

[동의어] 莊周之夢(장주지몽) : 장주가 꾼 꿈. 곧 장자가 나비와의 일체감을 느낀 꿈.

[유사어] 物我一體(물아일체) : 사물과 나의 경계를 잊음.

[출전]『莊子』「齊物論篇」

# 和光同塵 화광동진

和 화할 화 | 光 빛 광 | 同 같을 동 | 塵 티끌 진

## 빛을 부드럽게 하여 티끌과 같이 함.

자기의 재능을 감추고 속세인과 어울림.

춘추春秋시대, 노자老子가 『도덕경道德經』에서 정말 아는 사람은 말하지 않고, 말하는 사람은 사실 알지 못한다고 하며 남보다 튀려하는 언행에 일침을 가하였다.
'화광동진'은 노자가 자기 겸허와 남과의 어울림을 언급한 대목에서 유래된 성어이다.

| | |
|---|---|
| 그 (감각기관인) 구멍을 막아 그 (지혜의) 문을 닫으며, 날카로움을 꺾어서, 얽힘을 풀며, 빛을 부드럽게 하여 속세의 티끌과 함께하니 이것을 '현묘한 도와 하나 된다.'라고 말한다. 그러므로 친해질 수 없고, 소원해질 수도 없으며 이롭게 할 수 없고 해롭게 할 수도 없으며 귀하게 할 수 없고 천하게 할 수도 없다. 그러므로 천하에 귀한 것이 된다. | 塞其兌, 閉其門, 挫其銳, 解其紛, 和其光, 同其塵, 是謂玄同. 故不可得而親 不可得而疏, 不可得而利 不可得而害, 不可得而貴 不可得而賤, 故爲天下貴 |

塞 막을 색 / 兌 구멍 태 / 閉 닫을 폐 / 挫 꺾을 좌 / 銳 날카로울 예 / 解 풀 해 / 紛 어지러울 분 / 謂 일컬을 위 /
疏 친하지 않을 소 / 害 해칠 해 / 賤 천할 천
Ⅰ현동(玄同)Ⅰ  너와 나, 이것과 저것의 분별이나 차별이 없이 하나 되는 것

## 노자(老子)의 자연철학

노자는 세상이 변화하는 것을 자연스러운 것으로 받아들이면서도, 인간의 지혜의 산물인 문명이나 문화에 대해서는 자연을 손상시키며 이룩한 결과물이라 해서 달가워하지 않았다. 그는 인문을 향한 지식 경쟁은 자연성을 위배하며 인간 세상에 날카롭고 혼란스러움만 가중시킨다고 여겼다.

빛이 날 만큼 우수한 점을 부드럽고 고르게 감추고서 티끌과 같은 속세에 동화한다는 뜻의 和光同塵, 이 성어에는 현란하게 빛을 발산하지 않고 오히려 순박하고 소박한 사람의 모습으로 속세인의 평범함에 묻혀 지내겠다고 한 노자의 무위자연無爲自然사상이 나타나 있다. 인위성을 배제한 자연스러움이야말로 인간이 지향해야할 삶의 형태라는 것이다. 자연에 맡겨야 날카로움도, 혼란스러움도, 현란한 빛도 저절로 다 해결된다고 역설한 노자, 그는 자신이 주변인들보다 빛나려고 애쓰면 애쓸수록 오히려 그 빛을 잃고 말 뿐이니 겸허하게 빛을 가리라고 하였다. 그리고 티끌과 같은 속세에 맞춰서 지내라고 하였다. 노자의 자연주의는 시간과 공간의 구애받음 없이 그저 타고난 근성대로, 생긴 외형대로 꾸밈 없이 지내다보면 어느새 빛나는 존재가 된다는 점을 미리 내다 본 듯한 반전을 품고 있다. 하지만 노자가 반전의 결과를 기대하고서 의도적으로 내세우는 주장이 아니기에 그의 사고는 특히 신선하다. 그래서 노자가 주창한 겸허함은 결과적으로 고귀한 위상을 갖게 된다. 이것은 마치 물이 낮은 곳을 지향하며 한없이 낮아진 결과, 넓고 깊은 바다가 되어 마침내 위용의 미를 드러내는 이치와 같다. 노자가 말하는 겸허함과 무위함의 놀라운 성과이다.

[유사어]  光而不耀(광이불요) : 빛을 내더라도 반짝이지 않음. 잘난 척하지 않고 겸손함.　　　　[출전] 『老子』 「56章」

# 畵龍點睛 화룡점정

畵 그릴 화 | 龍 용 룡 | 點 점찍을 점 | 睛 눈동자 정

# 용을 그린 후, 눈동자를 그려 넣음.

가장 중요한 부분을 끝내어 일을 완성시킴.

남북조南北朝시대, 양梁나라 무제武帝는 불교 사원을 장식하기 위해서 당대의 유명한 화가 장승요張僧繇에게 벽화를 자주 의뢰하였다. 이에 장승요는 금릉金陵지역 안락사安樂寺의 벽에 용을 그리게 되었다.
'화룡점정'은 장승요가 용을 그리고 나서 마지막으로 눈을 그려 넣자 살아 움직이는 효과가 났다는 일화에서 유래된 성어이다.

| | |
|---|---|
| 금릉 안락사의 네 마리의 백룡에는, 눈동자가 그려 있지 않다. 매번 말하기를 "눈동자를 그리면 용이 날아가 버리기 때문이오." 라고 하였다. 사람들이 그 말을 거짓말로 여기며 굳이 눈을 그려 달라고 요청하였다. 잠깐 동안 천둥이 울리고 번개가 치며 벽이 깨지더니, 두 마리의 용이 구름을 타고 하늘로 올라가 버렸다. 눈동자를 그리지 않은 두 마리 용은 그대로 남아 있었다. | 金陵安樂寺四白龍,不點 眼睛.每日點睛則飛去. 人以爲妄誕,固請點之. 須臾雷電破壁, 兩龍乘雲騰去上天. 二龍未點睛者見在 |

眼 눈 안 / 每 매양 매 / 飛 날 비 / 妄 거짓 망 / 誕 거짓말로 현혹할 탄 / 因 인할 인 / 須 모름지기 수 / 臾 잠깐 유 / 雷 우레 뢰 /
電 번개 전 / 破 깨뜨릴 파 / 兩 둘 양 / 乘 탈 승 / 騰 오를 등 / 上 오를 상 / 見 나타날 현
| 白龍(백룡) | 사해四海를 다스리는 청룡, 백룡, 적룡, 흑룡 중에 서쪽 방향의 흰 용.
| 以爲(이위) | '~라고 생각하다'의 의미로 쓰이는 관용어.
| 須臾(수유) | 매우 짧은 시간.

## 화가 장승요(張僧繇)의 예술세계

장승요가 벽화 속의 용 그림에 마지막으로 눈동자를 그려 넣자, 그림이라는 틀을 벗어나서 하늘로 승천했다는 이야기이다. 그의 작품이 그만큼 생동감이 넘친다 해서 생긴 전설이다.
용을 그린 다음에 마지막으로 온 심혈을 기울여 점 하나로 눈동자를 표현한다. 라는 의미의 畵龍點睛, 이 성어에는 눈동자를 그려 넣으면 용이 살아서 꿈틀댈 거라고 장담한 장승요의 사실주의적 예술세계가 나타나 있다. 외형상의 실체만을 재현시키는 데에 그치는 것이 아니라 용의 정신과 영혼까지 표현할 정도로 장승요는 자신의 그림에 정서적 미를 담아내었다. 단지 눈 안에 점 하나 곧 눈동자가 있고 없고의 차이로 생동감이 좌우되었다는 말은 상상 속의 동물인 용의 정수精髓가 발톱도 수염도 기다란 몸체도 아닌 눈동자라는 의미이다. 장승요는 눈동자를 생명의 정기를 온축하고 있는 곳으로 보았기 때문에 자신의 혼을 용의 눈동자에 담아낸 것이다. 그 순간 벽화를 감상하던 이들은 눈동자를 얻게 된 용이 눈에 광채를 띠며 하늘을 향해 높이 솟구치는 착각을 하며 장승요의 사실묘사 능력에 놀라워했다. 장승요의 생명기운을 담은 명작이 바로 안락사의 용 그림이다.

[동의어]　點睛開眼(점정개안) : 눈동자를 그려 넣자 용이 눈을 떴다.　　　　　[출전] 張彦遠,『歷代名畵記 卷7』

# 畫蛇添足 화사첨족

畫 그릴 화 | 蛇 뱀 사 | 添 더할 첨 | 足 발 족

## 뱀을 그리는데 발을 덧붙임.

쓸데없는 일을 덧붙여 하다가 도리어 일을 그르침.

전국戰國시대, 초楚나라의 영윤令尹 소양昭陽이 위衛나라를 정복한 후, 다시 제齊나라를 정벌하려 하였다. 이에 제나라의 책략가 진진陳軫이 소양을 찾아가 설득하고자 하였다.

'화사첨족'은 제나라의 진진이 초나라 소양의 제나라 정벌계획을 철회시키기 위하여 뱀 그림에 발을 덧붙여 그리다가 도리어 낭패를 겪은 어느 하인의 일화를 소개한 대목에서 유래된 성어이다.

"초나라의 제사를 마친 어떤 사람이 하인들에게 술 주전자를 하사하였습니다. 하인들이 서로 말하기를 '여러 사람이 마시기에는 부족하고 한 사람이 마시기에는 넉넉합니다. 청컨대 땅에 뱀을 그려 먼저 완성한 사람이 술을 마시기로 합시다.'라고 하였습니다. 한 사람이 뱀을 제일 먼저 그렸기 때문에 술을 가져다 장차 마시려고 하면서 이내 왼손으로 술 주전자를 잡고 오른손으로 뱀을 그리며 "나는 발도 그릴 수 있다."고 말했답니다. 그가 아직 (발을) 완성하기 전에 다른 한 사람이 뱀을 다 그리고는 술 주전자를 빼앗으며 '뱀은 본래 발이 없는데 그대가 어찌 발을 그릴 수 있단 말이오?'라 말하더니 마침내 그 술을 마셔 버렸지요. 뱀에 발을 그린 사람은 결국 그 술을 잃고 말았습니다. 지금 당신은 초나라를 도와 위나라를 공격하여 군대를 패배시켰고 장군을 죽여 여덟 개의 성을 얻고서도 군사들이 약해지지 않아 제나라를 공격하려 합니다. 제나라는 공을 두려워함이 심합니다. 공은 이것을 명예라 여기시어 만족하옵소서. 관직의 높음은 올라갈 곳이 없습니다. 전쟁에서 승리하지 않은 적이 없음에도 멈출 줄 모르는 사람은, 자신을 장차 죽이게 되고 작위는 장차 아랫사람에게 돌아갈 것이니, 뱀의 발을 그리는 것과 같습니다. 소양은 그러하다고 생각하여 군대를 해산하고 돌아갔다.

楚有祠者賜其舍人巵酒,
舍人相謂曰.數人飲之不
足,一人飲之有餘,請畫
地為蛇 先成者飲酒.
一人蛇先成,引酒且飲之
乃左手持巵,右手畫蛇曰
吾能爲之足,未成
一人蛇成,奪其巵曰
蛇固無足子安能爲之
足?遂飲其酒.爲蛇足者
終亡其酒.今君相楚
而攻魏,破軍殺將,得八
城,不弱兵,欲攻齊.
齊畏公甚.公以是為名,
居足矣.官之上非可重
也.戰無不勝而不知止
者身且死,爵且後歸
猶為蛇足也.昭陽以為然
解軍而去.

祠 제사 사 / 賜 줄 사 / 舍 집 사 / 酒 술 주 / 巵 술잔 치 / 謂 일컬을 위 / 飲 마실 음 / 餘 남을 여 / 請 청할 청 / 引 당길 인 / 且 장차 차 / 持 가질 지 / 奪 빼앗을 탈 / 固 본디 고 / 子 그대 자 / 安 어찌 안 / 遂 마침내 수 / 終 끝낼 종 / 君 그대 군 / 相 도울 상 / 攻 칠 공 / 破 깰 파 / 殺 죽일 살 / 將 장수 장 / 畏 두려워할 외 / 甚 심할 심 / 足 족할 족 / 官 벼슬 관 / 勝 이길 승 / 爵 벼슬 작 / 猶 같을 유 / 解 풀 해 / 軍 군사 군

| 舍人(사인) | 집안일을 돌보고 주인의 시중을 드는 사람.

| 以為(이위) | '~라고 생각하다.'를 뜻하는 관용어구.

[유사어]  牀上安牀(상상안상) : 마루 위에 마루를 놓는다.

[출전] 『戰國策』「齊策 2卷」

# 華胥之夢 화서지몽

華 빛날 화 | 胥 서로 서 | 之 ~의 지 | 夢 꿈 몽

## 화서의 꿈.

좋은 꿈이나 낮잠.

중국 신화神話시대, 최초의 건국왕인 황제黃帝가 나름 성심을 다하여 백성을 다스렸지만 본인은 물론이고 백성들의 삶이 크게 나아지지 않자 우울해 하였다. 지친 마음을 추스르고 정국을 다시 구상하기 위해 여가생활을 즐기던 중, 화서씨華胥氏의 나라로 놀러가는 꿈을 꾸었다.

'화서지몽'은 전설적 인물인 황제가 꿈속에서 방문한 화서국 사람들이 어진 정치 하에 평화롭게 지내는 것을 보고 잠에서 깨어나, 현실정치의 방향성을 찾게 되었다는 대목에서 유래된 성어이다.

물에 들어가도 빠지지 않고, 불에 들어가도 뜨거워하지 않았다. 매를 맞아도 아파하지 않고 손가락으로 들추어도 아파하거나 간지러워하지 않았다. 공중을 날아도 실지로 땅위를 걷는 듯이 했고 허공에서 잠자도 침상 위에 있는 듯이 여겼다. 구름과 안개가 그들의 시각을 방해하지 못하고, 우레 소리가 그들의 청각을 어지럽히지 못하며 좋고 나쁜 것도 그들의 마음을 혼란스럽게 하지 못하고 산과 골짜기도 그들의 발길을 막지 못하고, 마음대로 갈 뿐이었다. 황제가 이미 잠에서 깨어나 분명코 체득한 것이 있어, 천로, 역목, 태산계 세 사람을 불러놓고 그들에게 말했다.

"내가 한가로이 지낸 석 달 동안 마음을 가다듬고 육체의 욕망을 버리고서 몸을 수양하고 만물을 다스리는 도를 생각해 보았으나 그 방법을 얻지 못하고, 피곤해져서 잠이 들었는데 꿈 꾼 것이 이와 같소이다. 지금 나는 지극한 도는 감정으로는 구할 수 없다는 것을 알았습니다. 나는 참으로 알고 참으로 체득하였습니다.

그런데도 그것을 당신들에게 말로 전할 수가 없구려." 또 28년이 지나는 동안 천하가 크게 잘 다스려져 거의

화서씨의 나라와 같게 되었다. 그리고서 황제는 세상을 떠났음에도 백성들은 그를 기리기를 200여 년 동안 그치지 않았다.

入水不溺,入火不熱,斫
撻無傷痛,指擿無痟癢.
乘空如履實,寢虛若處
牀.雲霧不硋其視,
雷霆不亂其聽.
美惡不滑其心,
山谷不躓其步,神行而已
黃帝旣寤,悟然自得,召
天老力牧太山稽,告之曰
朕閒居三月,齋心服形,
思有以養身治物之道,
弗獲其術,疲而睡所夢若
此.今知至道不可以情求
矣.朕知之矣,朕得之矣.
而不能以告若矣.又二十
有八年,天下大治幾若
華胥氏之國,而帝登假,
百姓號之,二百餘年不輟

溺 빠질 익 / 熱 뜨거울 열 / 斫 벨 작 / 撻 매질할 달 / 傷 다칠 상 / 痛 아플 통 / 擿 들출 적 / 痟 머리 아플 소 / 癢 가려울 양 / 履 밟을 리 / 寢 잠잘 침 / 處 처할 처 / 牀 침상 상 / 霧 안개 무 / 硋 방해할 애 / 霆 우레 정 / 亂 어지러울 란 / 滑 미끄러울 활 / 躓 넘어질 지 / 步 걸음 보 / 神 정신 신 / 旣 이미 기 / 寤 깰 오 / 悟 깨달을 오 / 召 부를 소 / 稽 머무를 계 / 朕 나 짐 / 閒 한가할 한 / 齋 재계할 재 / 腹 두터울 복 / 形 모양 형 / 獲 얻을 획 / 術 방법 술 / 疲 지칠 피 / 此 이 차 / 若 너 약 / 幾 거의 기 / 若 같을 약 / 쫒 오를 등 / 假 멀 하 / 號 부르짖을 호 / 餘 남을 여 / 輟 그칠 철

[유사어] 華胥之國(화서지국) : 무위無爲로 다스려지는 이상적인 꿈속의 나라인 화서국

[출전] 『列子』「黃帝篇」

# 和氏之璧 화씨지벽

和 화목할 화 | 氏 성 씨 | 之 ~의 지 | 璧 둥근 옥 벽

## 화씨라는 사람의 옥.

천하의 이름난 옥.

전국戰國시대, 초楚나라의 변화卞和가 산길을 가다가 획득한 옥의 원석을 여왕厲王에게 바쳤다. 옥 감정사가 원석의 가치를 몰라보고서 평범한 돌이라고 아뢰자 변화는 여왕을 속인 죄목으로 왼쪽 발꿈치를 잘리는 형벌을 받았다. 여왕이 죽고 무왕武王이 즉위하자 변화는 또 다시 원석을 바쳤는데 이번에도 잘못된 감정으로 오른쪽 발꿈치마저 잘리고 말았다. '화씨지벽'은 변화라는 사람이 죽음을 두려워하지 않고 초나라 왕들에게 천하의 보옥을 바쳤다는 일화에서 유래된 성어이다.

| |
|---|
| 초나라 무왕이 죽고 문왕이 즉위하자, 변화는 마침내 그 원석을 껴안고 초산 밑으로 가서 삼일 낮, 삼일 밤을 통곡했다. 눈물이 다 흐르고 나자 피가 그 뒤를 이어 흘렀다. 문왕이 이를 듣고 사람을 시켜 그 사연을 물어보게 하였다. 묻기를 "천하에 다리 두 개 잘린 사람이 많거늘 자네는 어찌하여 그리도 슬피 우는가?" 변화가 대답하기를 "나는 발뒤꿈치가 잘려서 슬퍼하는 게 아닙니다. 저 보옥이 돌멩이로 평가되고 곧은 사람이 사기꾼으로 내몰리고 있어서 슬퍼한 겁니다. 이것이 제가 슬피 우는 까닭입니다." 초문왕은 이에 옥 세공인으로 하여금 원석을 가공하도록 하여 보옥을 얻게끔 하였고, 마침내 이를 '화씨의 보옥'이라고 명하였다. | 武王薨, 文王卽位, 和乃抱其璞而哭於楚山之下三日三夜, 泣盡而繼之以血. 王聞之, 使人問其故. 曰天下之刖者多矣, 子奚哭之悲也? 和曰吾非悲刖也. 悲夫寶玉而題之以石, 貞士而名之以誑, 此吾所以悲也. 王乃使玉人理其璞而得寶焉, 遂命曰和氏之璧 |

薨 죽을 훙 / 抱 안을 포 / 璞 옥돌 박 / 哭 울 곡 / 泣 울 읍 / 盡 다할 진 / 繼 이을 계 / 使 시킬 사 / 故 까닭 고 / 刖 발꿈치 벨 월 / 子 자네 자 / 奚 어찌 해 / 悲 슬플 비 / 題 표제 제 / 貞 곧을 정 / 誑 속일 광 / 此 이 차 / 乃 이에 내 / 理 옥을 갈 리 / 遂 마침내 수

## 변화(卞和)의 신념

한비자가 「변화편卞和篇」에서 옥을 진상하며 고초를 겪은 변화卞和의 일화를 소개한 것은 법률가가 군주에게 법령을 제안하는 일만큼이나 위험을 무릅써야하기 때문이다. 변화는 자신이 얻은 원석을 보옥으로 믿었기에 군주에게 선물하였다. 하지만 옥의 진가를 모르는 여왕과 무왕의 눈에는 한낱 돌멩이이고 사기일 뿐이었다. 오직 문왕文王만은 그 진가를 알아보고 그를 크게 대우하였다. 같은 원석이 군주에 따라 정반대의 평가를 받았던 일이다.

화씨가 진상한 보옥이라는 의미의 和氏之璧, 이 성어에는 진실과 가치를 관철하고자 했던 변화씨의 고집스런 의지와 신념이 나타나 있다. 자신의 진실성과 보옥의 가치를 알아봐주는 군주이기를 간절히 바라는 화씨의 심정은 법률가인 한비자 자신의 심중 그 자체였다. 한비자 역시 자신이 제안하는 법령이 나라와 백성에게 필요한 것임을 군주가 알아보고 흔쾌히 채택해주기를 간절히 소망했던 것이다. 옥의 원석과 제안된 법령, 그 진가를 알아보는 안목이 얼마나 중요한가를 시사하고 있는 성어이다.

[출전] 『韓非子』 「卞和」

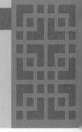

# 和而不同 화이부동

和 화목할 화 | 而 말 이을 이 | 不 아닐 부 | 同 같을 동

## 조화를 이루되 똑같지 않다.

군자는 사람들과 어울리되 획일적으로 행하지 않음.

춘추春秋시대, 공자가 돌아가시자 그 제자들은 평소 공자孔子께서 자신들에게 해주신 말씀들을 모아서 『논어論語』를 편찬하였다.
'화이부동'은 공자의 어록에서 유래된 성어이다.

공자가 말씀하기를
"군자는 (주변사람들과) 조화를 이루며 지내지만 (주관 없이) 똑같이 따라하지는 않고, 소인은 (주관 없이) 똑같이 따라 하기는 하지만 조화를 이루며 지내지는 못한다." 라 하였다.

子曰
君子和而不同,
小人同而不和

| 子(자) | 공구孔丘의 높임말인 공자를 가리킴. 공자의 극존칭은 공부자孔夫子이고 축약형은 자子임.

## 공자(孔子)의 인간관계론

이상적 인간상으로 군자를 지향했던 공자는 평소 제자들에게도 군자가 될 것을 촉구하였다. 이때 공자는 인간이 관계적 존재인 점을 고려하여 사람과의 관계 속에서 구축되는 군자상을 제시하였다.

군자는 다른 사람과 조화를 이루며 지내되, 무작정 그들과 똑같게 처신하지는 않는다. 라는 의미의 和而不同, 이 성어에는 여러 면에서 자신과 견해를 달리하는 사람들임에도 그들과 잘 어울리며 공존할 수 있는 사람이 곧 군자라고 설명한 공자의 평화 및 주체사상이 나타나 있다. 여기서의 화和는 자신의 개성과 의견을 낮추어 남과 조화를 이루는 것이고, 동同은 줏대 없이 무조건 남이 하는 대로 따라하는 행동을 말한다. 공자는 화和와 동同을 군자와 소인의 구분 점으로 보고 군자의 특성을 화和에, 소인의 특성을 동同에 두었다. 따라서 공자가 말하는 군자는 상대방의 다른 점을 인정하면서 그들과 상생할 것을 도모하되, 한편으로는 의義를 따르려는 자신의 주관이나 생각을 고수하는 유형이다. 곧 군자는 남과 조화를 이루면서 자기다움을 유지하는 데에 비해 소인은 자기다움을 잃어버리고 이익을 좇아서 남과 똑같아지려는 사람이라는 것이다.

和而不同은 오케스트라단의 연주에 부합시켜도 좋은 성어이다. 합주하는 연주자들은 자신이 연주하는 악기의 고유음을 혼을 담아 유지하는 한편, 다른 연주자들이 연주하는 악기의 음에도 귀 기울이면서 절묘하게 음의 조화를 이뤄낸다. 이는 마치 군자가 의를 따르겠노라는 자신의 의지를 지키면서 남과의 조화를 이루며 공존하는 것과 같다. 군자다운 인간관계란 마치 악기를 연주하는 연주자들의 합주를 닮았다.

[동의어]    和而不流(화이불류) :   화합하되 휩쓸리지는 않는다.                    [출전] 『論語』「子路篇」

# 畵虎類狗 화호류구

畵 그릴 화 | 虎 범 호 | 類 닮을 류 | 狗 개 구

## 호랑이를 그리려다 개를 그림.

서툰 솜씨로 어려운 일을 하려다 도리어 잘못됨.

후한後漢시대, 복파장군 마원馬援에게 마엄馬嚴과 마돈馬敦이라는 두 명의 조카가 있었다. 그런데 조카들이 경박한 이들과 어울리고 남을 비방하며 다닌다는 소식을 들은 마원은 이역만리 교지국交址國에서 이들을 훈계하기 위하여 편지글 '계형자엄돈서誡兄子嚴敦書'를 써서 보냈다. 다른 사람들을 비평하거나 쓸데없이 국사를 논하지 말고 용백고龍伯高라는 인물의 훌륭한 점을 본받으며 살라고 당부하는 내용이다.

'화호류구'는 마원이 조카들을 훈계하기 위해 적어 보낸 편지글에서 유래된 성어이다.

"용백고는 독실하고 중후하고, 주도면밀하고 신중해서 입에서 나오는 말 중, 가려낼 나쁜 말이 없다. 겸손하고, 검약하고 절도 있고 검소하며 청렴하고 공정하여 위엄이 있어서 나는 그를 아끼고 소중히 여기니, 너희들도 그를 본받아 주기를 원한다.

두계량은 호탕하고 의협심이 강해서 남의 근심을 같이 걱정해주고, 남의 즐거움을 함께 즐거워한다. 맑은 사람이나 혼탁한 사람이나 사귐을 잃지 않지. 아버지의 상에 온 조문객이 여러 고을에서 다 찾아올 정도라서 나는 그를 아끼고 소중히 여기지만, 너희들이 그를 본받는 것을 원치 않는다. 용백고를 본받으면 그렇게 되지 못하더라도 삼가고 조심하는 선비는 될 수 있다. 이른바 '고니를 새기려다가 이루지 못하면 그래도 집오리를 닮게 된다.'는 것이다. 하지만 두계량을 본받으려다가 이루지 못하면 천하의 경박한 사람들에게 빠지고 만다. 이른바 '호랑이를 그리려다 이루지 못하면 도리어 개를 닮게 그린 것과 같게 된다'는 것이란다."

龍伯高敦厚周愼,口無擇言,謙約節儉,
廉公有威,吾愛之重之,願汝曹效之.
杜季良豪俠好義,憂人之憂,樂人之樂,淸濁無所失.父喪致客數郡畢至,吾愛之重之,
不願汝曹效也.效伯高不得,猶爲謹勅之士,所謂刻鵠不成尙類鶩者也.
效季良不得,陷爲天下輕薄子,所謂畵虎不成反類狗者也.

敦 도타울 돈 / 厚 두터울 후 / 愼 삼갈 신 / 擇 가릴 택 / 謙 겸손할 겸 / 約 묶을 약 / 節 마디 절 / 儉 검소할 검 / 廉 청렴할 렴 /
公 공변될 공 / 威 위엄 위 / 願 바랄 원 / 汝 너 여 / 曹 무리 조 / 效 본받을 효 / 杜 팥배나무 두 / 季 끝 계 / 豪 호걸 호 /
俠 젊을 협 / 憂 근심할 우 / 濁 흐릴 탁 / 致 이를 치 / 郡 고을 군 / 畢 모두 필 / 猶 오히려 유 / 謹 삼갈 근 / 勅 조심할 칙 /
尙 오히려 상 / 陷 빠질 함 / 輕 가벼울 경 / 薄 엷을 박 / 畵 그릴 화 / 狗 개 구

### 복파장군 마원(馬援)의 조카사랑

평생토록 전쟁터를 누비며 전공을 세운 마원이 뜻밖에도 조카들에게는 스승 삼을 만한 인물로 용맹하고 의협심 있는 두계량이 아니라 겸손하고 신중한 마음을 지닌 용백고를 추천하였다. 허세부리며 남을 갈구는 성향의 조카인지라 자칫 불량배에 휩쓸리게 될까를 염려한 것이다. 외양의 멋보다는 내면의 멋을 갖추어야 할 조카임을 간파한 마원의 안목이다.

[동의어]　刻鵠類鶩(각곡류아)：고니를 깎으려다가 깎지 못하고 거위를 닮게 깎았다.　　　[출전]『後漢書』「馬援傳」

# 換骨奪胎 환골탈태

換 바꿀 환 | 骨 뼈 골 | 奪 빼앗을 탈 | 胎 아이 밸 태

## 뼈대를 바꾸고 태반을 빼앗다.

① 사람이 보다 나은 방향으로 변하여 전혀 다른 사람처럼 됨.
② 고인의 시문의 형식을 바꾸어서 그 짜임새와 내용이 기존 것보다 잘되게 함.

북송北宋시대, 시인 황정견黃庭堅(1045년~1105년)이 작시의 이론에 대해서 언급했다고 남송의 혜홍惠洪스님이 전하였다.
'환골탈태'는 황정견이 시 작법으로 환골법과 탈태법을 설명한 대목에서 유래된 성어이다.

| | |
|---|---|
| 황산곡이 말하기를 '시의 뜻은 다함이 없으나 사람의 재주는 한계가 있다. 한계가 있는 재주로 무궁무진한 뜻을 좇는 것은 비록 연명 도잠과 소릉 두보일지라도 정교함을 얻지 못한다. 시구의 본뜻을 바꾸지 않고 그 시어를 만들어 쓰는 것, 그것을 환골법이라 하고 시구의 본뜻을 본보기삼아서 시의를 묘사하는 것, 그것을 탈태법이라 한다.' | 山谷言詩意無窮而人才有限,以有限之才,追無窮之意,雖淵明少陵不得工也. 不易其意而造其語,謂之換骨法,規摹其意形容之,謂之奪胎法 |

窮 다할 궁 / 限 한계 한 / 追 쫓을 추 / 淵 못 연 / 陵 언덕 릉 / 規 본뜰 법 / 摹 본뜰 모 /
| 山谷(산곡) | 황정견의 호號

## 황정견(黃庭堅)의 시론

북송의 시인이자 서예가인 황정견은 박학다식하고 예술 감각이 뛰어나 풍부한 문장구사력을 발휘했던 인물이다. 그는 대부분의 사람들이 시를 쓸 때, 무궁무진한 시상을 지녔음에도 표현력 부족으로 자신의 뜻을 제대로 표출하지 못하는 것을 보고 창작시의 이론을 제시하였다.
선인들의 문장을 참고하되, 조어와 시의를 창의적으로 바꾸어 낸다는 의미의 換骨奪胎, 이 성어에는 선인의 작품을 전고삼아 표현을 다채롭게 하라고 한 황정견의 '옛 것으로 새것을 만든다.'는 이론인 이고위신론以故爲新論이 나타나 있다. 기존 시의 본뜻을 유지하되, 자기가 조어한 말로 바꿔 표현하고 기존 시의 본뜻에서 시상을 얻어 자신의 시에 담아내는 것을 시도한다면 시를 창작하는 것이 그리 어렵지 않을 거라는 것이다. 그러나 기존 시의 의미를 그대로 나타내면서 조어를 새롭게 하거나 기존 시의 내용의 일부를 자기의 시상으로 대체하는 것은 창작은커녕 자칫 표절로 몰릴 수 있어서 훗날 황정견은 옛 것을 참고한 흔적이 남지 않게 할 정도의 경지에 이르도록 부단히 작시노력을 해야 한다고 했다.
'환골탈태'는 위의 유래에서 알 수 있듯이 요즘에 사용하는 것처럼 '기존 시의 형식을 바꾸고, 그 의미를 완전히 새롭게 바꾼다.'는 의미가 아니라 '기존의 시문보다는 내용이나 형식면에서 조금 더 발전되었다.'라는 의미이다. 원뜻에서 변용되어 쓰이고 있는 성어 중의 하나이다.

---

[유사어]  **點鐵成金(점철성금)** : 쇠를 손대어서 금으로 만들어 내듯이 남의 글을 다듬어서 훌륭한 문장이 되도록 함.          [출전] 惠洪, 『冷齋夜話』

# 鰥寡孤獨 환과고독

鰥 홀아비 환 | 寡 과부 과 | 孤 외로울 고 | 獨 홀로 독

## 홀아비와 과부와 고아와 무자식자.

사람 중에 몹시 외롭고 곤궁한 부류.

전국戰國시대, 제齊나라 5대 군주 선왕宣王이 맹자孟子에게 왕도정치에 대하여 질문하자 맹자가 이에 답변하였다. '환과고독'은 왕도정치를 묻는 제선왕齊宣王에게 맹자가 문왕文王의 인정仁政을 예로 들며 가장 외로운 이들을 우선적으로 도와주는 것이라고 답변한 대목에서 유래된 성어이다.

| | |
|---|---|
| "옛날에 문왕께서 기岐땅을 다스릴 때 경작하는 자에게 9분의 1의 세금을 걷었고, 벼슬아치에게 대대로 봉록을 주었으며, 관문과 시장을 살폈지만 세금을 받지 않았고, 고기 잡는 것을 금하지 않았으며, 죄인을 벌하되 처자식에게까지 미치지 않았습니다. 늙은이로 아내가 없는 것을 '환'이라 하고 늙은이로 남편이 없는 것을 '과'라 하고, 늙은이로 자식이 없는 것을 '독'이라 하고, 어린이로 부모가 없는 것을 '고'라 합니다. 이 네 부류의 사람들은 천하의 곤궁한 백성으로서 하소연할 곳이 없는 자들입니다. 문왕께서 정치를 펼치고 인仁을 베풀어 반드시 이 네 부류의 사람들을 우선하였습니다." | 昔者文王之治岐也,耕者九一,仕者世祿, 關市譏而不征,澤梁無禁,罪人不孥. 老而無妻曰鰥,老而無夫曰寡,老而無子曰獨, 幼而無父曰孤,此四者天下之窮民而無告者. 文王發政施仁,必先斯四者. |

昔 옛 석 / 岐 갈림길 기 / 仕 벼슬할 사 / 祿 녹봉 녹 / 關 빗장 관 / 譏 살필 기 / 征 세받을 정 / 澤 못 택 / 梁 통발 량 / 禁 금할 금 / 罪 죄 죄 / 孥 처자 노 / 妻 아내 처 / 此 이 차 / 窮 궁할 궁 / 告 알릴 고 / 施 베풀 시 / 斯 이 사

| 澤梁(택량) | 택澤은 물고기를 잡기 위해 만든 웅덩이이고 량梁은 물고기를 잡는 도구.
| 岐(기) | 주周나라 문화의 발상지인 기산岐山을 이름.
| 文王(문왕) | 은殷나라의 제후로서 어진 정치를 펼침. 주周나라의 초대 군주가 된 그의 아들 무왕武王에 의해 문왕으로 추존됨.

## 맹자(孟子)의 정치사상

제선왕이 명당明堂을 헐어버리자고 주장하는 신하들의 의견을 듣고 난 후, 허물 것인지 그대로 둘 것인지를 결정하지 못해 맹자에게 자문을 구하였다. 이에 맹자는 명당이란 왕이 신하들과 함께 정치를 구상하는 장소인 만큼 없애서는 안 된다고 충언하며 그곳에서 왕정을 펼칠 것을 제안하였다.

외로운 인간의 대명사격인 홀아비와 과부와 고아와 자식 없는 자를 뜻하는 鰥寡孤獨, 이 성어에는 옛날 문왕이 그랬던 것처럼 외로운 이들을 먼저 챙겨야 한다고 한 맹자의 왕도정치사상이 나타나 있다. 맹자가 제시한 이상적인 정치는 백성들이 경제적 안정을 취할 수 있도록 돕고 외로운 자들이 인간적 온정을 느낄 수 있도록 복지를 베푸는 것이다. 한 마디로 맹자가 강조하는 왕도정치는 백성들의 삶을 위하여 인仁을 베푸는 정치이다.

[출전] 『孟子』 「梁惠王 下」

# 繪事後素 회사후소

繪 그림 회 | 事 일 사 | 後 뒤 후 | 素 흴 소

그림 그리기는 나중에 흰 색으로 마무리 함. 가장 중요한 부분을 끝내어 일을 완성시킴.

그림 그리기는 흰 바탕이 있은 후에 함. 본질이 있은 연후에 꾸밈을 해야 함.

춘추春秋시대, 공자의 제자인 자하子夏가 『시경詩經』의 「석인碩人」편을 읽다가 공자에게 '소이위현素以爲絢'의 의미에 대하여 질문하였다.

'회사후소'는 「석인」시에 나오는 '흰색으로 빛나게 한다.(소이위현)'라는 시구의 의미를 묻는 자하에게 공자가 그 의미를 설명해 주기위하여 표현한 어휘에서 유래된 성어이다.

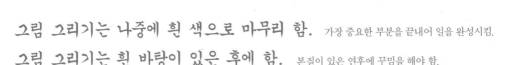

자하가 물었다.
"'교묘한 웃음, 보조개가 살짝! 아름다운 눈, 눈동자가 또렷하네!
흰색을 가지고 빛나게 하도다!' 는 무엇을 말하는 것입니까?"
공자가 말씀하였다. "그림 그리는 일은 흰색을 가장 나중에 칠하여
마무리하는 거라네." 자하가 물었다. "예禮는 나중이겠군요?"
공자가 말했다. "나를 일으키는 자는 자하로다. 비로소 함께 시를 말
할 수 있게 되었구나."

子夏問曰
巧笑倩兮 美目盼兮
素以爲絢兮 何謂也
子曰繪事後素
曰禮後乎
子曰起予者商也.始可與
言詩已矣

巧 예쁠 교 / 倩 예쁠 천 / 兮 감탄형어조사 혜 / 盼 눈자위 뚜렷할 반 / 絢 문채 현 / 也 ~인가? 야(의문형어조사) / 起 일어날 기 /
予 나 여 / 商 장사 상 / 始 처음 시 / 與 더불어 여

| 子夏(자하) | 위나라 사람으로 문학적 소질이 뛰어난 공자의 말년제자. 이름은 복상卜商.

## 공자(孔子)의 미학

'큰 인물'이라는 뜻의 「석인碩人」은 위나라 군주의 아름다운 왕후를 가리킨다. 늘씬한 키에, 미소 짓는 얼굴, 흰자위와의 경계가 또렷한 눈동자, 그래서 유독 영롱한 눈이 돋보이는 왕후는 화장하지 않은 본바탕 자체만으로도 눈이 부실 만큼 빛나는 인물로 묘사되었다.

그림을 그린다고 하면 가장 나중에 흰색으로 마무리해야 한다는 의미의 繪事後素, 이 성어에는 사람이 아름다워지려면 예도로 외형을 가다듬어야 한다고 한 공자의 예禮 중심 이론이 나타나 있다. 아름다움은 타고난 미인의 미가 외양의 절도인 예절을 갖출 때, 진정 아름답다. 라는 것이다. 한漢나라때의 주석가인 정현鄭玄은 '그림을 그린다는 것은 온갖 채색을 베풀고 제일 마지막에 흰 물감으로 그 사이사이를 구분지음으로써 그 모양을 완성하는 것이다.'라고 공자의 말씀을 해석하였다. 곧 흰 색을 뜻하는 소素는 예를 비유한 말로 인간의 아름다움의 극치는 예도를 실행해야 이룰 수 있다는 주장이다.

송宋나라 때의 주자朱子는 정현의 주석과 달리 '그림 그리는 일은 흰 바탕의 종이가 먼저 준비되어야 가능하다.'라고 하여 인간이 아름다워지려면 내면의 순수함을 먼저 닦은 후에 예도로 가다듬어야 한다고 주석했다. 주석자에 따라 소素의 해석이 매우 다르기 때문에 오늘 날에는 두 의미를 모두 사용하고 있다. 정현은 예에, 주자는 본질에 비중을 두었다.

[출전] 『論語』 「八佾」

# 膾炙所同 회자소동

膾 생선회 회 | 炙 구울 자 | 所 바 소 | 同 같을 동

## 날고기와 구운 고기는 누구나 즐기는 바.

사람들 사이에서 칭찬이 자자한 것.

전국戰國시대, 공손추公孫丑는 과거 춘추시대 때, 효자로 유명했던 증삼曾參의 효행 가운데에서 자신이 납득하기 힘든 증삼의 태도에 대하여 스승인 맹자孟子에게 질문하였다. 질문은 증삼은 왜 아버지 증석曾晳이 유독 좋아하셨던 양조羊棗를 일체 먹지 않고 살았는가? 이다.

'회자소동'은 공손추의 질문을 받은 맹자가 아버지가 즐기시던 음식을 피했던 증삼의 마음을 헤아려 비유적으로 설명하는 대목에서 유래된 성어이다.

> 공손추가 물었다. "날고기와 구운 고기와 양조 중에 어느 것이 맛이 좋습니까?" 맹자가 말했다. "날고기와 구운 고기이지!"
> 공손추가 물었다. "그렇다면 증자는 어찌하여
> 날고기와 구운 고기는 먹으면서 양조는 먹지 않았습니까?" 맹자가 말했다. "날고기와 구운 고기는 모든 사람이 똑같이 좋아하는 것이지만, 양조는 아버지 혼자 좋아했던 음식이지.
> 이름은 피하지만 성씨는 피하지 않는 것은, 성씨는 다 함께 쓰는 것이고 이름은 혼자 쓰는 것이기 때문이네."

> 公孫丑問曰膾炙與羊棗
> 孰美?孟子曰膾炙哉!
> 公孫丑曰然則曾子何爲
> 食膾炙而不食羊棗?曰
> 膾炙所同也,
> 羊棗所獨也,
> 諱名不諱姓,姓所同也,
> 名所獨也

丑 사람이름 추 / 與 ~와 여 / 棗 대추 조 / 孰 어느 숙 / 曾 성씨 증 / 諱 피할 휘
|羊棗(양조)| 열매가 작고 검으며 둥근 야생의 대추. 양시조羊矢棗라고도 함.

## 맹자(孟子)의 효도관

증석과 증삼은 춘추시대의 부자관계이고 맹자와 공손추는 전국시대의 사제지간이다. 공손추가 증삼의 효도 일화를 접한 후, 스승인 맹자에게 효도에 대한 궁금증을 털어 놓았다.

잘게 썬 날고기와 불에 구운 고기는 대부분의 사람들이 좋아하는 음식이라는 의미의 膾炙所同, 이 성어에는 증삼이 날고기나 구운 고기는 먹고 아버지의 기호식품이었던 양조를 먹지 않은 것은 순전히 그의 효심에서 비롯된 것이라고 본 맹자의 양지養志사상이 나타나 있다. 맹자가 유추한 증삼의 마음은 아버지가 양조를 드시면서 기뻐하시던 모습을 떠올리며 생긴 그리움이다. 맹자는 증삼에 대해서, 아버지의 기쁨을 존중해드리고자 생전에 즐겨 드시던 양조를 차마 먹지 못했을 것이라고 보았다. 맹자는 증삼의 이 같은 효심을 공손추에게 이해시키기 위한 방편으로 성명의 피휘避諱원칙을 인용하였다. 맹자가 볼 때, 아버지에게 고유하고 특별했던 양조는 아들인 증삼에게도 고유하고 특별한 음식일 수밖에 없다. 양조가 곧 아버지의 상징물인 만큼 상징물을 함부로 먹을 수는 없었으리라는 것이다. 이것은 마치 성씨는 보편적이고 이름은 고유한 것이라서 성씨는 중복사용을 허용하지만 고유한 이름만큼은 절대로 중복해서 사용하지 않는 관습과 같다고 했다. 곧 맹자는 증삼을 아버지의 고유성을 지켜드리고 아버지의 기뻐하시는 뜻을 존중하였던 효자였노라고 평가하였다.

[동의어]　膾炙人口(회자인구) : 사람들의 입에 오르내리는 날고기와 구운 고기

[출전]「孟子」「盡心 下」

# 朽木糞牆 후목분장

朽 나무 썩을 후 | 木 나무 목 | 糞 똥 분 | 牆 담장 장

## 썩은 나무와 똥칠한 담장.

게으르고 의지가 없는 사람은 가르칠 가치가 없음.

춘추春秋시대, 공자孔子는 제자 재여宰予가 언행이 일치하지 않는 면모를 보이자 크게 실망하였다.
'후목분장'은 공자가 제자 재여를 썩은 나무와 똥칠한 담장으로 비유하며 그의 나태함을 크게 책망하는 대목에서 유래된 성어이다.

| | |
|---|---|
| 재여가 낮잠을 자고 있었다.<br>공자께서 말씀하시기를 "썩은 나무에다가는 조각할 수 없고, 똥칠한 흙담에다가는 흙손질을 할 수 없는 것이니, 재여에 대하여 무엇을 꾸짖겠느냐? 라 하셨다.<br>공자께서 말씀하셨다. "처음에는 내가 사람에 대해서 그 말을 듣고서 그 행실을 믿었었는데, 지금 나는 사람에 대해서 그 말을 듣고 그 행동을 관찰하게 되었으니 재여에게서 이것을 고치게 된 것이다." | 宰予晝寢.<br>子曰朽木不可雕也糞土之牆,不可杇也.於予與何誅?<br>子曰始吾於人也,聽其言而信其行,今吾於人也,聽其言而觀其行.於予與改是. |

晝 낮 주 / 寢 잠잘 침 / 雕 새길 조 / 杇 흙손질할 오 / 聽 들을 청 / 觀 볼 관 / 是 이것 시
ㅣ宰予(재여)ㅣ 공자의 제자. 자字는 자아子我(BC522년~BC458년), 지혜, 외교, 언변이 출중함.

## 공자(孔子)의 제자교육

재여는 언변 좋기로 손꼽히는 공자의 제자 중의 한 사람이다. 그런데 행실은 그 번지르르한 말솜씨를 따르지 못하고 낮잠을 곧잘 즐기곤 해서 공자로부터 신뢰를 잃었다. 일을 성취하고자 하는 의지와 기상이 약하여 틈만 나면 잠자기 일쑤이니 공자가 볼 때 재여는 가르칠 수 없다고 생각되는 제자였다. 그 제자를 정신 차리도록 분발심을 일깨운 스승이 바로 공자이기도 하다. 재여는 훗날 공자의 대표 애제자들인 공문십철孔門十哲로 불리게 된다.
원천적으로 썩고 더러운 재질로 된 나무와 담장은 어떠한 문양으로도 꾸며지지 않는다. 라는 의미의 朽木糞牆, 이 성어에는 어떠한 교육을 해봤자 소용이 없겠다고 하며 재여를 포기라도 할 듯이 질책한 공자의 계발교육이 나타나 있다. 공자는 재여의 잠재적 능력을 꿰뚫어 보고 그가 계발에 힘쓰기를 바라는 마음에서 혹독하리만치 심한 말을 하였다. 공자에 의하면 교육의 효과는 자기 내면의 덕성을 회복하고 유지하기 위해 스스로 근면함을 보이는 사람에게서 나타난다. 향학열이나 성취욕이 없는 한, 그 누구도 발전할 수 없기 때문이다. 그런데 재여가 말만 앞세울 뿐 도무지 학문에 열의를 보이지 않고 나태한 생활을 하자 심한 모욕감을 주어서라도 분발하기를 공자가 촉구한 것이다. 심지어 공자는 재여의 훌륭한 글 솜씨나 말솜씨로 그의 인품도 훌륭하려니 지레 짐작한 경험을 들며 자신의 사람 보는 안목을 반성하게 되었다는 고백까지 한 적이 있다. 결과적으로 재여에 대한 공자의 혹독한 채찍은 훗날 그를 나라의 재목으로 쓰이는 인물로 키워냈다.

---

[동의어]   朽木難雕(후목난조) :   썩은 나무는 조각할 수 없다. 곧 가르칠 가치가 없는 사람.

[출전] 『論語』「公冶長篇」

# 後生可畏 후생가외

後 뒤 후 | 生 날 생 | 可 가히 가 | 畏 두려워할 외

## 후배들은 두려워할 만함.

무한 발전 가능성을 지닌 후배에 대한 존경과 두려움.

춘추春秋시대, 공자孔子는 제자들에게 학문에 정진할 것을 독려하였던 교육자이다.
'후생가외'는 학문하는 후생들은 장래가 크게 기대된다고 말한 공자의 어록에서 유래된 성어이다.

공자께서 말씀하였다. "후배들은 두려워할 만한 자들이야.
어찌 그들의 미래가 지금의 우리들만 못하리라고 알 수 있겠는가?
그러나 40세, 50세가 되었는데도 세상에 이름이 들리지 않는다면
이들 또한 두려워할 만하지 못할 뿐이라네."

子曰後生可畏
焉知來者之不如今也?
四十五十而無聞焉,
斯亦不足畏也已

焉 어찌 언 / 聞 들릴 문 / 焉 ~이다 언 / 斯 이 사 / 已 ~뿐 이(한정형어조사)
| 不如(불여) | '~만 못하다'로 풀이. 비교문을 이루는 관용어구.

## 공자(孔子)의 권학사상

14년 동안 여러 제후국을 떠돌며 정치에 뜻을 펼쳐 보려다가 끝내 크게 쓰이지 못하게 된 공자가 노년에 고국으로 돌아와서 주력했던 일은 제자양성이었다. 교육만이 그가 원하는 세상을 이룩하는 데에 효력이 있을 거라고 생각했기 때문이다. 교육자로서의 공자가 내다본 인간사회는 희망적이다. 공자에게 있어 희망의 열쇠는 바로 후생들이었다. 단, 기성세대를 더욱 발전시킬 수 있는 후생들은 학문을 꾸준히 한 자라는 전제 조건을 달았다
후생은 젊고 기력이 왕성해서 학문을 쌓기만 한다면 장래가 촉망되는 경외의 대상이라는 의미의 後生可畏, 이 성어에는 젊을 때 학문에 힘쓸 것을 권한 공자의 급시면학及時勉學사상이 나타나 있다. 모든 영역에서 습득이 빠른 젊은 시절을 헛되이 보내지 말고 때에 맞게 학문한다면 그 학문은 위대한 영향력을 발휘한다고 보았다. 이미 많은 시간과 왕성한 기력을 확보하고 있는 젊은이들이 학문으로 자신의 역량을 더욱 키워간다면 그들의 발전은 기성세대를 뛰어넘을 게 확실하다고 본 것이다. 15세에 학문에 전념하기로 뜻을 두었다고 선언한 바 있는 공자인지라 젊은 나이에 학문하는 후생은 큰 꿈을 가진 자로서 장래에 어떠한 인물이 될지 알 수 없는 유망주일 가능성이 크다는 생각을 하였다. 그래서 선생의 입장에서는 그러한 후생의 앞날이 발전적일 것이기에 두려움과 기대를 갖게 된다고 하였다. 하지만 후생의 나이가 사십 오십이 되어서도 어느 부문에서 훌륭한 사람이라는 소식이 전해지지 않으면 그 후생은 노력하지 않고 살아왔음을 반증하는 것이기도 하여 전혀 두려워할만한 자가 아니라고 하였다. 무한한 발전 가능성을 스스로 없애는 이도 후생이고 후생의 주위 사람들로 하여금 경외감을 갖게 하는 이도 후생이다. 공자는 두려워할만한 후생들을 기다렸다.

[유사어]　靑出於藍(청출어람) :　푸른색이 쪽 풀에서 나오다. 곧 후생이 선생보다 뛰어남.
　　　　　後生角高(후생각고) :　나중에 난 뿔이 우뚝하다.

[출전] 『論語』 「子罕篇」

# 黑白溷淆 흑백혼효

黑 검을 흑 | 白 흰 백 | 溷 어지러울 혼 | 淆 뒤섞일 효

# 검은 것과 흰 것이 어지럽게 뒤섞여 있다.

옳고 그름이 뒤바뀌거나 그런 상황이 야기됨.

후한後漢시대, 6대 황제인 안제安帝 때, 주광周廣, 사운謝惲 형제가 나라 안의 양심 없는 부류들과 어울리고 총애를 받고 있는 간신들과 함께 하면서 번풍樊豊, 왕영王永 등의 권위와 권력을 공유하며 고을의 대신들을 쥐락펴락 하였다. 심지어 나라 안의 탐관오리들을 불러들여 뇌물을 받고 급기야 금고형에 있거나 세상을 포기한 무리들까지 등용하는 지경에 이르자, 태위직에 있는 양진楊震이 분개하며 상소문을 올렸다.

'흑백혼효'는 후한시대의 청백리인 양진이 사회의 부도덕함과 부조리를 고발하려고 안제에게 올린 상소문에서 유래된 성어이다.

> "흰 것과 검은 것이 어지럽게 뒤섞여 있고 맑음과 혼탁함이 그 근원을 같이 하고 있어 천하 사람들이 시끌벅적하게 말합니다. 모두들 '재화가 위로 흘러 들어가서 조정에 비난받을 짓들이 맺어지고 있다.'라 합니다. 제가 들은 스승의 말씀 중에 '위 분이 취하는 것 때문에 재물이 다하면 원망하고 힘이 다하면 반란을 일으킨다.'가 있습니다. 원망하고 배반하는 사람은 다시 부릴 수 없습니다. 그래서 '백성이 만족하지 않으면 임금이 누구와 만족하겠는가?'라는 말이 있으니 오직 폐하께서는 헤아리십시오.

> 白黑溷淆,清濁同源,
> 天下諠嘩,咸曰
> 財貨上流,爲朝結譏.
> 臣聞師言,上之所取,
> 財盡則怨,力盡則叛.
> 怨叛之人不可複使
> 故曰百姓不足,君誰與
> 足? 惟陛下度之.

濁 흐릴 탁 / 源 근원 원 / 諠 떠들 훤 / 嘩 시끄러울 화 / 咸 다 함 / 譏 원망할 기 / 盡 다할 진 / 怨 원망할 원 / 叛 배반할 반 / 複 겹칠 복 / 使 부릴 사 / 故 까닭 고 / 足 족할 족 / 誰 누구 수 / 惟 오직 유 / 陛 섬돌 폐 / 度 헤아릴 탁

| 陛下(폐하)| 황제를 존대하는 호칭. 신하가 층계 아래에서 위로 우러러 보는 인물.

## 양진(楊震)의 상소문

관서공자關西孔子의 별명이 있을 정도로 양진은 제2의 공자로 알려져 있다. 특히 그는 태위로 있을 때 왕밀王密이라는 사람이 거액의 뇌물을 바치자 사지론(천지天知 지지地知 아지我知 여지汝知)으로 거절한 미담의 주인공이기도 하다. 양진이 그간에 올린 상소문이 많지만 이번 상소문은 주광, 사운, 번풍 등이 일으키는 부패상을 고발하는 내용이다. 흑백黑白이 뒤엉켜 있듯이 올바른 사람과 그릇된 사람을 분간하기 힘들 정도로 혼탁한 사회상을 표현한 黑白溷淆, 이 성어는 문란한 당시 조정의 작태를 여실히 보여준다. 가치와 정의의 부재, 부패의 온상으로 대변되는 시대를 살았던 양진의 외로운 외침이 의롭다.

오늘날의 부패상 역시 만만치 않아서인지 청탁방지법이 시행되고 있다. 외부의 법제에 별 수 없이 지키는 마음보다는 하늘과 땅과 자기 양심을 두려워하는 마음으로 정의롭게 살고자 하는 양진과 같은 사람이 이 시대에 많아지기를 기대한다.

[유사어]  黑白轉倒(흑백전도) : 흑과 백이 서로 뒤바뀌어 혼란스러움.
　　　　　轉倒是非(전도시비) : 옳고 그름이 서로 뒤바뀌어 혼란스러움.

[출전] 『後漢書』 「楊震列傳」

# 참고 參考

## 주요참고도서

| | |
|---|---|
| 1. 故事成語大辭典 | 김성일 시대의창 2013년 출판 |
| 2. 새우리말 큰사전 | 신기철 外, 삼성출판사 1994년 출판 |
| 3. 標準語國語大辭典 | 국립국어원 2011년 출판 |
| 4. 故事成語 | 朴一峰 譯 육문사 1995년 출판 |
| 5. 辭海 | 中華書局香港分局 1976년 출판 |
| 6. 春秋左氏傳. | 大堤閣 1975년 출판 |
| 7. 四書 論語, 大學, 中庸, 孟子 | 성균관대 대동문화연구원 2005년 출판 |
| 8. 易經 | 성균관대 한국경학자료시스템 |
| 9. 春秋 | 성균관대 한국경학자료시스템 |
| 10. 詩經 | 성균관대 한국경학자료시스템 |
| 11. 書經 | 성균관대 한국경학자료시스템 |
| 12. 周易 元,亨,利,貞 | 學民文化社 1998년 출판 |
| 13. 禮記 元,亨,利,貞 | 學民文化社 1990년 출판 |
| 14. 國語 | 學民文化社 1998년 출판 |
| 15. 荀子(一, 二) | 學民文化社 2012년 출판 |
| 16. 老子道德經 | 學民文化社 2013년 출판 |
| 17. 韓詩外傳 | 學民文化社 2013년 출판 |
| 19. 孝經 | 學民文化社 2013년 출판 |
| 20. 三國志 | 學民文化社 2013년 출판 |
| 21. 孔子家語 | 學民文化社 2015년 출판 |
| 22. 戰國策 | 중국철학서전자화계획 |
| 23. 墨子 | 중국철학서전자화계획 |
| 24. 世說新語 | 중국철학서전자화계획 |
| 25. 列子 | 중국철학서전자화계획 |
| 26. 漢書 . 後漢書 | 중국철학서전자화계획 |
| 27. 韓非子 | 중국철학서전자화계획 |
| 28. 淮南子 | 중국철학서전자화계획 |
| 29. 書傳 | 景文社 1979년 출판 |
| 30. 朱子語類 | 조합공동체 소나무 2001년 출판 |

## 주요 참고 전자시스템

| | |
|---|---|
| 1. 중국철학서전자화계획 | http://chinese.dsturgeon.net/index_gb.html |
| 2. 성균관대 한국경학자료시스템 | http://koco.skku.edu |

## 주요 참고 번역서

| | |
|---|---|
| 1. 대학 · 중용강설 | 李基東, '성균관대학교 출판부 2004년 출판 |
| 2. 논어강설 | 李基東, 성균관대학교 출판부 2004년 출판 |
| 3. 맹자강설 | 李基東, 성균관대학교 출판부 2004년 출판 |
| 4. 시경강설 | 李基東, 성균관대학교 출판부 2004년 출판 |
| 5. 주역강설 | 李基東, 성균관대학교 출판부 2004년 출판 |
| 6. 서경강설 | 李基東, 성균관대학교 출판부 2004년 출판 |
| 7. 莊子 | 안동림 역주, 현암사 1998년 출판 |

文,史,哲로 조명한
고사성어 450선 제下권

| | |
|---|---|
| **초판 발행** | 2017년 5월 1일 |
| **지은이** | 강경림 |
| **발행처** | 주식회사 네모연구소 |
| **출판브랜드** | 좋은네모 |
| **발행인** | 김보현 |
| **디자인** | 주식회사 네모연구소 |
| **출판사신고** | 2016년 2월 29일 |
| **주소** | 서울특별시 중구 퇴계로31길 10 |
| **전화** | 070 7788 3160 |
| **팩스** | 02 6442 2015 |
| **이메일** | nemo@nemolab.co.kr |
| **출판신고** | 제 2016-000034호 |
| **ISBN** | 979-11-960813-2-4 (54150) |
| **정가** | 20,000 원 |

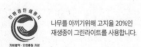